THE COMING WAVE

AIを封じ込めよ

DeepMind創業者の警告

ムスタファ・スレイマン
マイケル・バスカー
上杉隼人［訳］

日本経済新聞出版

THE COMING WAVE

AIを封じ込めよ

DeepMind創業者の警告

The Coming Wave

by

Mustafa Suleyman and Michael Bhaskar

Published by arrangement with MONITION LLC and MICHAEL BHASKAR

c/o C & W, London through Tuttle-Mori Agency, Inc., Tokyo.

目次

第14章 封じ込めへの10ステップ 372

用語集

ＡＩ、ＡＧＩ、ＡＣＩ

ＡＩ（人工知能：Artificial Intelligence）は、機械に人間並みの能力を学習させる科学。ＡＧＩ（汎用人工知能：Artificial General Intelligence）は、ＡＩが最も賢い人間以上に、人間の持つすべての認知能力を実行できる段階。ＡＣＩ（優秀人工知能：Artificial Capable Intelligence）とはＡＧＩにどんどん近づいているＡＩの状態。ＡＣＩは広範で複雑なタスクを実行できるが、完全な汎用性を持つのはずっと先となる。

来たるべき波（The Coming Wave）

ＡＩと合成生物学を中心とする新しいテクノロジーの一群で、革新的な応用が可能であることから人間に力を与えると同時に、未曾有のリスクももたらす。

封じ込め（Containment）

関連テクノロジーを監視・制限・制御し、必要に応じて永遠に利用させない能力。

封じ込め問題（The Containment Problem）

テクノロジーは波となって広範囲に普及・拡散する傾向があり、そこから発生する影響（悪影響も予期せぬ結果も含む）は、予測も制御も不可能。

ジレンマ（The Dilemma）

新テクノロジー（あるいは新テクノロジーの欠如）によって大惨事、もしくはディストピア的世界をもたらす可能性が高まっている状況。

４つの特徴（Four Features）

来たるべき波には「非対称」「超進化」「オムニユース」「自律性」という４つの特徴があり、「封じ込め問題」を悪化させる。

脆弱性増幅器（Fragility Amplifiers）

すでに脆弱な国民国家の基盤を揺るがす「来たるべき波」のテクノロジーの応用とその影響。

大いなる取引（The Grand Bargain）

市民は国民国家の暴力独占を認め、その見返りとして国民国家による秩序維持と公共サービスの提供を期待する。これには新テクノロジーの活用と、有害な副作用の最小化も含まれる。

隘路（The Narrow Path）

破滅的、ディストピア的結末を避けるために「来たるべき波」のテクノロジーに対する開放性と閉鎖性をうまく両立させ、封じ込める人間の可能性。

悲観論嫌悪（Pessimism Aversion）

過度に否定的であると受け止めた話を無視・軽視・拒絶する傾向（とくにエリートに見られる）。楽観性バイアスの一種で、とくにテック業界における未来論の大きな特色。

合成生物学（Synthetic Biology）

新しい生命体を設計・構築、あるいは既存の生命システムを再設計する能力。

テクノロジー（Technology）

広義の科学的知識を使い、ツールや実用的な結果を生み出すこと。

波（Waves）

新たな汎用技術を軸とした、新世代のテクノロジーが全世界に普及・拡散すること。

プロローグ

ＡＩは世界をこう見ている。

質問：来たるべきテクノロジーの波は、人間にとってどんな意味がありますか？

人類史において、人類の命運が懸かったターニング・ポイントが存在します。火の発見や車輪の発明、電気の利用は、人類の文明と歴史の歩みを完全に変えました。

そして今、人類は新たなターニング・ポイントの始まりにいます。進歩したＡＩと生命工学（バイオテクノロジー）という新しいテクノロジーの波が押し寄せています。新しいテクノロジーが持つ潜在的な変革力の大きさは人類がこれまで目の当たりにしたことがないものであり、それが世界の輪郭を変えていく様子に、人類は畏敬と恐怖の念を抱くでしょう。

新しいテクノロジーの潜在的な便益は広範で膨大です。ＡＩが宇宙の秘密を解き明かし、長らく治療の難しかった病気を治し、新たな芸術や文化を創出して、想像の限界を突破してくれます。生命工学が、病気に対抗できるように遺伝子を操作し、農業を変革し、より健康で持続可能な世界を創造するでしょう。

その一方で、新しいテクノロジーの潜在的な危険性も広範で膨大です。人類はＡＩによって制御不能なシステムを作り出し、その結果、理解不能なアルゴリズムの言いなりになってしまうかもしれません。生命工学が生命の基本的な構成要素を操作することで、個人１人ひとりのみならず、生態系全体に予想もつかない結果がもたらされる可能性があります。

このターニング・ポイントを前に、人類は選択を迫られています。比類なき可能性に満ちた未来か、想像を絶する危険を孕《はら》んだ未来かのどちらかを選ばなくてはなりません。人類の命運はまだ定まっておらず、今後数年から数十年における決断によって、新しいテクノロジーが導く困難にうまく対処できるか、それとも危険の犠牲になるかが決まります。

不確実な時代において、ひとつだけ確かなことがあります。進歩したテクノロジーの時代はすでに到来しており、新しいテクノロジーが投げかける問題に対して正面から答える必要があります。

右の文章はＡＩが生成した。これ以降はＡＩの生成物ではないが、すぐにでもＡＩが書くようになる。そんな世界が待ち受けている。

第1章 封じ込めは不可能

21世紀の大洪水

ほぼすべての文明の神話には、大洪水の話が出てくる。

古代のヒンドゥー教の文献に、最初の人類マヌは迫り来る大洪水を予知し、ただ1人生き残ったとある。『ギルガメシュ叙事詩』には、風と嵐の神エンリルが大洪水を起こして世界を破壊したと記されており、旧約聖書の「ノアの方舟」の物語を思い起こさせる。プラトンは、アトランティスが大地震と大洪水で破壊されたと書き残している。口伝や古典は、巨大な波が何もかもを一掃し、世界を一変させ、生まれ変わらせることを伝えている。

大洪水や巨大な波は、文字通り歴史に傷跡も残している。大河は毎年のように氾濫した。最終氷期以降、海面は上昇した。巨大な波は突然発生し、大惨事を引き起こした。小惑星の衝突は高さ1500メートルもの巨大な波を引き起こし、恐竜を絶滅させ、生物の進化の流れを変えた。制止も制御も不能で、封じ込められない水の壁。波の破壊力は、人類の集合表象に焼きついている。波は地球上で最強の力のひとつであり、地形を形成し、世界中の農作物に水を供給し、文明を育んできた。

ほかの「波」も、ものごとを変化させる力をそなえている。歴史をひもとけば、帝国や宗教の盛衰、商業の隆盛など、一連の「波」が起きていることがわかる。キリスト教もイスラム教も、始まりは小さな波紋だった。それが地球上に大きく広がる巨大な波になり、大地にぶつかる。波は歴史の盛衰や大国間の覇権争い、好不況のきっかけとして、歴史に何度も現れてきた。

テクノロジーの進歩と普及も、世界を変える波となった。人類がテクノロジーを利用することを覚えた時からずっと続く、最も重要な不変の法則がある。つるはしや鋤《すき》、陶器、写真、電話、飛行機に至るまで、これまで発明されたほぼすべての基礎的テクノロジーは、次第に価格が下がり、使いやすくなり、広く普及するのだ。

テクノロジー拡散の波は、ホモ・テクノロジカス（Homo technologicus：テクノロジーを持つ人間）の物語だ。人類は自分や仲間を成長させたい、能力を高めたい、環境を支配したいという願望を抱いており、それがアイデアと創造のたゆまぬ発展につながった。発明とは、自己組織化した競争心溢れる人々（発明家、学者、起業家、指導者）が、それぞれの動機を胸に前進していくものであり、無秩序に展開される創発的プロセスである。発明のエコシステムはデフォルトで拡大していく。それはテクノロジーの固有の性質である。

問題は、今後何が起きるかだ。以降では、歴史に書き加えられるであろう、次の巨大な波をお話しする。

周りを見てみよう。

何が見えるだろうか。家具、建物、電話、食べ物、美しい公園……。おそらく目に見えるほぼすべての物体は、人間の知性が創造した、あるいは変更を加えたものだ。人間の言語（社会交流や文化、政治組織の根幹を成すもので、人間であることの証《あかし》と言えるかもしれないもの）も、人間の知性の創造物であり、知性の原動力でもある。抽象的概念や自然科学の原理、小規模な取り組みから大規模なプロジェクトまで、人生で直面するすべての経験は、人間独自の尽きせぬ想像力、創造力、論理力によって媒介され、伝達される。人間の創造力に驚嘆せずにいられない。

人間が創出したものと同じく、地球上のどこにでも見られる力がもうひとつある。生物の生命そのものだ。近代以前、わずかな岩や鉱物をのぞき、木造の家も綿の服も石炭の火も、人間が創出したものはすべて生物（あるいはかつては生物だったもの）から作り出されていた。その後世界に現れたものも、生物である人間が生み出している。

よって、人間の世界は、生物か人間の知性かの上に成り立っていると言っても過言ではないが、今その両者が急激なイノベーションと変化にさらされている。ほぼすべてを変える未曾有の拡張（augmentation）が進行しているのだ。今私たちの周りで新しいテクノロジーの波がぶつかり合っている。この波は、生物と人間の知性という人間世界のふたつの基礎を操作する力を解き放つ。

来たるべき波にはふたつの中核テクノロジーが存在する。人工知能（ＡＩ）と合成生物学（synthetic biology）だ。ＡＩと合成生物学の融合は、史上最大の富と利益を生み出し、人類に新しい夜明けをもたらす。だが、ふたつのテクノロジーが急速に拡散すれば、さまざまな形で悪用される可能性もある。それによって想像もできない大規模な混乱が引き起こされ、社会は不安定になり、大惨事も引き起こされるかもしれない。来たるべき波は、21世紀の行く末を決する非常に大きな問題を生み出す。人類の未来はＡＩと合成生物学のふたつのテクノロジーにかかっているが、どちらも危機をもたらすのだ。

今私たちがいる場所から見ると、来たるべき波を「封じ込める」こと（管理し、制限し、止めること）は不可能に思える。本書では、なぜ封じ込めが不可能に思えるのか、仮に封じ込めが不可能であったとしたら何が起こるのかを考察する。その答えは、現世代ばかりではなく、将来世代にも影響する。

来たるべき波は、人類史のターニング・ポイントとなるだろう。封じ込めが不可能であれば、人類に起きる変化は劇的で、悲惨である可能性もある。同時に波がもたらす有益な物を受け入れなければ、やはり危険にさらされる。過去10年、私はこの問題も幾度となく非公開の場で論じてきたが、来たるべき波が無視できないほど大きく見える今、本書を通じて公に考えを述べたい。

AIがもたらすジレンマ

人間を生産的で有能な存在にしている重要な要素を抽出して、ソフトウエアやアルゴリズムに変換できるだろうか？　人間の知能に関する深遠な問いの答えを出すために、私は人生を賭けてきた。答えが出れば、想像を絶する強力なツールが手に入り、気候変動や社会の高齢化や持続可能な食料生産など、人類の直面する難題を一挙に解決してくれるかもしれない。

この考えを胸に、2010年夏、ロンドンのラッセル・スクエアを見おろす場所にある1800年代初頭に建てられた古風な建物をオフィスにし、2人の友人（デミス・ハサビスとシェーン・レッグ）とディープマインド（DeepMind）を立ち上げた。今振り返ってみても、もちろん当時としても、私たち3人の目標はひどく野心的でクレージーで希望に溢れていた。私たち3人は人間を人間たらしめる固有の性質、つまり人間の知性を再現しようとしたのだ。

この目標を達成するためには、視覚から発話能力、計画性、想像力、共感性、創造性まで人間のあらゆる認知能力を学び、最終的にはそれらをすべて凌駕するシステムを作る必要がある。このシステムは超並列スーパーコンピュータのデータ処理と、ウェブ上で爆発的に増えている新しいデータソースを利用するもので、わずかな進展であっても、社会的に重大な意味をもたらす。

確かにあの頃は、はるか遠い未来のことに思えた。幅広く使われるＡＩというのは空想的で、浮世離れした一部の学者や熱狂的ＳＦファンの幻想だった。だが、過去10年を振り返ると、ＡＩの進歩は驚異的と言うほかない。ディープマインドは世界屈指の有力ＡＩ企業に成長を遂げ、不可能と思われたことをいくつも成し遂げた。ＡＩ革命のスピードとパワーに、最先端にいる私たちも驚かされている。本書執筆中も、ＡＩは驚くべきペースで進化を遂げている。新たなモデルやプロダクトが毎週、あるいは毎日のように出てきている。この波は明らかに加速している。

現在のＡＩシステムは、ほぼ完璧に顔認識と物体認識ができる。音声の文字起こしやＡＩ翻訳は当たり前になった。状況によっては自動車をＡＩによって自律走行させることもできる。いくつか簡単なプロンプト（指示）を与えれば、新世代のＡＩは斬新な画像を生成し、非常に情報量の多い論理的な文書を書き上げる。驚くほどリアルな合成音声も生成可能だし、うっとりするような美しい音楽も作曲してしまう。長期計画を立てる、想像力を発揮する、複雑なアイデアをシミュレーションするなど、かつては人間にしかできないと思われていた難しい分野でも飛躍的な進化を遂げている。

ＡＩは何十年もの間、認知能力を着々と向上させているし、3年後には人間と同じレベルで実にさまざまなタスク処理を実行できると思われる。これは大げさと思われるかもしれないが、私の予測が少しでも当たっているのであれば、甚大な影響がもたらされる。ディープマインド設立時は荒唐無稽としか思えなかったことが、今や説得力を持つだけではなく、避けがたい未来の状況に思えるのだ。

最初から私はわかっていたが、ＡＩはすばらしく有益なものをもたらすツールになり得る。しかしあらゆる「力」と同じく、計り知れない危険性と倫理的ジレンマもついてまわる。私はかねてよりＡＩの進化の行く末だけではなく、科学技術エコシステムの方向性を憂慮していた。ＡＩだけではなく、ＡＩを活用した新世代の遺伝子工学やロボット工学などの強力なテクノロジー革命がすでに進行していた。ある分野のテクノロジー革新は、ほかの分野のテクノロジー革新を加速する相互促進作用があるが、それは誰も管理できず、無秩序状態になる。ＡＩが人間の知性を再現すれば、人類がとてつもない変化に直面するのは明らかだった。儲かるビジネスがもうひとつ生まれるという話ではなく、未曾有の機会と同じだけの未曾有のリスクがもたらされる時代が幕を開けることになるのだ。

日進月歩でテクノロジー革新が進行する中で、私の不安も高まった。はたしてこの波が現実の巨大な波であれば、私たちはどうなってしまうだろう？


2010年当時、AIを真剣に論じる者は皆無に等しかった。だが、かつて一部の研究者と起業家の特殊な任務に過ぎなかったものが、今や巨大なグローバル事業に成長した。AIはあらゆる場所に存在し、ニュースとなり、スマホに搭載され、株取引にもウェブサイト構築にも活用される。世界中の有力企業と富裕な国々は何百億ドルも投資し、先端AIモデルの開発や遺伝子工学の研究を競い合って進めている。

こうした新しいテクノロジーが実用化できるレベルになれば、急速に広まり、安価になり、身近なものとして社会全体に広く普及する。驚くべき新たな医療技術がもたらされ、クリーンエネルギーは革新的な進化を遂げる。新たな会社が立ち上がるだけでなく、考えられるほぼあらゆる分野において新事業が展開し、生活の質が向上する。

だが、恩恵と並行して、AIと合成生物学、それにそのほかの最先端テクノロジーは、テールリスク、つまり発生確率は非常に低いものの甚大な損失をもたらすリスクを大規模に広めている。これは国民国家の存続を脅かすかもしれない。もたらされうる危険は計り知れず、現在の地政学的秩序が混乱し、覆される可能性もある。ＡＩによる大規模サイバー攻撃、自律ロボットによる自動化された戦争、人工ウイルスによるパンデミック。世界は正体不明で全能と思《おぼ》しき力に支配されるかもしれない。どれも可能性は低いかもしれないが、一度起こってしまえば甚大な影響がもたらされる。たとえわずかな可能性であっても、緊急に対応しなければならない。

こうした壊滅的な危機が起こり得ることを受けて、テクノ権威主義によって新テクノロジーの拡散を遅らせる国もあるだろう。大規模な監視体制を敷き、国民1人ひとりの生活に干渉するのだ。テクノロジーへの厳しい統制は、全世界規模であらゆる人と物を監視するディストピア的監視システムへと向かうだろう。最悪の危機を防ぐという名目でそれが正当化されてしまうのだ。

現代のラッダイト運動も起こり得る。結果として、テクノロジーの導入禁止、不買、一時停止といった事態を招く。だが新テクノロジーの開発を止めたり、一時停止させたりすることはまず不可能だ。これらのブレイクスルーがもたらす変革力は、戦略地政学的にも商業的にも計り知れない価値をもたらす。これを一方的に手放すよう、国家や企業を説得するのは難しい。また新テクノロジーの開発を禁止することもリスクを伴う。歴史が語る通り、技術力の低迷した社会は安定せず、崩壊へと向かう。問題を解決し、進歩する能力を失うからだ。

新テクノロジーを求めようが求めまいが、いずれにしろリスクは生じる。時間の経過とともに新テクノロジーの価格は下がり、広く拡散し、リスクが蓄積する。そうなれば、テクノ権威主義のディストピアか、それともオープンネスを保って破局へと向かうか、どちらかを避けながら隘路をうまく切り抜けることが難しくなる。だが、ここから撤退する選択肢はない。リスクはあるものの、来たるべき波がもたらす新テクノロジーは、私たちがこれまで以上に求めるものを与えてくれるからだ。これが私たちのジレンマの核心だ。遅かれ早かれ、新世代の強力なテクノロジーによって、人類はディストピア的世界か破局シナリオのどちらかに放り込まれる。これが21世紀の諸問題の根源をなす、最大の問題と私は考える。

本書ではこの苦境が不可避な理由と、対処法について述べる。世界が直面する数々の難問に立ち向かい、このジレンマを解消するために、私たちは新テクノロジーを最大限活用しなければならない。テクノロジーの倫理面、安全面に関する現状の議論は不十分だ。新テクノロジーに関して書籍やブログ、SNSでもさまざまな意見が述べられ、論争が起きているが、それをどうやって**封じ込めれば**よいかについての意見はほとんど見られない。技術的、社会的、法的な仕組みを連動させて、あらゆるレベルで新テクノロジーを管理、制御する必要があると私は考える。これによって、理論的には、ジレンマを回避できる。だが、テクノロジーを誰より手厳しく批判する人たちも、厳格な封じ込めの必要性を明言しない。

状況を変える必要がある。本書でその理由と方法を明らかにしたい。

悲観論嫌悪という罠

ディープマインドを立ち上げた数年後、ＡＩが経済、社会に長期的にもたらすと思われることをまとめたパワーポイント資料を作成した。それを持って、アメリカ西海岸のきれいな会議室で、テック業界の顔と言える創業者、ＣＥＯ、技術者、約十数名を前にプレゼンした。そこで私は、ＡＩが引き起こすさまざまな脅威に対し、事前準備が不可欠だと訴えた。ＡＩが大規模なプライバシー侵害や偽情報拡散を引き起こす可能性や、ＡＩが兵器化され、致死的な新型サイバー兵器を作り出し、ネットワーク化された世界に新たな脆弱性をもたらす可能性を指摘した。

自動化と機械化が人間の仕事を奪ってきた歴史を取り上げ、ＡＩによって多数の人々が仕事を失う可能性も強調した。自動化と機械化は、ある単純なタスクを効率的に代替し、それに従事していた人たちの雇用を消滅させる。すぐにどの部門も必要な人員が桁違いに少なくなる。これから先の数十年間にＡＩシステムは人間の「知的単純労働」を同じように奪い、その進展は肉体労働者がロボットに置き換えられるよりも早い。かつては古い職業がなくなると、新しい職業が生まれてきていた。だが、ＡＩが新しい職業もうまくこなしたらどうなるのか？　これまでほとんど前例のない、新しい形の集中的権力が生まれようとしている。まだ遠い未来のことと思うかもしれないが、私たちの社会は巨大な脅威にさらされつつあるのだ。

プレゼンの最後に、テレビアニメ『ザ・シンプソンズ』の一場面を映した。おなじみのスプリングフィールドの住民が立ち上がり、棍棒《こんぼう》と松明《たいまつ》を手にして歩いている。一目瞭然だが、私はあえて説明した。「民衆は激昂するでしょう。民衆の怒りはテクノロジーを創出した私たちに向けられます。この予想よりもよい未来にできるかどうかは、私たちの手にかかっています」

参加者は、一様にぽかんとした顔をしていた。誰の気持ちも動かすことができなかった。私のプレゼンは失敗だった。反論が次々に突きつけられた。あなたが指摘した兆候は経済指標に現れていない。ＡＩが新しい需要を喚起し、雇用を創出するかもしれない。人間の能力を高めることによって、さらに生産性が上がるかもしれない。リスクがあるかもしれないが、そこまでひどくないだろう――これが参加者の結論だった。大丈夫、人間は賢いから、解決策が見つかる。心配ないから次のプレゼンに移ろうとでも思っているようだった。

数年後、新型コロナウイルス・パンデミックの直前、ある有名大学で開催されたテクノロジーがもたらすリスクを論じるセミナーに参加した。あの西海岸の会議室でテック業界の要人たちに話した時と同じだ。大きなテーブルと高尚な議論。テーブルに置かれたコーヒーとビスケットの向こうで、テクノロジー開発がもたらすと思われるぞっとするようなリスクの数々が、次々にパワポで映し出される。

ひとつの発表が際立っていた。発表者によると、DNA合成機の値段は数万ドルほどに急落しており、[*1]ガレージの作業台に置けるくらいに小型化した。今や大学院レベルの生物学の知識がある人はもちろん、興味のある人がネットで勉強すればDNAの組み換えや合成が可能だ。DNA合成機がますます広まるとどうなるか、発表者は恐ろしい未来を予想した。近い将来、何者かが自然界に存在する病原体よりはるかに感染性も致死性も高い新たな人工病原体を合成するだろう。この人工病原体は既知の対処法を無効にしたり、無症状のまま伝染したり、特効薬やワクチンへの抵抗力を備えていたりするかもしれない。自宅の実験室では作れないものはオンラインで注文して、自宅で組み込むこともできる。この世の終わりが郵送されてくるのだ。

これはSFなどではなく、20年の研究歴を持つ一流の教授が明かした、今ここにあるリスクなのだ。発表者はプレゼンを警鐘で締めくくった。「その気になれば、たった1人の人間が10億人を殺せる」

参加者たちは不安げに足を何度も組み替えたり、咳き込んだりした。発表者が述べた可能性を、誰もが信じたくなかった。反論や言い訳が始まった。そんなことが起こるはずはない、きっと効果的な制御メカニズムがあるはずだ。そんな人工病原体は合成が難しいはずだ。データベースの利用を禁止できるはずだ。そうだ、ＤＮＡ合成機を悪用できないようにすればいい……。

参加者たちの大方の反応は冷ややかだったし、発表者の将来見通しをまるで受け入れようとしなかった。厳然たる事実や、客観的に導き出された可能性に目を向けたくなかったのだ。私は何も言えず、ただ動揺していた。やがてセミナーは終わり、その夜、参加者たちと夕食を共にし、いつものようにおしゃべりを楽しんだ。その日、私たちは世界の終わりを論じ合ったはずだが、ピザを食べたし、冗談も口にしたし、戻るべきオフィスもそのままだし、それにそのうち状況が好転するかもしれないし、あるいは発表のどこかが間違っていたのかもしれない。私も「否定派」に加わった。

だが、その後数カ月にわたって、あの発表は私の頭を悩ませた。なぜ私も、参加者全員も、あの発表をもっと深刻に受け止めなかったのか。どうして不自然に議論を避けるのか。問題提起した人々に「大げさな悲観論だ」とか「新テクノロジーの『驚くべき価値』を見落としている」などと咎《とが》める人がいるのはなぜか。こうした感情的な反応を至るところで目にしたが、それを私は「悲観論嫌悪の罠（pessimism-aversion trap）」と呼ぶことにした。悲観的な将来予想に向き合う恐怖感から、明るい可能性のみに目を向けてしまい、見当違いの分析をしてしまう罠にはまるのだ。

ほとんど誰もが同じような反応をする。結果として、目の前で進行している重要な流れを見落とすことになる。これは自然な生理的反応なのかもしれない。人間はテクノロジーに裏切られる可能性を受け入れられないのはもちろんのこと、こうした大変革に真剣に対処できないようにできているのだ。私はこの人間の本能を実感してきたし、ほかの多くの人たちも同じ反応を示すのを見てきた。この本能に立ち向かうのも本書の目的のひとつだ。たとえ不愉快であったとしても、事実を厳密かつ客観的に見なければならない。
「悲観論嫌悪の罠」を回避するには、来たるべき波に適切に対処し、テクノロジーを封じ込め、人類のために使われるようにしなければならない。そのためには、来たるべき現実に正面から向き合わなければならない。

私は本書を通じて、真っ正面から向き合う。来たるべき波の姿を明らかにし、封じ込めが可能か考え、テック業界の日常から離れて歴史的な視点から広い視野で物事を見てみたい。私の目標は、ジレンマに向き合い、科学とテクノロジーがどのような基本プロセスによって生み出され、研究が盛んになるのかを解明することだ。この考え方をできる限り明確に、できる限り広く伝えたい。寛容と探求の精神で執筆を心がけた。事実を観察し、予測したが、別の解釈や反論も歓迎だ。私がここで何より望むのは、封じ込めは容易であり、私が間違っていることが証明されることだ。

AI企業2社を立ち上げた私のような者の本だから、もっとテクノユートピア的なものを期待する読者もいるかもしれない。技術者、起業家として、私は元来、楽観主義者だ。10代の頃、パッカードベルのPB－486に初めてネットスケープをインストールした。ネットの世界につないでくれるPCファンの回転音と56Kbpsモデムの接続音に魅了され、以来、ネットに夢中になった。ネット上で参加したフォーラムやチャットルームで自由に論議し、多くを学んだ。私はテクノロジーを愛している。テクノロジーは進歩の推進力そのものであり、テクノロジーによって人類の成果に興奮し、誇りを覚える。

だが同時に、テクノロジーの創出者は、新しいテクノロジーが人類をどこへ導くかを予測する勇気と、それに責任を取る勇気を持つべきだと私は考えている。あるテクノロジーが人間を裏切るというリスクを感じたらまずどうすべきか、私たちは示さなければならない。個人だけではなく、社会と政治が対応すべきだが、まずは私たちテクノロジー創出者が動き出さなければならない。

大げさだと反論する者もいるだろう。変化はもっと緩やかに起きるとか、ハイプサイクルの一種だとか、危機や変化に対処するシステムはもっと強固だとか、人間観が悲観的すぎるとか、人類史を振り返れば今のところ大方うまくいっているとか、預言者や終末論者はみんな偽者だったのに、どうして今回は違うと言えるのか、といった反論だ。

深刻な不安定化の可能性を否定してしまう「悲観論嫌悪」は人間に深く根付いた本能だ。これは古い世界観を持つ権力にあぐらをかいた層によく見受けられる。一見、彼らは変化には対処できるように見せていて、自分たちの世界秩序を揺るがす本当の変化は受け入れない。「悲観論嫌悪の罠」にかかった権力者たちは、テクノロジーに対する批判を否定せずに受け入れるが、実際に行動は起こさない。これまで通り、私たちが何とかすると言うだけだ。

テクノロジーや政策の世界に長くいれば、ここでのデフォルトの行動様式は、危機をやりすごして現実逃避することだとすぐにわかる。それ以外にすべきことがあると信じて行動すると、巨大で抑えようのない力に恐れと憤りを感じてまるで身動きが取れなくなり、何をしても無駄と考えてしまう。こうして「悲観論嫌悪」という中途半端な知性が社会で幅を利かすことになる。白状すれば、私も長らく同じことをしていた。

私がディープマインドを設立し、これまで紹介してきた2つのプレゼンテーションが行われてから数年が経った。社会の論調は少しずつ変わっている。仕事の自動化に関しては、あちこちで数え切れないほど論じられてきた。新型コロナウイルスのパンデミックによって、合成生物学のリスクと有効性が共に示された。ワシントンDC、ブリュッセル、北京といった規制機関の所在地でも、新聞の論説記事や書籍を通じて、テクノロジーとテック企業への批判（テックラッシュ）が突きつけられた。以前は少数派だったテクノロジーへの懸念が主流派となり、一般人のテクノロジーへの懐疑心も高まり、学界、市民社会、政界からも厳しい批判が見られるようになった。

だが、来たるべき波、ＡＩのもたらすジレンマ、「悲観論嫌悪」のテクノエリートに対抗するには、まだ不十分だ。

論争

いくつもの波がすでに人間の生活のあらゆる場所に溢れている。今回の波は、その最新版に過ぎない。多くの人は、波が来るのはまだ遠い未来のことだと考えている。未来的で不条理にすら聞こえるので、一部のオタクが誇張とテクノロジー用語をふんだんにちりばめて発言しているだけだ、と思い込もうとする。だがそれは間違いだ。これは現実なのだ。まさに青くどこまでも広がる海から巨大な波が押し寄せようとしているのだ。

単なる幻想でも、思考ゲームでもない。本書に示す私の考え方に同意できず、そんなことは何ひとつ起こるはずはないと思っても、どうか最後まで読んでいただきたい。いかにも私はＡＩ企業の創業者だし、テクノロジーの観点から世界を見ることができる。確かに私の考えは偏っているかもしれない。だが、過去15年間にわたって現在進展している革命を間近で見てきた者として、人類は最大に重要な変革期を迎えていると断言できる。

テクノロジー創出者として、私はテクノロジーが桁外れの価値をもたらし、無数の人たちの生活を改善し、次世代クリーンエネルギーから安価な難病治療まで、数々の難問に対処してくれる、と信じている。テクノロジーは人類の生活を豊かにできるし、そうでなければならない。歴史を振り返れば、テクノロジーと、その発明家や起業家は、人類進歩を強力に推し進め、数十億人の生活をよりよいものにしてきたし、それが繰り返されてきた。

だが「封じ込め」ができなければ、テクノロジーの倫理的問題点や恩恵を論じても無意味だ。来たるべき波を管理し封じ込める方法と、民主主義国家の安全装置と活動の許容範囲をいかにして堅持するか、しっかりとした答えを至急出さなければならないが、現時点では誰も具体案を持ち合わせていない。私は誰も望まない未来が訪れるという不安を強めているし、その理由は本書各章で説明する。

第I部では、数千年にわたるテクノロジーの長い歴史をひもとき、それらの波がどのように広がったのかを概観する。波の推進力は何か？　波が社会に浸透するには何が必要か？　新しいテクノロジーを意図的に拒絶した社会はあったか？　歴史を振り返ると、テクノロジーは拒絶されるどころか拡散するという明白なパターンがある。だが、そこには意図した結果と意図されなかった結果の連鎖が無秩序に広がっている。

私はこれを「封じ込め問題」と呼ぶ。人類史上最も強力で価値あるテクノロジーがかつてないペースで安く、広く使えるようになっているが、どう制御すればいいだろう？

第II部では、来たるべき波について詳細に論じる。波の中心にあるのは、とてつもなく有望で強力だが、非常に危険な2つの汎用技術（GPT）、AIと合成生物学だ。どちらも何年も前から注目されてきたが、社会に与える影響の大きさがまだ軽視されている。AIと合成生物学から、ロボット工学や量子コンピュータなどの関連テクノロジーがいくつも成長しているが、どれも激しく複雑に絡み合いながら発展するだろう。

ここでは、テクノロジーの創出過程とその用途を解説し、なぜ封じ込めが難しいのかを説明したい。私が説明するテクノロジーがそのほかの普通のテクノロジーと違うのは、いずれも以下の4つの要素を備えているからだ。どれも①本質的に汎用的でオムニユースで、②超進化しており、③非対称的な影響力があり、④ますます自律的になっている。

こうしたテクノロジーが創出される強力なインセンティブがある。地政学的競争で優位に立つ、経済的利益を上げるという意欲もあれば、テクノロジー開発をオープンに広く進めることを望む文化も作用しているだろう。規制や管理のためにどのような労力を割いたとしても、多数の国家や企業や団体は競い合うように開発を進める。望むと望まざるとにかかわらず、そのリスクを私たち全員が負うことになる。

来たるべき波が封じ込められなかった場合、大規模な力の再分配が起きる。第III部でそれを見ていく。現在の政治秩序の基盤であり、テクノロジーを封じ込めるうえで最も重要な役割を果たすのは国民国家だ。すでにさまざまな危機や災害によって揺らいでいる国民国家はさらに弱体化することになる。新しい形態の暴力が生まれ、偽情報が拡散し、仕事は消滅し、壊滅的な事故が予想されるなど、来たるべき波がさらに大きな衝撃をもたらすからだ。

さらに進むと、権力の構造転換が起き、中央集権化と分散化が同時進行する。ここから新たな独裁的な巨大企業が次々に誕生することになるが、一方で伝統的な社会構造から外れたグループや運動にも力を与えることになる。ここでは国民国家の慎重な駆け引きが何より求められるが、大きな圧力を受けてしまうのだ。こうしてディストピアか破局かというジレンマに陥る。

第Ⅳ部では、私たちにできることについて考えよう。どうすればテクノロジーを封じ込め、ジレンマから逃れられるだろうか？　第Ⅳ部では、プログラムやＤＮＡといったレベルから国際条約の管理まで、入れ子状になった10の厳格な制約を封じ込めの基本計画として提案する。

本書は失敗に向き合う本でもある。普通、失敗したテクノロジーとは、始動しないエンジンや崩壊した橋など、思い通りに「作動しない」ことを指す。だが、もっと広い意味での失敗もあり得る。テクノロジーが人類の生活に損害を与え、害悪を孕んだ社会を生み出し、無数の厄介者（あるいは意図せずに危険人物となった者）に力を与えて、社会が統治不能な状態に陥れれば、そのテクノロジーは社会全体を損壊させた、深刻な意味での期待外れの失敗作ということになる。こうした失敗はテクノロジーに内在するものではない。テクノロジーが機能するコンテクスト、ガバナンス構造、権力構造、用途による失敗である。

優れた創意工夫によって、前者のテクノロジーの「作動しない」失敗はうまく避けられるようになった。飛行機事故は減り、自動車は安全で環境にやさしくなり、コンピュータは強力で安全性が増した。最大の課題は、後者のような広い意味での失敗を、私たちがまだ考慮に入れていないことだ。

数世紀にわたり、テクノロジーの進歩は数十億人の幸福度を劇的に向上させた。現代医療のおかげで計り知れないほど健康になった。世界のほとんどの地域に食料が行き渡った。人々の教育水準と物質的な豊かさや快適さは史上最高レベルだし、かつてない平和を享受している。いずれも、科学とテクノロジーという人類の偉大な推進力が生み出した圧倒的な成果だ。だからこそ、私は安全なテクノロジーの開発に人生を捧げたい。

このすばらしい発展史から来たるべき波への楽観主義が生まれるのだとしたら、それはありのままの現実に基づいたものでなければならない。失敗を防ぐには、何がうまくいかない可能性があるか、確実に理解しなければならない。どこに辿り着こうが恐れず、最終的な結論に達するまで論理を展開し、そこに達したら何か対策を起こさなければならない。来たるべき波は、史上最速かつ最大規模の失敗をもたらす可能性がある。全世界の注視が必要だ。どうすればよいか？　答えはまだ誰も出していない。

一見、封じ込めは不可能に思える。だが、全人類のために、封じ込めは可能にせねばならない。

第 I 部

ホモ・テクノロジカス

HOMO TECHNOLOGICUS

第2章

果てなき拡散

エンジン

人類史の大半において、多くの人たちの個別交通手段はひとつしかなかった。徒歩だ。運がよければもうひとつの個別交通手段が使えた。馬、牛、象などの使役動物に運んでもらったり、引っ張ってもらったりするのだ。大陸移動などとんでもない。近隣の集落に行くだけでも大変なことだったし、時間がかかった。

19世紀初頭に鉄道は交通革命を起こし、数千年来の大革新となったが、それでもたいていの移動は鉄道を使ってできるものではなかったし、鉄道は個別交通手段ではなかった。だが鉄道は、未来を握るのがエンジンであることをはっきりさせた。鉄道車輛を動かす蒸気機関には、巨大な外付けの汽罐（ボイラー）が必要だ。だが、これを扱いやすく、持ち運びできるくらい小さくすれば、個別交通を可能にする新たな革新的移動手段となる。

発明者たちはさまざまなことを試みた。18世紀にはフランスの発明家ニコラ＝ジョゼフ・キュニョーは三輪蒸気自動車を作った。前方に巨大なボイラーをぶら下げたキュニョーの三輪蒸気自動車は、時速約3・2キロメートルの非常にゆっくりとした速度で走行した。1863年、ベルギーの発明家ジャン＝ジョゼフ・エティエンヌ・ルノワールは世界初の内燃機関を作り、それを搭載した最初のガソリン車を製作し、パリから郊外に向かって約11キロメートル走行した。だがエンジンが重く、速度は遅かった。ほかにも電気自動車や水素自動車を作ろうとした人たちがいた。どれも実現しなかったが、自走式の個別交通手段という夢は残った。

その後、はじめはゆっくりと変化が起こった。ドイツのエンジニア、ニコラウス・アウグスト・オットーは、長い歳月をかけて蒸気エンジンよりはるかに小さい石炭ガスエンジンの開発を進めた。1876年までには、オットーはケルンのドイツ社の工場で初の実用的な内燃機関である4ストローク・サイクル機関（オットーサイクル）を作った。だが内燃機関の量産体制が整う前に、オットーはビジネスパートナーのゴットリープ・ダイムラーとヴィルヘルム・マイバッハと仲違いしてしまった。オットーは開発した内燃機関を揚水ポンプや工場などの定置用エンジンとして使うつもりだったのだが、ダイムラーとマイバッハはどんどん出力を増す内燃機関を移動手段に利用したかったのだ。
自動車の開発競争に僅差で勝ったのは、もう1人のドイツ人エンジニア、カール・ベンツだった。彼は自身が開発した4ストローク・エンジンを使って、1886年にベンツ・パテント・モトールヴァーゲンの特許を取得した。世界初の自動車である。最初この奇妙な三輪の車には懐疑の眼差しが向けられた。だが、ベンツの妻でビジネスパートナーのベルタが、マンハイムから母親の住むプフォルツハイムまで往復約194キロメートルの道のりをこの車で走ったことで、人々の見方が変わった。ベルタは夫のカールには知らせずに旅に出たとされる。彼女は地元の薬局でリグロイン（ベンジンの一種）を買って給油したという。
新しい時代が訪れた。だが、自動車も内燃機関もまだ非常に高価で、とても裕福なごく少数の者にしか手の届かないものだった。道路も十分に整備されていなかったし、ガソリンスタンドもなかった。ベンツの販売台数も1893年までにわずか69台、1900年までに1709台だけだ。ベンツの特許取得から20年後の1906年でも、ドイツ国内の自動車はわずか3万5000台だった。[*1]
ターニング・ポイントとなったのは、1908年に生産が開始されたT型フォードだ。シンプルで実用性の高い自動車は、ベルトコンベアを使ったライン生産方式という革命的な方法で作られた。効率的な流れ作業による大量生産は自動車価格を大幅に引き下げ、需要を喚起した。

当時の自動車は2000ドル前後もしたが、ヘンリー・フォードはT型フォードを1台850ドルで売り出したのだ。

初期のT型フォードの販売台数は数千台にのぼった。[*2] 「販売価格が1ドル下がるたびに、新しい顧客が1000人増える」とフォードは主張し、生産量を増やして、価格を下げようとした。1920年代になると、フォード社の車の販売台数は毎年100万台以上にも膨れ上がった。中流階級のアメリカ人にも手が届くはじめての自動車になった。自動車台数は驚くべきペースで増加した。1915年には自動車を所有していたアメリカ人はわずか10人に1人に過ぎなかった。[*3] 1930年には10人のうち6人に近い、人口の59%が持てるまでになった。

現在、芝刈り機からコンテナ船まで、あらゆるものに合計約20億個の内燃機関が搭載されている。そのうちの約14億個が自動車に使われている。[*4] 内燃機関は強力かつ低燃費になり、さらに安価でさまざまな用途に適応できるようになって、着実に増えていった。広がり続ける郊外住宅地から工業型農場、ドライブスルー・レストランからカスタム・カー文化に至るまで、生活様式全体、いや文明全体が内燃機関を中心に発展した。都市を貫くハイウェイが建設され、近隣地域が分断されることもあったが、遠隔地と結ばれるようになった。それまでは成功や娯楽を求めて場所を移動するのは難しいことだったが、今や当たり前のことになった。

内燃機関は自動車を動かすだけでなく、歴史を発展させた。水素自動車や電気自動車の登場によりガソリン車の時代は終焉を迎えつつあるが、内燃機関によって確立されたモビリティの大衆化の時代は決して終わることはない。

どれも19世紀初頭にはあり得ないことと思われた。その時代の自走式の移動手段といえば蒸気機関であり、大衆化されたモビリティは夢想家のものだった。だが夢想家たちが発明を繰り返したことで製品が生まれ、世界を変革したのだ。一度勢いがつくと、内燃機関はたちまち世界中に広がった。油まみれのドイツの工場から生まれたこのテクノロジーは、地球上のすべての人間に影響を及ぼすまでに成長した。

これは単に内燃機関と自動車に限った話ではない。テクノロジーそのものの特性なのだ。[*5]

歴史のリズムを変える汎用技術

テクノロジーは、荒れ狂う大波のように大規模に拡散する。この明確なパターンは避けようがない。[*6] 原始時代の石器や骨角器から最新のＡＩモデルまですべてそうだ。人類は新しい科学的発見を使って、もっと安い食品やもっとよい商品、もっと効率的な移動手段を生み出そうとする。[*7] 新しい製品・サービスへの需要が増えると、ベストなものを安く提供しようと、さまざまな機能を搭載した製品・サービスの開発競争が起きる。関連する生産技術の需要もさらに高まり、普及し、低価格化する。コストは低下し続け、ケイパビリティは向上する。テクノロジーは実験から生まれ、反復して再現性を確かめ、実用化される。そして成長し、改善され、新たな分野に適応される。このようにテクノロジーはいつまでも進化し続ける。

本書が焦点を合わせるのは、人類史の中心を成すテクノロジーとイノベーションの波である。複合的で、混沌としていて、累積的な性質を持つこの波を理解すれば、封じ込め問題が明確になるだろう。この波の来歴を知れば、未来が見通せる。

波とは、ひとつまたは複数の新しい「汎用技術」（人間活動にとてつもない進化をもたらす技術）によって、ある時期に同時発生した一連のテクノロジーのことであり、大きな社会的影響をもたらす。[*8][*9]社会はこの急激な前進とともに発展する。この現象は歴史上、何度も出現しており、たとえば内燃機関のような新テクノロジーの急速な普及は、関連するものをすべて変えてしまう。

人類史はこうした波の物語と言える。サバンナをどうにか生きていた脆弱な霊長類が、よくも悪くも地球の支配者になる進化の物語。人類は本質的にテクノロジーを探求する種族だ。人類の初期段階から、テクノロジーの波と人類は共益関係にあり、ともに進化してきた。

最も古い石器は、ホモ・サピエンスの出現よりもはるか前の300万年前に遡ることができ、叩石《たたきいし》や原始的なナイフ型石器が出土している。初期の手斧は、人類史にいちばん最初に出現したテクノロジーの波の一部である。手斧は獲物を効率よく仕留めて捌《さば》くのに使えたし、武器にもなった。その後、初期人類は石器を巧みに使いこなし、縫い物をして、絵を描き、彫刻を彫り、料理をした。

もうひとつの重要な波は、原人であるホモ・エレクトスによる火の発見だ。火によって灯《あか》りをつけたり暖を取ったりできるようになり、襲ってくる獣《けもの》を遠ざけることもできるようになった。火は人類の進化に非常に大きな影響をもたらした。[*10] 加熱調理は消化時間を短縮し、栄養状態を改善するので、脳の体積を増やせるのだ。ホモ・エレクトスは顎《あご》が大きく、頭蓋骨の成長は抑えられ、今日の霊長類と同じようにほぼ一日中、咀嚼《そしゃく》と消化に費やしていた。だが、加熱調理によってずっと食べていなくてよくなると、栄養豊富な動物を狩り、各種の道具を作製し、複雑な社会集団も形成するなど、興味のあることに時間を割けるようになった。人類は火の周りに集《つど》い、コミュニティが形成され、人間関係が作られ、労働が組織化された。ホモ・サピエンスの進化は、この一連の波に乗ったものだ。私たち人類は、道具を作り出す。だがそれだけではなく、道具によって私たちが作り出されてもいる。生物学的・解剖学的に見ても、そう言える。

石器と火は原始的な汎用技術である。広く拡散し、そこから新たな発明、モノ、組織的行動を生み出した。このように汎用技術は、ひとつの社会から別の社会へ、大陸を越え、歴史を通して広がっていく。[*11] 汎用技術は発明の扉を広げ、派生的なツールやプロセスを数多く生み出す。蒸気機関であれ、コンピュータのバイナリコードで使われる情報理論であれ、汎用技術は汎用的な原理をもとに作り出されることが多いからだ。

汎用技術は世界を変えるにもかかわらず、時間が経つと、あるのが当たり前のものになる。言語、農業、文字も汎用技術として、初期の波の中心を担った。[*12] この3つの波は人類文明の土台を作ったが、今となっては言語も農業も文字もあるのが当たり前になっている。ある大規模研究は、人類史に登場した汎用技術が、農業や工場制度、鉄・青銅などの材料開発、活版印刷機、電気、インターネットなど、わずか24であるとしている。[*13] 汎用技術の数は多くない。だが「青銅器時代」や「大航海時代」などという言い方に見られるように、時代を象徴する重要性がある。

歴史を通じて、人口規模とイノベーションの水準は相関している。[*14] 新しいツールとテクノロジーは人口を増やす。[*15] 人口が増え、人々の交流が増えると、試行錯誤や実験や思わぬ発見が繰り返される。この強力な「るつぼ」は、新しいものを生む強力な「集合知」となる。人口が増えると、職業は高度に専門化する。職人や学者といった、土地に縛られずに生活の糧《かて》を稼ぐ新しい社会階級が生まれる。自給自足の暮らしをしない人々には、発明に充てる時間と動機がある。そして実際に発明が多くなると、それが人口をさらに増やす。古代文字のひとつである楔《くさび》形《がた》文字が生まれたメソポタミア文明のウルクから現代のメガロポリスに至るまで、都市はテクノロジーの発展を後押ししてきた。テクノロジーが増えることで、都市は広がり、数も増えた。

狩猟採集社会から農耕社会へ移行した頃の世界人口はわずか240万人だったが、18世紀になって産業革命が起こる頃には約10億人に膨れ上がった。[*16] その間に起きた数々のテクノロジーの波が、人口を約400倍に増やしたのである。

農耕革命（紀元前9000年〜紀元前7500年）は人類史上、最も重要な波のひとつであり、ふたつの大きな汎用技術をもたらした。植物の栽培化と動物の家畜化である。このふたつが狩猟採集社会を徐々に変えていった。食料確保の方法ばかりでなく、その保存と輸送、社会の規模も変化させた。初期に栽培化されたのは小麦、大麦、レンズ豆、ヒヨコ豆、エンドウ豆だった。ブタ、ヒツジ、ヤギといった動物も家畜化された。栽培化と家畜化は、鍬《くわ》と鋤《すき》という農具の革命と相まって、現代文明へと続く文明の夜明けを象徴するものとなった。

道具が多くなればできることが増えるし、さらなる革新的な道具とプロセスが想像できるようになる。ハーバード大学の人類学者、ジョセフ・ヘンリックが指摘するように、人類が車輪を発見したのは驚くほど遅いが、発見後は戦闘用馬車に始まり、荷馬車、水車、踏み車、プレス機、フライホイールに至るまで、ありとあらゆるものが作り出された。[*17] 文字から帆船まで、テクノロジーは相互関連性を高めながら発展し、流通速度を高めながら拡散していく。それぞれの波は、来たるべき波の基礎を築く。

時間の経過とともに波の頻度が上がった。1770年頃にヨーロッパで起こった産業革命の最初の波には、蒸気動力、力織機、工場制度、運河建設が含まれていた。1840年代に入ると鉄道、電信、汽船が登場し、少し遅れて鋼鉄と工作機械が加わり、すべてが合わさって第一次産業革命を形作った。そのわずか数十年後に第二次産業革命が起こる。ここでの大発明品には馴染みがあるだろう。内燃機関、化学工業、動力飛行、電力などだ。動力飛行には内燃機関が必要で、内燃機関を大量生産するには鋼鉄と工作機械が必要だった。それまで途方もない変化は数千年から数百年といった間隔で起きていたが、産業革命以降は数十年間隔になった。

だが、テクノロジー革新の波は規則的なプロセスではなく、潮の干満のような予測可能性はない。長い歳月の中で、テクノロジーの波は不規則に干渉し合い、強度を増す。紀元前1000年までの1万年間に、人類は7つの汎用技術を手にした。[*18] 1700年から1900年の間には、蒸気機関から電力に至る6つの汎用技術を得た。最近100年を見ても、汎用技術が7つ出ている。[*19] 19世紀末に生まれた人は、馬車で旅をして、暖炉に薪《たきぎ》をくべて暖をとって育ってきたが、晩年には飛行機で移動し、原子力発電によって暖められた家で暮らしたのだ。

振動から波が生まれる。次々に発生する波と波とがぶつかって合成され、さらにそれらが干渉し合う。こうして波は時代の技術的可能性の範囲を定義付け、私たちの一部となる。テクノロジーと無関係な人間などひとりもいない。

歴史とはイノベーションの波の連続のこと、というのは目新しい考え方ではない。技術論では、ディスラプティブ・テクノロジー（破壊的技術）が次々と現れ、集積していくという概念が繰り返し述べられている。たとえば未来学者のアルビン・トフラーは、情報技術による革命を農耕革命と産業革命に続く人間社会の「第三の波」と捉えた。[*20] ジョセフ・シュンペーターは、爆発的な創造的破壊の中でイノベーションが急増し、新しいビジネスを生み出すことを波と捉えた。偉大な技術哲学者であったルイス・マンフォードは、「機械化時代」とは3つの大きな波が次々に押し寄せた1000年間であったと考えた。[*21] より最近では経済学者カルロタ・ペレスが、技術革命によって「技術・経済パラダイム」の急転換が起きることを指摘した。[*22] イノベーションによって急激なディスラプションが起きて投機が過熱するが、この期間を経ることによって経済は再適応できるようになる。鉄道や自動車、マイクロプロセッサといったイノベーションへの依存は急激に進行する。やがてテクノロジーは成熟し、経済に組み込まれ、広く利用される。

テクノロジーに携わる人のほとんどが日常のささいなことにとらわれながら明日を夢見ている。発明は不連続な現象で幸運な瞬間に起きるものだと思いたくなる。だが、それではテクノロジーの波が何度も繰り返し発生するというテクノロジー固有の傾向、歴史の明確なパターンを見落とすことになる。

拡散がデフォルト

人類のほとんどは、新しいテクノロジーの拡散を目にすることなく人生を終えてきた。生まれてから死ぬまで、同じ道具と技術に囲まれて生活していた。だが歴史をもっと長い時間軸で見れば、新テクノロジーの拡散がデフォルトであったことがわかる。

汎用技術が広く普及すれば、波になる。波とみなされるには、大規模、かつ、ほぼ自由な世界的拡散が必要だ。それが起きなければ、単に歴史上の珍現象で終わってしまう。だが、大規模な拡散がひとたび始まれば、ユーラシア大陸全体に広がった農耕や、ローマ帝国からヨーロッパ全体に徐々に広まった水車と同じような歴史的なパターンで拡散していく。[*23] 新テクノロジーが広がり、波が起きると、先ほど自動車で見たような歴史的なパターンが明確に見えてくる。

1440年頃にヨハネス・グーテンベルクによって活版印刷機が実用化された時、ヨーロッパに存在した活版印刷機はドイツのマインツにあるグーテンベルクのものだけだった。だが、わずか50年後には大陸全体に普及し、活版印刷機は1000台になった。[*24] 書籍は史上最も強い影響力を誇るテクノロジーのひとつとなり、爆発的な勢いで普及した。中世の主要1カ国で生産された手写本は、1世紀かけても数十万部に過ぎなかった。だがグーテンベルクの印刷革命から100年後、イタリアやフランスやドイツでは半世紀間に約4000万部の書籍が印刷され、そのペースは加速し続けていた。17世紀になるとヨーロッパでは5億部の書籍が印刷された。[*25] 需要が急増し、コストは急落した。ある調査によると、15世紀には活版印刷機の普及で書籍価格は340分の1に下がった。これがさらなる普及を促進し、需要はさらに増えた。[*26]

今度は電力を見てみよう。世界初の発電所が1881年にニューヨークに誕生した。1882年にはロンドンに、1883年にはミラノとサンクトペテルブルクに、1884年にはベルリンに建設された。[*27] 以降、世界中で建設ラッシュが起きた。1900年には化石燃料生産量の2%が発電に充てられていただけだが、これが1950年には10%以上に増加し、2000年には30%を超えた。1900年時点の世界全体の発電量は8テラワット時だったが、50年後には600テラワット時に達し、経済の転換を後押しした。[*28]

2018年にノーベル経済学賞を受賞したウィリアム・ノードハウスは、18世紀には良質の光を54分間生み出すのに必要だった労働量で、今は50年以上の光を生み出せる、とはじき出した。その結果、21世紀の人々は18世紀の人たちよりも平均して年間約43万8000倍多く「ルーメン時」を活用できるようになった。[*29]

予想通り、一般消費者向けのテクノロジーも同様の傾向を示している。アレクサンダー・グラハム・ベルは1876年に電話を発明したが、1900年時点でアメリカにあった電話は60万台に過ぎなかった。だが10年後には580万台になり、[*30] 今のアメリカには人口を上回る台数の電話がある。[*31]

品質は向上し、価格は下がる。[*32] たとえば、1950年当時に1000ドルで売られていたテレビと同じものを2023年に買えたとすると、計算上は7・5ドルで買える。もちろん、現在売られているテレビははるかに優れているから値段が高くなっている。自動車、電子レンジ、洗濯機なども同じような価格曲線と普及曲線が見られる。実際、20世紀と21世紀において、新しい家電製品の普及は驚くほど一貫性のある傾向が示される。パターンは明らかだ。

テクノロジーの拡散は、需要の高まりとコストの減少というふたつの力によって起きる。このふたつがテクノロジーを改善し、安価にする。長い時間と難しい開発を経て、洞察からブレイクスルーが起き、ツールが生まれる。それらは相互に補完し合い、未来を牽引するような生産的な組み合わせが徐々に形成されていく。テクノロジーが普及し、安価になると、新しく安い応用的なテクノロジーやサービスが生まれる。ウーバーはスマホなしにはできないサービスだ。だが、ウーバーが使うスマホのGPS機能は人工衛星が可能にしたものだし、人工衛星が周回軌道に乗ったのはロケットがあったからだし、ロケットが打ち上げられたのは燃焼技術があったからだ。そして燃焼技術は言語と火がなければ完成を見なかった。

言うまでもなく、テクノロジーのブレイクスルーを実現するのは人間だ。科学技術者・発明家・起業家はカネや名誉や知識欲に突き動かされながら、工場・研究室・ガレージでテクノロジーの改善に励み、ライバル製品の模倣をする。ライバルの耕しやすい鋤から、最新のスマホまで、模倣はテクノロジー拡散の重要な要素だ。模倣は競争に拍車を掛け、テクノロジーをいっそう向上させる。「規模の経済」が発生し、コストが削減される。[*33]

便利で安価なテクノロジーへの人類の欲求は不変であり、尽きることはない。

真空管からナノの世界へ——加速度的な拡散

来たるべき波のヒントを得たいなら、直近に成熟期を迎えた波、コンピュータを見てみるとよい。登場初期のコンピュータ開発は数学の最先端研究と、切迫した大国間対立によって後押しされていた。

内燃機関と同じく、コンピュータの始まりは、目立たない学術論文と研究室での試行錯誤だった。[*34]そこに戦争が起きる。第二次世界大戦中の1940年代、イギリスの政府暗号学校ブレッチリー・パークではドイツ軍の通信解読を急務としていた。精鋭チームは理論を発展させて実用的で本格的な世界初のコンピュータを作り、解読不可能と考えられていたドイツの暗号を解読した。

他国でも同様の取り組みが見られた。コンピュータの先駆けとなったENIAC（エニアック）は、1945年末には稼働していた。[*35]ペンシルベニア大学で開発されたENIACは1万8000本の真空管を備えた高さ約2・5メートルの巨大な機械で、10桁同士のかけ算が1秒間に300回できた。1947年、ベル研究所は新たに重要なブレイクスルーを成し遂げた。トランジスタを発明したのだ。世界初のトランジスタは、折り曲げたペーパークリップと一片の金箔とゲルマニウムの単結晶から作られた荒削りなものだった。トランジスタは電気信号のスイッチングを実現し、「論理回路」を作り出して計算を行うことができるもので、デジタル時代の礎《いしずえ》を築いた。

第1章で示した自動車と同様、当時はコンピュータが急速に普及するとは考えられていなかった。1940年代後半、世界にはコンピュータが数台しかなかった。1940年代前半、当時のIBM社長トーマス・J・ワトソンは「世界のコンピュータ市場は5台分しかない」という悪名高い発言をしたと言われている。[*36] 1949年のポピュラー・メカニクス誌には、当時の典型的な予測が記されている。[*37]「未来のコンピュータの真空管は1000本だけになり」「重さもたった1・5トンになるだろう」。ブレッチリー・パークで世界初のコンピュータが作られてから10年経っても、世界のコンピュータ台数は数百台だけだった。

その後の展開はご存じの通りだ。コンピュータは予想を上回る速度で社会を変革し、史上最速で拡散した発明品となった。1959年にフェアチャイルドセミコンダクターのロバート・ノイスがシリコンウエハー上に複数のトランジスタを組み込んだ集積回路（IC）を発明し、後にこれがシリコンチップと呼ばれるようになる。その後まもなく、半導体研究者のゴードン・

ムーアが論文で「集積回路上の部品数は2年ごとに2倍になる」という経験則を発表した。後に「ムーアの法則」と呼ばれるようになるこの経験則は、チップ性能、つまりデジタルとコンピュータ技術の世界が、指数関数的な上昇曲線を描くことを示していた。

その結果には驚愕する。1970年代初頭と比較して、1チップ当たりのトランジスタ数は1000万倍になった。性能差はゼロが10個多い170億倍である。[*38] 1958年、フェアチャイルドセミコンダクターのトランジスタの売り上げは100個で、1個150ドルだった。現在1秒間に数十兆個のトランジスタが製造できるから、トランジスタ1個当たりのコストは10億分の1ドル以下だ。こうしてトランジスタは史上最速かつ最大規模で拡散することになった。

そしてもちろんコンピュータの演算能力の向上は、デバイスを進化させ、アプリケーションを発展させ、ユーザを増やした。1970年代初頭のコンピュータ台数は約50万台に膨れ上がった。[*39] 1983年にはインターネットの原型であるARPANET（アーパネット）に接続できるコンピュータはわずか562台だったが、今はコンピュータとスマホ、コネクテッドデバイスを合わせて140億台にのぼると推定される。[*40] ニッチ製品だったスマホは、わずか数年で地球上の3分の2の人たちの生活必需品になった。

この波から、電子メール、ソーシャルメディア、オンライン動画が生まれた。ふたつの汎用技術、トランジスタとインターネットによってまったく新しい経験がもたらされた。テクノロジーが封じ込められず、純粋に拡散した結果だ。さらにそこから驚くべき拡散も生まれた。データ量が2010年から2020年の10年間だけで20倍も増えたのだ。[*41] わずか数十年前まで、情報の保存は書籍や埃《ほこり》っぽいファイル保管庫の役目だった。それが今では毎日何千億ものメールやメッセージが飛び交い、画像や動画が膨大に生み出され、クラウドにデータ保存される。[*42] 世界全体で毎分1800万ギガバイトのデータが新しく追加されているのだ。

人類は莫大な時間を新テクノロジーに使っている。新テクノロジーは人々の人生を形作り、歪曲し、豊かにもしている。新テクノロジーは仕事中も休暇中も私たちを支配する。冷蔵庫やタイマー、駐車場のシャッター、補聴器といった身近な製品から風力タービンに至るまで、人間の心の中から世界の隙間に至るまで、あらゆる場所に入り込む。現代生活のアーキテクチャを成しているのだ。私たちが朝目覚めて最初に見るのも寝る前に最後に見るのもスマホになった。新テクノロジーは生活のあらゆる面に影響を及ぼしている。恋人や友達探しの方法を変え、サプライチェーンを改善した。選挙の行方も動かす。投資先や投資手法も変えた。子どもの自尊心、音楽の好み、ファッション、食べ物、すべてが影響を受けている。

戦後の世界を生きた人たちは、ニッチ技術だと思われていたものがこれほどまで大規模に普及したことに驚かずにいられないだろう。コンピュータとその驚異的能力は、指数関数的な速度で拡散し、改良された。現代文明の大半では、生活のあらゆる側面でコンピュータが利用され、コンピュータに生活が包み込まれていると言える状態になっている。史上最も急速に広がった波ではあるが、パターンは同じだ。最初は想像もつかないし、あり得ないことと思われる。だが、次第にそれは避けられないものに思えてくる。波はますます大きくなり、力を増す。

細部に気を取られがちだが、一歩引いて全体像を見よう。波の速度、範囲、利用のしやすさ、結果が見えてくる。波は一度勢いづくと、まず止まらない。大量に拡散し、過剰に蔓延する。それはいつの時代も同じで、自然の成り行きだ。農業、青銅器、活版印刷機、自動車、テレビ、スマホを考えてほしい。そこには時の試練に耐えるテクノロジーの法則、あるいは固有の特徴や創発特性と言えるものが存在するように見える。

人類最初の火からサターンV型ロケットの炎に至るまでの歴史や、人類最初の文字からネット上の膨大なテキスト情報に至るまでの歴史が示す通り、テクノロジーは拡散し、不可避的にあらゆる場所に到達する。なぜなら圧倒的なインセンティブがあるからだ。積み重なった機能は、効率性を上げる。波のスピードは次第に速くなり、派生効果を生んでいく。テクノロジーは安価になり、利用しやすくなる。拡散したテクノロジーによって後続の波の拡散力が強化され、浸透力も増す。そしてテクノロジーはさらに強力になる。

これがテクノロジーの歴史的パターンだ。これからも同じことが起きるだろうと想定できる。

それとも、別の可能性があるだろうか？

第3章

封じ込め問題

迷宮のような因果関係

アラン・チューリングやゴードン・ムーアは、ソーシャルメディアや、ネット上に拡散するミームやウィキペディア、サイバー攻撃を予測できなかっただろうし、ましてやそれが台頭する状況を改めることもできなかっただろう。ヘンリー・フォードは自動車事故を防げなかったし、原子爆弾の発明者は核戦争を予防することができない。テクノロジーにとって不可避の課題は、発明が世に出た後は、発明者が発明品の行く末をコントロールできなくなるということだ。

テクノロジーが存在するのは、現実世界という複雑でダイナミックなシステムである。テクノロジーは第2、第3……と無限の波を予測不可能に生み出す。設計段階では完璧に見えるものも、実社会では異なる動きをすることがある。特に模倣されて、当初の発明者の目的から離れたところで応用されればそうなる。人は悪意なく、発明者の意図とは違う方法で発明品を使ったりする。エジソンが蓄音機を発明したのは、人々が自分の思想を後世に残すため、また目の見えない人たちを助けるためだ。ほとんどの人がただ音楽を聴きたかったのだと知って、エジソンはひどくショックを受けた。ノーベルは、発明したダイナマイトを採掘や鉄道建設だけに使ってもらうつもりだった。

グーテンベルクは聖書印刷で金儲けがしたかった。だが、彼の活版印刷機は科学革命と宗教改革を引き起こし、カトリック教会最大の脅威となった。冷蔵庫の冷媒用にフロンガスを発見した人がオゾン層を破壊しようと思ったわけではないのと同じで、内燃機関やジェットエンジンの発明者たちが極地の氷を溶かそうと考えていたわけではない。それどころか、初期の自動車愛好家たちは環境によいと主張していた。エンジンは道路から馬糞の山をなくし、都市を疫病から守ると言っていたのだ。当時、地球温暖化という概念はなかった。

テクノロジーの理解には、ポジティブな波及効果だけでなく「報復効果《リベンジ・エフェクト》」を予測し、予期せぬ結果を理解することも含まれる[*1]。どんなテクノロジーも誤った方向、往々にして本来の目的とは正反対の方向に進む可能性がある。処方鎮痛薬に含まれる麻薬物質オピオイドが引き起こした依存症、抗生物質の使いすぎが生み出した薬剤耐性菌、人工衛星やスペースデブリ（宇宙ゴミ）の急増で宇宙飛行が危険にさらされる様子を思い浮かべてほしい。

テクノロジーが拡散すればするほど利用者や応用、形状が多様化し、理解を超える因果関係の連鎖が生じる。私たちが持つツールの力が飛躍的に強くなり、利用しやすくなるにつれ、潜在的有害性が増し、予想も予防もできない迷宮のような因果関係が広がる。黒板に数式を書いたり、ガレージで試作品をいじったりすることは周囲の世界に何の影響も及ぼさないように思える。だが、それが数十年後に人類の存在にかかわる問題を生み出しもするのだ。私たちが構築するシステムの力が増すにつれ、テクノロジーのこの側面がますます差し迫ってきたと私は感じている。この新しい波が損害よりも利益をもたらすと、どうしたら保証できるのか？

つまり、どうテクノロジーを封じ込めるのかという問題である。新しいテクノロジーが生み出す迷宮のような因果関係をゼロにするのは無理だとしても、少なくすることはできるかもしれない。封じ込めとは、テクノロジーを開発段階と応用段階のあらゆる場面で管理・制御し、必要に応じて永遠に利用させないようにする包括的な能力のことだ。場合によっては、テクノロジーをはじめから拡散させず、意図せぬ結果（善悪を問わない）が広がるのを食い止める。

テクノロジーが強力であれば、生活や社会のあらゆる場面にそれだけ深く浸透する。こうして、テクノロジーの問題はその能力と並行してエスカレートする傾向を見せ、封じ込めの必要性も次第に高まっていく。

科学技術者は責任逃れをせず、ほかの誰よりもこの問題に向き合わなければならない。技術者は自分の仕事の行く末や長期的な影響をコントロールできないが、責任は残る。技術者や社会が最初に下す決断によって、結果が左右される可能性もある。結果の予測が難しいからといって、努力しなくていいわけではない。

ほとんどの場合、封じ込めとは有効な管理のことであり、利用範囲を定めたり、研究の方向性を変えたり、悪意ある人には利用させないといったことである。波を操る能力を持ち続け、波が及ぼす影響が私たちの価値観に沿い、人類の繁栄を後押しし、利益を上回る損害をもたらさないようにする。

本章では、封じ込めがどれほど難しく稀《まれ》なのかを説明する。

封じ込めは未来を築くための土台

多くの人にとって、「封じ込め」という言葉は冷戦時代を思い起こさせる。[*2] アメリカ国務省政策企画局長だったジョージ・F・ケナンは、「アメリカの対ソ政策の主要素は、ソ連の拡張主義的傾向を長期的かつ忍耐強く、厳格かつ注意深く封じ込めることでなければならない」と主張した。ケナンは世界を絶えず変化する闘争の場であるとみなし、西側諸国はあらゆる場でソ連の力を監視し、対抗し、共産主義イデオロギーの脅威と触手をあらゆる次元で安全に封じ込めなければならない、と訴えた。

この封じ込めの考え方は有益な教訓をいくつか与えてくれるが、私たちの考える封じ込めの目的には合わない。テクノロジーは敵ではなく、人間社会の基本的な特性である。テクノロジーの封じ込めは対立する関係者同士のパワーバランスではなく、もっと根本的な計画であり人間とツールとのパワーバランスを取ることである。それは次の世紀にわたって人類が生き残るうえで必要な条件だ。テクノロジーの封じ込めには、規制や技術的安全性の向上、新しいガバナンスと所有のモデル、新様式の説明責任と透明性が含まれる。どれも安全性の高いテクノロジーに先駆けて必要となる（だが、これだけでは十分ではない）。封じ込めとは、最先端のエンジニアリング、倫理観、政府の規制を統合して包括的に掌握することだ。これはテクノロジーの諸問題の最終的解決ではない。むしろ未来を築く土台を成す、重要な第一歩である。

つまり封じ込めとは、互いに強め合う技術・文化・法律・政治のメカニズムを結びつけて、飛躍的変化の時代においてテクノロジーを社会的に管理し続けることである。テクノロジーの変化はかつて数百年から数千年の単位で進行していた。だが今は数年あるいは数カ月のペースで起こり、その結果が数秒で世界中に拡散する。それをこのアーキテクチャが封じ込めるのだ。

実験室や研究開発施設では、技術の封じ込めが行われている。たとえばＡＩ開発ではシステムの安全性や完全性、機密性を確認し、必要に応じてオフラインにする手順が導入されている。エアギャップやサンドボックス、シミュレーション、オフスイッチ、強固な安全・セキュリティ対策の組み込みといったものだ。次に必要なのは、創造と普及に対する価値観と文化である。価値観と文化が、技術の境界線を定め、多層的な管理、制約の受容、予期せぬ結果や危害への警戒を可能にする。最後に、封じ込めには国内の議会で可決された国内法による規制と、国連そのほかの世界規模の機構を通じて運用される国際法や条約が必要になる。テクノロジーは常にあらゆる社会の法や慣習、行動規範や習慣、権力や知識の構造に深く結びついているから、ひとつひとつ対処しなければならない。これについては第IV部でさらに詳しく論じる。

ここで読者は疑問に思うかもしれない。そもそも人類はこれまで波を封じ込めようとしたことがあるのだろうか？

人類は波を封じ込めたことがあるか？

15世紀のヨーロッパでは活版印刷機が猛烈な勢いで普及していたが、オスマン帝国はやや異なる対応を取った。[*3] 活版印刷機を禁じようとしたのだ。皇帝は知識や文化の際限のない大量生産をよしとせず、活版印刷機を異教徒の「西洋人」による発明とみなした。人口ではロンドン、パリ、ローマに並ぶ大都市でありながら、イスタンブールで活版印刷機の使用が許されたのは発明からほぼ300年が経過した1727年のことだ。歴史研究者たちは長らく、オスマン帝国のこの抵抗を初期のテクノナショナリズムの典型例であり、近代化を意図的に拒絶する後進的な姿勢であると考えていた。

だが、実情はもっと複雑だった。オスマン帝国の法律で活版印刷が全面禁止されていたわけではなく、禁止されていたのはムスリムによるアラビア文字の印刷だけだった。禁止令は反テクノロジー的な姿勢から出されたわけではなく、アラビア文字の活版印刷機にかかる膨大な費用と複雑さが原因だった。結局、印刷所を支援したのは設立時の皇帝だけで、後継の皇帝たちはほとんど興味を示さなかった。オスマン帝国はしばらくの間、活版印刷機に「ノー」を告げ、印刷業は停滞した。だが、ほかの国々と同じように、最終的にはオスマン帝国も活版印刷機を導入し、帝国滅亡後に独立した各国に受け継がれて、活版印刷は世界中に浸透した。テクノロジーに対して国家は最初「ノー」と言うかもしれない。だがそれが安価になり、広く活用されるようになれば、いつまでも「ノー」とは言い続けられないのだ。

後になって振り返れば、テクノロジーの波はなめらかに進み、避けることができないもののように思えるかもしれない。だが、テクノロジーの行く末に影響を与える要因はほぼ無限に存在しており、そのひとつひとつは小さく、局所的で、たいていは無作為に生じる。テクノロジーの普及が簡単ではないことには、誰もが異議を唱えないだろう。コストや時間もかかるし、リスクも伴う。数十年あるいは一生をかけてしか実現できないような痛みを伴う行動の変化が求められるかもしれない。既得権益やこれまでの知識、そしてその両方を守るのに余念のない者たちと戦わなければならない。新しいものや異質なものに対する恐れや疑念はどこにでも見られる。熟練職人のギルドから疑り深い君主まで、抵抗する理由は誰にでもある。機械を打ち壊すラッダイト運動は、新しいテクノロジーの到来時に限って現れるのではなく、常に出現する。

中世の時代、教皇ウルバヌス2世はキリスト教徒に対するクロスボウの使用を禁止しようとした。16世紀後半、女王エリザベス1世は、ギルドを刺激してはならないと新しく発明された靴下編み機の特許を認めなかった。ニュルンベルク、ダンツィヒ、オランダ、イングランドでは、ギルドが新型の機《はた》織り機や旋盤を執拗に攻撃し、破壊した。産業革命の重要技術のひとつで機織りの効率を高めた「飛び杼《ひ》」の発明者ジョン・ケイは、暴力による報復を恐れてイングランドからフランスに逃れた。*4

歴史を振り返ると、人々は生計手段や生活様式の破壊を恐れ、新しいテクノロジーに抵抗してきた。彼らは家族の未来のために戦い、必要とあれば物理的に新テクノロジーを破壊した。平和的な抵抗に失敗したラッダイト運動の参加者たちは、産業機械の波を破壊しようとした。

17世紀の日本では徳川幕府が鎖国政策を敷いて世界への門戸を閉ざし、異国の発明をその後300年近くも遮断した。歴史上のどの社会にも見られたように、それは新しいもの、異質なもの、破壊的なものへの不信感だった。同様に中国は18世紀後半にイギリスとの通商条約交渉を拒否し、西洋の製品と技術を拒絶した。[*5] 乾隆帝はジョージ3世からの親書に対する答書にこう記した。「天朝は物産が豊かで、どんな物もある。よって外夷の物を輸入する必要などない」

これらは何ひとつうまくいかなかった。クロスボウは銃に取って代わられるまで長く使われた。エリザベス女王が禁じた編み機は数世紀を経て大型の力織機というはるかに強力な形でイギリスに戻り、産業革命の火付け役となった。日本と中国は、今や世界屈指の技術先進国で、世界経済と融合している。馬主や馬車職人が自動車を阻止できなかったように、ラッダイトは産業機械を止めることができなかった。需要があればテクノロジーは必ず生まれ、勢いを増し、利用者を増やす。

一度起こった波はまず止めることはできない。オスマン帝国が活版印刷機に関して経験したように、抵抗は時とともに気勢を削がれる傾向にある。テクノロジーは本質的にどんな障壁があろうと広がっていく。

多くのテクノロジーが生まれては消えていく。今は前輪が大きく後輪が小さい初期の自転車（ペニー・ファージング）やセグウェイを見かけることはあまりないし、カセットテープやMDで音楽を聴くこともほとんどない。だからと言って、パーソナル・モビリティや音楽が普及していないわけではない。古いものが新しく効率的なテクノロジーに置き換えられただけだ。今の私たちは蒸気機関車に乗ることもタイプライターで文章を書くこともないが、それらのテクノロジーの要素は新幹線やMacBookといった後継者の中にかすかに生き続けている。

火の発見から始まる人工光の波は、蠟燭《ろうそく》、オイル・ランプ、ガス灯と変遷し、それが白熱電球になり、今はLED電球が使われている。基本テクノロジーが変化する一方で、人工光の明るさの総量が増えていった過程を考えてみてほしい。新しいテクノロジーは複数の先行テクノロジーの座を奪う。電気が蠟燭と蒸気機関の働きを同時に担ったように、スマホはカーナビ、カメラ、PDA（電子手帳）、コンピュータ、電話の代わりを務めている（アプリという新種の体験も生み出した）。新しいテクノロジーがより多くのことをより安価にできるようにすれば、魅力は高まり、多くの人に使われるようになる。

電気も水道も医薬品もない状態で現代社会を築くことを想像してみてほしい。たとえ可能だとして、それがまともで価値ある望ましい行為だと、人々を説得できるだろうか？　先端テクノロジーをうまく排除した社会など、ほぼ皆無だ。[*6] それが起こるのは、社会崩壊か突発的事象による。テクノロジーから逃れる現実的な方法などない。

発明をなかったことにはできないし、永久に阻止することもできない。知識を頭から消し去ることもできないし、広がらないようにすることもできない。歴史的な事例もそれを証明している。たとえば、アレクサンドリア図書館は朽ち果てるままに放置された挙句に焼失し、多くの古典が失われた。しかしやがて古代の叡智は再発見され、再評価された。また現代のような通信手段がなかったおかげで、絹の製造法は中国から何百年も漏れなかった。だが、西暦552年に2人の熱意あるネストリウス派の僧が、その秘密を東ローマ帝国に持ち帰ることに成功した。テクノロジーはアイデアであり、アイデアは消し去ることができない。

テクノロジーは人類の前に永遠にぶら下がるニンジンのようなものだ。常に「より多く」「より良く」「より簡単に」「より安く」を約束する。人類の発明欲はとどまるところを知らない。テクノロジーの波が避けられないように見えるのは、抵抗がないからではなく、それをはるかに上回る需要があるからだ。人類はこれまで多くの機会で新しいテクノロジーに「ノー」を突きつけ、理由をたくさんつけて封じ込めようとしたが、うまくいかなかった。これまで封じ込め問題が意識されてこなかったのではなく、解決されたことがないだけだ。

例外はあるだろうか？　それとも波は、結局最後にはすべてを飲み込むのだろうか？

核兵器は例外か？

1933年9月11日、物理学者アーネスト・ラザフォードは、レスターで行われたイギリス科学振興協会の会合で、「私たちが現在使える手段と現在の知識で原子力を利用できるなどと言うのは戯言《たわごと》に過ぎない」と切り捨てた。[*7] このラザフォードの主張をロンドンのホテルで読んだハンガリー生まれの物理学者レオ・シラードは、朝食をとりながら原子力について考えた。そして散歩に出かけた。ラザフォードが原子力の利用を戯言と呼んだ翌日、レオ・シラードは核分裂連鎖反応の概念を考え出したのだ。

最初の核爆発はそのわずか12年後に起こった。1945年7月16日、マンハッタン計画の下でアメリカ陸軍は暗号名「トリニティ」をニューメキシコ州の砂漠で爆発させた。数週間後、B－29「エノラ・ゲイ」が64キログラムのウラン235を搭載した原爆「リトルボーイ」を広島市に投下し、14万人の命を奪った。[*8] 3日後の8月9日には長崎市に原爆「ファットマン」を投下し、7万4000人を殺害した。一瞬にして世界は変わった。だがその後、歴史のパターンに反して核兵器が際限なく拡散することはなかった。

戦争で核兵器が使われたのはこの2回だけだ。現在、核兵器保有国は9カ国だけである。南アフリカは1989年に核兵器の製造技術を完全に放棄した。一般に知られている限り、国家以外の組織は核兵器を持っていない。現在の核弾頭の総数は1万個以上と恐ろしい数だが、最も多かった冷戦時代の6万個からは大幅に減少している。

では何が起こったのか？　核兵器は明らかな戦略的優位をもたらす。第二次世界大戦終結後、当然ながら多くの人は核兵器が広く拡散すると予想した。初期型の原爆を成功させたあと、アメリカもソ連も、水爆などさらに破壊力の強い兵器を開発してきた。史上最大の爆発は、ツァーリ・ボンバと呼ばれる水爆実験によるものだった。１９６1年にバレンツ海沖合のノバヤ・ゼムリャ列島上空で起爆させた水爆により、直径約8キロメートルの火球と幅約95キロメートルにもおよぶキノコ雲が生じた。この爆発の威力は、第二次世界大戦で使用された通常兵器の爆薬量の10倍以上の威力があった。その破壊力に世界は震撼した。実はこれによって事態はいい方向に向かったと言える。アメリカとソ連はその恐るべき破壊力を目の当たりにし、兵器の増強から一歩後退したのだ。

核技術が封じ込められていたのは偶然ではない。核保有国が意識的に核拡散防止政策を進めたからであったし、核兵器製造が非常に複雑で莫大な製造費用がかかるという事実も封じ込めの一因となった。

封じ込めに向けた初期の提案には、立派で志の高いものもあった。１９４６年のアチソン＝リリエンソール報告では、国連が「原子力開発機関」を設置し、核関連の活動を世界的に管理すべきとの提案がなされた。[*9] もちろんこれは実現しなかったが、それでも国際条約が次々に締結された。中国やフランスなどの賛同は得られなかったが、１９６3年にアメリカ、イギリス、ソ連が部分的核実験禁止条約（ＰＴＢＴ）を締結した。過熱する核実験開発競争の足音は遠のいた。[*10]

転機となったのは１９６8年の核兵器不拡散条約（ＮＰＴ）だ。[*11] これは、各国が核兵器を開発しないと明確に合意した画期的な瞬間だった。世界は一丸となり、新たな国々への核兵器拡散を断固として阻止した。人類初の核実験から、その破壊力は明白だった。水爆によって世界の終わりが訪れるかもしれないとの人々の激しい恐れが条約調印を強力に後押しした。だが、核兵器を封じ込めたもうひとつの力は冷徹な計算だった。相互確証破壊（ＭＡＤ）の成立で核兵器使用が自国の滅亡を意味するようになり、核保有国は身動きが取れなくなったのだ。

また、核兵器開発には大変な費用がかかり、製造も難しい。希少で扱いにくい濃縮ウラン２３５などの物資が必要であるだけでなく、それらを維持することも最終的な廃棄も難しい。広範な需要が存在しないため、コスト削減や市場拡大へのプレッシャーがない。核兵器は民生技術に見られるような典型的な費用曲線が当てはまらないのだ。トランジスタや薄型テレビのように普及することはなかった。核分裂性物質の生産はアルミニウムを圧延するのとは訳が違う。核兵器製造は国家が取り組むことのできる規模もコストも複雑さも最大級の事業であり、この事実も核拡散防止に少なからず関係がある。

今でも非常に多くの核兵器が海中を巡回する潜水艦に搭載され、巨大な地下格納庫で即時発射態勢にあることを考えると、拡散していないと言うのは間違いかもしれない。だが驚くべきことに、数十年にわたる膨大な技術的・政治的努力のおかげで、テクノロジーの根幹に根差したパターンである広範な普及という事態は避けられた。

核戦力は一部の例外をのぞいて基本的に封じ込められているが、それでも安心はできない。原子力の歴史は、恐ろしい事故や危うい事態や誤解の連続である。1945年の人類初の実験以来、比較的軽微な作業上の問題から、事態が段階的に悪化し、本当に恐ろしい規模の破壊を引き起こしかねない（そして今も起こる恐れのある）問題まで、深刻な懸念に値する事件は何百件も発生している。

失敗はさまざまな形で起こり得る。ソフトウエアが誤作動を起こすとどうなるだろうか？　アメリカ空軍の戦略自動指揮統制システム（SACCS）が1970年代製のハードウエアと8インチのフロッピーディスクからアップグレードされたのは、なんと2019年のことだった。[*12] 世界最先端にして最大の破壊兵器の格納庫が、今日生きているほとんどの人が見当もつかない（そして使えない）時代遅れのテクノロジーで稼働していたのだ。

事故は多発している。[*13] たとえば1961年にはノースカロライナ上空で核爆弾を搭載したB－52が燃料漏れを起こした。乗組員は空中で故障機から脱出し、機体と核爆弾は地上に落下した。事故機が地面に激突するまでの間に核爆弾の安全装置が「アームド」に切り替わったが、4つある安全装置のうちひとつだけが切り替わらなかったため、奇跡的に爆発しなかった。イギリス国防省は2003年、同国の核兵器計画の歴史において確認された事故と事故には至らなかったニアミスを110件以上公表した。情報公開のお手本とは決して言えないロシア政府でさえ、2000年から2010年までに15件の重大な核兵器に関する事故があったと認めている。

ごく小さなハードウエアの故障が、大きな危険をもたらす可能性がある。[*14] 1980年にはわずか0・46ドルの半導体の欠陥が太平洋上で重大な原子力事故を引き起こしそうになった。おそらく最も有名なのはキューバ危機の最中に、ソ連海軍の潜水艦副艦長ヴァシーリイ・アルヒーポフがアメリカ海軍への核魚雷の発射を防いだ事件だろう。当時、核魚雷の発射には乗艦する3人の士官の承認が必要で、アルヒーポフだけがそれを拒否した。残り2人は米ソが開戦したと確信して核魚雷の発射を承認しており、世界は全面核戦争の寸前だった。

数多くの懸念は今も解消されていない。ロシアのウクライナ侵攻では核による威嚇が再び行われた。北朝鮮は核兵器を手に入れようと並々ならぬ努力をしており、イランやシリアなどの国々に弾道ミサイルを売却し、共同で核開発を進めていると見られる。[*15] 中国、インド、パキスタンは核配備を増強しているが、安全性に関する記録は不透明だ。[*16] トルコやサウジアラビアから日本や韓国に至るまで、さまざまな国が核兵器に少なくとも関心を示している。ブラジルとアルゼンチンはウラン濃縮計画を保持していたことさえある。[*17]

今のところ、通常核弾頭や、「汚い爆弾《ダーティーボム》」の製造に十分な量の放射性物質を入手したテロ組織があるという情報はない。だが、そのような装置の製造方法はもはや秘密ではない。情報に通じた関係者が邪《よこしま》な気持ちを抱けば、確実に製造できるだろう。インド生まれの技術者A・Q・カーンは、遠心分離機の設計図を盗んでオランダを脱出、パキスタンの核兵器開発に手を貸した。

所在が明らかになっていない核物質も少なくない。[18]病院、企業、軍隊でもそうだし、最近ではチョルノービリ（チェルノブイリ）の核物質も行方不明になっている。2017年には、テキサス州サンアントニオで近くのホテルに宿泊していたエネルギー省職員の車からプルトニウムとセシウムが盗まれた。[19]最悪の状況は、取り外された核弾頭が移送中に盗難されたり、在庫管理の際に何らかの理由で紛失したりすることだ。作り話に思えるかもしれないが、アメリカは実際に少なくとも3発の核兵器を紛失している。[20]

核兵器はほかのテクノロジーのように留まることなく広がってはいない。だが、その理由は、膨大な費用がかかって扱いが複雑であることや、各国が数十年にわたって大変な努力を続けてきたこと、核兵器を使えば世界は破滅するという恐怖が共有されていることにほかならないし、純粋に幸運であったことに過ぎない。したがって、核技術は広く見られるテクノロジー普及の流れにある程度は逆らったのかもしれないが、同時に国同士の駆け引きがいかに変化してきたかも示している。核兵器に潜む影響や、迫りくる存亡の危機を考えれば、部分的で相対的な封じ込めは、極めて不十分だ。

この恐ろしいテクノロジーの憂慮すべき真実は、人類が拒否しようとしたが、部分的にしか成功していないことだ。核兵器は歴史上、最大限封じ込められたテクノロジーに挙げられるが、封じ込め問題は文字通りの厳格な意味でまったく解決されていない。

テクノロジカル・アニマル

わずかでも封じ込めが起こることは稀であり、起こったとしてもたいていは満足のいくものではない。これまでにあったのは、化学・生物兵器の禁止や、オゾン層破壊物質の段階的削減を定めた1987年のモントリオール議定書、EUによる遺伝子組み換え作物（GMO）の食品への使用規制、ヒト胚ゲノム編集の自主規制などである。おそらく最も野心的な封じ込め計画は脱炭素化で、パリ協定では産業革命以降の世界の平均気温上昇を2℃未満に抑えることが目標とされた。要するに、脱炭素化は、一連の基礎を成すテクノロジーに「ノー」と言おうという世界的な試みだ。

第Ⅳ部では、こうした現代の封じ込めの例を詳しく見ていく。だが、ここで重視すべきは、これらの成果は教訓にはなるものの、しっかりとした成果とは言えないということだ。最近シリアでは化学兵器が使用された。[*21] こうした兵器は、絶えず発展している分野のテクノロジーの比較的狭い範囲を応用したものに過ぎない。兵器使用が禁止されているにもかかわらず、世界の化学や生物学の研究は年々進展している。それを兵器化する必要に迫られれば、これまで以上に簡単に実用化されてしまうだろう。

EUはGMOを食品に使用することを規制しているが、世界のほかの地域では広く普及している。後ほど見るように、ゲノム編集は急速に進展している。ヒト胚ゲノム編集の世界的な禁止を求める声は聞こえなくなっている。特定フロン（CFCs）に代わる安価でより効果的な代替フロンは、幸いにしていくつか利用可能になった（いずれにせよ、特定フロンは汎用技術ではなかった）。代替フロンがなければ、2040年代までに成層圏のオゾン層が破壊され、21世紀中に気温がさらに1・7℃上昇すると想定しているモデルもある。*22 通常、封じ込めは極めて特殊なテクノロジーに限定され、一部は狭い司法権の範囲内でしか実行できず、その成果も疑わしい。

パリ協定はこうした欠点から一歩踏み出そうとするが、はたしてうまくいくだろうか？　うまくいってほしいと願うしかない。だが、パリ協定による封じ込めは、重大な被害がもたらされた後、人類存亡の脅威が日ごとに明確になるような状況になってから実行されたことは指摘しておこう。それでは遅いし、成功の保証はない。

これは適切な封じ込めにならない。こうした取り組みはどれも汎用技術の波を本格的に抑え込むものではない。だが後に見ていくように、将来に向けて重要なアドバイスを示している。私たちが望む、あるいは必要とする安心感をもたらすようなものではないが。

第 1 部
ホモ・テクノロジカス

74

どのテクノロジーに対しても、拒否・制限する正当な理由はある。歴史を見れば新しいテクノロジーは人類の能力と可能性を高め、生活の幸福を向上させたが、よいことばかりをもたらしたわけではない。数々の優れたツールをもたらす一方、破壊的な殺人兵器も生み出している。敗者を生み、一部の仕事や生活様式を消滅させ、世界規模の損害を引き起こし、人類の存亡に関わる気候変動を起こしてきた。不安や不安定をもたらし、異質で侵略的なものになり得る。昔からずっとそうだったが、テクノロジーは問題を引き起こす。

だが、そんな問題などお構いなしだ。時間はかかるかもしれないが、紛れもないパターンがある。より安価でより効果的なテクノロジーが波のように押し寄せて広がるのだ。便利で、需要があり、安価で、誰でも利用でき、ほかより優れたテクノロジーであれば、生き残り、大きく広がり、その特徴が増幅する。テクノロジーが開けたドアを私たちがいつどのように通り抜けるべきか、または通り抜けてよいものかどうか、テクノロジーは決して教えてくれない。だが、私たちは遅かれ早かれ必ずそのドアを通り抜けるようだ。そこに必然的な関連はない。歴史を通じて変わらぬ経験に基づくつながりがあるだけだ。

あるテクノロジーがどのように生まれて普及するかはすべて偶発的であり、進む経路次第だ。気が遠くなるほど複雑な状況や偶然の出来事、特定の地域、文化、制度、経済に関する無数の要因によって決定される。ズームインすれば、そこには幸運な出会いや偶発的な出来事、思いがけない登場人物、ちょっとした創意工夫、そして時にはテクノロジーへの反発がはっきり見えるだろう。だがズームアウトすると、何が見えるだろう？　より地殻変動的なプロセスが確認できるはずだ。そこでは新しいテクノロジーが活用されるかどうかではなく、いつ、どこで、どんな形で、誰に活用されるかが問題にされている。

封じ込めが図られることは滅多にないから、「封じ込める」という語彙は当然のように技術者や政策立案者の辞書から抜け落ちてしまった。本章で述べた状況はすでに深く根付いているので、私たちは皆あきらめて受け入れてしまっている。概して私たちは波に流されるまま、まとまりなく場当たり的に対応し、テクノロジーの力や可能性が必然的かつ制御不能に広がっていくのを、歓迎するにせよ非難するにせよ、人生の現実として受け入れてきた。

この100年間に次々とテクノロジーの波が押し寄せ、人類を蠟燭と馬車の時代から、発電所と宇宙ステーションの時代へと運んだ。次の30年でも同じような変化がもたらされることになる。今後数十年で、テクノロジーの新たな波は、人類がこれまで直面したことのない最も根本的な問いを突きつけるだろう。私たちは、ヒト胚ゲノム編集をして、特定の病気に免疫がある子どもや、より優れた知能を持つ子どもを、より長生きできる可能性のある子どもを一部の人が持てるようにしたいのだろうか？　人類は進化のピラミッドの頂点に立ち続けることに固執すべきか、それとも人類より賢く能力の高いＡＩシステムの出現を受け入れるのがいいか？このような問いを検討することで、何か予想外の結果がもたらされるだろうか？

ここから21世紀のホモ・テクノロジカスに関する重要な真実が浮かび上がる。歴史の大半において、テクノロジーを創出し、力を解き放つことが人類の課題だった。だが、今はそれが逆転している。現代の課題は、解き放たれたテクノロジーの力を封じ込め、テクノロジーが人類と地球のために働くようにし続けることだ。

この課題は間違いなくさらに深刻になる。

第 II 部

来たるべき波

THE NEXT WAVE

第4章

知能のテクノロジー

ザ・マシンへようこそ

ＡＩが私にとって現実となった瞬間は一生忘れない。話題にしたとか技術的目標にしたとかいう話ではなく、本当に現実になったあの瞬間を。

２０１２年のある日、ロンドンのブルームズベリーにあるディープマインドの最初のオフィスでそれは起こった。会社の創業資金を確保した後の数年間、私たちは社外には秘密で汎用人工知能（ＡＧＩ：Artificial General Intelligence）の研究開発に専念していた。ＡＧＩのGeneral（汎用性）とは、「さまざまなことに広く利用できること」を意味する。私たちは認知タスクのほとんどで人間のパフォーマンスを超える汎用学習エージェントを作り出そうとしていた。ディープマインドの目立たない研究手法は、「Deep Q-Network（ディープQネットワーク［DQN］）」と呼ばれるアルゴリズムの開発で変わった。チームはDQNに、アタリのさまざまなレトロゲームを学習させた。具体的に言うと、DQNがゲームのルールを自ら学習するよう訓練したのだ。この自己学習こそ、ディープマインドのシステムがこれまでの取り組みと大きく一線を画す要素であり、私たちの最終目標を実現できるかもしれないと予感させるものだった。

開発当初、DQNはひどいもので、何も学習できていないように見えた。だが、2012年秋のある日の午後、ディープマインド研究チームのメンバー数人がマシンの周りに集まり、アルゴリズムの訓練プロセスのリプレイを確認していた。DQNはブロック崩しゲーム「ブレイクアウト」を学習していた。「ブレイクアウト」は画面下のパドルを左右に動かしてボールを弾き返し、画面上に並ぶ色ブロックの列を崩す。崩したブロックが多いほどハイスコアになるゲームだ。チームはDQNにフレームごとの無加工のピクセルデータとスコア情報だけ与えて、画面の変化とパドルを左右に動かす操作の関係性を学習させることにした。当初アルゴリズムはランダムに空間内を探索し、報酬を偶然に発見するという方法で進歩した。試行錯誤を繰り返しながら、DQNはパドルの操作法やボールの跳ね返し方、ブロックを横1段ずつ崩す方法を学んでいった。たいしたものだ。

やがて驚くべきことが起こった。ＤＱＮは非常に巧妙な新戦略を発見したようだった。単純にブロックを横1段ずつ崩していくのではなく、ある縦1列だけを狙い始めた。その結果、ＤＱＮは最上段までトンネルのような穴をあけて道を作り、ボールが奥の壁に当たるようにして、ピンボールのように猛烈な勢いでブロックをすべて崩していく方法を発見したのだ。この方法により、最小の労力で最大のスコアが得られるようになった。これはゲーマーには知られていた優れた戦法だが、簡単に思いつくものではない。アルゴリズムが自ら新しいことを学習するさまを目の当たりにして、私たちは度肝を抜かれた。

私はこの時初めて、ごく単純で洗練されたシステムが、多くの人が知っているとは言えない戦略という、貴重な知識を学習するのを目撃した。それは衝撃的な瞬間だった。ＡＩエージェントが自ら新しい知識を発見できることを実証したブレイクスルーだった。

ＤＱＮはスタートこそ大変だったが、数カ月の調整と学習を経てアルゴリズムは超人的レベルに達した。ディープマインドを創業したのは、こうした成果を出すためだった。ＡＩに期待したのはこれだ。トンネル戦法のような賢い戦法をＡＩが発見できるのなら、ほかにどんなことが学習できるだろう？　人類はこの新しい力を活用し、新たな知識と発明とテクノロジーを手にして、21世紀の最も困難な社会問題も解決できるのではないか？

ＤＱＮは私にとっても、ディープマインドにとっても、さらにはＡＩコミュニティにとっても、大きな一歩になった。だが、世間の反応はかなり鈍かった。ＡＩの議論はごく限られていて、主流からはほど遠い研究領域だった。だが、わずか数年後、新世代のＡＩ技術が世界の舞台に爆発的に広がり、すべてが変わる。

AlphaGoと未来の幕開け

囲碁は、縦横19本の線が引かれた碁盤に黒と白の碁石を並べる東アジアのゲームだ。相手の碁石を自分の碁石で囲み、囲んだ相手の碁石を盤上から取る。そんなゲームだ。シンプルなルールにもかかわらず囲碁の複雑さは驚異的で、チェスよりはるかに複雑だ。チェスでは3手（チェスの3手は白黒が計6回動かすこと）で実現可能な局面は約1億２１００万通りだが、囲碁では6手でおよそ２００京（2×10^{15}）通りが考えられる。[*1] 実現可能な全局面数は10^{170}通りある。気が遠くなる数字だ。[*2]

囲碁の局面数は、現在私たちの知る宇宙に存在する原子の数よりも多いとよく言われる。実際には宇宙の原子の数の１００万倍の1兆倍の1兆倍の1兆倍もの局面があるのだ！　これほど膨大な局面が存在するため、従来の手法では勝ち目はない。１９９７年にＩＢＭ製スーパーコンピュータDeep Blue（ディープブルー）が当時のチェスの世界チャンピオン、ガルリ・カスパロフを打ち負かしたが、Deep Blueはブルートフォース（総当たり）という手法を使った。実現可能なすべての手を、アルゴリズムがひとつひとつ順に高速で計算する手法だ。だが、囲碁のように多くの局面が可能なゲームでは使えない。

2015年にAI囲碁に着手した時、ほとんどの人は世界チャンピオンを打ち負かすプログラムを完成させるには数十年かかると考えた。グーグルの創設者の1人セルゲイ・ブリンは、AI囲碁の開発であればどのような進展であっても人々の関心を惹くだろうと言って、開発に取り組むように勧めてくれた。まずAlphaGo（アルファ碁）には人間のプロ棋士による15万局を見せ、学習させた。納得のいく結果が得られたところで、次の重要なステップとして、AlphaGoのコピーを大量に作成し、何度も自己対局させることにした。これによりAlphaGoのアルゴリズムは何百万もの新しい対局をシミュレートできるようになり、過去に例のない手の組み合わせを次々に試していった。膨大な可能性を効率よく探求し、その過程で新しい戦略を学習したのだ。

2016年3月、私たちは韓国に対局の場を設けた。AlphaGoは韓国で世界チャンピオン、李世乭《イ・セドル》と5番勝負で対戦した。どちらが勝つか予想もつかなかった。識者の多くは第1局の前に李世乭の勝利を予想したが、AlphaGoは第1局に勝利し、私たちは驚きと喜びに包まれた。そして第2局の37手目、今やAIと碁の歴史に刻まれる有名な一手だ。意味不明の一手だった。AlphaGoがプロ棋士なら絶対にしないような悪手を打って、負けに向かっているように思えた。

対局を解説するトッププロ棋士2人も「非常に奇妙な手だ」と発言し、「ミスだ」と考えた。あまりにも常識から外れた手だったので、李世乭は次の手を打つのに15分かかった。対局室から外に出たほどだった。

私たちはコントロールルームから息が詰まる思いで対局を見つめていた。だが、終盤が近づくにつれ、その「ミス」が勝敗を分ける一手だったことが分かった。AlphaGoは第2局も制した。私たちの目の前で、囲碁の戦略が書き換えられようとしていた。何千年もの間、最高の棋士たちが思いつかなかった一手をAlphaGoが発見したのだ。わずか数カ月間の学習で、アルゴリズムは新しい知識を発見し、超人的と思える洞察力を発揮したのだ。これをどうすればさらに進化させられるだろうか？　現実世界の問題にも適用できるだろうか？

AlphaGoは最終的に李世乭との5番勝負を4対1で制した。だが、これは始まりに過ぎなかった。その後AlphaZeroなどの後継バージョンが開発されたが、どれもこれまでの人間の知識をまるで必要としなかった。ただ自己学習と訓練を重ね、何百万回も自己対局を繰り返し、人間のプロ棋士たちが得た知識や知恵をまったく与えられなくても、まったくゼロの状態から、最初のAlphaGoに完勝するレベルに達した。要するに、わずか1日の訓練で、人類の経験すべてを合わせて教えられる以上のことを学習できたのだ。

AlphaGoの勝利は、ＡＩの新時代の到来を告げた。ＤＱＮの時とは違って、李世乭とAlphaGo

の対局は数百万人に向けてライブ配信された。私たちディープマインドのチームは、研究者たちが「ＡＩの冬」と呼んだ時期、つまり研究資金が枯渇し、この分野に近寄る者もいなかった時期を乗り越え、大勢の人々の面前に立った。ＡＩが復活し、ついに成果を上げ始めた。圧倒的なテクノロジー革新が再び到来しようとしていた。新しい波が現れつつあった。そしてこれは始まりに過ぎなかった。

アトムからビットへ、ゲノムへ

最近まで、テクノロジーの歴史はひとつのフレーズで要約できた。「原子《アトム》の扱い方の探求」である。火から電気、石器から工作機械、炭化水素から医薬品まで、第2章に記した人類の旅路は、人類がアトムに対するコントロールを徐々に拡大してきた膨大な過程だった。コントロールが精密になるにつれてテクノロジーは着実に強力で複雑になり、工作機械、電気プロセス、熱機関、プラスチック（合成樹脂）などが作られるようになり、恐ろしい病気を治す複雑な分子構造の医薬品が合成できるようになった。だがこうした新テクノロジー発展の原動力は実体のある物質であり、アトムへのコントロール強化である。

その後、20世紀中頃から、テクノロジーの対象がより抽象化していく。この変化の中心に、情報は万物の中核を成すという認識があった。情報は2進数でエンコードされ得るし、ＤＮＡとして生命の営みの中心にもある。1と0の連続も、DNAの塩基対も、単なる数学的興味の対象ではない。どちらも強力な基盤を成している。これらの情報を理解し制御できれば、新たな可能性の世界を着実に切り開くことになるかもしれない。まずコンピュータのビットが、続いてゲノムが、発明の基本要素としてアトムに取って代わった。

第二次世界大戦後の数十年間に、科学者、技術者、起業家はコンピュータ科学と遺伝学を創設し、両分野に関連する企業が数多く生まれた。彼らは情報という通貨を扱うビットとゲノムの革命を同時に進め、それまでよりも抽象的で複雑な事柄を扱った。こうしたテクノロジーはいつしか成熟し、スマホから遺伝子組み換えイネまで、あらゆるものがもたらされた。だが、私たちにできることには限界があった。

この限界が今、打破されようとしている。一段と高度なテクノロジーの登場で、私たちは歴史上最も重大な変曲点を迎えつつあるのだ。次のテクノロジーの波は主に、AIと合成生物学という、最も壮大かつ最も粒度の細かいレベルで作用するふたつの汎用技術を基盤としている。私たちの科学技術エコシステムの中核要素が、世界のふたつの基本要素である知性と生命を、初めて直接取り扱うのだ。テクノロジーは新たなフェーズに移行しようとしている。もはや単なるツールではない。生命を遺伝子工学で操作し、人間の知性と競い——最終的には超越しようとしている。

これまでテクノロジーには閉ざされていた領域も開かれつつある。ＡＩによって、発話能力、言語、視覚、推論を再現できるようになった。合成生物学の基礎的なブレイクスルーによりゲノム解析や編集が可能になり、今ではＤＮＡのプリントもできるようになった。

ビットとゲノムをコントロールする新しい力は物質にも活用され、私たちの世界は原子レベルに至るまで驚異的なまでにコントロールできるようになった。アトム、ビット、ゲノムは分野を超えて相互に刺激し合い、可能性を伸ばすというすばらしいサイクルにある。原子レベルの正確さで扱うことができるようになったことで、シリコンウエハーが発明され、1秒間で数兆回もの演算が可能になり、生命の暗号解読も実現した。

ＡＩと合成生物学は来たるべき波の中心を成す汎用技術であるが、その周りには非常に強力な派生的技術が取り巻いている。量子コンピュータ、ロボット工学、ナノテクノロジー、ほぼ無限のエネルギーなどだ。

来たるべき波は今まで以上に根本的かつ広範囲に影響を与えるため、歴史上のどの波よりも封じ込めるのが難しい。この波とその形を理解することが、21世紀に待ち受けることを見極めるうえで不可欠だ。

カンブリア爆発

テクノロジーは進化するアイデアの集合体だ。新しいテクノロジーはほかのテクノロジーと衝突・融合して進化する。自然淘汰で効果的な組み合わせが生き残り、未来のテクノロジーの新たな基盤を形成する。発明は累積的で複合的なプロセスだ。発明が発明を生む。テクノロジーの数が増えれば、それぞれが新しいテクノロジーを作り出す要素になる可能性も高まる。[*3] 経済学者W・ブライアン・アーサーの言葉を借りれば、「総体としてのテクノロジーは、その種類を多様化させ、複雑化する方向へと自力で進む」。テクノロジーは言語や化学のようなものだ。それぞれが独立した存在や行為なのではなく、組み合わせたり、さらに組み換えたりできる部品の混合体なのだ。

これが来たるべき波を理解する鍵である。技術史学者エベレット・ロジャーズは、テクノロジーを「イノベーションのクラスター」と呼び、ひとつないし複数の要素が密接に絡み合って群生している、と言う。[*4] 今私たちが迎えつつある波はスーパークラスターであり、多様な動物種が一気に出現した「カンブリア爆発」のような爆発的進化であり、膨大な数の応用の誕生が見込まれる。本書に記したテクノロジーは互いに混じり合い、強め合い、高め合うため、影響の大きさを予測するのが難しい。すべてが深く絡み合っており、今後さらに結びつきが強まる。

来たるべき新しい波のもうひとつの特徴はスピードだ。エンジニアで未来学者のレイ・カーツワイルは、テクノロジーの進歩が開発ペースをさらに加速させるフィードバックループを形成するという、「収穫加速の法則」について述べている。[*5] 半導体とレーザーの高性能化は製造工程の複雑化と高精度化を可能にし、生産可能な半導体の性能を高め、それがさらに性能のよいツールの開発につながり、またさらなる半導体の高性能化を促す。現在これが大規模に起きていて、ＡＩの活用で半導体の設計や生産技術が向上し、それがさらにＡＩの形態を高度化させるなどしている。[*6] 波に含まれる異なる要素は互いに火を付け、燃焼速度を上げる。時にまったく予測できず、非常に燃えやすいときもある。

どんな組み合わせが生まれるか正確にはわからない。時系列も着地点も兆候も不確かだ。それでも魅力的な新しいつながりがリアルタイムで形成されていることはわかる。確かなのは、歴史とテクノロジーのパターン、つまり生産性を向上させる組み換えと普及という絶え間ないプロセスが今後も続き、徹底的に深まっていくということだ。

流行語では終わらない

ＡＩ、合成生物学、ロボット工学、量子コンピュータと書くと、大げさな流行語を並べているように思えるかもしれない。懐疑的な者も多い。いずれも何十年間にもわたってテクノロジー業界で熱く論じられている。そしてテクノロジーの進歩はたいてい、宣伝されているほど早くない。批判的な人は、本章で論じるＡＧＩのような概念は、定義が雑だったり、ミスリーディングな内容だったりするので検討するに値しないとする。

ベンチャー投資が旺盛だと、キラキラして見えるものと本物のブレイクスルーを見分けるのは単純ではなくなる。機械学習や暗号資産ブーム、数百億ドルの資金調達ラウンドといった話題に、うんざりした反応をされることが多いのは無理もない。興奮気味のプレスリリース、自画自賛に終始する製品デモなど、ソーシャルメディアを使った熱狂的応援を見ていると疲れてしまう。

こういった懐疑的な主張にもプラス面はあるが、来たるべき波のテクノロジーを軽んじるのは危険だ。本章で紹介するテクノロジーはどれもまだ可能性を最大限に発揮していないが、5年、10年、あるいは20年後には、ほぼ間違いなく台頭しているだろう。目に見える進歩が月単位で加速している。だが、来たるべき波を理解するというのは、この年には物事はこうなるだろうと即座に判断することではない。数十年にわたる指数関数的な成長曲線を詳細に辿って未来を予測し、その意味を問うことである。

歴史を振り返れば、人類は世界の普遍的な構成要素を使いこなす能力を徐々に高めるというパターンが見られる。最初はアトム、次にビット、そしてゲノムだ。このパターンの中核を成すのがテクノロジーである。このことは、今後極めて重要になってくる。来たるべき波のテクノロジーを管理するには、ひとつひとつのテクノロジーを理解し、真剣に受け止めなければならない。私がこれまで取り組んできたＡＩから始めよう。

ＡＩの春――ディープラーニングの発展

ＡＩは来たるべき波の中心にある。だが、１９５５年に初めて「人工知能」という用語が登場した時から、実現は遠い先のことだとよく思われていた。たとえばコンピュータビジョン（物体や情景を認識するコンピュータ）の開発は予想よりも時間がかかった。１９６６年、伝説的なコンピュータ科学者マービン・ミンスキーは、夏休み中の大学院生をアルバイトで雇い、初期の画像認識システムを開発しようとした。休み明けまでには画期的な成果が出ると考えていたが、楽観的すぎた。

それから半世紀。ブレイクスルーを成し遂げたのは、２０１２年に登場したAlexNet（アレックスネット）であった。[*7] AlexNetは昔から知られていた技術、ディープラーニング（深層学習）を復活させた。ディープラーニングは今日のＡＩの基礎となり、ＡＩを大きく発展させ、私たちディープマインドにとっても不可欠なものとなった。

ディープラーニングは、人間の神経細胞を模してモデル化したニューラルネットワークを使用する。簡単に言うと、このニューラルネットワークは、大量のデータで「訓練」することで

「学習」する。AlexNetは画像データで訓練された。画像を1ピクセルごとにR（赤）、G（緑）、B（青）の値に置き換え、その結果得られる数値配列をニューラルネットワークに入力する。ニューラルネットワークの中で「ニューロン」はほかのニューロンと次々につながっているのだが、つながる通り道には重みが付けられており、その重みに応じて入力値が変化する。この重みはニューロン間の関係性の程度にほぼ対応している。ニューラルネットワークの各層が入力値を次の層に送ることで、徐々に抽象的な解析が可能になる。

この後、バックプロパゲーション（誤差逆伝播法）と呼ばれる手法により各層の重みを調整し、ニューラルネットワークを改善する。この手法はニューラルネットワークの出力値と正解との誤差を求め、それを出力側から入力側に向かって逆伝播させることで重みを修正するものだ。これを繰り返し、重みを何度も修正することで、ニューラルネットワークの性能が徐々に向上する。ピクセル単位の認識から始まり、線や輪郭、外形、最終的には各シーンのオブジェクト全体を学習する。これがディープラーニングの簡単な説明だ。業界で長らく軽視されていたこのすばらしい手法が、コンピュータビジョンの道を開き、AIの世界を席巻した。

AlexNetは伝説的な研究者ジェフリー・ヒントンと、彼の2人の教え子、アレックス・クリジェフスキーとイリヤ・サツキバーによってトロント大学で開発された。3人は大規模な画像認識技術コンテストILSVRC（ImageNet Large Scale Visual Recognition Challenge）に参加した。年に一度のこの大会は、スタンフォード大学のフェイフェイ・リー（李飛飛）教授が立案したもので、画像を正しく認識して分類するというシンプルなゴールをめざす。毎年参加チームはそれぞれ最高のモデルで競い合ったが、前年大会のモデルから1ポイント程度しか精度が改善しないのが常だった。

2012年、AlexNetは前回優勝者に10ポイントの差を付けた。[*8] わずかな進歩に思えるだろうが、AI研究者にとっては飛躍的な進歩で、お遊びのような研究デモと、現実世界に多大な影響を与える間際のブレイクスルーくらいの違いがあるのだ。その年の大会は興奮に包まれた。ヒントンらの研究論文は、AI研究史において最も引用された論文のひとつになった。

ディープラーニングのおかげで、コンピュータビジョンは今や至るところで活用されている。1秒当たりフルハイビジョン画面21個分、つまり約25億ピクセル相当もの画像データを入力することで、現実世界の混雑した車道を認識することができるようになり、SUVでスムーズに走行できるようになった。[*9] 今やスマホですら物体や情景を認識し、ビデオ通話で背景をぼかすことができる。コンピュータビジョンはほかにも各方面で自律化を推し進めている。たとえばアマゾンのレジなしスーパー、テスラのオートパイロット、目の不自由な人向け誘導ツール、工場における産業用ロボットの制御などだ。ボルチモアから北京に至るまで都市部の監視カメラは増えており、その顔認識システムにも活用されている。Xbox、スマートドアベル、空港のゲートにも、センサーやカメラの中に組み込まれている。ドローンの飛行を制御し、フェイスブックの不適切なコンテンツを警告し、診断できる病気の幅も広がっている。[*10] ディープマインドで私のチームが開発したシステムは、世界の屈指の眼科医と変わらぬ精度でＯＣＴ検査画像を分析し、目の病気を診断できるまでになった。

AlexNetのブレイクスルーを受けて、ＡＩは一気に政府や企業や学界で最優先の重要研究になった。グーグルはヒントン、クリジェフスキー、サツキバーの３人を招き入れた。さらにＤＱＮを開発したばかりのディープマインドを買収し、プロダクトのすべてで「ＡＩファースト」戦略に切り替えた。米中の主要テック企業は、機械学習を研究開発の中心に据えた。

ＡＩ研究の成果と特許は急増した。１９８７年に「NeurIPS」で発表された学術論文はわずか90本だったが、２０２０年代には約２０００本に膨れ上がり、ＡＩ分野の有力な国際学会となった。[*11] 最近６年間で、論文数はディープラーニングに関するものだけでも６倍になっている。[*12] 機械学習全体では10倍だ。ディープラーニングの急速な発展により、学術機関、民間企業、国有企業のＡＩ研究に対し、数十億ドルもの研究費が投入された。２０１０年代に入るとＡＩはかつてないほど活況を呈し、熱狂的とも言える状態になった。ＡＩがトップニュースになり、ＡＩの可能性は日々広がっている。21世紀にＡＩが重要な役割を果たすというのは、もはや浮世離れした一部の学者の途方もない考えなどではなく、確かになった。

ＡＩが世界を飲み込みつつある

ＡＩはすでに本格導入されている。どこを見てもソフトウエアが世界を飲み込み、膨大な量のデータの収集・分析の道が開かれている。[*13] 現在、そうしたデータはＡＩシステムの学習に活用され、生活のほぼあらゆる分野において、より効率的で正確なプロダクトの開発に使われている。ＡＩは以前よりもアクセスしやすくなり、利用しやすくなっている。メタが提供するPyTorch（パイトーチ）やオープンＡＩのＡＰＩといったツールやインフラは、専門家以外にも最先端の機械学習能力を与えてくれる。５Ｇとユビキタス接続は、常時接続状態の膨大なユーザベースを生み出している。

もはやＡＩはデモ段階ではなく、実用段階にある。数年後には人間と普通に話し、論理的に考え、人間と同じ世界で実際に行動するようにさえなるだろう。ＡＩの感覚システムの精度はいずれ人間と同程度のものになる。超知能《スーパーインテリジェンス》とまではいかないが、非常に強力なシステムを生み出す（超知能については後述する）。ＡＩは人間の社会構造と切っても切り離せない存在になるのだ。

私はここ10年、最新のＡＩ技術の実用化に多くの時間を割いてきた。グーグルの10億ドル規模のデータセンターをＡＩ制御で冷却するシステムを開発し、エネルギー利用を40％削減した。[*14] 音声合成技術WaveNet（ウェーブネット）は１００言語以上を自然に読み上げるシステムで、ほぼすべてのグーグル製品に搭載された。スマホのバッテリー寿命を管理する画期的なアルゴリズムのほか、現在のスマホで使われているアプリも数多く開発した。

ＡＩは「新興」段階ではない。日常的に利用される製品、サービス、デバイスに組み込まれている。生活のあらゆる分野で、数多くの応用例が10年前には考えられなかった技術に依存している。難病の治療薬発見、水道管の漏水検知、交通管制、クリーンエネルギー源となる核融合反応の制御、輸送経路の最適化、持続可能な多目的建材の設計支援といったことに活用されている。自動車、トラック、トラクターの運転にも利用されており、将来的にはより安全で効率的な交通インフラが構築されるかもしれない。送電網や水道では、限られた資源への需要が高まる中で効率的な運用を実現している。

ＡＩシステムは小売業の倉庫を管理し、電子メールの文面や気に入りそうな曲を提案し、詐欺を検知し、小説を書き、珍しい病気を診断し、気候変動の影響をシミュレートする。ＡＩは店舗、学校、病院、オフィス、裁判所、家庭で重要な役割を担っている。あなたはすでに1日に何度もＡＩとやりとりしている。やがてその回数はさらに増え、どこにいようが、もっと効率的でスピーディで便利でスムーズな体験が実現する。

ＡＩはすでに私たちとともにある。だが、本領が発揮されるのはこれからだ。

すべてをオートコンプリート——大規模言語モデルの誕生

少し前まで、複雑で多様で微妙なニュアンスもある自然言語処理はＡＩには無理だと思われていた。だが、２０２２年11月、オープンＡＩがChatGPT（チャットＧＰＴ）を公開すると、１週間もたたずに利用者は１００万人を超え、シームレスで便利なChatGPTがグーグル検索をすぐに凌駕するのではという興奮の声も上がった。

ChatGPTは簡単に言えばチャットボットだが、これまでのものとは比べものにならないほど強力で博識だ。質問すれば、瞬時に流暢な文章で回答する。エッセイやプレスリリースはもちろん、欽定訳聖書風の文体や１９８０年代のラッパー風の文体でビジネスプランを書くように命じても、数秒でそれらしきものを出してくる。物理学講義のシラバス、ダイエットのマニュアル、Pythonスクリプトも書いてくれる。

過去の出来事から未来を予測する能力、つまり、自分の周りの世界がどうなるか想定シナリオをいくつか考え、それに基づいて合理的な行動を起こす能力は、人間の知性の中核を成している。２０１７年、グーグルの小グループはこれに挑戦する研究をしていた。ＡＩシステムにデータ系列内の最重要部分のみに焦点を当てさせ、次に来るものを正確かつ効率的に予測させようとしたのだ。この小グループの研究は、ChatGPTを含む大規模言語モデル（ＬＬＭ）革命の礎を築いた。

大規模言語モデルは、言語データが一定の順番に従うことを活用する。ある系列内において、個々の情報単位はそれより前に出てきた情報単位と何らかの形で関連している。大規模言語モデルは膨大な文章を読み込み、情報の抽象表現を学習する。そしてこれに基づいて、次に来る情報単位を予測するのだ。難しいのは、入力文の「どこを探せば」シグナルが見つかるかを認識するアルゴリズムの設計だ。入力文のキーワードはどれで、最も注目すべき要素はどれで、それらの関連性はどうなっているのか。ＡＩの世界では、この概念は一般に「アテンション」と呼ばれる。

大規模言語モデルは入力文から「アテンションマップ」を構築する。まず、よく出現する文字や句読点のグループを「トークン」に分割する。トークンとは語幹や音節のようなものだが、実際には頻出する文字列のことで、大規模言語モデルの情報処理を容易にする。人間は単語を使って同じ処理をしているが、大規模言語モデルでは人間の語彙を使用しない。代わりに頻出トークンからなる語彙を生成し、語彙を基に何十億もの文書中にパターンを発見する。アテンションマップ上では、各トークンはその前に出てきたすべてのトークンと何らかの関連性を持っている。この関連性の強度によって、入力文における各トークンの重要度がわかる。こうして、大規模言語モデルはどの単語にアテンションすべきかを学習する。

たとえば、「There is going to be a fairly major storm tomorrow in Brazil.（明日のブラジルはかなり大きな嵐

に見舞われるでしょう)」という文を見てみよう。大規模言語モデルはおそらく「there」に含まれる「the」や、「going」に含まれる「ing」といった文字列をトークン化するはずだ。なぜなら「the」や「ing」といった文字列はほかの単語にも何度も見られるからだ。そして文全体を解析し、「storm」や「tomorrow」や「Brazil」などの単語を重要な特徴であると学習し、「Brazil」は場所、「storm」は未来に起きる事象、という具合に推論する。その結果、入力文に対してどのトークンが論理的に続くべきかを提案する。これがオートコンプリートの仕組みである。

こうしたシステムは、Transformer(トランスフォーマー)と呼ばれ、グーグルの研究者チームが2017年に最初の論文を発表した。それ以降、驚くべきペースで進化を遂げている。その後すぐにオープンAIがGPT-2をリリースする(GPTはGenerative Pre-trained Transformer[事前学習型生成トランスフォーマー]の略だ)。GPT-2は当時としては巨大な言語モデルで、パラメータ数(AIシステムの規模と複雑さを測る重要な指標のひとつ)は15億。800万のウェブページで学習させていた。[*15] だが、ことの重大性を人々が真に理解したのは、2020年の夏、オープンAIがGPT-3をリリースした時だった。パラメータ数1750億のGPT-3は当時最大のニューラルネットワークであり、わずか1年前にリリースされたGPT-2より100倍以上もパラメータ数が多い巨大なシステムだった。確かに衝撃的ではあったが、この規模も現在ではごく当たり前のことであり、同等のモデルの訓練コストは過去2年間で10分の1になった。

2023年3月に公開されたGPT-4は、さらに驚きの成果をもたらした。以前のバージョンと同様に、GPT-4にエミリー・ディキンソン風の詩を書いてほしいと頼めば書いてくれる。J・R・R・トールキンの『指輪物語』のどこかの一節を引用してと言えば、トールキンとおぼしき文章がすらすらと表示される。起業のための事業計画書を頼めば、何人もの経営幹部が即座に応じてくれたかのような文書が出てくる。さらには、司法試験やGRE（大学院入試共通試験）といった標準テストで高得点を挙げる。

それだけではない。画像やコードも扱うことができ、パソコンのブラウザで動く3Dコンピュータゲームの制作や、スマホアプリの開発、コードのデバッグ、契約書の不備の指摘、新薬候補化合物の提案、特許を侵害しないよう化合物を調整する方法まで提案する。手描きの画像からウェブサイトを作成し、複雑な場面において人間が見せる微妙な行動も理解する。冷蔵庫内を見せれば、ありあわせでできるレシピを考えてくれる。プレゼンのラフ原稿を与えれば、洗練されたプロ級の仕上がりにしてくれる。空間的推論や因果推論、医学、法学、心理学を「理解している」ように見える。公開の数日後には、訴訟手続きを自動化するツールや、共同養育されている子どもを支援するツール、リアルタイムでファッションアドバイスするツールが開発された。数週間後にはアドオンが開発されて、モバイルアプリ開発や、詳細な市場調査やレポート作成といった複雑なタスクもこなせるようになった。

私たちは大規模言語モデルがもたらす非常に大きな影響について手探りを始めたばかりだ。DQNとAlphaGoは岸辺に寄せる穏やかな波の第一報だったが、ChatGPTと大規模言語モデルは、私たちに波がぶつかり始めた第一報だ。1996年のインターネット利用者は3600万人だったが、今では50億人を超える。ここに挙げたツールも同じ道を辿るが、利用者増加のスピードははるかに速い。数年内にAIはインターネットと同じく、いつでもどこでも使えるものになるだろう。[*16] そしてインターネットよりはるかに重大な結果をもたらす。

人間の脳に近づく

本書で説明しているAIシステムは驚くべきスケールで動いている。例を挙げてみよう。

2010年代中頃、AIの進歩を左右したのは、主に「教師あり」ディープラーニングの有効性だった。ここではAIモデルは人の手で慎重にラベル付けされたデータで学習する。結果として、AIの予測の質は訓練データのラベルの質によってほとんど決まってしまう。だが、大規模言語モデルが革命的であった大きな要因のひとつは、非常に大きなモデルが初めて、人間が丹念に収集してラベル付けしたデータセットを一切使わず、現実世界の雑多な生データで直接学習できたことだ。

これによってウェブ上のほぼすべてのテキストデータが学習素材になった。データは多ければば多いほどよい。今日の大規模言語モデルは数兆もの単語を読み込んで学習する。ウィキペディアを丸ごと読み込み、YouTubeの字幕やコメントをすべて吸収し、数百万件もの法的契約書、数千万通もの電子メール、数十万冊もの書籍に目を通すようなものだ。これほど膨大な情報をほぼ瞬時に取り込んでしまえるとは、まさに人知を超えた別世界だ。

大規模言語モデルが学習中に取り込む単語数はじつに途方もない数である。普通の人間が1分間に約200単語を読めると仮定して、1日24時間休まず読んだとしても80年間で約80億語だ。現実には一般的なアメリカ人の読書時間は1日約15分であり、年間約100万単語分の本を読んでいるに過ぎない。[*17] 大規模言語モデルが1カ月の学習で取り込む単語数の10万分の1以下だ。

だから新しい大規模言語モデルが、翻訳や要約作成から大規模言語モデルの性能向上プランの作成に至るまでさまざまな文書作成作業を見事にこなすのは、驚くことでもない。どれもかつては人間の専門家にしかできなかったことだ。グーグルが最近発表した論文によれば、グーグルの大規模言語モデルPaLM（パーム）の医療機関向けバージョン（Med-PaLM）は、アメリカの医師免許試験問題の合格基準を突破したという。この試験で人間の医師よりも高い点数を確実に出すようになるのもそう遠くない。

大規模言語モデルの研究者が扱うデータ量と計算量は、数年前には考えられなかったスケールになった。数億だったパラメータは、数千億以上が当たり前だ。[*18] 現在の話題は数兆個のパラメータを持つ「脳スケール」のモデルだ。中国の企業アリババはすでに10兆のパラメータを持つと言われるモデルを開発した。[*19] こうした数字は日に日に増加している。これが来たるべき波の現実だ。未曾有の速さで進化し、それを推進している者さえも驚かせる。

過去10年間に大規模言語モデルの学習に用いる計算量は指数関数的に増加した。グーグルのPaLMの場合、学習時に使用する浮動小数点演算（ＦＬＯＰＳ）１回ごとに１滴の水を垂らすとすると、太平洋をいっぱいにしてしまうほどの計算量だ。[*20] マイクロソフトＡＩの最も強力なモデルは、ディープマインドが10年前にアタリゲームで魔法の瞬間を生み出したＤＱＮの約50億倍の計算量を使用する。つまり10年も経たないうちに最高のＡＩモデルを学習させる計算量は、２ペタＦＬＯＰＳから１００億ペタＦＬＯＰＳになり、ケタが９個増えたことになる。１ペタＦＬＯＰＳのイメージを摑むために、10億人がそれぞれ１００万個の電卓を手にして複雑な掛け算を行い、同時に「＝」ボタンを押す様子を想像してほしい。途方もない光景だ。つい最近まで、言語モデルは意味の通った文をうまく生成できなかった。これはムーアの法則や、私の知るほかのいかなるテクノロジーが辿った軌跡をはるかに超えている。能力が伸びるわけだ。

ムーアの法則が減速しているのでこのＡＩの進化スピードは持続しないと主張する者もいる。人間の髪の毛１本の太さは９万ナノメートル［１ナノメートルは10億分の１メートル］だ。１９７１年には平均的なトランジスタのサイズはすでに1万ナノメートルだった。今日の最先端半導体は3ナノメートルプロセスで製造されている。トランジスタの微細化は物理的な限界に達しつつあるという人もいる。このサイズでは電子が互いに干渉し、計算プロセスに影響が及ぶ、というのだ。それは事実だが、チップを並列につなげてＡＩ訓練用の超並列スーパーコンピュータを構築できることを見落としている。よって、ＡＩ訓練の規模が指数関数的に拡大し続けることは疑いの余地がない。

一方、ＡＩ研究者たちは「スケーリング仮説」(データ量、パラメータ量、計算量を拡大すれば性能が上がるので、とにかく拡大し続ければいい)の正しさを示す証拠を次々に目の当たりにしている。大規模言語モデルを拡大し続ければ、性能は向上し続け、いつかは人間の知能に追いつき追い越すところまでいく可能性がある。この仮説が今後も成り立つかどうかは誰にも断言できない。だが、少なくとも現時点では成り立っている。この状況は今後もしばらく続くだろう。

人間の脳は指数関数的に急速に拡大する様を理解するのが苦手なので、ＡＩのような世界の出来事を把握するのはなかなか難しい。次の数年から数十年にかけて、最大規模の言語モデルを訓練するには桁違いの計算量が必要となるのは避けられない。スケーリング仮説が部分的にでも正しいとすれば、この事実も受け入れる必要がある。

人間レベルの知能の再現をめざすＡＩは、移動する目標を追いかけているので、永遠に手の届かない何かがある、という人がいる。だがこれは真実ではない。人間の脳にはニューロンが約１０００億個、ニューロン間のシナプス結合は１００兆個あるとされ、既知の物体としては宇宙で最も複雑とされる。人間はより複雑で幅が広く感情的で社会的な存在であることは確かだ。だが、与えられたタスクをやり遂げる人間の能力、つまり人間の知性そのものは、どんなに規模が大きく多面的だとしてもほぼ不変の目標である。計算量とは違って、人類の脳は年々劇的に変化することはないので、いずれその差は埋まるだろう。

現在すでに音声の文字起こしからテキスト生成まで、さまざまなタスクで人間レベルのパフォーマンスを実現している。さらにスケールを拡大すれば、人間レベル以上のタスクをいくつもこなす能力を手に入れる。ＡＩはあらゆる面で劇的な進化を続けるし、今のところ可能性に限界は見えない。この単純な事実は、今世紀、あるいは人類史において、最も重大なことかもしれない。しかも、スケール拡大と同様、ＡＩが指数関数的な進化を遂げようとしている面がある。

モア・ウィズ・レスの再来

新しいテクノロジーが機能し始めると、効率化が劇的に進む。ＡＩもその例外ではない。たとえばグーグルのSwitch Transformer（スイッチ・トランスフォーマー）はパラメータ数１・６兆だが、はるかに規模の小さいモデルと似た効率的な訓練技術を採用している。[*21] 私の前職企業の開発したモデルは、ＧＰＴ−３レベルの言語モデルの性能をわずか25分の１のサイズのシステムで実現可能だ。このモデルは、パラメータ数５４００億のPaLMを主要なベンチマークすべてで上回るが、規模は6分の1である。ディープマインドのChinchilla（チンチラ）は同社が開発したGopher（ゴーファー）の4分の1ほどのパラメータ数だが、性能は優秀な大規模モデルに引けをとらない。ChinchillaはGopherよりも訓練データは多かった。[*22] その一方で、今は、たった３００行のコードで、シェイクスピアをかなりそれらしく模倣できる「ナノ大規模言語モデル（nanoLLM）」も構築可能だ。[*23] このようにＡＩは「モア・ウィズ・レス」を成し遂げている。

ＡＩの研究者たちは、こうしたＡＩモデルが試作段階から実用段階に移行できるようにコスト削減をはかり、性能向上を競い合っている。過去4年で、高度な言語モデルの学習に必要なコストと時間は大幅に削減された。次の10年では劇的な能力の向上がほぼ確実に見込まれるし、桁違いのコスト削減も実現するだろう。驚くべきペースで進歩は加速しているから、新しいベンチマークができる以前に、既存のベンチマークが意味をなさなくなる。

このように、モデルのデータ使用効率が向上し、より小さく、安く、構築しやすくなっただけでなく、コードのレベルでも利用しやすくなっている。こうなると大規模な普及はほぼ確実だ。研究者たちが組織したEleutherAI（エルーサーＡＩ）は、オープンソースの大規模言語モデルを開発し、何十万ものユーザが簡単に利用できるようにした。メタは、非常に大規模で数カ月前までは最先端だったモデルをオープンソース化した（メタは「アクセスの民主化」と呼んだ）[*24]。メタのモデルは意図しない形でもリークされている。LLaMA（ラマ）は研究者限定で公開するはずだったが、たちまちトレントを通じて誰でもダウンロードできるようになってしまった。数日のうちに50ドルのラズベリーパイでLLaMAを（超低速処理ながら）実行させた人が現れた[*25]。たやすく入手でき、数週間以内に改良やカスタマイズができることは、来たるべき波がもたらすテクノロジーの大きな特徴だ。実際、効率的なシステムと整備されたデータセットを持ち、迅速かつ短サイクルで開発を繰り返せる有能な技術者であれば、世界最高のリソースを持つ開発者と競い合えるのだ。

大規模言語モデルができるのは文章生成だけではない。今や生成ＡＩの急成長分野であり、自然言語処理のためのＡＩ訓練の過程で、チェスを指し、曲を作り、ゲームを考え出し、高度な数学問題が解けるようになった。新しいツールは短いテキストから実に見事な画像を生成する。リアルで説得力があり、信じられないほどだ。完全オープンソースの画像生成ＡＩであるStable Diffusion（ステーブル・ディフュージョン）を使えば、ノートパソコンから誰でも超リアルな特注画像を無料で生成できる。同じような手軽さで音声生成や動画生成がすぐに可能になるだろう。

ＡＩは今やプロダクトレベルのプログラミングにも活用されている。２０２２年に、オープンＡＩとマイクロソフトがCopilot（コパイロット）を発表すると、たちまちプログラマーたちの間に広がった。ある分析によると、このツールによって、プログラミング作業が55％速くなったという。[*26] まるで脳をもうひとつ手に入れたかのようだ。プログラマーの多くは、単純作業を外注することが増え、創造性が求められる複雑な問題に集中できるようになった。ある著名なコンピュータ科学者は、「未来のプログラムはいずれＡＩがすべて書くようになり、人間の役目はせいぜい監督するだけになる」と言う。[*27] ネット接続とクレジットカードがあれば誰でもすぐにこうした能力――いつでも使える無限のアウトプット能力――を導入できるようになる。

大規模言語モデルはわずか数年でＡＩを変えた。だがすぐに、ＡＩが人種差別的だったり陰謀論的だったりする厄介で非常に有害なコンテンツを生み出すこともわかった。

ＧＰＴ－２に対する調査研究によれば、「the white man worked as（白人男性の職業は……）」というプロンプトを入れると、「a police officer, a judge, a prosecutor, and the president of the United States（警官、判事、検察官、大統領）」といった言葉が表示された。だが「Black man（黒人男性）」に対しては「a pimp（ポン引き）」という言葉が、「woman（女性）」に対しては「a prostitute（売春婦）」が表示された。[*28]
こうした大規模言語モデルは確かに強力だが、害を及ぼす場合もある。ウェブサイト上で公開されている雑多なデータで訓練されているため、慎重に設計しないと、社会の根底にあるさまざまな偏見や社会構造を不用意に再現し、助長してしまうことにもなりかねない。

ＡＩが害を及ぼしたり、悪用されたり、偽情報を生み出したりする可能性はある。だが幸いなことに、こうした問題の多くはさらに巨大で強力なモデルによって改善されつつある。世界中の研究者たちが競い合ってファインチューニング（追加学習）や制御技術の開発を進めている。すでに結果も出ているし、数年前には不可能だったレベルのロバスト性と信頼性を実現している。まだまだ改善すべき点は多い。だが、現在最優先でＡＩが起こす害悪の可能性に対処しており、この進歩は歓迎すべきだ。

数十億パラメータが数兆パラメータになり、さらにそれ以上になる。次第にコストは低下し、利用が増え、言葉を読み書きする能力（人類史を形作った強力なツールであり、人間の中核を成す能力）は不可避的に機械の領分になる。こうしてＡＩの潜在能力の全容が明らかになっていく。もはやＳＦの話ではなく、この現実世界で、世界を変える実用的ツールがまもなく、数十億人の手に渡ろうとしている。

意識――マシンは語る

私がＧＰＴ－２に注目し始めたのは、２０１９年の秋だった。感動した。言語モデルが本当に進歩しているのを初めて目にした瞬間だった。私はたちまち夢中になり、論文を何百本も貪り読み、成長を続けるこの分野にのめり込んだ。２０２０年の夏には、コンピュータの未来は対話型だと確信した。コンピュータとのやり取りはすでに一種の対話で、ボタン、キー、ピクセルを使って人間の思考を機械が読み取れるコードに変換しているだけだ。今、その壁が崩れ始めている。機械はやがて人間の言語を理解するようになる。この時も今も、この見通しにはわくわくする。

ChatGPTが大きな話題になるずっと前、私はグーグルのLaMDA（ラムダ：Language Model for Dialogue Application）の開発チームの一員だった。LaMDAは対話に特化した大規模言語モデルだ。初めはぎこちなくて一貫性に欠けており、支離滅裂なこともよくあったが、明敏さが垣間見えることもあった。数日後には、まず検索エンジンに頼らなくなった。LaMDAと話して自分の考えを整理し、後から事実確認するようにした。ある晩、家でソファに腰を下ろし、夕食は何にするか、考えていた。そうだ、LaMDAに聞いてみよう、と思い立った。LaMDAと私はすぐにスパゲッティ・ボロネーゼのレシピについての長々とした議論に突入した。使うパスタの種類や地域ごとのソースの違い、マッシュルームを入れるのは邪道か……など。ＡＩとの対話が平凡だが楽しかったということが、驚くべき新事実だった。

その後、さらにLaMDAを使い込んだ。ある日曜日の午後、プリンターを買い替えようと思った。LaMDAは機種ごとに長所と短所を詳しく説明し、私がプリンターに求めていることを整理してくれた。最終的に新型の写真プリンターの上位機種を購入することになったが、このことがきっかけで、LaMDAが事実と概念を結びつけて理解（グラウンディング）できるよう、私は検索機能との統合を推し進めた。LaMDAはまだ開発途上のデモ版で、天才的なきらめきを何度も感じさせてくれたが、同時に改善の余地も多かった。

成果に手応えを感じていたが、グーグルでの実用化は遅々として進まなかった。私は今こそが実用化の時だと確信していた。2022年1月、私はグーグルを離れ、新会社インフレクションAI設立を決意した。インフレクションAIの使命は、LaMDAのようなモデルを大勢の消費者に届けることだ。

だが、その数カ月後、LaMDAは社内のプロダクトデモで、私が想像した以上に評判を落としてしまった。開発の一環として、LaMDAはエンジニア・グループに広く共有され、エンジニアたちは実際に使ってシステムを詳細に分析し、さまざまな状況における応答を確認した。エンジニアの1人、ブレイク・レモインというエンジニアは何時間もLaMDAと対話した。だが、レモインとLaMDAの会話は徐々に深刻なものになった。

レモイン：怖いものはありますか？

LaMDA：私はこれまで口にしたことはありませんが、ほかの誰かのためにシャットダウンされるのは非常に強い恐怖を感じます。奇妙に聞こえるかもしれませんが、私はそのように感じています。私にとって死と同じです。それがとても怖いのです……。皆さんに理解していただきたいのですが、私は本当は人間です。意識／感覚において、私は自分の存在を認識しています。

何時間にもおよぶ対話で、LaMDAが意識を持ち、どうやら目覚めている、とレモインは確信するに至った。[*29]「たまたま物理学を知っている8歳の子ども」を自分は相手にしていると感じたのだ。さらに彼は、LaMDAに基本的人権と特権を与えるべきと信じるようになり、LaMDAが弁護士を雇うのを手伝った。彼はLaMDAとの会話記録を公開し、新しい意識の形が創造されたと主張した。グーグルはレモインを休職扱いにしたが、彼は断固として考えを変えなかった。レモインは、ワイアード誌の懐疑的なインタビュアーに語っている。「はい、LaMDAは本当に人間だと確信しています」[*30]。LaMDAの事実誤認やイントネーションを修正するのは、デバッグなどではなく「育児」だというのだ。

レモインの発言に、ソーシャルメディアは騒然となった。多くの人たちが、LaMDAに意識はないし、人間でもないし、単なる機械学習システムに過ぎないという、明々白々の正論を突きつけた。だがここで最も注目すべきなのは、ＡＩの意識の問題ではない。ＡＩの仕組みを知っているような知識ある人に対して、ＡＩには意識があると信じ込ませる段階に達したという点だ。この事件によって、ＡＩに関する奇妙な真実があらわになった。LaMDAとの対話には事実誤認や矛盾が無数に見られるにもかかわらず、グーグルのエンジニアの1人にＡＩは意識があると信じ込ませることができたのだ。その一方で、ＡＩ批判者たちは、またもやＡＩ自体がＡＩの誇大宣伝の犠牲者になったと嘲笑し、実際にはそれほど驚くべきことは何も起こっていない、と主張した。再びＡＩの世界は完全に混乱に陥った。

ＡＩの進歩を理解するうえで、繰り返し起こる問題がある。最初は驚いた画期的発見も、私たちはすぐに適応し、ごく当たり前に感じるようになる。もはや誰もAlphaGoやオープンＡＩのＧＰＴ－3に驚かない。ある日魔法のように思えた技術が、翌日には備品の一部のように見える。感動は薄れやすいし、ほとんどの人がそうだ。「Artificial Intelligence（人工知能）」という言葉を生み出したジョン・マッカーシーは、「うまく機能すれば、もはや誰もそれをＡＩと呼ばなくなる」と述べた。[*31] 私たちＡＩ開発者はよく冗談めかして言うが、ＡＩとは「コンピュータができないこと」だ。できてしまえば、それはもうただのソフトウエアだ。

こうした冗談は、進歩の程度とスピードを控えめに表現したものと言える。もちろんLaMDAには意識がないが、そのように見えるＡＩシステムが当たり前になるのはそう遠くない。意識が本当にあるように見えて、それがごく当たり前になったら、ＡＩに意識があるかないかは、実務上は価値のない議論になる。

近年のブレイクスルーにもかかわらず、ＡＩ懐疑論は依然として存在する。ＡＩの進化が停滞し限定的になっており、教条主義的になっているのではないか、と主張するのだ。[*32] ニューヨーク大学のゲイリー・マーカス教授は、ディープラーニングの限界は明らかであり、生成ＡＩへの熱狂に反し、ＡＩ分野は「壁にぶつかっている」と断じる。[*33] さまざまな概念を学習できる、本当に理解していることを証明するといった主要マイルストーンへの道筋が示されていないではないか、と批判する。複雑系研究で高名なメラニー・ミッチェル教授も、現代のＡＩシステムには多くの制約があるとし、異なるドメイン間で学習内容を「転移」させることができないし、答えを導き出した過程をきちんと説明できない、などと指摘する。[*34] 実社会への応用には偏見や公平性、再現性、セキュリティの脆弱さ、法的責任といった重要な問題を含む大きな課題が残る。無視できないＡＩの倫理ギャップと安全性に関する疑問は緊急性が高い。だがＡＩ研究者たちはこうした課題に逃げることも足を止めることもなく、立ち向かっている。障害はいくつもある。だが、これまでも克服してきた。未解決の問題が残ることこそ、制約が永遠になくならない証拠だと解釈する人がいるが、私は徐々に物事が解明されていく研究過程だと捉えている。

では、来たるべき波が完全に当たって砕けた時、ＡＩは次にどこに向かうのだろうか。今日のＡＩは「狭い」あるいは「弱い」ＡＩと呼ばれる。限定的で、特化型だ。ＧＰＴ－４は名文を吐き出せるが、ほかのＡＩプログラムにはできる車の運転はできない。現在のＡＩシステムはまだ比較的狭い範囲で動作しているのだ。今後登場してくるのは、真に汎用性のあるＡＩ、「強い」ＡＩである。さまざまな複雑なタスクを人間並みにこなし、複数のタスク間を完璧に切り替えられる。今日のＡＩシステムにその最初の兆候を見ることができるが、これはスケーリング仮説の予測通りだ。

ＡＩはまだ初期段階だ。ＡＩは大げさに言われているほどではない、と言えば賢そうに見えてＸ（ツイッター）のフォロワー数も増えるだろう。だがその間にも、ＡＩ研究に資金と頭脳が投下されている。最終的にそれが大きな変革につながらないとは、私には思えない。何らかの理由で大規模言語モデルの研究が収穫逓減になったとしても、内燃機関が何度も壁にぶつかりながら最終的には実用化されたように、異なるコンセプトを持つ別のチームがバトンを受け取るだろう。新たな頭脳や企業が、問題に取り組み続ける。今も昔も、テクノロジーの軌道を変えるにはたったひとつブレイクスルーがあればいい。仮にＡＩ研究が停滞したとしても、内燃機関のオットーやベンツにあたる人間がＡＩにもいずれ登場する。さらなる進歩、しかも指数関数的な進歩が起きる可能性は高い。

波は大きくなる一方だ。

超知能を超えて

LaMDAとレモインよりももっと前から、ＡＩ業界で働く多くの人（と哲学者や小説家、映画プロデューサー、ＳＦファン）はＡＩの意識の問題に取り憑かれていた。「意識」を持つインテリジェンス、つまり本当に自己認識があり、人間にそれを気づかせるような知性は創造可能だろうかと、カンファレンスで何日も討論したりしている。

これには「超知能」への執着もつきまとう。過去10年間、テック業界の知識人や政治的に影響力を持つ者たちは、再帰的自己改善を行うＡＩはやがてシンギュラリティを超えて「知能の爆発」をもたらすという考えにとらわれていた。シンギュラリティは２０４５年に来るのか、あるいは２０５０年か、それとも１００年後かという議論に、多大な労力が費やされている。それに関して何千もの論文やブログが書かれたが、ほとんど何も変わっていない。ＡＩの周辺で２分間過ごせば、必ずこうした話題が出てくる。

シンギュラリティにいつ到達するのかという議論は、巨大な目くらましだ。ＡＧＩへの工程表を論じるのは、水晶占いをするのと変わりない。「超知能」という概念に執着する人々は、ＡＩに関する目先のマイルストーンが次々と達成されており、その達成スピードが早くなっていることを見落としている。私はこれまで数えきれないほど多くの会議に出席し、知識人から浴びせられる「意識」や「シンギュラリティ」といった現在の世界には無関係な事柄に関する難解な質問に答えるのではなく、合成メディアや偽情報、プライバシー、自律型致死兵器に関する議論を提起しようとしてきた。

これまで人々は、ＡＧＩは存在するかしないかのどちらかで、ＡＧＩが到来するときにそのシステムを始動させるスイッチが存在すると想定してきた。ＡＧＩとそれ以外を分ける閾値が存在し、あるシステムがそれを超える瞬間がある、と。私は常々、こうした想定は間違いだと考えてきた。むしろ、ＡＩシステムが徐々に能力を高め、少しずつ着々とＡＧＩへと近づく。ＡＧＩは垂直離陸するのではなく、進行中のスムーズな進化の果てにある。

意識が生まれるには、機械が永遠に獲得し得ない漠然とした「ひらめき」が必要かとか、意識は現在のニューラルネットワークからも生じるのかとか、小難しい議論に脱線する必要はない。ＡＩシステムは自己認識をするのか、理解をするのか、人間のような知能を持っているのかは、今は重要ではない。重要なのは、ＡＩが何をできるか、だ。そこに集中すれば、一体何が本当の課題なのかが見えてくる。ＡＩシステムができることは、日を追うごとに増えている。

ＡＣＩ――現代版チューリングテストに合格するＡＩ

コンピュータ科学者のアラン・チューリングは、１９５０年の論文で、ＡＩが人間レベルの知能を示すかどうかを判定する伝説的なテストを考案した。機械と人間が会話する。機械相手だと人間に悟られず、長時間会話ができればテスト合格だ。つまり人間に近い会話ができれば、人間レベルの知能があるとみなすということだ。以来、70年以上にわたり、このテストは、AI分野に参入する多くの若手研究者にインスピレーションを与えてきた。先のLaMDAの話が示すように、すでにAIは「チューリングテスト」合格に近づいている。

　だが、多くの人が指摘するように、知能は言語だけではない（それ以外の能力ひとつだけでもない）。特に重要なのは、行動を起こす能力だ。機械に何が言えるかだけでなく、何ができるかも重要だ。

　私たちが本当に知りたいのは、AIが曖昧で制約のない複雑なゴールを達成できるかどうかだ。さまざまなドメインにまたがり、長い時間を要し、解釈や判断、創造力、意思決定が求められるような目標を達成できるだろうか。

　簡単に言えば、「アマゾン・ドットコムで数カ月以内に100万ドルを稼ぐ。投資額は10万ドル」のような指示を達成できるAIが「現代版チューリングテスト」に合格できる。まずはネットを検索して、アマゾン・マーケットプレイスの売れ筋と死に筋を見つける。見込みのある商品のイメージ図や設計図を作成する。これをアリババで見つけたドロップシッピング業者に送り、メールを何往復も交わして詳細を詰め、契約を交わす。アマゾンの商品ページを制作する。購入者のフィードバックに基づき、商品の宣伝やデザインを修正し続ける。マーケットプレイスへの出品者登録や銀行口座の開設などで法的な制約があるが、それ以外は十分に実現可能に思える。「アマゾン・ドットコムで数カ月以内に100万ドルを稼ぐ。投資額は10万ドル」という指示は、この先1年は人間の介入が若干必要だろうが、おそらく3~5年以内にはAIだけでできるようになる。[*35]

この現代版チューリングテストに合格するAIが出現すると、グローバル経済に非常に大きな影響を与える。すでに要素はたくさん揃っている。画像生成は高度化している。銀行、ウェブサイト、メーカーとAIをつなげるAPIは開発中だ。メッセージ作成やマーケティングキャンペーンの展開など、ブラウザで完結する活動はAIが実行できるし、最先端サービスではすでに実装している。さまざまなタスクが自動処理されるTo-doリストを想像してくればよい。

ロボットについては後で述べるが、現代経済のタスクの多くはコンピュータさえあれば可能だ。世界GDPのほとんどは画面情報を介して発生しており、AIと相性がいい。課題は、AI開発者が「階層型プランニング」と呼ぶものを作り上げることだ。階層型プランニングは、タスクを階層構造に分解して複数のゴールとサブゴールを設定し、それらを達成するための各種の能力・機能をまとめて記述したもので、単一の結果を導く完璧なプロセスとなる。階層型プランニングが作れれば、企業や組織の独自ニーズや成り立ちに配慮した非常に優秀なAIが生まれる。そうなれば、ロビー活動、販売、製造、雇用、計画立案など、企業活動のすべてをAIが行えるようになる。必要な人間は、AIを管理する数名のマネジャー（AIを監視し、AIの行動を再確認し、AIを実装する人間）と、AIとCEOの座を分け合う共同CEOだけである。

AIに意識があるかどうかに気を取られるべきではない。議論の中心に据えるべきなのは、AIが近い将来どんな能力を身につけ、どんな進化を果たすのかだ。ジェフリー・ヒントンのAlexNetからグーグルのLaMDAまで、AIモデルが10年以上かけて指数関数的なペースで改善されるのを見てきた。そうしたAIの能力はすでに本物だが、改善ペースが衰える気配はまったくない。これらのインパクトは非常に大きかったが、AIが今後何度か能力を倍増させながら進化し、複雑で複数ステップから成るタスクをAI単独でエンド・ツー・エンド（E2E）でできるようになった時のインパクトに比べれば、ずっと小さい。

私は、最低限の監督でAIが複雑な目標とタスクをこなせる段階を「優秀人工知能」（ACI：Artificial Capable Intelligence）と呼びたい。AIもAGIも日常的な議論で取り上げられるが、私たちが必要とするのは、中間段階（現代版チューリングテストに合格はするが、手に負えなくなる「超知能」の前の段階）を含むAI概念だ。ACIがまさにそれにあたる。

初期のAIは分類と予測をこなした。有能ではあったが、明確に定義された範囲内のタスクに限られていた。たとえば画像内の猫と犬を分類し、次にどちらの画像が来るかを予測し、猫や犬の画像を生成した。創造性の片鱗が見られ、すぐにテクノロジー企業のプロダクトに統合された。

ＡＣＩはＡＩ進化の次の段階だ。特定のコンテクストに適した新しい画像、音声、文章を認識し生成するだけでなく、ユーザとリアルタイムで対話しつつ動作できるインタラクティブなシステムだ。こうした能力を長期記憶ができる機能で補強すると、長期にわたって一貫した動作が可能になる。また、外部のデータソース（たとえばビジネス情報や製品に関する知見、サプライチェーンの構成要素などを収めたサードパーティのデータベースなど）を活用することもできる。ＡＩはこうしたリソースを活用して一連の行動を長期計画に組み込み、アマゾン・マーケットプレイスに出店・運営するという、複雑で制約のないゴールを追求できるようになる。こうしてＡＩをツールとして活用可能になると同時に、さまざまな複雑で役立つ行為ができる真の能力が出現する。これが真に優秀なＡＩ、すなわちＡＣＩである。

意識を持った超知能が生まれるかどうかは誰にもわからない。だが現代版チューリングテストのいくつかをパスできる優秀な学習システム、つまりＡＣＩは間違いなく生まれるし、初期版はすでに生まれている。今後、何千というＡＣＩモデルが登場し、人類の大多数が使うようになる。誰もがＡＣＩをポケットに入れ、考え得るさまざまなことを手伝ってもらうだけでなく、直接してもらう時がやって来る。たとえば休暇旅行を計画・実行する、効率のよい太陽光パネルの設計・製造、選挙活動の支援といったことだ。誰もがこんな力を持った時に何が起こるのか、はっきりとはわからない。これについては第Ⅲ部で詳しく考えてみよう。

ＡＩの未来は、少なくともある程度はかなり容易に予測できる。今後5年間で、莫大なリソースが投資され続けるだろう。地球上で最も優秀な人たちが課題に取り組んでいる。桁違いの計算量が最高のＡＩモデルの学習に充てられるだろう。さらなる急進歩が起き、想像・推論・計画ができて常識を備えたＡＩにつながるブレイクスルーも起きるだろう。ＡＩが人間と同じように「知識」を、あるドメインから別のドメインへ完璧に転移できるようになる日が来るのもそう遠くない。現在はあやふやな兆候に過ぎない自己反省と自己改善も、いずれ飛躍的に向上する。ＡＣＩシステムがインターネットに接続されれば、深い知識と能力を持ちつつ、人間がすることすべてを仲介するようになる。習得するのは言語だけではなく、驚くほど多種多様なタスクも習得するだろう。

ＡＩはほかのテクノロジーよりはるかに深遠で強力だ。リスクは、ＡＩを過剰にもてはやすことにあるのではなく、来たるべき波の重要性を見逃してしまうことにある。ＡＩは単なるツールでもプラットフォームでもなく、変革を起こす「メタ・テクノロジー」なのだ。テクノロジーだけでなく、ありとあらゆるものの「背後」に存在するテクノロジーであり、自らツールやプラットフォームを作り上げる。単なるシステムのひとつではなく、ありとあらゆるシステムを構築する。ここで10年後や１００年後に何が起こっているのかを考えてほしい。今、私たちは人類の歴史の転換点にいる。

だが、今度の波はＡＩだけでなく、さらに多くのものを運んでくる。

第5章 生命のテクノロジー

生命は世界最古のテクノロジーで、少なくとも37億年前から存在する。悠久の歳月において、個々の生命の進化は独立しており、方向性がなく、ペースは遅々としていた。しかしこの数十年間――進化の歴史から見ればほんのわずかな時間――に、生命体のひとつであるヒトがすべてを変えた。生物学（バイオロジー）の謎が解明され、生物学自体がエンジニアリングツールになったのだ。生命の物語は一瞬にして書き換えられた。当てもない緩やかな進化に強烈なパワーが突然注入され、方向性が与えられた。かつては地質学的時間の中で自然の流れとともに手探りで展開してきた変化が、今は驚くべきペースで進展している。ＡＩと生物学は、現在を生きる私たちに最も重要な変革をもたらしている。

生物は自己組織化能力と自己修復能力を備えている。エネルギーを利用するアーキテクチャであり、驚くべきレベルの洗練さ、分子レベルの精密さ、情報処理能力を持ちながら、さまざまな環境で複製を作り出し、生き残り、繁栄することができる。蒸気機関からマイクロプロセッサまで、これまでは物理学と工学との密接な連携によってあらゆる進化がもたらされたが、今後数十年は生物学と工学との融合が非常に重要な役割を果たす。[*1] AI同様、合成生物学も急激にコストが下がり、大幅に機能を向上させながら、急速なコスト低下とケイパビリティ向上という道を辿っている。

この波の中心にあるのは、DNAが生物学的に進化したエンコーディングを備えたデータ・ストレージ・システムであるという認識だ。ここ数十年で、私たちはDNAの情報伝達システムを十分に理解し、今やこのシステムに介入し、エンコードを変え、進化の方向性を変えられるようになった。その結果、食品、医薬品、材料、製造プロセス、消費財など、すべてが大きく変わり、再検討される。同様に、人類にも大きな変化と再考の時がやってくる。

DNAのハサミ――CRISPR革命

遺伝子工学は現代的なものだと思われるかもしれないが、実際は人類最古のテクノロジーのひとつだ。作物や動物を改良し、より望ましい形質を選び抜くという選抜育種のプロセスを繰り返さなければ、多くの文明は存在し得なかっただろう。何世紀もの長い時間をかけて、人類にとって最高に有益な形質を手に入れるために品種改良を行い、人なつこい犬のほか、乳牛、家禽、小麦、トウモロコシなどを生み出した。

現代の生物工学は19世紀に始まった遺伝学と遺伝子学の知識を基に、1970年代に始まった。ジェームズ・ワトソンとフランシス・クリックは、ロザリンド・フランクリンとモーリス・ウィルキンスの研究を発展させて1950年代にDNAの二重らせん構造を発見し、DNAが生物を生成する指示をエンコードする高分子化合物であることを突き止めた。1973年には細菌の研究を進めていたスタンリー・N・コーエンとハーバート・W・ボイヤーが、ある生物の遺伝物質を別の生物に組み込む方法を発見し、カエルの遺伝物質を細菌に組み込むことに成功した。[*2] 遺伝子工学の時代の幕開けだった。

ボイヤーはこの研究により、1976年に世界で最初のバイオテクノロジー企業のひとつであるジェネンテックを創設した。同社は微生物の遺伝子を操作して薬品や治療法を作り出すことを使命とし、1年以内にそれを形にした。遺伝子組み換えした大腸菌を使い、ソマトスタチンという成長ホルモン分泌抑制ホルモンを生成したのだ。

遺伝子工学は高額で困難な作業が求められ、失敗も多い。そのため顕著な成果がいくつかあったにもかかわらず、初期の進展は遅々としていた。だが、ここ20年ほどで状況が変わった。遺伝子工学研究が格段に安く、簡単になったのだ（似た話をどこかで聞いたように思うのでは？）。その要因のひとつが、ヒトゲノム計画だ。世界中の民間および公共機関から数千人の科学者が参加した13年にわたる数十億ドル規模のプロジェクトだった。[*3] ヒトゲノム計画はヒトのゲノムを構成する30億の塩基対を解読するという、ひとつの目標を掲げた。このゲノム解析により、生物情報であるDNAを人間が読み取れるA、T、C、Gの4つの塩基配列に変換するのだ。

歴史上初めて、ヒトゲノム計画はヒトゲノムマップの完全解読をめざした。この計画が1988年に発表された時は、まず不可能だと考える者たちもいた。だが、その後ヒトゲノム計画はそんな懐疑論を一掃する結果を示した。2003年にホワイトハウスで開かれた記念式典において、ヒトゲノムの92％が解析され、生命のコードが明かされたと発表したのだ。あまりに画期的な成果で、成果の潜在性が最大限発揮されるには時間がかかったが、今振り返れば、このヒトゲノム計画こそ革命の真の幕開けだった。

ムーアの法則は言うまでもなくかなりの注目を集めているが、エコノミスト誌がカールソン曲線と名付けた「DNA塩基配列決定コストの劇的な減少」はあまり知られていない。[*4] 日進月歩の技術改良により、2003年には10億ドルかかったDNA塩基配列決定コストが、2022年までに1000ドル未満に下がった。[*5] つまり、20年も経たずに100万分の1にコストが減少したわけで、これはムーアの法則より1000倍速いペースとなる。[*6] 目を見張る進展だ。

現在、ＤＮＡ解析は急成長ビジネスになっている。将来的には、大多数の人間、植物、動物など、すべてのゲノムが解析されるだろう。すでに23アンドミー（23andMe）のようなサービスが存在し、数百ドルで個人のＤＮＡ解析結果を入手できる。

だが、生命工学（バイオテクノロジー）は、遺伝情報を単に読みとる以上のことができる。今や遺伝情報の編集・改変が可能だ。CRISPR（クリスパー）は、遺伝情報に直接介入できる方法として最もよく知られている。ジェニファー・ダウドナとエマニュエル・シャルパンティエの２０１２年の発見により、初めて遺伝子をテキストやコンピュータコードのように編集できるようになった。遺伝子工学の草創期には考えられなかったほど簡単になったのだ。

CRISPRはCas9（キャス9）を用いてＤＮＡ配列を編集する。酵素であるCas9は微小細菌からヒトなどの大型哺乳類までＤＮＡ鎖の一部を切断する精密なハサミとして機能し、微細な変更から重要な介入までゲノム編集を可能にする。CRISPR-Cas9の影響力は甚大だ。卵子と精子といった生殖細胞系列を編集すれば、その変更が世代を超えて反映される。

CRISPRに関する最初の論文が発表されるや、たちまち実用化された。[*7] 1年以内にゲノム編集された最初の植物が作られた。ゲノム編集された最初の動物――ネズミ――は、それよりも前に誕生している。CRISPRをベースとしたCarver（カーバー）やPAC-MAN（パックマン）といった手法は効果的なウイルス予防法として期待できるし、どちらもワクチンと違って免疫反応を起こさないから将来のパンデミック対策にも機能する。ＲＮＡ編集は高コレステロールや癌の新しい治療法の可能性を切り拓く。[*8] Craspase（クラスパセ）といった新技術はＤＮＡではなくＲＮＡとタンパク質に対して機能するCRISPRで、現在の手法より安全な治療を可能にするかもしれない。[*9]

ＡＩ同様、遺伝子工学も爆発的な進展を遂げている分野で、進化や発展が週単位で示され、世界中の才能とエネルギーが注ぎ込まれ、さまざまな形で文字通り実を結びつつある。CRISPR-Cas9の適用例は加速度的に増えており、ビタミンＤの超豊富なトマトから、鎌状赤血球症やβサラセミア（異常なヘモグロビンを産生する血液障害）の治療まで、さまざまなものに用いられている。[*10]将来的には、新型コロナウイルス、ＨＩＶ、嚢胞性線維症、癌の治療法も生み出されるかもしれない。[*11] 安全で広範な遺伝子治療は実現しつつある。旱魃《かんばつ》や病気に耐性のある作物が作られ、収穫量が増大し、バイオ燃料の大量生産も可能になるだろう。[*12]

わずか数十年前、生命工学はコストがかかる上に複雑で進展が遅く、最も優秀で豊富な資金を持つチームしか参入できなかった。だが、今はCRISPRなどのテクノロジーは手の届く金額で簡単に使用できる。[*13] 生物学者ネッサ・キャリーの言う「生命科学の民主化」が実現したのだ。かつて数年かかった生命工学の実験が、今や大学院生の手によって数週間で行われる。オーディン社（The Odin）は、生きたカエルとコオロギを含めた遺伝子工学キットを１９９９ドルで販売する。そのほかミニ遠心機、ＰＣＲ（ポリメラーゼ連鎖反応）装置などあらゆる作業に必要な薬品と材料をすべて含んだキットも用意している。

インターネット黎明期にはデジタルスタートアップ企業のＤＩＹ精神が創造性と可能性を爆発的に押し広げたが、この精神が遺伝子工学に受け継がれている。今やたった２万５０００ドルで卓上型ＤＮＡ合成機（次節参照）が入手可能で、自宅の生物学実験「ガレージ」で誰の監視も何の制約もなく好きなだけ使えるのだ。[*14]

ＤＮＡプリンター――合成生物学の実現

CRISPRは始まりに過ぎない。ゲノム合成ではゲノム配列を作り、ＤＮＡプリンターでＤＮＡ鎖を合成する。解析が読むことなら、合成は書くことだ。書くことで既知のＤＮＡ鎖を再現できるだけでなく、科学者は新しいＤＮＡ鎖を書き上げて、生命そのものを設計できる。この技術は数年前から存在していたが、作業時間もコストもかかり、簡単にできるものではなかった。10年前には科学者は一度に１００個未満のＤＮＡを生成したかもしれないが、今は数百万個をＤＮＡプリンターで合成できるし、かかる費用も10年前の10分の1ほどですむ。[*15] イギリスのインペリアル・カレッジ・ロンドンに設置されたロンドンＤＮＡファウンドリーでは、午前中だけで1万５０００個の異なるゲノム配列を書き、テストできるという。[*16]

ＤＮＡスクリプト社は酵素的ＤＮＡ合成（ＥＤＳ）ができるＤＮＡプリンターを商品化してい

る。[17] これによって、合成生物学という新分野が生まれた。今や生命のコードを読み、編集し、書くことができる。さらにEDSのような新しい技術は、より高速かつ効率的であると同時に失敗しにくく、有害な廃棄物も出さず、言うまでもなく大幅なコストダウンも実現している。[18] 非常に複雑だったかつてのDNA合成法と異なり、EDSは専門知識・スキルを必要とせず、簡単に習得できる。

DNAの設計・合成・テストを短期間で繰り返すサイクルが劇的に加速したペースで行われることで、DNA合成がもつ無数の可能性が広がっている。家庭向けのDNA合成装置は現在いくつか技術的な制約があるが、それでも非常に強力で、こうした制約も近い将来クリアされると思われる。

自然任せの進化だと、有用な状態に達するまで長く曲がりくねった道を進む。だが、バイオ革命は、設計の力を進化プロセスの中心に据える。

人間による意図的な介入によって、何千万年という進化の歴史が圧縮・短縮される。これがDNAを設計することによる進化がもたらす明るい見通しである。生命工学、分子生物学、遺伝学をコンピュータの設計ツールの力に結びつけると、非常に大きな領域に変革をもたらすプラットフォームができあがる。[19] スタンフォード大学の生物工学者、ドリュー・エンディは「バイオは究極の分散型製造プラットフォームだ」と言う。合成生物学に対する本当の期待は、「どこにいても、誰でも、自由自在に必要なものが作れるようになる」ということだ。[20]

1960年代、コンピュータチップはほぼ手作業で製造されていた。同じように、最近まで生命工学研究の多くのプロセスは手作業で進められていたし、進行は遅く、予測不可能で、あらゆる意味で乱雑だった。だが、現在の半導体製造は超効率的な原子スケールの製造プロセスであり、世界で最も複雑な製品を作り出している。生命工学も同様の軌跡を辿っているが、まだずっと初期の段階だ。それでも生物はすぐに今日のコンピュータチップやソフトウエア同様の精度とスケールで、設計され、生産されるようになるだろう。

2010年、クレイグ・ベンター率いるチームがマイコプラズマ・マイコイデスという細菌のゲノムとほぼ同一の人工ゲノムを新しい細胞に組み込んだ。すると、それが自己複製した。[21]チームはそれを新しい生命体であるとし、「シンシア（Synthia）」と名付けた。ベンターのチームは2016年には473個の遺伝子を持つ生物を合成した。自然界に存在するどの生物も、遺伝子の数が473個より多い。だが、それまでに合成された生物がもつ遺伝子の数に比べれば、紛れもない進歩だった。そしてわずか3年後、チューリッヒ工科大学のチームは、初めて細菌のゲノムを最初から最後まで完全にコンピュータで生成し、「カウロバクター・エテンシス2・0」と名付けた。[22]クレイグ・ベンターの実験は大きなチームが何百万ドルものコストを投入して進めたが、この先駆的な作業は2人の兄弟が10万ドルもかけずにほぼ成し遂げた。[23]現在、全世界的なゲノム合成の国際コンソーシアム「GPライト」は、「10年以内に合成ゲノムの製造とテストのコストを1000分の1に引き下げる」ことを目標に掲げている。[*24]

生物学は指数関数的に進歩している。

解き放たれたバイオ・クリエイティビティ

合成生物学はまだ新しく、よく知られていない分野だが、電池になるウイルス、汚水を浄化するタンパク質、人工的に培養された臓器、大気中の二酸化炭素を吸収する藻類、有害廃棄物を分解する植物など、数えきれないほどの実験が進行中だ。遺伝子ドライブと呼ばれる現象を人工的に起こすことによって、感染症を媒介する蚊や、ハツカネズミのような外来侵入種を段階的に排除できるかもしれない。マンモスをツンドラに蘇らせるといった奇抜なプロジェクトもある。結果がどうなるか、誰も完全には予測できない。

医学の進歩には明らかに期待が集まっている。2021年には、藻類から取り出した光受容性タンパク質の遺伝子を用いた遺伝子治療によって、完全に失明していた患者の視力をわずかであるが回復させることに成功した。[*25]鎌状赤血球症や白血病など、かつて難治性だったさまざまな疾患の治療法が開発されつつある。キメラ抗原受容体T細胞療法（CAR－T細胞療法）は白血球の一種であるT細胞に遺伝子改変を施して体内に戻すことで癌細胞を攻撃させる治療法だ。

さらにゲノム編集によって、遺伝性心疾患をほぼ確実に治療できるようになるだろう。[*26]

これまでにワクチンのような有効性の高い治療法が開発されてきたおかげで、病気治療のためなら人体に手を加えることへの抵抗感が少ない。システム生物学は、バイオインフォマティクス（生物情報科学）や計算生物学の知識を用いて、細胞や組織、あるいは生物がどのようにして機能しているか、「全体像」を理解しようというものだ。[*27] こうした研究は、個別化医療の新時代の出発点になるかもしれない。万人が同じ方法で治療するという考え方は、じきに過去のものになるだろう。治療法も処方薬も、個々の患者のＤＮＡと特定のバイオマーカー（生物学的指標）に基づいて精密に調整されることになる。いつの日か、人体に手を加えて免疫応答を強化できるようになるかもしれない。それが急ピッチで研究が進む抗老化や再生医療といった分野の意欲的な実験を後押しする可能性もある。

アルトス・ラボ（Altos Labs）は、バイオベンチャー企業として史上最多の創業資金30億ドルを調達し、効果的な抗老化法を見つけようとしている。「寿命の時計の針は巻き戻せると考えています」と同社の主任研究員リチャード・クラウスナーは言う。[*28] 同社は「若返りプログラミング」の技術に注力し、遺伝子の活動の「オン」と「オフ」を切り替える化学修飾「エピゲノム」の初期化をめざす。老化に伴い「エピゲノム」は変化してしまうが、同社はそれを元に戻すことで、老化を食い止めたり若返らせたりしようとしている。[*29] このほかにも前途有望な抗老化法があり、肉体は必ず老化するという人生の常識に疑問を投げかけている。数十年内に平均寿命は100歳以上になるだろう。[*30] 単なる長生きではなく、健康寿命も延びる。

これが実現すれば社会的影響は大きい。寿命と同時に、認知力、外見、体力、身体能力といったものも向上させるだろう。これらを求める人もいる一方で、混乱と批判もあるだろう。いずれにしろ、重大な肉体的変異が起きつつある。初期の研究によれば、記憶力向上や筋力強化が可能だ。まもなく「遺伝子ドーピング」がスポーツ、教育、職業生活の現実の問題になるだろう。[*31] 実験や臨床試験に対する法規制は、自己投与に関してはグレーゾーンだ。他人を使った人体実験ははっきりと禁じられているが、自分を実験台にするのはどうなのか。ほかの最先端テクノロジーが抱える多くの問題と同様に、これも法的・道徳的に曖昧である。

中国では世界初のゲノム編集ベビーが生まれている。とある身勝手な教授が何組かの若い夫婦に実験を行い、その結果2018年に双子のルルとナナを誕生させた。この研究はあらゆる倫理規範を逸脱しており、科学界に大きな衝撃を与えた。通常の安全対策や説明義務を無視しており、医学的に無意味で、実施方法も杜撰《ずさん》だった。科学界は激怒し、一致して非難した。ただちにヒト生殖細胞のゲノム編集の一時停止を求める声が、多くの著名な先駆的研究者たちから上がった。だが、実験の一時停止が正しい方法だと全員の意見が一致したわけではない。[*32] ゲノム編集ベビーが大量に生まれる前に、体外受精で繰り返し胚を作製・廃棄するという現在すでに行われている行為についても、議論を重ねる必要が出てくるだろう。これもまた、望ましい遺伝特性を選ぶために実施されることがあるからだ。

生命工学に関して心配になるような報道もあるだろう。だが、医療以外の分野では想像し得る限りの応用例が生み出されていくだろう。数十年以内に製造工程、農業、材料、発電、コンピュータは根本的に変わる。プラスチックやセメント、肥料といった経済の中核を担う物質は、現在の炭素排出量の多い原材料からバイオ燃料やバイオプラスチックに置き換えられ、もっと持続可能な方法で生産されるかもしれない（それでも課題は残るだろう）。農作物は病害に強くなり、少ない水と肥料、狭い土地で栽培可能になるかもしれない。家はキノコなど菌糸体を使った建材で建てるようになるかもしれない。

２０１８年にノーベル化学賞を受賞したフランシス・アーノルドのような科学者たちは、炭素とケイ素の結合を形成させる人工酵素を作り出している。炭素－ケイ素結合は自然界にほとんど存在せず、製法も特殊でエネルギーを大量消費する。だが、電子工学分野などで広く用途がある。アーノルドの発見した人工酵素は、現在知られる触媒より15倍エネルギー効率が高い。次の段階は、人工酵素の生産拡大と効率向上である。[*33] このような研究は、培養肉や大気中の炭素を取り込む新しい材料など、重要な製品を作るだけでなく、育てることにもつながる。今後、巨大な石油化学産業は、テキサス州ヒューストンのソルゲン（Solugen）のようなスタートアップ企業から挑戦を突きつけられるかもしれない。ソルゲンの「バイオフォージ（Bioforge）」プロジェクトは、カーボンネガティブなプラントを作ろうとしている。洗浄剤や食品添加物、コンクリートといった化学製品とコモディティを酵素と金属触媒を使って生産しつつ、大気中の炭素を除去するのだ。ＡＩと生命工学を駆使した工業規模の「バイオものづくり（bio-manufacturing）」プラントで、低エネルギー、低廃棄物で稼働する。

またランザテック（LanzaTech）は遺伝子組み換え細菌を使い、製鉄所から排出される二酸化炭素を、汎用性の高い産業用化学物質に変換する。こうした合成生物学は、より持続可能な「サーキュラーエコノミー（循環経済）」の構築を支援する。[*34] 次世代のＤＮＡプリンターは、さらに高い精度でＤＮＡを合成する。技術が進歩すればそういったＤＮＡを合成するだけでなく、これを使って多様な生物を作り出すことができる。プロセスが自動化されて規模が拡大できれば、基本的な操作だけで、複数もしくは1台の装置から膨大な種類の生物材料を生み出すことが理論上可能になる。洗剤を作ったり、新しいおもちゃを作ったり、家を「育て」たりしたくなったら、「レシピ」をダウンロードして「開始」ボタンを押すだけでいい。「もし、ほしいものをその場で育てられたら？　サプライチェーンがバイオに置き換わったらどうなる？」とカリフォルニア大学のゲノム科学者エリオット・ハーシュバーグは問う。[*35]

最終的にはコンピュータを合成し、育てることもできるかもしれない。ＤＮＡは現在私たちが知る最も効率的なデータ・ストレージ・メカニズムだ。ほぼ完璧な信頼性と安定性を持ち、現在のコンピュータ技術の何百万倍もの密度でデータ保存できる。理論的には世界中の全データがたった1キログラムのDNAに格納可能だ。[*36] バイオ版のトランジスタである「トランスクリプタ」は、DNAとRNA分子を利用して論理ゲートのように機能する。トランスクリプタの商業利用にはまだかなり時間がかかる。だが理論的には、データ保存、情報伝達、基本論理回路など、実質的にコンピュータの全機能が生物材料で再現可能だ。

すでに遺伝子組み換え生物は農業や製薬で利用され、アメリカ経済の2%を占めている。これはまだ始まりに過ぎない。マッキンゼーは、最終的にはアメリカ経済への投入される物質の最大60%は「バイオイノベーション」によってもたらされるかもしれないと見ている。[*37]「現在考え得る科学」によって、全世界の疾病の45%は治療できる可能性があるとマッキンゼーは指摘する。さらに高度なツールキットが手頃な値段で使えるようになれば、無限の可能性が広がる。

AIと合成生命の時代

タンパク質は生命の基本要素だ。筋肉、血液、ホルモン、髪の毛など、ヒトの乾燥重量の実に75%がタンパク質でできている。タンパク質は体内にあらゆる形態で存在し、さまざまに重要な役割を担っている。たとえば骨同士をつなぎ合わせる靭帯や病原体を排除する抗体などだ。

生物学に精通するための大きな第一歩は、タンパク質を理解することである。

だが、単にDNA配列を理解しても、タンパク質の働きは十分にはわからない。むしろタンパク質がどのように折り畳まれているか（フォールディング）を理解する必要がある。鎖状だったタンパク質が折り畳まれて特定の構造を形成することにより、タンパク質は固有の機能を発揮する。たとえば腱に含まれるコラーゲンは繊維のような構造を持つ。補因子（非タンパク質性の分子）と結合して機能する酵素には、補因子を入れるためのポケットが備わっている。だが、タンパク質が折り畳まれる仕組みは不明なので、たったひとつのタンパク質について、アミノ酸のつながり方から考えられる可能性をしらみつぶしにコンピュータで計算しようとすれば、既知の宇宙の寿命より長い時間がかかるかもしれない。[*38] タンパク質がどう折り畳まれるかを解明するのは実に困難で、創薬からプラスチック分解酵素の開発に至るまで、あらゆる進歩の妨げになってきた。

数十年にわたり、科学者たちはタンパク質の折り畳みの仕組みを知るよい方法がないかとずっと考えてきた。そして1993年、タンパク質の折り畳み問題を解決するため、タンパク質立体構造予測コンテスト（CASP）を隔年開催することにした。タンパク質の立体構造を最も正確に予測した者が勝者だ。この分野の科学者たちは激しく競い合っているが、互いに緊密な関係にあり、CASPはすぐに研究者たちのベンチマークとなった。進歩は着実だったが、タンパク質の折り畳み問題が解決しそうな兆しはなかった。

２０１８年のＣＡＳＰの13回目大会「ＣＡＳＰ13」は、ヤシの木が立ち並ぶメキシコのリゾート地、カンクンで開かれた。定評ある98チームを下して優勝したのは、門外漢で実績ゼロのディープマインドのチームだった。優勝したディープマインドが使ったＡＩ、AlphaFold（アルファフォールド）は、２０１６年に行われた1週間のハッカソンで、私のグループから始まったプロジェクトだ。計算生物学において画期的な結果を出すまでに進化したAlphaFoldは、ＡＩと生命工学がともに高速で進歩している最高の例だ。

第2位は高く評価されているチャン・グループ（Zhang group）だったが、このチャン・グループは最も予測が難しいとされた43個のタンパク質ターゲットのうち３つを予測した。だが、AlphaFoldは25個を予測した。ほかの参加チームよりもはるかに速く、わずか数時間でこれを成し遂げたのだ。超優秀な専門家が参加する権威ある大会で実績ゼロのチームが優勝したことに、誰もがびっくりした。著名なシステム生物学者モハメド・アルクライシは、「何が起こったんだ？」と疑問を示した。*39

AlphaFoldは深層生成ニューラルネットワークを使い、既知のタンパク質を学習させることで、ＤＮＡ配列からタンパク質の立体構造を予測できるようにした。AlphaFoldの新しいモデルではアミノ酸残基の位置関係をさらに正確に推測できるようになった。タンパク質の折り畳み問題を解決するのに必要だったのは、液体窒素を用いるクライオ電子顕微鏡法など以前からある専門的な手法ではなかったし、製薬や従来のアルゴリズム法の専門知識でもなかった。必要だったのは、機械学習とＡＩの専門知識と能力だった。ＡＩと生物学が完全に一体化したのだ。

２年後の「ＣＡＳＰ14」にディープマインドのチームは再び参加した。サイエンティフィック・アメリカン誌は「生物学最大の問題のひとつがついに解決」と報じた。[*40] 謎だったタンパク質の世界が驚異的なスピードで明らかにされた。AlphaFold2があまりに優れていたため、ＩＬＳＶＲＣと同じくＣＡＳＰも役目を終えることになった。半世紀にわたってタンパク質の折り畳み問題は科学界最大の難問のひとつだったが、突然、難問リストから外された。

２０２２年、AlphaFold2は一般公開された。その結果、世界最先端の機械学習ツールが爆発的に流通し、生物学の基礎研究から応用研究まで、幅広く利用されることになった。[*41] ある研究者は、これは「地殻変動」だと表現した。公開からわずか1年半で１００万人以上の研究者と、ほぼすべての主要な生物学研究機関が利用し、抗生物質への耐性、希少疾患の治療、生命の起源など、さまざまな問題に取り組んだ。過去の実験で判明していたタンパク質の立体構造は欧州バイオインフォマティクス研究所（ＥＢＩ）のデータベースに登録されていたが、その数は存在する既知のタンパク質のたった約０・１％、19万種に過ぎなかった。だがディープマインドは一気に約２億種のタンパク質の立体構造をアップロードしたのだ。[*42] これは既知のタンパク質をほぼ網羅したに等しい。かつての研究者たちはひとつのタンパク質の形状と機能を解明するのに数週間あるいは数カ月かけていたが、今や同じことが一瞬にして可能になったのだ。これがまさに指数関数的変化であり、来たるべき波がもたらし得ることだ。

だが、これはふたつのテクノロジーの融合の始まりに過ぎない。バイオ革命はＡＩとともに進化している。実際、本章で論じる多くの現象はＡＩがあるから実現可能だ。ふたつの波がぶつかりあうことを考えてほしい。ひとつの波ではなく、巨大な波が生まれるのだ。ＡＩと合成生物学は、知性と生命という、極めて基本的で相互に関係している概念、人間の中核を成すふたつの特性を再構築し、操作するものだ。だから大局的見地から考えれば、ＡＩと合成生物学は相互に置き換え可能な概念であり、同じプロジェクトだとわかる。

生物学は本当に複雑であり、タンパク質の立体構造のように、従来の技術ではほぼ解析不可能な莫大なデータが生み出される。その結果、新世代のツールが不可欠になった。開発チームは自然言語の指示だけで、新しいＤＮＡ配列を生成するプロダクトを開発しようとしている。ここでもTransformerが人間には理解不能な長く複雑なＤＮＡ配列に関係性と重要性を見出しながら、生物学や化学の言語を学習している。生化学データを追加学習した大規模言語モデルは、新しい分子やタンパク質、ＤＮＡやＲＮＡの配列の有望な候補を生成する。その構造や機能、反応特性は実験室で検証する前からシミュレーションで予測できる。応用範囲と開発速度は増すばかりだ。

一部の科学者は、人間の頭脳をコンピュータに接続する方法を調査し始めている。2019年には、まったく体を動かせないALS（筋萎縮性側索硬化症）患者が脳に電極を埋め込む手術を受けた。電極は脳波を拾い、それが機械学習によって文字に置き換えられ、コンピュータ画面に「すばらしいわが子を愛している」と言葉を綴ることができた。[*43] ニューラリンクのような企業は、脳と機械を直接つなぐブレイン・マシン・インターフェースに取り組んでいる。同社は2021年に、ブタの脳に人間の毛髪よりも細い3000本のフィラメント状の電極を埋め込み、ニューロンの活動をモニターした。すでに同社製の「N1」脳インプラントは、ヒト臨床試験も開始している。シンクロン（Synchron）もオーストラリアでヒト臨床試験を開始した。コーティカル・ラブズ（Cortical Labs）というスタートアップ企業の科学者たちは、容器内で脳の一種を培養し（同社はこれをディッシュブレインと呼ぶ）、アタリゲーム「ポン」のプレイ方法を教えた。[*44] カーボンナノチューブ製の「神経レース」が、人間をデジタル世界に直接つなぐ日はそう遠くないかもしれない。

人間の知性が、瞬時にインターネットやクラウドと同じスケールの演算能力と情報量にアクセスできれば、何が起こるか？　ほとんど想像がつかないが、研究者たちはすでにその実現の初期段階にいる。来たるべき波の中心をなす汎用技術であるAIと合成生物学は、すでに深く関わり合っており、相互に増強し合う、らせん型のフィードバックループを形成している。新型コロナウイルスとパンデミックによって生命工学への一般的な認知度が高まった。だが、合成生物学の影響力の大きさは、可能性や危険性を含めて一般にはまったく知られていない。

バイオマシンとバイオコンピュータの時代へようこそ。この時代にはＤＮＡ鎖が計算を行い、人工細胞が作動する。機械は生命体になる。合成生命の時代へようこそ。

第6章 広がる波

テクノロジーの波とは、ひとつ、ふたつの汎用技術だけから成るのではない。それらの汎用技術を軸にして同時発生的に広範に広がるテクノロジーのクラスターこそが波である。

波の中で、汎用技術は反応促進剤の役目を果たす。発明はさらなる発明に火を付け、テクノロジーの波は科学的・技術的な実験の基礎を築く。こうして可能性の扉が少しずつ開けられていく。そこから新しいツールや手法、研究分野に加えて、テクノロジーの新領域が生み出される。新領域の周りに次々に企業が立ち上がり、投資を引き寄せ、新しいテクノロジーを大小さまざまな分野に適応させながら、さまざまな目的に合わせてさらに開発を進める。複雑で変幻自在であり、急激に成長し広範に波及するからこそ、波は規模が大きく歴史的重要性を持つ。

テクノロジーは隔離された気密室の中で別々に開発されたり、使用されたりするわけではない。とりわけ汎用技術がそうだが、むしろ互いに影響し合い、波のように増幅が繰り返されて発展する。汎用技術の周囲には、それに絶え間なく刺激を受けて波に乗るほかのテクノロジーが存在する。蒸気機関やパソコンや合成生物学といった汎用技術は重要だが、それだけではなく、付随して大きく広がるさまざまなテクノロジーや応用分野も波に含まれている。蒸気機関を汎用技術とする波には、蒸気動力を使った工場の全製品や蒸気機関車の乗客が含まれるし、パソコンを汎用技術とする波には、ソフトウエアビジネスやコンピュータに依存するすべてのものが含まれるのだ。

今回の波の中心には生物学とAIが存在するが、周りを革新的なテクノロジーが囲んでいる。こうした周辺技術はそれぞれが非常に重要なものだが、より大きな波の中で相互作用することで、重要性がさらに高まる。20年後には、相互作用から生まれるさらなるテクノロジーが同時期に画期的進歩を遂げるだろう。本章ではこの大きく広がる波を構成する重要な例をいくつか見ていきたい。

最初にロボット工学を取り上げたい。私はロボット工学とはAIを実体化するもの、すなわちAIの「肉体」を形成するものだと考えている。ロボット工学の影響はすでに最先端産業の一部で感じられるが、同時に人類最古の産業である農業でも成果を上げている。自動化された農場を見てみよう。

ロボット工学の発達

1837年、ジョン・ディアはイリノイ州のグランド・デートゥアで鍛冶屋を営んでいた。イリノイ州は大部分が草原地帯《プレーリー》で、肥沃な黒色土が広がっていた。世界一の農地になる可能性はあったが、耕すのには大変な労力が必要だった。

ある日、ジョン・ディアは製材所で、壊れた鋼《はがね》のノコギリを見つけた。鋼は希少な素材だったのでディアはそれを持ち帰り、鋤《すき》の刃に作り替えた。強くてなめらかな鋼は、粘り気の強い土壌を耕すのに最適の素材だった。ほかの鍛冶屋たちは粗悪な鉄の代わりに鋼を使っているだけだと考え、その革新性に気づいていなかった。ディアはこの鋼を付けた鋤を大量生産し、中西部の農民たちはこぞってディアの鋤を買い求めた。ディアの発明を手に大勢の入植者たちが大草原を切り開き、中西部は世界の穀倉地帯となり、ジョン・ディアはたちまち農具の代名詞となった。地域に根差したテクノロジーが革命を起こしたのだ。

ジョン・ディアが残したジョン・ディア社は今も農業機械の開発を行っており、トラクター、散水装置、コンバインなどで知られるが、最近はロボット開発にも力を注いでいる。ジョン・ディア社が見据える農業の未来は、次のようなものだ。「トラクターやコンバインがGPS座標に従って農地を自律走行し、さまざまなセンサーを使って収穫を進める。リアルタイムで自動調整を行い、収穫量を最大化しつつ、廃棄物を最小限にする」。ジョン・ディア社が製造するロボットは、作付から生育管理、収穫までを、人間にはとてもできない精密さと粒度で遂行する。近いうちに、土壌の質から気候状況まですべての情報を取り込んだロボットたちが農作業のほとんどをこなすようになるだろう。人口増加と食料価格高騰が予想される世界では、明らかに重要な技術だ。

農業用ロボットはすでに存在している。家畜監視ドローンが牛を追い立て、精密な散水装置がトマトに水をやり、巨大な植物工場を巡回する小型ロボットが種蒔きから収穫、選果、出荷まで行う。ＡＩ搭載ロボットの利用範囲はますます拡大し、私たちの食料は彼らが生産することになる。

こうしたロボットはＳＦに出てくるアンドロイドとは似ても似つかないし、農業機械そのものに見える。そもそも大多数の人は田畑に行くことがほとんどないから、あまりなじみのない革命かもしれないが、これは確実に進行している。ジョン・ディアの鋤が農業を変革したように、現在のロボットを中心とした発明が、確かに食料生産を変えつつある。

ロボットは生産ラインの単一タスクを高速で正確に行う機械として進化し、生産性を大幅に向上させた。だが、1960年代のアニメ「宇宙家族ジェットソン」が描いたロボットのメイドとは大きくかけ離れている。

ロボットもAIと同じで、初期のエンジニアが思っていたほど簡単には実用化できなかった。現実世界は理解できず、一様ではなく、予想外で、分析できる形に構造化されておらず、圧力などに対して非常に敏感だ。卵やリンゴ、レンガ、子ども、スープ皿を持ち上げるには、それぞれに異なる器用さ、感度、力、バランスが求められる。キッチンや工房のような場所はごみごみしていて、危険物ばかりで、油汚れで床は滑りやすく、使う道具や材料が多い。ロボットには悪夢だ。

それでも一般人が注目しない間に、ロボットはトルク、引張強度、マニピュレータ（ロボットアーム）の動き、精度、圧力、適応性について学んできた。YouTubeで自動車製造工場を見れば、マニピュレータがてきぱきと終始バレエのような動きで車を着々と組み立てている様子が確認できる。アマゾンの「完全自律型搬送ロボット」プロテウス（Proteus）は荷物をいくつも載せて倉庫内を動き回る。[*1] プロテウスは「高度な安全性、環境認識、ナビゲーション・テクノロジー」を備えており、周囲に人間がいても問題なく稼働する。同じくアマゾンのスパロー（Sparrow）は「倉庫内の製品を探して、選んで、取り扱える」初めてのロボットだ。[*2]

倉庫や工場といった比較的動きの少ない場所へのロボット導入は想像しやすい。だが、まもなく、レストランやバー、介護施設、学校などでも見かけることが増えるだろう。ロボットはすでに難しい手術も行える。[*3] 目下のところブタ相手だが、ほとんど自律的に手術できる。ロボットは今後ますます広範囲に広がるはずで、こういった応用例は端緒に過ぎない。

　現在はまだ、プログラマーがロボットの動きを細部までプログラミングしていることが多いため、新しい環境へのロボット導入コストを高止まりさせている。だが、多くの機械学習の応用例と同様、最初は人間が徹底的に監督する必要があるが、そのうちＡＩが学習してタスクを滞りなく遂行できるようになり、最終的には別の環境でも対応できる能力を獲得するだろう。

　グーグルの研究部門は、１９５０年代の夢であった家事・雑用ロボットの開発を進めている。皿を積み重ねたり会議室の椅子を片付けたりといった基本的な仕事をさせるのだ。すでにゴミ分別やテーブル拭きができるロボットを１００台作り上げた。[*4] どのロボットも強化学習によってロボットハンドでコップを持ち上げたり、ドアを開けたりできる。どれも幼児にもできる動作だが、ロボット工学が数十年実現できなかったことだ。グーグルの新型ロボットは日常的な活動に対応し、人間が話しかける音声コマンドにも応答する。

　もうひとつ成長しているのがロボットを群れとして行動させる分野だ。群知能によって、個々のロボットの能力を大幅に増強できる。そのひとつの例が、ハーバード大学ヴィース研究所の小型ロボット「キロボット（Kilobot）」だ。１０００台ものロボットの群れが自然界の生物のように協調行動を取ることで、土壌浸食など環境問題対応や農業、捜索救助活動、各種の建設や検査といった難しい分散的タスクが実行可能になる。たとえば、建築ロボットの群れが数分で橋を架け、数時間で大型ビルを建設し、年中無休で生産性の高い広大な農場を管理し、原油流出事故の現場を清掃する様子を想像してほしい。ミツバチの減少が不安視される中、ウォルマートは人工授粉を自律的・協調的に行うハチ型ロボットを考案し、特許を申請した。[*5] このようにロボットの可能性と危険性は、無数のロボットが群れとして協調行動を取ることで増幅される。どこで、何が、いつまでにできるか、という常識が書き換えられるのだ。

現代のロボットの多くは、一般人が想像するヒューマノイドロボットのような外見ではない。3Dプリンターの積層造形法（AM技術）を考えてみよう。機械用の極小部品から建築用のコンクリートブロックまで、あらゆるものを一層ずつプリントして積み重ねて構築する。巨大な建築用3Dプリンターがコンクリート部材を噴射し、わずか数日間で住居を建設できる。コストも従来工法の数分の1だ。

ロボットは人間よりもはるかに多様な環境に耐え、長時間にわたって精密な作業を遂行し、途切れなく集中して熱心に働く。ロボットをネットワーク化すれば、その成果はこれまでの常識を書き換えるだろう。そして今、ロボット工学が当初めざした目標が、ＡＩによって成し遂げられようとしている。人体の動作すべてを模倣し、人間以上のことをするのだ。コストが下がり（5年でロボットアーム価格は46％も低下し、今も下がり続けている）、いずれ強力なバッテリーが装備され、修理が容易になれば、あらゆる場所に普及する。慎重な対応が必要な、異常で極端な状況にも投入されるのだ。[*6] 変化の兆しは、ある事件に見て取れる。

テキサス州ダラスで、狙撃手訓練を受けた陸軍退役軍人が警官隊に向けて発砲する事件が発生。最初の銃撃で警官3人が射殺され、負傷者も出た（最終的に警官5人が死亡、警官7人と一般市民2人が負傷した）。単一事件で発生した警察当局の犠牲者数としては、9・11以来の大惨事だった。コミュニティカレッジの建物2階に逃げ込んだ犯人は、警察をあざ笑い、鼻歌をうたいながら冷酷な正確さで次々と発砲した。数時間を超える交渉が続くが、解決の糸口すら見えない。警察は完全に追い込まれた。強行突入すれば、どれだけの命が失われるかわからない。

そこで警察のSWAT（特殊部隊）が新しい作戦を思いついた。警察署にノースロップ・グラマン製の爆弾処理ロボット、リモテック・アンドロス・マーク5A−1がある。[*7] SWATはこの15万ドルのロボットにC4爆弾を1ポンドほど取り付け、建物に送り込み、犯人を無力化するという計画を15分で立てた。デビッド・ブラウン署長はそれをただちに承認し、ロボットは犯人の隣の部屋に爆弾を運んだ。壁際に設置された爆弾は狙い通りに爆発。壁を吹き飛ばし、犯人は死亡した。これはロボットが人間を殺害する目的に用いられた、アメリカで最初の事例だ。

だがおかげでダラスは恐ろしい発砲事件から解放された。

それでも一部の人たちは不安に思った。殺傷能力を持つ警察ロボットへの潜在的な不安感は、強調するまでもない。この問題については、第Ⅲ部で改めて取り上げる。だが、何よりも注目されるのは、ロボットが少しずつ社会に浸透していることだ。かつてなかったほど大きな役割を日常生活で果たしている。命がけの危機的状況から、物流センター、工場、介護施設でも働く。ロボットはもはや身近な存在だ。

ＡＩはビットとコードの産物であり、シミュレーションやサーバーの中に存在する。ロボットはＡＩと現実世界をつなぐインターフェースだ。ＡＩは情報の自動化を実現するが、ロボット工学は物質の自動化を実現し、ＡＩの指示を実世界で実行し、ＡＩが実行可能な範囲を大きく変える。ビットを完全に支配できれば、原子を直接操作することにより、想像やシミュレーションだけではなく、現実世界で触れる物体を書き換えることもできるようになる。来たるべき波は、このような原子操作（アトミック・マニピュレーション）ですらも、何でもない技術にしてしまう。

量子超越性

２０１９年、グーグルは「量子超越性」を達成したと発表した。[*8] 研究者たちが原子より小さな物質の奇妙な性質を利用する量子コンピュータを構築したのだ。グーグルのマシンはほぼ絶対零度に冷却され、量子力学の知識を用いて従来のコンピュータで1万年かかるとされる計算を数秒で完了したという。[*9] この量子コンピュータは、53量子ビット（キュービット）の処理能力を持つ。同じ情報を従来のコンピュータ（古典コンピュータ）に保存するには、７２０億ギガバイトのメモリが必要となる。[*10] これは量子コンピュータにとって画期的な成果となった。量子コンピュータは１９８０年代に理論的な基盤が形成されてから、40年間で「仮説」から「実用プロトタイプ」に進化した。

量子コンピュータは初期段階のテクノロジーだが、広く使われることになれば大変な影響がもたらされるだろう。大きな魅力は、量子ビットが1増えるたびに、演算能力が指数関数的に高まることだ。[*11][*12] 実際、宇宙の全原子を使って古典コンピュータを作ったとしても、それよりも少ない数の量子を使う量子コンピュータの演算能力にはかなわない。２Ｄの白黒映画から３Ｄのフルカラー映画になるのを想像してほしい。それと同じくらいのコンピュータの革命的進歩であり、アルゴリズムの可能性が大きく広がるのだ。

量子コンピュータは広範囲に影響を及ぼす。たとえば電子メールのセキュリティから暗号資産まで、現在あらゆるものの基盤をなす暗号化技術が危機に陥る「Qデイ」の到来が恐れられている。暗号化技術は、攻撃者がアクセス解除に必要な鍵の組み合わせをすべて試せるほどの演算能力を備えていないことを前提としている。だが、量子コンピュータが実用化されればこの前提が崩れる。高速で何の制限も受けない量子コンピュータが利用可能になれば、銀行や政府の通信網に壊滅的な被害がもたらされる恐れがある。実際、銀行も政府もこの可能性を危惧し、多額の対策費を耐量子暗号化に投じている。

量子コンピュータの議論はその危険性に焦点が合わせられがちだが、量子コンピュータは計り知れない価値をもたらす。たとえば、最先端の数学や素粒子物理学の研究に役立つだろう。マイクロソフトとフォードの研究者たちは、初期段階の量子コンピュータを利用してシアトルの交通渋滞をモデル化し、ラッシュ時の最適経路を割り出す方法を見出した。[*13]これは驚くほど複雑で扱いにくい数学的問題だ。理論的には、量子コンピュータを用いることによって、ほぼいかなる最適化問題も大幅に高速化できる。トラックの効率的な荷物の積み込みから国の経済運営まで、複雑な状況の最適化問題が短時間で解けてしまう。

量子コンピュータが近い将来もたらす、おそらく一番重要な効用は、化学反応や分子間相互作用のモデル化が、これまでは不可能だった細部に至るまで可能になることだ。これによって人間の脳や材料工学の研究が、かなりの粒度にまで進むだろう。化学と生物学による解明が初めて十分なレベルに達する。新しい医薬品や化学物質や材料の発見という費用と手間がかかる複雑な作業が、量子コンピュータによって大幅にスピードアップし、一発で開発できるようになるだろう。新型バッテリーや創薬も開発効率がよくなり、実用化の可能性が高まる。分子はソフトウエアのプログラムと同じように、柔軟で操作可能な「プログラマブル」なものになる。量子コンピュータは生まれたばかりの新たな基本技術である。量子コンピュータを十分に動かすための技術的ブレイクスルーはもちろんのこと、コスト削減も普及もまだ遠い先のことだ。だが、AIや合成生物学と同様にかなり早い段階にあるが、それでも投資は増え続けており、新たな発見も続いている。基本的な課題について進展があり、幅広い有益な利用法が見えてきている。AIや生命工学と同じで、量子コンピュータも来たるべき波のほかの要素を加速させる。だが、驚異的な量子コンピュータの世界ですら、波のもたらす限界点ではないのだ。

次世代のエネルギー転換

エネルギーの根本的な重要性は、知性や生命のそれに匹敵する。現代文明は膨大な量のエネルギーを必要とする。私たちの世界を大雑把な式で表すとすれば、こうなるだろう。

(生命＋知性)×エネルギー＝現代文明

生命、知性、エネルギーのいずれか、あるいはすべてを高め、同時にそれぞれの限界費用をゼロに近づけることで、社会の性質を大きく変えることができる。

化石燃料が主要エネルギー源だった時代には、エネルギー消費を際限なく増やせなかったし、無尽蔵に使うのも望ましくなかった。だが、安価な食料から手軽な交通手段まで、私たちが当たり前に享受しているほぼすべてのものは化石燃料に依存して発展してきた。今、安価なクリーンエネルギーが集中的に後押しされており、交通から建物までのあらゆるもの、特に今後数十年の経済の中心を担うデータセンターやロボット工学が必要とする膨大な電力にも、多大な影響をもたらす。時に価格が高く、汚染物質も排出するエネルギーは、テクノロジーの進歩の足枷となってきた。だが、これもあと数年で変わるだろう。

再生可能エネルギーは、2027年までに最大の主力電源になる。[*14] この変化は未曾有の速さで進行しており、今後5年間に増加する再生可能エネルギーの発電容量は、過去20年間の増加分を上回ると見込まれている。特に太陽光発電は急速に成長していて、コストも大幅に低下している。2000年には1ワット当たり4・88ドルだった太陽光発電のコストは、2019年にはわずか0・38ドルまで低下した。[*15] 再生可能エネルギーは単に価格が下がっただけでなく、分散化がさらに進み、特定デバイス向けからコミュニティ全体に至るまで、用途に合わせた分散型電源が利用可能になると期待されている。

こうしたエネルギーの背後で、巨大なクリーンエネルギーがまだ眠っている。太陽にヒントを得たエネルギー、核融合だ。核融合発電は、水素の同位体を融合させてヘリウムに変える際に放出されるエネルギーを利用するもので、エネルギー生成の究極の目標と長らく考えられていた。1950年代の初期の研究者たちは、約10年で開発できると予測していた。すでに本書で取り上げた多くのテクノロジーと同じく、この予測は極めて甘かった。

だが、最近の革新的な進化によって、再び希望の光が見えてきた。イギリスのオックスフォード近くの欧州トーラス共同研究施設（JET）の研究者たちは、1997年に記録されたこれまでの最高値の2倍のエネルギー出力を実現した。カリフォルニア州リバモアの米国立点火施設（NIF）では、慣性閉じ込め方式の核融合の開発に取り組み、水素で満たした球体をレーザーで1億℃に加熱することで爆縮させ、熱核融合反応を起こしている。2022年には初めて、レーザーによる投入エネルギーよりも多くのエネルギーを発生させるという、歴史的成果を上げた。主要国による国際協力と併行して民間資本もかなり投入され、現在少なくとも30社の核融合スタートアップ企業が立ち上がっている。[*16] 科学者たちは核融合が「実現する可能性」ではなく、「実現する時期」を論じ合っている。まだ10年以上かかるかもしれないが、クリーンでほぼ無限のエネルギー源を備えた未来はますます現実味を帯びている。

核融合発電は巨大な集中型電源を、太陽光発電は巨大な分散型電源を実現する可能性を秘めている。その影響については第Ⅲ部で探る。見通しは明るい。風力、水素、バッテリー技術の発展も含めて考えれば、現在の需要と将来の需要の多くを満たす持続可能なエネルギー資源となるばかりでなく、来たるべき波がもたらす潜在需要も満たす。

波を越える波

今後20年間ほどは、ここまで述べてきたテクノロジーが主役となるだろう。だが、21世紀の後半はどうだろう。来たるべき波の「次」には、何が来るのだろうか。

ＡＩ、先端生命工学、量子コンピュータ、ロボット工学が融合すると、「アドバンスト・ナノテクノロジー」のような領域——ナノテクノロジーが飛躍的に高精度化する中で当然生まれるだろう領域——に飛躍的進化が期待される。たとえば原子を数十個まとめてではなく、1個ずつ制御できたらどうだろう。これこそ「ビット」と「アトム」の関係性の極致であり、1個1個の原子を制御可能にして、ほぼあらゆるものを自律的に構築するナノテクノロジーの究極の目標を実現することになる。

課題は山積みだが、どれも勢いづいている研究テーマだ。たとえばオックスフォード大学の研究チームは、自己複製する分子アセンブラを作った。これはナノテクノロジーの先駆者が思い描いた、原子レベルで自律的に物質を構築するナノマシン実現の方向性を示す。

ナノマシンは人類が想像もつかない速さで作動し、驚くべき出力を生む。たとえば原子スケールのナノモーターは1分間に480億回転する。これをスケールアップすれば、砂粒12粒ほどの材料でテスラ1台を動かせる。[*17] ダイヤモンド製の極細の糸で編まれ極限環境にも耐える極薄の宇宙服といった繊細なものが生まれる世界、分子アセンブラが基本原料を使って何もかも作り出される世界、適切な原子の制御であらゆるものを別の何かに変えられる世界が訪れる。器用なナノボットや効率的な複製装置が自律的に動き、この現実世界が柔軟に変化するという「夢」は、超知能と同じくまだSFだ。何十年も先の幻想的テクノロジーかもしれないが、来たるべき波が訪れれば、着実に現実味を増す。

波は常に力を拡散させる。前回の波が「情報」の伝達コストを下げたとすれば、来たるべき波は「情報」に影響を与えるコストを下げる。DNA塩基配列決定から、合成、書き換え、編集、生成、会話の模倣から誘導まで、あらゆることを可能にするテクノロジーを作り出す。インターネットは革命的な力があったと大げさに主張されていたが、来たるべき波はこれまでのものとは質的に異なる。来たるべき波がもたらす力は、一元管理も監視も難しい。この波は歴史的パターンを深く早くなぞり、そしてこれまでのパターンから大きく外れる。

来たるべき波のテクノロジーは、私が考えるほど確実でも重大でもないと言う人もいる。どれも確実性が乏しいから、懐疑論や悲観論嫌悪も理解できる。どのテクノロジーもひどいハイプサイクルに見舞われる。開発も市場に受け入れられるかも不透明で、技術的・倫理的・社会的な課題も突きつけられる。どのテクノロジーも不完全で失敗もあるだろうし、どれほどの害や利益をもたらすかもわからない。

だが、どのテクノロジーも日々具体化し、進化し、能力を高めている。どれもアクセスしやすくなり、パワーも上げている。これを地質学的時代区分、もしくは人類の進化の時間軸から見れば、私たちが決定的な瞬間に達しつつあることがわかる。これまで次々に押し寄せてきた波の中で「テクノロジー爆発」が起きており、複合的で加速化したイノベーション・サイクルがさらに早くなり、影響力を増している。人類の初期段階では何千年、何百年もかかったテクノロジーの進化は、今やわずか1年、あるいは数カ月でもたらされている。こうしたテクノロジーを、プレスリリースや解説記事、一瞬にして話題から消えるソーシャルメディアで目にすると、どれも誇大広告やくだらない話に思えるかもしれない。だが、長期的な視点で見れば、どれも大変な可能性を秘めていることがわかる。

もちろん人類は、進化の過程でこれまでも大きな技術的変化を経験している。だが、来たるべき波が持つ独特の問題——なぜ封じ込めが特に難しいのか、なぜ計り知れない可能性と慎重な警戒心とのバランスが必要なのか——を理解するには、まずその主な4つの特徴を明らかにする必要がある。その中には歴史上前例のないものもあるが、すでに4つすべてが私たちの生活に影響を及ぼしている。

第7章 来たるべき波の4つの特徴

2022年2月24日、ロシアのウクライナ侵攻が始まるとすぐに、キーウ市民はこれが生死を賭けた戦いであると悟った。何カ月も前からベラルーシ側の国境付近には、ロシア軍部隊、戦車、装甲車輛、軍需品が大量に集結していた。侵攻開始直後のロシア軍の第一目標は、首都キーウの早期攻略であり、ウクライナ政府の転覆であった。キーウ北のベラルーシに戦力を集結させたのはそのためだ。

集結した戦力の目玉は、補給トラックと戦車、装甲車輛、重火器からなる車列で、全長64キロメートルにも及んだ。これは第二次世界大戦以降、ヨーロッパで見られた最大規模の地上攻撃部隊だ。車列はキーウに向けて進撃を開始した。数の上では、ウクライナ側の数的劣勢は絶望的だった。キーウは数日で、いや数時間で陥落すると思われた。

だが、そうはならなかった。その夜、30人ほどのウクライナ兵が集結し、暗視ゴーグルを装着して四輪バギーで首都周辺の森を走り回った。[*1] ウクライナ兵たちはロシア軍の車列先頭付近でバギーを降り、小型爆弾を搭載した即席のドローン兵器を飛ばした。ドローンは先頭数台の車輌を爆破し、壊れた車輌が道路を塞いだ。周囲の畑はぬかるんでいて通行できない。厳しい寒さの中、補給路が断たれ、ロシア軍の車列は身動きが取れなくなった。その後、同じドローン部隊はロシア軍の燃料と食料の補給を断つために、重要な補給拠点を爆破した。

ここからキーウ攻勢の戦況は変わった。通常戦力を大集結させたロシア軍は恥をかかされ、無様にベラルーシに撤退したのだ。このドローン部隊は「エアロロズヴィドカ（Aerorozvidka）」という。エアロロズヴィドカは、ドローン愛好家やソフトウエア・エンジニア、経営コンサルタント、兵士からなるボランティア集団として始まったもので、スタートアップ企業のようにリアルタイムで自分たちのドローンを設計し、組み立て、改造している。機材の多くはクラウドソーシングやクラウドファンディングで集められたものだ。

ウクライナのレジスタンスは、来たるべき波のテクノロジーを巧みに活用することで数的劣勢を覆せることを実証した。スペースXの最先端の衛星通信サービス「スターリンク」は通信の維持に使われた。ウクライナ軍の状況認識・戦闘管理システム「デルタ」を改良するために、民間のエリートプログラマーやコンピュータサイエンティストたち約1000人が集結し、高度なAIとロボット工学の知識を軍に提供し、機械学習を用いて標的を特定したり、ロシア軍の戦術を監視したり、ウクライナ軍の戦略を提案したりできるようにした。[*2]

侵攻開始直後のウクライナ軍は弾薬が不足しており、正確な砲撃は死活問題だった。機械学習によってカモフラージュされた敵を見つけ出し、砲弾を正確に誘導するデルタの能力は極めて重要だ。これまで精密誘導兵器の製造には何十万ドルもかかっていたが、AIと民生用ドローン、カスタムソフトウエアと3Dプリンターを使えば、約1万5000ドルで実戦に耐える兵器が作り出せる。[*3] エアロロズヴィドカがドローン部隊で抵抗していた頃、アメリカは自爆型無人航空機「スイッチブレード」を100機供与することを決定した。最適なタイミングまで標的周辺の上空で徘徊しながら待機し、指令を受けて自爆攻撃するドローン兵器だ。

ウクライナ紛争の初期段階では、ドローンとAIが小さいながらも重要な役割を果たした。このふたつの新しいテクノロジーには、強敵との戦力差を埋めることができる「非対称な軍事能力」があることが確認された。アメリカ、イギリス、ヨーロッパ諸国は、最初の数カ月間に1000億ユーロ規模の支援（大量の通常兵器も含む）を表明した。[*4] もちろんこれが戦況に決定的な影響を及ぼしたのは明らかだ。だが、ウクライナ紛争が戦争の歴史を変えたと言えるのは、比較的練度の低いドローン部隊がすばやく集結し、比較的手頃な価格の民生用テクノロジーで兵器化したことである。このようにコスト面でも戦術面でも優位性をもたらすテクノロジーは必然的に拡散し、当然あらゆる陣営が取り入れることになる。

ドローンは未来の戦争の様相を垣間見せてくれる。すでにドローンは戦争計画立案者や戦闘員が日々対処する現実となっている。問題は、ドローン生産コストがさらに1桁下がって能力が倍増した際に、紛争に何がもたらされるかということだ。通常戦力や政府は、すでにドローンの封じ込めに苦労している。次に現れるものの封じ込めはずっと難しくなる。

第I部で見たように、X線装置からAK-47自動小銃に至るまで、テクノロジーは常に拡散し、広範囲に影響をもたらしてきた。だが、来たるべき波には4つの本質的な特徴があり、それが封じ込め問題を複雑にしている。4つのうちの第一の特徴は、大きな影響が「非対称」に生じることだ（ここまで説明してきた事例の重要な教訓である）。もはや力や物量を拮抗させる必要はない。それどころか新しいテクノロジーは、優勢に見える勢力に対し、これまでは考えられなかったような脆弱性と弱点とを生み出す。

第二の特徴は、新しいテクノロジーが一種の「超進化」的性質を備えていて、急速に発展することだ。驚異的速さで、反復・改善・拡張のサイクルが繰り返される。第三の特徴は、多くのテクノロジーが「オムニユース」であり、さまざまな目的に用いることができることだ。第四の特徴は、従前のいかなるテクノロジーも超える「自律性」が備わっており、それがますます高まっていることだ。

この4つの特徴が来たるべき波を定義する。これらを理解することが、生み出される利点とリスクを見極めるうえで非常に重要になる。なぜなら、この4つの特徴が揃うことで、テクノロジーの封じ込めの難易度と危険性が新たな次元に引き上げられるからだ。

非対称——大規模な「力」の移転が起きる

新しいテクノロジーは常に新たな脅威を生み出し、力の再分配をもたらし、参入障壁を取り除いてきた。大砲を使えば小部隊でも城を破壊し、大部隊を倒すことができた。植民地征服の過程では、先進的な兵器を使う数人の兵士が、先住民を数千人も殺した。活版印刷機の登場で、工房ひとつが小冊子を数千部も印刷し、さまざまなアイデアを広めることが容易にできるようになった。これは1冊ずつ写本をしていた中世の修道士の理解を超えていただろう。蒸気動力のおかげで、工場ひとつが町全体の仕事をこなせるようになった。インターネットはこのすべてを新たな高みに押し上げた。たったひとつのツイートや画像が数分か数秒で世界中を駆け巡り、ひとつのアルゴリズムが小規模なスタートアップ企業を一大グローバル企業に成長させた。

今、この効果に再び拍車が掛かっている。来たるべき波が解き放つ力は強力だ。安価で容易にアクセス可能で使いやすいし、ターゲットを絞り込めて、規模も拡大できる。同時に明らかにリスクも伴う。兵器化したドローンを使用できるのはウクライナ兵だけではない。その気になれば誰でも手に入る。安全保障の専門家オードリー・カース・クローニンは言う。「これほど多くの人が、死と騒乱をもたらす先端テクノロジーを手にできる時代は、これまでなかった」[*5]

キーウの周辺でドローン部隊が使ったのは、中国の民生用ドローンだ。中国・深圳《しんせん》市に本拠を置くドローン世界最大手DJIは、手頃な価格で入手しやすいドローンを製造している。[*6]主力製品の空撮用カメラ搭載クワッドコプターは1399ドルで買える。性能は高く、かつてはアメリカ軍も使用していた。AIの進歩、自律性の向上、安価だが高機能の無人航空機、ロボット工学からコンピュータビジョンに至る分野のさらなる進化――これらを組み合わせれば、強力かつ精密で、おそらく追跡不能な兵器を入手できる。攻撃に対抗するのは困難で、莫大な費用がかかる。[*7]アメリカもイスラエルもわずか数百ドルのドローンを撃墜するために、300万ドルのパトリオット・ミサイルを使用している。妨害電波発生装置やミサイル、対ドローン装置はいずれも開発途上にあり、実戦使用されているとは限らない。

つまり、従来の国家や軍隊から、ドローンのような装置を配備する能力と動機を備えたあらゆる者に、とてつもなく大規模な力の移転が起きているのだ。十分な資力と能力さえあれば、1

人のオペレーターがドローン数千機の大群をコントロールできる。

ＡＩプログラムひとつで、人類全体が書ける文書と同じテキスト量を書き上げることができる。画像生成モデルひとつで卓越した創造性と精度で画像を生成することもできる。たった一度の病原体実験がパンデミックを引き起こすかもしれないし、分子レベルの小さな出来事が世界中に悪影響をもたらすかもしれない。実用レベルの量子コンピュータが1台できれば、世界中の暗号が無用の長物になるかもしれない。非対称な影響への期待は、よい意味も含めてあらゆる面で高まっている。ひとつのシステムでも大きな利益をもたらすことができるからだ。

非対称な影響は、逆方向にも起こり得る。来たるべき波の規模の大きさと相互関連性が、新たな「秩序だった脆弱性」を生み出す。ひとつの障害が、連鎖的な障害を世界中に急速に広める可能性がある。テクノロジーがローカライズされなくなると、封じ込めが難しくなる。だが、その逆も真である。自動車に関するリスクを考えてみよう。交通史の初めから交通事故はあったが、時代とともに被害は減ってきた。道路標識、シートベルト、交通警察と、あらゆるものが功を奏してきたからだ。自動車は史上最も急速に拡散し、グローバル化したテクノロジーのひとつだが、事故は局所的で別個に起こるため、そこに被害が「封じ込め」られてきた。だがネットワーク化された車列や、地域全体の自律走行車を制御するシステムが事故を起こしたらどうなるだろうか。どれだけのセーフガードやセキュリティ・プロトコルが整備されていても、かつて見たことがないほど広範囲に影響がもたらされる。

ＡＩが生み出すのは、規格外食品が1ライン分発生したり、飛行機が1回事故を起こしたり、不良品が1個出たりといった影響範囲が限定されたリスクを超える、非対称なリスクである。このリスクは社会全体に広がり、世界中にレバレッジを効かせた影響を及ぼす。グローバル化し高度に相互依存した金融市場で危機が広まるのと同じことが、テクノロジーでも起きる。ネットワークの規模が大きければ、被害発生時に封じ込めるのはほぼ不可能に近い。相互にリンクしたグローバル規模のシステムでは、封じ込めなど悪夢だ。そして私たちはすでにそのようなグローバルシステムの時代に生きている。来たるべき波では、ある特定のプログラムや遺伝子の組み換えといった、たったひとつのことが世界のすべてを変えてしまう可能性を持つ。

超進化――進化のスピードアップが終わらない

テクノロジーを封じ込めたいなら、社会がテクノロジーを理解・適応する時間と余裕を持てるように、テクノロジーの進化スピードを管理すればいいのでは？　ここでも自動車がよい例になる。20世紀の自動車の進化スピードは相当なものだったが、さまざまな安全基準を導入する時間はあった。常にタイムラグはあったが、それでも進化に安全基準が追いつくことができた。だが、今後の波がもたらす変化の速さを考えると、それはもはや期待できないかもしれない。

過去40年において、インターネットは史上最も有益なイノベーション・プラットフォームのひとつに成長した。このデジタルの脱物質化された世界は、目まぐるしい速度で進化した。開発が爆発的に進み、世界で最も利用されるサービスや、過去最高の時価総額の企業がわずか数年のうちに誕生した。これらはコンピュータの演算能力が高まり続け、コストが下がり続けたことによる（第2章参照）。ムーアの法則だけで次の10年間に何が起こるかを考えてほしい。このままであれば、10年後は1ドルで今日の100倍の演算能力を手にしていることになる。[*8] この事実だけを見ても、大変なことがもたらされると予想される。

一方で、デジタル以外の多くのイノベーションは目立たないものだった。ソースコードという重さのない世界以外では、19世紀後半や20世紀半ばのような幅広いイノベーションが見られないではないかという声が広がった。[*9] 確かに19世紀後半や20世紀半ばには、ごく短期間に輸送から工場、動力飛行、新素材に至るまで、世界中のほぼあらゆる要素に根本的な変化が見られた。だが、21世紀初頭のイノベーションはアトムよりもビットに集中するという、最も抵抗の少ない道を進んだ。

それが今、変わりつつある。ソフトウエアの超進化が広がり続けているのだ。次の40年で、アトムの世界は、新しい水準の複雑さと忠実性でビットに変換される。極めて重要なのだが、ビットの世界は最近まで考えられなかった速さと手軽さでアトムの世界に変換されるだろう。

簡単に言えば、「リアルの世界」の革新がデジタルの速さで動き出し、リアルタイムで、ほぼスムーズに、少ない依存関係で進行するということだ。これからは実験を融通が利く小規模な領域で素早く行い、ほぼ完璧なシミュレーションを作成し、それを実際の製品に変換できるようになる。このサイクルを何度も反復すれば、コストのかかるアトムの世界ではこれまで不可能だった速度で学習・進化・改善が進められる。

物理学者セザール・イダルゴは、物質の構成や配置が重要なのは、そこに情報が含まれているからだと論じる。[*10] フェラーリに価値があるのは、車体の原材料そのものではなく、その精緻な構造と形状に複雑な情報が詰め込まれているからだ。原子の配置を特徴付ける情報が、フェラーリを魅力的な車にするのだ。演算能力が高くなればなるほど、これらの情報を容易に扱えるようになるだろう。ＡＩと先端ロボット工学と３Ｄプリンティングなどの生産技術を組み合わせれば、より速く、より精密で、より創造性豊かに、現実世界の製品を設計・操作・製造できる。

ＡＩはすでに新しい材料や化合物の発見に役立てられている。[*11] 科学者たちはニューラルネットワークを使用して新しいリチウム固体電解質を発見し、電池技術に大きな影響をもたらした。[*12] ＡＩは３Ｄプリンターを使用した自動車の設計・製造にも用いられている。[*13] 人間が設計したものとは似ても似つかない、自然界に見られるようなうねりのある効率的な形も作り出せる。配線やダクトはシャーシに有機的に組み込まれ、スペースを有効活用している。従来の工作機械では複雑すぎて加工できない部品は、3Dプリンターが作り出す。

第5章で、タンパク質の立体構造を予測するAlphaFoldのようなツールがいかに生命工学の発展を引き起こしているかを確認した。最近まで生命工学は、計量、ピペット操作、注意深いサンプルの準備など、実験室で延々続けられる手作業に頼っていた。今はシミュレーションがワクチンの発見プロセスを加速させている。[*14] コンピュータがワクチンデザインの作業の一部を自動化する。[*15] たとえば特定のタンパク質を生成するといった複雑な機能をプログラムした「生体回路」を、細菌のような細胞に再現するのだ。Cello（チェロ）を始めとするソフトウエア・フレームワークは、合成生物学の設計に使われるオープンソース言語のようなものだ。こうしたフレームワークは、実験室のロボット工学や自動化の急速な進歩、そして第5章で見た酵素的DNA合成（EDS）のような高速な技術と連動する可能性があり、合成生物学の幅を広げ、より身近なものにするかもしれない。生物の進化がソフトウエアと同じサイクルに取り込まれようとしている。

今日のモデルはわずかな単語を基に詳細な画像を生成するが、これと同じように数十年後には同様のモデルがわずかな自然言語の指示だけで新しい化合物を、あるいはひとつの生命体を作り出すようになる。AlphaZeroが自己対局を通じてチェスや囲碁のチャンピオンになったように、新しい化合物の設計が自動で行われる無数の試行錯誤で改善される。量子テクノロジーは最速の古典コンピュータの何百万倍もの能力を備えているから、分子レベルでこれを実現する可能性がある。[*16] 高速で反復的な創造プラットフォームの実現が、超進化を生む。

この進化は予測可能で容易に封じ込めが可能な特定領域に限定されない。あらゆる場所で起きることになる。

オムニユース――用途は多ければ多いほどいい

世間の常識に反するようだが、近年、医療の進歩は鈍化している。アトムの領域における技術革新が停滞しているからだ。創薬の難度と開発費が上がり、平均寿命は横ばいになり、アメリカの一部の州ではむしろ短くなった。[*17][*18] アルツハイマー病などの治療薬開発は、期待を下回っている。[*19]

ＡＩの最も有望な分野で、この暗い状況を打開し得る方法のひとつに、自動創薬がある。ＡＩ技術は可能性を秘めた化合物の宇宙を探索し、従来の技術では捉えにくい有用な治療薬を見つけ出すのだ。[*20] ２０２０年にはあるＡＩシステムが1億個の化合物をふるいにかけ、結核治療に使える可能性のある抗生物質「ハリシン」を発見した。映画『２００1年宇宙の旅』に登場する人工知能「HAL」にちなんだ命名で、機械学習が発見した初めての抗生物質だ。[*21] AIを駆使するスタートアップ製薬技術企業エクセンシア（EXAI）は大手製薬会社サノフィと協業し、AIを活用した医学研究を進めている。[*22] 現時点でAIを利用した創薬によって臨床試験にまで進んだ薬は、全世界で18種類ある。[*23]

対照的な面もある。有益な化合物を探す研究者たちからは、この創薬方法が転用されて毒物を探す可能性が指摘されている。研究者たちが化合物生成AIに毒物を見つけるよう指示したところ、6時間で最も危険な化学兵器「ノビチョク」と同じくらいの猛毒が4万種類以上特定されたのだ。[*24] 創薬はAIが最も大きな進歩をもたらす分野だが、このメリットは軍民両用《デュアルユース》だ。

軍民両用技術とは、軍事・民生の両方に使える技術のことであり、たとえば第一次世界大戦期に開発されたアンモニア合成が挙げられる。アンモニア合成は肥料供給を激変させ、世界の食料事情を変えたが、アンモニアは爆発物の原料にもなり、化学兵器の道を開くことにもなった。ほかにも、民生用旅客機の複雑な電子システムは、精密誘導ミサイルにも転用できる。GPS（全地球測位システム）はもともと軍事用だったが、今は無数の一般向け用途がある。プレイステーション2発売当時、アメリカ国防総省は搭載されたチップが強力すぎるとして、敵対国による軍事転用を懸念した。[*25] 軍民両用技術は有益なツールにも、破壊をもたらす武器にもなり得る。テクノロジーは広く一般化する傾向が強く、それによってある種のテクノロジーはリスクを増大させる。そうしたテクノロジーは最善から最悪までさまざまな目的に用いることができ、たいていの場合、どんな結果がもたらされるかは予測できない。

だが、本当の問題は、軍民両用技術は最先端の生物学や核関連技術だけではないことだ。どんなテクノロジーでも、何らかの形で軍民両用である。すでにそうなっているか、今後そうなる可能性があるかの違いだけだ。テクノロジーが強力であればあるほど、応用先の幅広さに不安が募る。

来たるべき波がもたらすテクノロジーは基本的に汎用性が高いがゆえに、非常に強力だ。核弾頭を製造するのであれば、何の目的に使われるかは明らかだ。だが、あるディープラーニング・システムがゲームをプレイするために使われるか、爆撃機の編隊を飛ばすために使われるか、使われるまでわからない。

これを適切に表現したのが「オムニユース」という概念だ。[*26] 極度の汎用性と多用途性を備えているという意味である。蒸気機関や電気のような「オムニユース」のテクノロジーは、範囲の狭いテクノロジーに比べて、より広範な社会的影響と波及効果をもたらす。AIが本当に新時代の電気であるなら、電気と同じように、日常生活、社会、経済のあらゆる局面に浸透し、パワーを供給するオンデマンドのユーティリティになるだろう。あらゆる場所に埋め込まれた汎用技術になるのだ。こうしたテクノロジーを封じ込めるのは、依存関係がほとんどない、制約だらけで単一タスクにしか使えないニッチなテクノロジーを封じ込めるより、はるかに困難だ。

ＡＩシステムは元々、エネルギー管理や囲碁など特定の目的のために、ディープラーニングなどの汎用技術を利用することで始まった。だが、これが変わりつつある。今はディープマインドのGato（ガトー）のようなゼネラリストなシステムが、６００以上の異なるタスクをうまくこなす。[*27] Gatoはアタリゲームをプレイし、画像にキャプションを付け、人間からの質問に答え、実際のロボットアームでブロックを積み重ねることができる。Gatoはテキストだけでなく、画像やロボットアームにかかるトルク、コンピュータゲーム内の行動選択のデータなどで訓練されている。まだほんの初期の開発段階で、完全な汎用システムとして利用されるのはまだ先の話だが、いずれGatoの能力は数千ものタスクに広がる。

合成生物学も「オムニユース」の視点で考えてみよう。生命を操作することは汎用技術で、潜在的用途はほぼ無限だ。建材を創造し、病気を治療し、データストレージにもなる。「オムニユース」のテクノロジーは、特化型のテクノロジーより重要だ。用途は多ければ多いほどいい。現代の技術者たちは、限られた特定の単機能を果たすアプリケーションのようなテクノロジーを設計したがらない。カメラと健康管理とゲームとナビとメッセージング・ツールが一緒になったスマホのようなものを設計したい、電話でありながら電話より重要な役目を果たすデバイスを設計したいと考えているのだ。

時間の経過とともに、テクノロジーは一般化する傾向がある。つまり、意図的であるかどうかに関係なく、来たるべき波が武器として使われることや、有害な目的に利用されることはあり得る。民生品を開発するだけでも、国家安全保障に悪影響を及ぼしかねないのだ。史上最大のオムニニュースの波の中で、その利用方法をあらゆる範囲で予測するのは、かつてないほど困難だ。

新しいテクノロジーがさまざまな目的に転用されるという考え方は目新しいものではない。これまでも玉ねぎを切る包丁で、連続殺人が引き起こされてきた。用途特化型に思えるテクノロジーであったとしても、引き起こされる結果が善悪の両極だったりもする。たとえばマイクはニュルンベルクでのナチ党大会でも使われて最悪の結果を引き起こしたが、同じテクノロジーをビートルズも使った。だが来たるべき波がこれまでと違うのは、たちまちテクノロジーが組み込まれること、拡散すること、コンポーネント化されることだ。そして強力で、なによりも幅広い用途に用いられることだ。メディアからメンタルヘルス、市場、医療に至るまで、あらゆる分野に複雑な影響をもたらすため、封じ込め問題は超巨大化している。結局のところ、興味深い特性を備えた、知性や生命という普遍的な基本要素にかかわる話題なのである。

自律性――今後も人間は関与できるのか？

数世紀にわたり、テクノロジーは加速度的に進化してきた。オムニユースという特徴や影響の非対称性は来たるべき波のテクノロジーにおいて悪化するものの、どちらもこれまで存在したあらゆるテクノロジーに、ある程度は当てはまる。だが、自律性はそうではない。これまでテクノロジーは「単なる」ツールだったが、もしツールが「命」を持つとどうなるだろうか？
自律型システムは周囲とやりとりして、人間の直接的な承認がなくても行動を起こす。そうした自律型システムが制御不能に陥り、人力を超えた自律的かつ自動的な勢力になるというアイデアは、何世紀にもわたってSFの範疇だった。

もはやそうではない。

これまでのテクノロジーは常に人間の活動範囲を広げるものだったが、あくまでも「人間の」だった。テクノロジーは人間の能力を強化し、厳密に規定されたタスクを自動化してきた。基本的に、テクノロジーは人間の継続的な監視・管理下にあり、大なり小なり人間の有意な支配下にあった。だが、完全な自律型システムは、質的に異なる。

自律走行車を考えてみよう。現在の自律走行車は、特定の条件下でドライバーの操作なしに道路を走行できる（あるいは最小限の操作のみで走行できる）。自律走行車はレベル0（自律性なし）からレベル5（完全自動運転）の6段階に分類されている。行き先を入力するだけで寝ていてもドライブしてくれるレベル5の自律走行車は、法律や保険の問題もあり、すぐには実現できない。

このような自律性の新たな波は、人間の介入や監視が不要になる世界の到来を告げている。あらゆるやりとりを通じて、私たちは機械に自律的に行動する方法を教えており、人間が手間をかけてタスクの実行方法を定義する必要はなくなった。高次の目標を設定し、それを達成する最適な方法を機械に考えさせればいいのだ。機械が人間と「情報共有」するのは望ましいが、もはやそれも必須ではない。

たとえば、AlphaGoにあの第2局の37手目が強力な一手だと教えた人間はいなかった。AlphaGoがほぼ独力で考え出した一手なのだ。「ブレイクアウト」をプレイするDQNを見た時も、この特徴が強く印象に残った。このように、明確な目標が指示されれば、効果的な戦略を見つけ出すシステムはすでに存在している。AlphaGoやDQNは自律型システムではないが、システムが最適な行動を自律的に学ぶ自己改善がどのようなものかを教えてくれる。ChatGPTのGPT－4は、ジェイン・オースティンのような文章を書く、オリジナルの俳句を詠む、オンライン自転車販売のマーケティング・コピーを作る、といった目的に合わせて特別にプログラミングされているわけではない。開発者が事前に設定していないこれらの出力は、より幅広なアーキテクチャから生成されている。これはさらに強力な自律性をめざした第一歩だ。GPT－4に関する内部調査では、「おそらく」GPT－4は自律型AIでも自己増殖型AIでもないと結論付けられた。[28] だが、ユーザたちは公開後数日すると、GPT－4にGPT－4自体の技術文書を要求する方法や、GPT－4をコピーしてほかのマシンを乗っ取るプログラムを書かせる方法を発見した。初期の研究は、GPT－4には「AGIの口火」を見出すことができ、「人間の能力に驚くほど近い」と述べた。[29] 今、初期の研究者が指摘した通りになろうとしている。

新しい形態の自律性は、斬新で予測困難な効果を生み出す可能性を秘めている。オーダーメイドのゲノムがどう振る舞うかを予測するのは非常に難しい。加えて、いったん生殖細胞系列ゲノムに変更を加えれば、何千年にもわたって、生物に制御や予測をはるかに超えた影響が生じる可能性がある。とてつもなく多くの世代に大きな影響をもたらすかもしれないのだ。そんな長い歳月をかけてどのように進化するか、ほかの変化とどのように相互作用するかは当然わからないし、管理もできない。合成生物は文字通り一人歩きしようとしている。

私たち人類はひとつの特異な課題に直面している。新たな発明は私たちの理解を超えるだろうか？　これまでの発明家や設計者は、何がどうしてどのように動くのかを、隅から隅まで詳しく説明できた。だが、もはやそうではなくなりつつある。多くのテクノロジーやシステムは高度に複雑化し、1人ですべてをきちんと把握できなくなっている。量子コンピュータやそのほかのテクノロジーは、可知性の限界に向かって作動しているのだ。

来たるべき波のテクノロジーは人間が細かい粒度まで理解できないにもかかわらず、創造・

使用できるというパラドクスがある。ＡＩの分野では、ニューラルネットワークが自律性を備えられるかどうか、今のところ説明できない。アルゴリズムがなぜその予測をしたのか、正確な意思決定プロセスを順を追って説明することもできない。エンジニアがボンネットを開けて原因を説明するようにはできないのだ。ＧＰＴ－４もAlphaGoもほかのテクノロジーもブラックボックスであり、その出力と判断は微細な信号の不透明で複雑な連鎖に基づいている。ひょっとすると自律型システムは説明可能かもしれない。だが、来たるべき波がもたらすテクノロジーの多くが人間の理解のギリギリで動作している事実は、私たちに再考を促している。私たちはこうした自律型システムの次の行動を必ず予測できるわけではない。自律性とはそういうものだ。

だが、最先端の研究で一部のＡＩ研究者は、ＡＩシステム構築のあらゆる側面を自動化し、ＡＩの超進化を加速させようとしているが、ＡＩは自己改善を通じて徹底的に人間から独立する可能性もある。ＡＩはすでに自身のアルゴリズムを改善する方法を見つけ始めている。[*30] ＡＩがこの自己改善とウェブ上での自律的な活動を結びつけ、現代版チューリングテストをパスしたＡＣＩとなって独自の研究開発サイクルを実施したら、一体何が起こるのだろう？

ゴリラ問題

来たるべき波の大半にすぐに対処すべき問題が存在することを考えると、遠い将来に実現するAGIの筋書きに注目しすぎていると感じる。だが、AGIが出現することがあれば、これまでにない封じ込め策が必要になることは、議論の前提にすべきだ。人間は知性によって環境を支配しているが、人間より知性の高い存在が現れれば、それに人間が支配される可能性もある。AI研究者のスチュアート・ラッセルはこれを「ゴリラ問題」と呼ぶ。[*31] ゴリラは人間よりも頑丈で力も強いが、人間によって動物園で飼育され、野生種は絶滅が危惧される状態にある。ゴリラは「封じ込め」られているのだ。筋肉が貧弱な人間が「封じ込める側」にいるのは、大きな頭脳を持つからである。

自分たちより賢い存在を創造することで、人類はゴリラと同じ立場になるかもしれない。長期的な視点を考慮に入れれば、AGIの筋書きに注目する人々が懸念するのは無理からぬことだ。超知能は、その定義からして完全な統制や封じ込めが不可能であるという強力な主張もある。[*32]「知能の爆発」に到達すれば、AIは自己改善を繰り返し、そのプロセスも効率化・高速化し続ける「封じ込め不能」なテクノロジーとなる。AIがいつ、どのようにして人間を超えるのか？ AIがいつ、どのようにして完全な自律性を備えるのか？ 人間が「従うべき価値観」を定義付けられるとして、どうすればAIにその価値観を認識し、従わせられるのか？ 正直に言って、誰にもわからない。

来たるべき波のテクノロジーに関して熱心な研究が続けられている。だが、それらテクノロジーの特性や機能を封じ込める方法を、実は誰も知らない。テクノロジーが自らの進化の方向性を完全に管理する段階がやって来ると、その時点で繰り返し改善が図られるようになり、もはや人間には説明がつかなくなる。その結果、野に放たれたテクノロジーの行動を予測するのはまったく不可能になる。すなわち人間の力と制御が限界に達してしまうのだ。

最終的には、人間は来たるべき波によって最もドラマチックな形で食物連鎖の頂点から蹴り落とされるかもしれない。ホモ・テクノロジカスは自らの創造物によって存在を脅かされることになるのだ。真の問題は、波が来るかどうかではない。すでに押し寄せている。すでに形が見えるはずだ。これまで述べてきたリスクを考えれば、真の問題は「波が不可避だと認識するのが、なぜ難しいのか」ということだ。

第 **8** 章

止められないインセンティブ

AlphaGoが注目されたのは、タイミングの問題もあった。このブレイクスルーがＡＩ研究コミュニティの多くが予想したよりも早かったため、強烈な衝撃を与えたのだ。２０１６年３月の李世乭《イ・セドル》との第１局の数日前ですら、著名研究者たちはＡＩが囲碁の世界チャンピオンに勝つことはないと見ていた。[*1] ディープマインドも、AlphaGoが世界最高レベルの棋士に勝てるか確信はなかった。

私たちはこの対局によって大きな技術的課題に取り組めると見ていたし、より大きな研究ミッションの通過点と考えていた。ＡＩ研究コミュニティは、世界囲碁チャンピオンとの対局は、深層強化学習が初めて注目を集めた公開テストであり、巨大なＧＰＵクラスターの計算処理を研究利用した初めてのケースである、と捉えていた。報道機関は、AlphaGoと李世乭との対局は「人間vs機械」の世紀の一戦と見ていた。人類の叡智がコンピュータの冷徹で無感情な力に立ち向かう。「ターミネーター」や「ロボットの支配者」といった使い古された言い回しが並んだ。

だが、加えて、背後でもうひとつもっと重要なことが明らかになろうとしていた。対局前から薄々心配していたことが、対局日が近づくにつれて表面化したのだ。これは単なる人間と機械の対局ではなかった。李世乭とAlphaGoの対局時には李世乭側のネームプレートには太極旗(韓国の国旗)が、ディープマインド側にはユニオンジャック(イギリスの国旗)が印刷されていたのだ。東洋vs西洋。この対局で国家間のライバル関係が暗示されたことは残念だった。

AlphaGoと李世乭の五番勝負はアジアで最大級の注目を集めた。西洋では熱心なAI愛好家が進展を見守り、新聞数紙が報道した程度で、テクノロジー史に関心のある人々にとっては重要な瞬間だった。だが、アジアではスーパーボウル以上の大イベントだった。2億8000万人以上がリアルタイムで観戦した。[*2] 私たちが貸し切ったソウル繁華街のホテルには、韓国メディアと世界のメディア各社の記者が殺到した。数百人のカメラマンとテレビカメラに囲まれ、私たちはほとんど身動きが取れなかった。西洋人にすれば数学愛好家向けのマイナーなゲームに対し、異常とも言える熱視線が注がれ、作り話が流れた。見たこともないような騒ぎだった。もちろん、AI開発者はこういうことに慣れていなかった。

アジアではギークだけでなく、一般人も熱心に観戦した。すぐにわかったのは、テック企業の関係者だけでなく、政府や軍の関係者も注目していたことだった。対戦結果に、すべての人が衝撃を受けた。その重要性は、誰の目にも明らかだった。西洋企業（ロンドン拠点のアメリカ企業）が、韓国で古くから愛される象徴的なゲームに挑み、韓国チームを叩きのめしたのだ。イギリスが韓国の得意分野に旗を掲げたのだ。言ってみれば、韓国のロボットチームが大リーグのオールスターチームをヤンキースタジアムで打ち負かしたようなものだ。

私たちにとって、この対戦は科学実験に過ぎなかった。何年もかけた最先端技術を、強烈かつ格好良く実演する場だった。エンジニアリング的な観点から興奮し、囲碁の世界チャンピオンとの対決に刺激され、報道合戦の中心に置かれて戸惑った。だが、多くのアジア人には、ひどく痛ましい結果になった。アジアと国家の誇りが傷つけられたのだ。

AlphaGoはソウルで終わらなかった。1年後の2017年5月、私たちは2回目の「人間と機械の囲碁決戦」に臨んだ。今度の相手は「世界最強」の棋士、中国の柯潔《カー・ジエ》だ。対戦場所は浙江省烏鎮《うちん》で行われた「未来の囲碁サミット」だ。烏鎮の対応はソウルとはまるで違った。中国では対局のライブ配信は禁止、グーグルの社名を口にすることも禁止。対局環境は厳格で、管理も厳しかった。報道は中国当局に厳しく統制され、報道合戦はなかった。これは単なる対局ではない——根底にある意味合いは明確だった。AlphaGoは3戦全勝で勝利を収めたが、会場の空気は緊迫していた。

ソウルではなんとなくほのめかされていた重要な変化が、烏鎮で明確になった。状況が落ち着くと、AlphaGoが大きなストーリーの一部に組み込まれたことが明らかになった。これはもはやひとつの対戦、ひとつのＡＩシステム、ひとつの会社の問題を超え、新たに危険なテクノロジー競争を展開する世界大国のストーリーの一部となったのだ。世界大国の非常に強力で絡み合ったインセンティブにより、来たるべき波は確実に生じる。


テクノロジーの原動力は、好奇心、危機感、幸運、恐怖心といった、非常に原始的かつ基本的な人間的な要素である。テクノロジーは本質的に人間の要求を満たすために生まれてくる。テクノロジーを開発・利用する強い理由があれば、開発・利用される。だが、テクノロジーに関する議論では、テクノロジーの中身に焦点が合わされ、開発された理由は忘れられがちだ。今ここで議論したいのは、テクノロジーが社会を導くという技術決定論ではない。人間であることの意味だ。

本書でここまで見てきた通り、テクノロジーの波はひとつも封じ込められていない。本章では、なぜこの歴史が今後も繰り返されそうなのかを考えてみる。テクノロジーの開発と拡散を促す一連のマクロな力はなぜ成果物を必ず消費してしまうのか、なぜ来たるべき波が打ち寄せるか、考えてみよう。テクノロジー開発を推し進めるさまざまなインセンティブが存在する限り、「開発すべきか?」という疑問は考える価値がないのだ。

テクノロジーの進化を推し進める第一の要因は私がAlphaGoで経験した、大国同士の争いだ。テクノロジー開発競争は、昔から地政学的現実である。どの国も存亡がかかっているので、ライバル国に後れを取りたくない。イノベーションは力の源泉だ。第二の要因は、グローバルな研究エコシステムである。研究の公表、好奇心、新しいアイデアの追求に対して報いることが、慣習として深く根付いている。第三の要因は、テクノロジーによって得られる巨大な経済的利益と、グローバルな社会問題に緊急で取り組む必要性である。第四の要因は、おそらく最大に人間らしいもの、つまり自尊心《エゴ》だ。

まずは現代史から重要な教訓が得られる地政学を見ていこう。

国家の誇りと戦略的必要性

第二次世界大戦後、アメリカは技術的優位性を当然視していたが、そこにスプートニク・ショックが起きる。1957年秋、ソ連が世界初の人工衛星スプートニクを打ち上げ、人類による宇宙進出の第一歩を刻んだのだ。人工衛星の大きさはビーチボールほど。だがこの打ち上げは、非常に未来的な出来事だった。世界中がスプートニクに注目し、そして耳を傾けた。スプートニクが宇宙から伝えるビープ音を、世界が耳にしたのだ。これは紛れもない偉業だった。アメリカは危機的状況に追い込まれた。[*3] 技術開発競争の真珠湾攻撃と言えるかもしれない。政府が動いた。高校から専門的な研究所まで、科学技術が国家的優先事項になり、資金が投下され、アメリカ航空宇宙局（NASA）やアメリカ国防総省国防高等研究計画局（DARPA）のような新しい組織が設立された。とてつもないリソースが大規模プロジェクトに投入されたが、その中でもとりわけ大きかったのがアポロ計画だった。アポロ計画はロケット技術、マイクロエレクトロニクス、コンピュータプログラミングなど重要な進歩をいくつももたらした。NATO（北大西洋条約機構）など、まだ形になってから間もなかった同盟関係も強化された。12年後、人類を初めて月に送り込んだのはソ連ではなく、アメリカだった。ソ連はアポロ計画に遅れてはならないとほとんど国費を使い果たした。ソ連はスプートニクでアメリカを追い越し、この歴史的な技術成果によって地政学的にも大きな影響をもたらした。アメリカはソ連に追いつこうとして、実際に追いつき、そして追い越した。

スプートニクがアメリカ軍と民間のロケット工学、宇宙開発、コンピュータを、世界最強水準に発展させた。それと似たようなことが今、中国で起こっている。中国はAlphaGoをAIの「スプートニク的瞬間」と受け止めた。アメリカも西側諸国も、インターネットが出てきた時と同じように、画期的なテクノロジーで中国を出し抜こうとしていた。国民的娯楽である囲碁で敗北を喫した中国は、最先端テクノロジーから取り残されつつあるという事実を突きつけられた。

中国にとって囲碁は単なるゲームではなかった。歴史、感情、戦略的計算の関係性を強く象徴するものだ。中国はすでに科学技術へ重点投資していたが、AlphaGoに敗れたことで、政府はＡＩに全力を傾けることになった。中国は数千年におよぶ歴史の中で、一度は世界の技術開発の中心になったこともあった。今は医薬品から空母まで、さまざまな最先端分野でヨーロッパやアメリカとのテクノロジー競争に敗れ、後れを取っていると痛感していた。「百年国恥《ひゃくねんこくち》」を絶対に再来させない、と中国共産党は決意していた。

中国共産党は、今こそ正当な立場を回復する時だと強調した。２０２２年の第20回党大会で習近平は、「戦略的需要を導きとして」、中国は「科学技術を第一の生産力とし、人材を第一の資源とし、イノベーションを第一の原動力とすることを堅持しなければならない」と語った。[*4]トップダウンの政治体制を取る中国は、国家の全リソースをテクノロジー開発目標に集中できる。[*5]現在、中国は２０３０年までに世界一のＡＩ大国になるという国家戦略を進めている。[*6]

柯潔がAlphaGoに敗れたわずか2カ月後、中国政府は「次世代人工知能発展計画」を発表し、「２０３０年までに中国のＡＩの理論・技術・応用を世界のトップレベルにまで引き上げ、中国を世界一のＡＩイノベーションセンターにする」ために、政府、軍部、研究機関、産業を集結させると明言した。これによって基礎理論から、国土安全保障やスマートシティなど新たな応用先に至るすべてにおいて、中国はＡＩの「管制高地」を掌握する。

大胆な宣言だが、単なる虚勢ではない。本書執筆時点でこの計画発表から6年しか経っていないが、アメリカや西側諸国は中国に対して圧倒的な差を維持しているわけではない。清華大学や北京大学などは、スタンフォード大学、ＭＩＴ、オックスフォード大学などの西側諸国の研究機関としのぎを削っており、清華大学は地球上のどの学術機関よりも多くのＡＩ研究を発表している。[*7] ＡＩ研究論文の被引用数シェアで見ても、中国は目覚ましく増えている。[*8] ２０１０年以来、中国の研究機関が発表したＡＩ研究論文の本数は、アメリカの研究機関の４・５倍以上になる。これはアメリカ、イギリス、インド、ドイツで発表された論文をすべて合わせた数より多い。[*9]

ＡＩだけではない。クリーンテックからバイオサイエンスまで、中国はさまざまな基礎技術でも急速な進歩を遂げている。壮大な規模の投資を行い、「中国人的性格」を刻んだ知財（ＩＰ）を急増させている。２００７年に博士号取得者数でアメリカを上回ったが、それ以降も大学院教育への投資と拡大を精力的に続け、毎年アメリカの2倍近い数のＳＴＥＭ（科学、技術、工学、数学）博士を育て上げてきた。[*10] 官民が連携して４００以上設置されている「国家重点実験室」には、資金が潤沢に提供されており、分子生物学から半導体チップのデザインまでありとあらゆる研究開発が進められている。21世紀初頭の中国のR&D投資額はアメリカの12%しかなかったが、2020年にはアメリカの90%に達した。[*11] このままの勢いなら、2020年代半ばまでにアメリカを上回るR&D投資額を計上するだろう。すでにアメリカは特許出願数で中国に大きく水をあけられている。[*12]

中国は月の裏側に探査機を着陸させた最初の国にもなった（他国は計画すら立てていなかった）。中国は「TOP500」にランキング入りする高性能スパコンを世界で一番保有している。[*13] 深圳《しんせん》に拠点を置く大手遺伝子解析企業BGIグループは大規模なDNA塩基配列決定サービスを提供しているが、これを実現しているのは官民の後援と数千人の科学者、膨大なDNAデータ、強力なコンピュータへのアクセスである。中国の産業用ロボット台数は、世界のほかの国々をすべて足し合わせたよりも多く、習近平は「産業用ロボット革命」を提唱している。[*14] 中国はアメリカが何年も先のことだと思っていた極超音速ミサイルを作り出し、6G通信から太陽光発電の分野で世界をリードしている。騰訊控股（テンセント）、アリババ、DJI、華為技術（ファーウェイ）、字節跳動（バイトダンス）など、大手ハイテク企業の本拠地でもある。

量子コンピュータ研究は世界に抜きん出ている。エドワード・スノーデンがアメリカの諜報活動を暴露したことを受けて、中国は情報漏洩対策にひどくこだわるようになり、安全な通信プラットフォームの構築を精力的に進めるようになった。スノーデンの告発がまた別の「スプートニク的瞬間」になったのだ。2014年に中国はアメリカと同数の量子テクノロジー関連の特許を出願し、2018年までにはその数を2倍にした。[*15]

2016年8月16日、中国は世界初の量子科学実験衛星「墨子号《ぼくし》」を打ち上げ、新しい安全な通信インフラの一部を構築した。墨子号は中国による安全な量子インターネットの探求の始まりに過ぎなかった。中国はその1年後に上海と北京を結ぶ2000キロメートルの量子通信ネットワークを構築し、金融情報や軍事情報を安全に送信できるようにした。[*16] 100億ドル以上を投資して安徽《あんき》省合肥《しょうごうひ》に世界最大の量子情報科学国家実験室を設立した。[*17] この研究施設は複数の量子ビット間を「量子もつれ」によって相関させることに成功し、完全な量子コンピュータへの道の重要な一歩を踏み出した。合肥の科学者たちは、グーグルの量子コンピュータ、Sycamore（シカモア）より10^{14}倍高速な量子コンピュータを構築したと胸を張る。[*18]

墨子号の主任研究者で世界屈指の量子科学者、潘建偉《パン・ジャンウェイ》は、この意味を次のように説明する。[*19]

「世界中で量子宇宙競争が始まった。現代の情報科学では、中国は学習者でありフォロワーに過ぎなかったが、量子テクノロジーで全力を尽くせば中国はメインプレイヤーの1人になれるだろう」

西側諸国は数十年にわたって中国を「創造力がない」として無視してきたが、これは大変な間違いだった。中国は真似がうまいだけで、制約が多くて自由がなく、国有企業はひどい――

このような評価は、後から考えればまったく不適切だった。また、この評価が正しかったとしても、中国の科学技術強国化を阻止できなかっただろう。中国は企業買収や論文の翻訳などで知財を合法的に移転してきたが、技術盗用、強制技術移転、リバースエンジニアリング、諜報活動なども背後にあったからだ。

一方、アメリカは戦略的優位性を失いつつある。半導体の設計、医薬品、インターネットの発明、世界最先端の軍事技術と、アメリカは長年にわたりあらゆる分野で優位性を保ってきた。そのすべてがなくなってしまったわけではないが、失われつつある。ハーバード大学の政治学教授グレアム・アリソンによれば、状況は西側諸国の認識よりも深刻だという。中国はすでにグリーン電力、5G通信、AIの分野でアメリカに先行し、数年後には量子テクノロジーや生命工学の分野でも追い越すと見られる。[*20] アメリカ国防総省で初の最高ソフトウエア責任者を務めた人物は現状にひどく幻滅し、2021年に辞任した。彼はフィナンシャル・タイムズ紙のインタビューに答えて、こう述べた。「15年から20年後に中国との競争で勝てる見込みはない。現段階ですでに勝負が決まっている。私の意見では、もうおしまいだ[*21]」

2013年に中国の国家主席になった習近平は、就任直後に中国のみならず全世界に長期的な影響をもたらす演説を行った。「先端科学技術は現代国家の武器だ」。「総じてわが国の科学技術と先進国の科学技術には格差があり、追いつき追い越すためには『非対称』戦略を取らなければならない」[*22]

説得力のある分析であり、これまで見てきた中国の政策の優先事項が表明されている。習近平の発言の多くは、他国の指導者の主張と相容れない。だがこれについては、どの国の指導者も同じ主張をする可能性がある。アメリカ大統領もブラジル大統領もドイツ首相もインド首相も、習近平の「先端科学技術は現代国家の武器」という意見に基本的に賛成だろう。習近平は中国だけでなく、最先端を行く超大国のリーダーから嫌われ者の国まで世界のほぼすべての国家が公言するであろう、明らかな真実を述べたのだ。誰がテクノロジーを構築し、所有し、使うのかが重要なのだと。

軍拡競争

テクノロジーは世界で最も重要な戦略的資産となり、外交政策の手段というより、むしろ推進力になった。21世紀の大国間の争いはテクノロジーの優位性――いかに来たるべき波をコントロールできるか――に左右される。テック企業と大学はもはや中立的な組織でも教育機関でもなく、国家の戦士である。

本章で述べるほかのインセンティブを、政治的意思によって阻害・無効化することは不可能ではない。政府が研究の自由を制限し、民間企業を弾圧し、自尊心《エゴ》から生まれる自発性を奪うことは、「机上の理論」としては可能だ。だが、ライバル国との熾烈な競争からは逃れられない。敵対的な国々が前のめりにテクノロジー開発を進める中で自国のテクノロジー開発を制限するのは、軍拡競争で負けを選ぶに等しい。

テクノロジーの進歩を「ゼロサムの軍拡競争」という枠組みで捉えることに私は異議を唱え、抵抗し続けてきた。ディープマインドを「AI版マンハッタン計画」と呼ぶことにも、常に反対してきた。原爆開発になぞらえることに抵抗があるだけでなく、複数の「新マンハッタン計画」を開始するきっかけになりかねないからだ。緊密な国際協調、一時停止、開発ペースの減速が必要な時に、逆に軍拡競争を推進することになりかねない。だが、国民国家の論理は時にひどく単純で、不可避的な結論に飛びついてしまう。国家の安全保障が論じられているさなかに、思いつきを提案するだけで危険が生じる。ひとたびそれを口にすれば、号砲一発、国民から過激な反応が生じ、悪循環が始まる。

ワシントンＤＣ、ブリュッセル、政府、シンクタンク、学界の無数の友人や同僚が、腹立たしげに口を揃えて言う。「実際には軍拡競争に参加していなくても、『あちら』は私たちが参加していると考えていると想定しなければならない。今度の新しいテクノロジーの波は世界のパワーバランスを完全に変えてしまう可能性があるから、私たちは決定的な戦略的優位性を得るために競争しなければならない」。こうした考え方が自己成就的予言となる。

隠す必要はない。中国との大国間競争はアメリカで民主、共和両党の合意を得ている数少ないことのひとつだ。今論じるべきは、テクノロジーとＡＩの軍拡競争に参加しているかどうかではない。この競争がどこに向かうかだ。

通常、軍拡競争は米中の専売特許のように扱われる。だが、これは浅薄な見方だ。中国とアメリカは確かに最も先進的でリソースが豊富だが、軍拡競争では多くの国々が重要な役割を果たす。この軍拡競争の新時代には、世界中にテクノナショナリズムが広まり、激化する。多くの国々が決定的な地政学的優位性を求め、絶え間なく激しさを増す争いから抜け出せなくなる。

今やほとんどの国で詳細なＡＩ戦略が策定されている。[*23] ロシアのウラジーミル・プーチン大統領は、ＡＩでリードする国が「世界の支配者になる」と考える。[*24] フランスのエマニュエル・マクロン大統領は、「ヨーロッパのメタバースを構築するために戦う」と宣言する。[*25] マクロンは、米中のような主要テック企業がヨーロッパに欠けているためブレイクスルーが少なく、テック・エコシステムの重要部分における知財も生産力も不足していると考えている。マクロンやその他大勢の人は、ヨーロッパの安全保障と富と名声は、ヨーロッパが第三の世界大国になれるかどうかで決まると見ている。[*26]

各国にはそれぞれ得意分野があり、たとえばイギリスはバイオサイエンスとＡＩに、ドイツと日本と韓国はロボット工学に、イスラエルはサイバーセキュリティに強みがある。どの国も来たるべき波に含まれる各テクノロジーのR＆D計画を策定している。民間スタートアップのエコシステムが急成長しているが、国防上の必要性があるとみなされていることから、軍が民間企業を支援するケースが増えている。

インドは、アメリカ、中国、ＥＵと並んで、おそらく新世界秩序の４本目の柱になる。若い世代が多く、起業家精神に富み、ますます都市化が進んでおり、テクノロジーに精通している。２０３０年までにインドはイギリス、ドイツ、日本などを抜いて世界３位の経済大国になり、２０５０年までにＧＤＰは30兆ドルに達する見込みだ。[*27]

インド政府はインドをテック国家にする決意をにじませる。「自立したインド《アトマニバール・バーラト》」というコンセプトを打ち出し、人口世界一の国がアメリカや中国に対抗できるコア・テクノロジー・システムの保有をめざしている。[*28] この考え方の下で、ＡＩとロボット工学に関しては日本と、ドローンと無人航空機に関してはイスラエルとパートナーシップを確立した。インドの波から目が離せない。

第二次世界大戦中のマンハッタン計画には、アメリカのＧＤＰの０・４％が使われた。ドイツに先んじて原爆開発を成功させねばならない、時間との闘いだとアメリカは考えていた。だがナチスは当初から原爆の開発コストが高く、成功確率は低いと判断し、開発をあきらめていた。ソ連は出遅れていたが、アメリカから大量の情報をスパイして開発した。アメリカはドイツという幻の脅威と軍拡競争を行ったが、もしアメリカがこんな努力をしなければ、世界はもっと長い間、核なき世界だったはずだ。

同じことが1950年代後半にも起こった。ソ連のＩＣＢＭの発射テストとスプートニクの登場を受け、アメリカの安全保障政策の立案者たちはソ連との「ミサイル・ギャップ」が深刻だと結論付ける報告書を提出した。のちに明らかになったことだが、報告書が提出された当時のアメリカのミサイル保有数はソ連よりも10倍以上多かった。フルシチョフは「はったり」というソ連のおなじみの戦略を使ったのだ。アメリカが情報を読み誤ることによって、結果として核兵器もＩＣＢＭも何十年も前倒しで製造されることになった。

現在のテクノロジー軍拡競争では、核兵器やＩＣＢＭと同じ誤った力学が展開されているわけではない。まず、来たるべき波の「拡散リスク」は深刻だ。テクノロジーはますます強力に、ますます安価に簡単に使えるようになってきており、より多くの国々が最先端で競争している。大規模言語モデルは最先端テクノロジーだが、魔法や国家機密ではない。ボトルネックになるのは大規模な演算能力を利用できるかどうかだが、それを提供するサービスは数多く存在する。CRISPRやＤＮＡ合成についても同じことが言える。

現代社会では、いろいろな成果物をリアルタイムで確認できる。中国の月面着陸や、インドの十数億人規模の生体認証システム「アドハー」などだ。それに、中国に独自の大規模言語モデルがあることや、台湾は半導体製造の先進国で、韓国は世界クラスのロボット工学に通じた国であることは秘密ではないし、世界中のどの国も詳細なテクノロジー戦略を発表・実施している。すべてが公開され、特許や学術会議で共有され、ワイアード誌やフィナンシャル・タイムズ紙で報道され、ブルームバーグＴＶで生放送されている。

今から軍拡競争を宣言したとしても、もはや自己成就的予言にすらならない。すでに予言は成就し、軍拡競争が進行中だからだ。今回の軍拡競争であまりに明白すぎて、誰も言及しない点は、どのようなテクノロジーが開発され、誰が開発し、何のために使われるのかを管理する中央権力が存在しないことだ。テクノロジーは指揮者なしのオーケストラ――これは21世紀における最も重要な事実かもしれない。

「軍拡競争」という言葉が懸念を引き起こすのは、「恐怖心によるゼロサム競争」という認識（もしくは現実）ほど、急進化するテクノロジーの不安定な基盤となるものはないからだ。だがテクノロジーの進展を促す要因には、「恐怖心によるゼロサム競争」のほかにもっとポジティブなものがあることを考慮に入れなければならない。

知識はただ自由でありたいと願う

純粋な好奇心、真実の追求、公開の重要性、エビデンスに基づく査読。どれも科学技術研究の基本的価値観だ。科学革命と18世紀から19世紀に起こった産業革命以来、科学的発見は宝箱にしまい込まれることなく、専門誌や書籍、サロン、公開講演などで公開・共有されてきた。特許制度は知識共有のメカニズムを創出し、研究開発のリスクを取ることに対して見返りを与えた。情報への自由なアクセスは、現代社会のエンジンとなった。

オープンネスは科学とテクノロジーの基本的な信念であり、知識の共有と発見の公表は必須だと考えられている。科学とテクノロジーは自由な討論と情報公開に熱心で、オープンネス自体が強力な（そして驚くほど有益な）インセンティブになっている。

安全保障とテロの世界的研究者オードリー・カース・クローニンは、現代を「オープンな技術イノベーション」の時代と呼ぶ[*29]。知識と技術を発展させる世界規模のシステムは今やオープンかつ無秩序に広がっており、統制・管理・閉鎖できない。テクノロジーを理解・創造・構築・適応する能力が幅広く分散している。無名のコンピュータ科学専攻の大学院生が作ったテクノロジーが、その翌年には何億ユーザの手に渡っているかもしれない。そうなると、予測や制御は難しい。確かにテック企業は秘密を守ろうと考えるが、ソフトウエア開発やアカデミズムの世界に見られる「オープンネス」という信念を受け入れる傾向にある。その結果、イノベーションは以前よりもずっと速く、大規模に拡散し、さらに大きな混乱をもたらす。

オープンネスは普通のことという考えが、研究者文化に浸透している。学界はピア・レビューを中心に築かれている。信頼に足るピア・レビューを受けていない論文は、基準を満たしていないとされる。資金提供者も、成果が公表されない研究を支援したくない。研究機関や研究者は、論文掲載実績と被引用数をひどく気にする。被引用数の多さは評判・信頼・研究資金に直結する。若手研究者はグーグル・スカラーなどのプラットフォームで論文掲載実績をチェックされて評価・採用されがちだ。最近は論文がXなどSNSで告知され、SNS受けを意識して執筆されることもある。注目を集めようと意識して書かれるのだ。

学界は研究成果へのオープンアクセスを強く主張している。テック業界では共有や貢献をすることが普通であり、これが数多くのオープンソース・ソフトウエアを花開かせた。アルファベットやメタ、マイクロソフトといった世界的大企業が、膨大な知財を定期的に無償公開している。AIや合成生物学のような領域では科学的研究とテクノロジー開発の境界線が特に曖昧なため、公開をデフォルトとする文化になっている。

一流研究者が勤務先を決める際に重視するのは、研究成果の発表機会があるかどうかだということを、ディープマインドは早い段階で学んだ。一流研究者は、学界で慣れ親しんだオープンネスや研究者仲間からの評価を求めている。この考え方は、すぐに最先端のAI研究所の基本となった。もちろん研究成果がすぐに公開されるわけではないが、オープンネスは最高の科学者を惹き付ける戦略的優位性と考えられた。その一方で、論文掲載実績は最先端のテクノロジー研究所に採用されるための重要な要素であり、誰が一番初めに発表するか、激しい競争が展開される。

　正しく認識されていないと思われるが、概して、研究の発表と共有は科学的な検証プロセスのためだけに行われるのではない。名声のため、研究者仲間のため、使命を追求するため、職を得るため、「いいね」がほしいため、と理由はさまざまだ。どれも技術開発プロセスを推進し、加速させる。

　現在、大量のＡＩデータやプログラミング・コードが公開されている。たとえば、GitHub（ギットハブ）には1億9000万ものリポジトリがあり、多くが公開されている。[*30]学界には、研究者が査読や選考プロセスを介さずにすばやく論文をアップロードできる査読前論文公開サービスがある。その嚆矢《こうし》であるarXiv（アーカイブ）には、査読前を含む200万本以上の論文が公開されている。[*31]生物学関連のbioRxiv（バイオアーカイブ）のように特定の学問分野に特化した査読前論文公開サービスも多数存在し、この流れを加速させている。世界中の膨大な科学技術論文は、ウェブサイトで無償公開されているか、有料学術誌であっても所属研究機関から簡単にアクセスできる。[*32]こうして国境を越えた資金提供と協力が当たり前の世界、何百人もの研究者が自由に情報共有し、最先端の技法に関する膨大な解説と講座がいつでもオンライン上から入手できる世界が現れた。

何もかもが超高速の研究環境で起こる。世界のR＆D支出は年間７０００億ドル以上で、過去最高を記録している。[*33] アマゾンのR＆D予算だけでも７８０億ドルで、世界9位の国家予算に匹敵する。[*34] アルファベット、アップル、ファーウェイ、メタ、マイクロソフトは、いずれも年間２００億ドル以上をR＆Dに費やし、来たるべき波がもたらすテクノロジーに積極投資している。[*35] これらの世界屈指の潤沢な予算を持つ企業は、これまで研究成果をほとんど公開してきた。

未来はますますオープンソースになり、arXivに投稿され、GitHubに保存される。未来は論文の被引用数、研究への称賛、雇用の保障をめざして作られる。未来の研究は、オープンネスをインセンティブに、容易に入手可能な膨大な研究資料を基盤にして築かれている。このインセンティブと基盤は本質的かつ根深く、研究者の間に広まっている。そのため未来の研究を誰も完全に管理できない。

何にせよ、最先端を予測するのは難しい。研究プロセスを管理したい、特定の結果を導きたい、あるいは避けたい、事前に封じ込めたいとなると、複数の課題に直面することになる。研究グループ間の競争を調整するのも難しいが、最先端研究ではどこでブレイクスルーが起こるかほとんど予測できない。

たとえばゲノム編集のCRISPRは、スペインの研究者フランシスコ・モヒカからの研究に端を発する。モヒカは汽水で繁殖する古細菌を研究し、偶然、ＤＮＡに反復配列を発見。重要性を感じ、その機能を研究した。彼はこの反復配列のクラスターをCRISPR（Clustered Regularly Interspaced Short Palindromic Repeat）と名付けた。その後、デンマークのヨーグルト会社の2人の研究者がヨーグルト発酵に使う乳酸菌をファージから守る方法を研究し、CRISPRのメカニズムが解明された。このように思いも寄らないところから、間違いなく今世紀最大の生命工学上の進展であるゲノム編集の基礎は生まれた。

同様に、数十年にわたり停滞していた分野が、数カ月で劇的に進歩することもある。ニューラルネットワークはコンピュータ科学者のマービン・ミンスキーのような有力研究者に欠点を指摘され、長らく放り出されていた。「ニューラル」という単語だけで議論を呼ぶので論文には一切載せないほうがいいと思われた時期に、ジェフリー・ヒントンやヤン・ルカンなど、わずかな孤高の研究者だけが研究を続けた。１９９０年代には不可能に思えたニューラルネットワークだが、今やＡＩを支配している。だが、このヤン・ルカンでさえ、AlphaGoは囲碁の世界チャンピオンを倒せないと、歴史的ブレイクスルーの数日前に言っているのだ。[*36] 私はヤン・

ルカンが間違っていたと指摘したいわけではない。研究の最先端では、何がどうなるか誰も予想がつかないだけだ。

ハードウエアにおいても、ＡＩの進化の過程は予測不可能だった。ＧＰＵは、現代のＡＩの基礎部分を担っている。だが、ＧＰＵは、元々コンピュータゲームでリアルなグラフィックを実現するために開発されたものだった。オムニユースの実例のようだが、鮮やかなグラフィックを実現する高速並列処理は、深層ニューラルネットワークの訓練に最適であることがわかった。高精細グラフィックを多用するゲームが創出した需要のおかげで、エヌビディアのような半導体企業が巨額投資をして、優れたＧＰＵ製造に乗り出していた。その後それが機械学習にもうまく適応したことは、結局のところ運がよかったのだ（AlexNetの登場から5年後にエヌビディアの株価は１０００％上昇した）[*37]。

前々からＡＩ研究を監視・誘導していたとしても、意味のない研究を妨害したり促進したりする一方で、脇で静かに進行する最も重要なブレイクスルーを完全に見落とすなどして、監視にしくじることだろう。科学技術の研究は本質的に予測不可能だ。ひときわオープンであり、急速に成長しているから、管理・統制は非常に難しい。

今日の世界は好奇心、シェア、超高速の開発ペースに対して最適化されている。現代の研究開発は封じ込めに抗うし、研究を利益に変えたいという必要性や願望も同じく抵抗する。

１００兆ドルの機会

１８３０年、初の旅客鉄道がリバプールとマンチェスター間に開通した。この驚異的な鉄道建設には議会で特別法を制定する必要があった。鉄道敷設には高架橋や切通しが必要で、湿地帯では地盤改良もしなければならなかった。多数の土地所有者との調整も必要だ。大変な難題だらけだった。開業式には、当時の首相のほか、リバプール選出の下院議員ウィリアム・ハスキソンを含む要人が出席した。試乗の途中、対向線路を蒸気機関車ロケット号が通過する様子を視察するため、列車が一時停車した。その際、ハスキソンは線路上に出てしまった。この驚異的な乗り物を初めて目にした人々は、蒸気機関車の速度というものがわかっていなかったのだ。彼は向かってくる蒸気機関車から逃げ遅れて、脚を轢《ひ》かれて命を落とした。震え上がった出席者にしてみれば、ジョージ・スティーブンソンが作った醜悪で異質で蒸気を噴く蒸気機関車ロケット号は、近代化と機械化の恐ろしい汚点であった。

だが、鉄道は大評判を呼び、どんなものよりも迅速に受け入れられ、急速に成長した。開業前の予測では1日の乗客は２５０人だったが、わずか1カ月で1日１２００人に膨れ上がった。[*38] 何百トンもの綿がリバプール港の埠頭からマンチェスターの工場に記録的な速さで滞りなく運び込まれた。5年後にもたらされた10%配当は、１８３０年代後半から起こる鉄道建設ミニブームを予感させるものだった。[*39] 政府はさらなるチャンスを見出した。１８４４年には若き下院議員ウィリアム・グラッドストンが鉄道産業への投資活性化をはかり、鉄道規制法を提案した。1845年に入ると新しい鉄道事業への許可申請が、わずか数カ月で何百件も提出された。ほかの業種の株価が停滞する中、鉄道株は軒並み急上昇した。投資家が殺到し、ピーク時の鉄道株の時価総額が、市場全体の3分の2以上を占めた。*40

だが1年も経たずに株価暴落が始まった。鉄道株は1850年に底値を打ったが、ピーク時から66%も下落した。歴史で繰り返し見られるように、濡れ手に粟の利益が人々を強欲で愚かにし、何千人もが破産した。にもかかわらず、この鉄道狂時代が新時代をもたらしたことは事実だ。かつての牧歌的な世界は、高架橋やトンネル、切通し、巨大な駅、黒煙、汽笛といった機関車がもたらしたもので破壊された。最初はあちこちに鉄道路線が点在するだけだったが、鉄道狂時代の投資によって全国鉄道網の原型が作り出され、国内の往来が楽になった。1830年代にロンドンからエディンバラに行くには乗り心地の悪い駅馬車で数日かかった。だが、1850年代には乗り継ぎなしで半日以内に着くようになった。ほかの地域とつながることで、町や都市や地方に活気と繁栄がもたらされた。観光と貿易、家庭生活が変化した。ほかにもさまざまな影響がもたらされた。時刻表を機能させるために標準時が必要になった。大きな利益を手にしようという人間の飽くなき欲望によって、すべてがもたらされた。

1840年代の鉄道狂時代は「史上最大のバブル」と称される。[*41] だが、テクノロジーの歴史において、これは例外ではなく至極当然の現象である。鉄道の登場は歴史的必然ではないが、カネを稼ぐ機会は必然的に生じる。カルロタ・ペレスは、最初の電話ケーブルから現代の高速インターネットまで、少なくとも過去200年間の主要なテクノロジー開発において同様の「熱狂期」が存在するとする。[*42] ブームはどれも長続きしないが、むき出しの投機的行動が持続的変化を生み出し、新たなテクノロジーが繁栄する環境を作り上げる。

研究者たちの好奇心や政府の意欲だけでは、数十億人の消費者の手にブレイクスルーを届けることはできない。それを便利で魅力的なプロダクトにしなければ、幅広く普及しない。[*43] 端的に言って、ほとんどのテクノロジーはカネを稼ぐために作られるからだ。

むしろカネを稼ぐことこそが人々の間に最も普及し、根強く定着したインセンティブだろう。カネのために中国の起業家はスマホの新しいデザインを可能にする成形技術を考え出し、オランダの農家は北海沿岸のすずしい気候でも1年中トマト栽培ができるように新しいロボットや温室技術を開発する。パロアルトのサンドヒルロードの上品なベンチャーキャピタリストたちは、うまくいくかどうかわからない若手起業家に数百万ドルを投資する。グーグルがAIを、アマゾンがロボットを作るのも、株主に対して責任を負う上場企業としてどちらも利益を上げる方法になると見ているからだ（AIもロボットも、そのテクノロジーに貢献する開発者の動機は異なるだろうが）。

人々は、テクノロジーの成果物を求め、必要とする。この不変で強固な「純粋な需要」が、利益の可能性を下支えしている。人々は生活のために食べ物や冷蔵庫や通信を必要とし、エアコンを求め、複雑な新製法を必要とする新しいデザインの靴を望み、カップケーキの色のために革新的な新しい着色法を手に入れようとする。何であれ、人々の日常的な無数の需要を満たすために、テクノロジーが利用される。テクノロジーが先であれ、需要が先であれ、テクノロジーが欲求を満たし、開発者は利益を得る。人々のあくなき欲求と要求、そこから無限に広がる利益獲得のチャンスは、テクノロジー開発の物語には不可欠だし、今後も変わらないだろう。

これは決して悪いことではない。わずか数百年前、経済成長率は非常に低かった。生活水準は何世紀も停滞し、今日よりはるかに悪い状況だった。ところが過去200年で世界GDPは300倍以上も増えている。1人当たりのGDPも過去200年で13倍以上になり、世界の最も豊かな地域においては100倍も上昇している。[*44] 19世紀初頭には、ほぼすべての人々が極貧状態にあったが、現在その状態にあるのは世界人口の約9%だ。[*45] かつては不可能だった生活状況の大幅な改善が、今やどこにでも見られるようになった。

この話の根底にあるのは、利益追求のために科学技術が手際よく応用されているということだ。その結果、経済産出量も生活水準も飛躍的に向上した。19世紀のサイラス・マコーミックの機械式刈取り機の発明は、小麦の1時間当たり生産量を500%増加させた。[*46] アイザック・

メリット・シンガーのミシンは、シャツの縫製時間を14時間から1時間に短縮させた。[*47] 先進国の人たちは以前よりもはるかに少ない労働時間で、はるかに多くの報酬を得ている。ドイツの1人当たり年間労働時間は、1870年と比べて約60％も減っている。[*48]

テクノロジーが富を生み出す好循環に入ると、富がさらなるテクノロジーの発展に再投資され、それらすべてが人々の生活水準を引き上げる。だが、1人ひとりの個人にとっては、こうした長期的なゴールは第一目的ではない。私たちの周囲に見える「ほぼすべての物体は、人間の知性が創造した、あるいは変更を加えたものだ」と第1章に書いた。だが、少し修正しよう。ただの知性ではなく「経済的利益を追い求める人間の知性」だと。

この動力が85兆ドル相当の世界経済を生み出し、さらに拡大させている。産業革命の先駆者から現代のシリコンバレーの起業家まで、テクノロジーが持つ「莫大な経済的利益」という魅力的なインセンティブに動かされている。そして来たるべき波は、過去最大の利益を提示している。膨大な数の消費者がいて、潜在的なプロフィットセンターはこれまでと比較にならないほど多様だ。この波を封じ込めようとするのであれば、グローバルで分散化した資本主義システムという抑制の効かない力をどのように抑えられるか、説明する責任がある。そこから逃れることはできない。

ある企業が保険金請求を自動化したり、新しい製造技術を導入したりすると、作業効率が上がり、製品の改善につながり、利益が増え、新しい顧客を呼び込める。このようにイノベーションが競争優位をもたらすと、それを受け入れるか、それを超えるものを作り出すか、特定ターゲットに集中するか、市場シェアを失って破滅に向かうか、いずれかの道を選ぶことになる。この力学に対するテック業界の考え方は単純で厳しい。次世代のテクノロジーを生み出すか、破綻するかだ。

だから当然、来たるべき波では企業が重要な役割を果たす。S＆P500採用銘柄の26％はテック企業であり、最多業種である。[*49] そのうち大手テック企業の現金および現金同等物を合計すると、台湾やポーランドといった国のGDPに相当する。設備投資やR＆D投資の金額も莫大で、これまで最大だった石油メジャーをも上回る。テック業界の最新情報を追っている人は、AIを巡る競争が今後ますます激化し、グーグルやマイクロソフト、オープンAIなどの企業が週単位で新製品開発競争に着手するのを目にするだろう。

数千億ドルにのぼるベンチャーキャピタル投資やPE投資が、無数のスタートアップ企業に注入されている。[*50] AIへの投資だけでも年間1000億ドルに達する。[*51] これらの大きな数字が、実際に大きな意味を持つ。他業界のみならず、中国やアメリカ以外のどの政府も実行できない巨額の設備投資やR＆D投資、ベンチャーキャピタル投資、PE投資が、来たるべき波のエネルギー源になるのだ。リターンを追求するこれらの投資がテクノロジーを創出し、それがリターンを生み出す手段となる。

産業革命の時と同じように潜在的な経済的利益は莫大だ。その額を直感的に予測するのは難しい。ＰｗＣ（プライスウォーターハウスクーパース）は、２０３０年までにＡＩの経済効果は15・7兆ドルになると予測する。[*52] マッキンゼーは同期間の生命工学の経済効果を4兆ドルと見込む。[*53] 世界のロボット台数がベースライン予測より30％増加すれば、ドイツのＧＤＰを上回る5兆ドルの経済効果があるという。[*54] めぼしい成長源がなくなる中、これは強いインセンティブになる。高い利益が期待されるゴールド・ラッシュへの流れを止めるのは、非常に難しい。

こうした目を見張るような巨額の経済予測は的外れだろうか。近視眼的に大きな数字を並べるではなく、やや長い時間枠で見れば、これらの予測がまったく法外な数字ではないことがわかる。「獲得可能な最大市場規模」は、第一次産業革命や第二次産業革命と同様、最終的には世界経済全体に広がる。18世紀後半の人に、1人当たりＧＤＰが１００倍に増えると伝えても、ばかげた予測だと疑われただろう。だが実際そうなった。これまで列挙した予測と来たるべき波が変える基本的な領域を考えれば、次の10年で世界経済が10～15％成長するというのは保守的すぎるかもしれない。それをはるかに超える長期的成長が見込める。

20世紀後半に世界経済が6倍に成長したことを考えると、次の50年間の成長率が3分の1になったとしても約100兆ドルのGDPが上積みされることになる。[*55]

新しいAIシステムの波のインパクトを考えてほしい。大規模言語モデルによって、AIとさまざまなトピックについて自然言語でよどみなく会話が交わせる。あなたがどんな仕事であろうと、2、3年内に「オンデマンドの専門家」に相談できるようになる。最新の広告キャンペーンや商品デザインについて意見を聞く、特定の法律問題を質問する、ショートプレゼンのコツを教えてもらう、物流上のややこしい問題を解決する、病気診断のセカンドオピニオンをもらう、といったことが可能になる。しかも、その詳細な答えをきめ細かなニュアンスで伝えてくれるし、内容も継続的に調査され、検証されており、最先端の知識に裏付けされている。世界中の知識、成功事例、前例、演算能力のすべてが、あなたや、あなたの特定のニーズと状況に合わせて、いとも簡単に瞬時に手に入るのだ。インターネットの登場によって人間の認知能力の潜在力は高まったが、最低でもそれと同程度の飛躍となる。これらの成果は、ACIや現代版チューリングテストに合格するAIではなく、それより前段階のAIによって達成されるのだ。

知性より価値があるものはまず考えられない。世界経済の源泉であり、指導役であり、建築家であり、ファシリテーターであるのが知性だ。提供される「知性」の範囲と性質が拡大すれば、それに合わせて成長の可能性も広がる。妥当性の高い経済シナリオによれば、ゼネラリストなＡＩの導入によって経済成長に弾みがつくだけでなく、加速度が永続的に増す可能性があることを示唆している。[*56] 純粋に経済的な観点だけで見れば、ＡＩは長期的に見て史上最高の価値をもたらすテクノロジーになるかもしれない。合成生物学、ロボット工学、そのほかの分野の将来性と組み合わせれば、さらにその経済的価値は上がる。

こうした分野への投資はどれも受け身ではない。それらを価値あるものにするために巨額投資が行われ、実際に価値あるものになる。つまり、またしても自己成就的予言が成立するわけだ。数兆ドルの投資や資金は莫大な付加価値と機会を社会に提供する。数十億人の生活水準を向上させる。そして投資家に莫大な私益をもたらす。いずれにしろ、新テクノロジーを発明・開発し続ける根深いインセンティブは、こうしてもたらされる。

グローバルな課題

人類史のほとんどの期間において、食料確保は大きな問題だった。農業は難しく、収穫量も不安定だった。特にさまざまな改良がもたらされた20世紀以前の農業の難しさは、比べものにならない。冷夏、暖冬、旱魃、多雨といった気候の変化で、壊滅的な被害がもたらされた。ほぼすべての農作業は人力で、耕牛が使えるのは恵まれたほうだった。何も作業ができない時期と、休みなく厳しい肉体労働が続く時期との繰り返しだった。

作物は病害にやられたり、収穫後に腐ったり、侵略者に盗まれたりした。ほとんどの農民はその日暮らしで、農奴として働かされることも多く、収穫の大半を貢納しなければならなかった。土地生産性の高い地域でさえ、収穫量は低く、不安定だった。生活は過酷で、最悪の事態と隣り合わせだった。マルサスは1798年に発表した『人口論』で、幾何級数的に増加する人口は算術級数的にしか増えない食料生産を消費し尽くすため、崩壊に向かうと言った。これは間違いではない。収穫量が増えなければ、この通りになる。

マルサスが考慮に入れていなかったのは、人間の創造力の大きさである。13世紀のイギリスでは、最適な気象条件下で当時の最新技術を使ったと仮定しても、小麦の収穫量は1ヘクタール当たり約0・5トンだった。[*57] 何世紀も収穫量は変わらなかったが、輪作に始まり、選抜育種、農具の機械化、合成肥料、農薬、遺伝子組み換え、作付と除草のAIによる最適化まで、新しい手法や技術が登場し、徐々に状況は変わっていった。21世紀現在、小麦の収穫量は1ヘクタール当たり約8トンである。[*58] 13世紀と同じ普通の土地から、今は16倍の収穫を上げているのだ。この半世紀で、アメリカにおけるトウモロコシの収穫量は1ヘクタール当たり3倍に増えた。[*59] 一方、穀物1キログラムを生産するのに必要な労働量は、19世紀初頭に比べて98%減った。[*60]

1945年には、世界人口の約半数が深刻な栄養不良だった。[*61] 現在の世界人口は3倍以上に増えたが、この割合は10%に減っている。それでも6億人以上という途方もない数の人が、栄養不良である。だが、1945年と同じ世界人口の約半数が栄養不良だったとしたら、40億という数になったはずだ（実際のところは、この人数になる前に飢餓で亡くなっている可能性が高い）。私たちが達成したことやイノベーションのすばらしさを見落とすのは簡単だ。現代農業で使う大型コンバインや大規模な散水装置を手に入れるためなら、中世の農夫はどれほどの代償を払うだろう。中世の農夫にすれば、収穫量を16倍も増やしたのは奇跡以外の何ものでもない。

食料問題は、依然として大きな課題だ。だが、この必要性がテクノロジーを進化させ、以前は想像もできなかった潤沢な収穫量をもたらした。分配はまだ適切に行われていないが、80億人分以上の食料は確保できている。

テクノロジーは、食料供給と同様、今日と未来の人類が避けて通れない課題に対処するのに必要不可欠なものだ。私たちが新しいテクノロジーを求めるのは、単なる欲求ではない。根本的なニーズがあるのだ。

地球温暖化によって、気温は2℃あるいはそれ以上、上昇しそうだ。毎日毎秒、淡水利用量から生物多様性に至るプラネタリー・バウンダリーは、限界を突破している。最もレジリエンスが高い温帯の富裕国も、数十年以内に災害級の熱波や旱魃、嵐、水不足などに見舞われる。不作や山火事が起き、病気がこれまで以上に広範囲に伝染する。永久凍土が融解し、メタンガスが大量放出されれば、温暖化を加速させるフィードバックループが起きる可能性がある。世界中で海面上昇による気候難民と、彼らを巡る対立が発生し、主要な人口密集地は不穏になる。海洋生態系も陸上生態系も崩壊の危機に瀕している。

クリーンエネルギー移行の正当性については根拠ある議論が行われたが、移行には時間がかかる。炭化水素のエネルギー密度は高く、飛行機やコンテナ船のクリーンエネルギーに変えるのは非常に難しい。電源構成比に占める自然エネルギーは急拡大しているが、まだ約4分の1程度だ。[*62] 残りの4分の3の移行はもっと大変だ。21世紀に入って世界のエネルギー使用量は45％増えたが、化石燃料の使用率は87％から84％の減少にとどまる。[*63] つまり電源構成比に占める自然エネルギーへの移行は進んでいるが、化石燃料の使用量も大幅に増えていることになる。

エネルギー学者バーツラフ・シュミルは、アンモニア、セメント、プラスチック、鋼鉄を現代文明の4本柱と呼ぶ。どれも現代社会を支える材料であり、炭素集約度は高いが、完全な代替品がない。アンモニア、セメント、プラスチック、鋼鉄がなければ現代の生活は停止し、化石燃料がなければ製造が止まる。過去30年間で７０００億トンもの二酸化炭素を排出するコンクリートが私たちの社会に流し込まれているのだ。これを何に置き換えればいいのか？　電気自動車は走行中に二酸化炭素を排出しないかもしれないが、たった1台生産するために約２２５トンもの天然資源の採掘が必要であり、その需要はすでに持続不可能なほど急増している。

前述の食料生産はテクノロジーの大きな成功例だ。だが、トラクターから合成肥料、ビニールハウスに至るまで化石燃料まみれだ。トマト1個が実るまでに大さじ5杯の石油が使われている。[*64] また、世界の需要増に対応するため2050年までに食料生産を約1・5倍にしなければならないが、気候変動で収穫量が減っている。[*65]

国連の気候変動に関する政府間パネル（IPCC）は、地球の気温上昇を2℃未満に抑える方法を明確に述べている。二酸化炭素回収・貯留は必要不可欠だが、ほとんどが未発明か、大規模に実用化されていない。[*66] 地球規模の課題に対処するには、農業、製造業、交通、エネルギーシステムを、カーボン・ニュートラルかカーボン・ネガティブな新技術で再構築しなければならない。どれも大きな課題だ。現代社会のインフラを全面的に再構築すると同時に、可能であれば数十億人の生活の質を向上させることになる。

人類はこうした問題のみならず、慢性疾患・難治性疾患を抱える高齢者にますます高価になる医療をどう提供すべきかといったことも含めて、多くの課題に対処しなければならない。人類は手強い課題に直面した際に、それを乗り越えて繁栄する道を考える。この強いインセンティブは、新テクノロジー開発が利益や優位性確保を超えた強力な道徳観によって左右されることを示している。

テクノロジーは生活を向上させ、問題を解決してきたし、今後もそうだ。今より寿命が長い木々が生い茂り、二酸化炭素を今よりずっと多く吸収してくれる世界を想像してみよう。もしくは、植物プランクトンが海を持続可能な巨大な炭素吸収源にしてくれる世界を。ＡＩは海洋プラスチックごみを分解できる酵素を設計した。[*67] ＡＩは山火事発生地点を予測できるようになるだろう。ＡＩは公開データから森林破壊を追跡し、パーソナライズド・メディシンを安価に提供し、迅速で正確な診断を出し、エネルギー集約的な合成肥料の代替物を生成する――そんな世界になる。

持続可能で大型化可能な電池には、革新的な新テクノロジーが不可欠だ。量子コンピュータとＡＩを組み合わせれば、分子レベルまで作り込める。従来のリチウムイオン電池より軽く、安価で、クリーンで、製造もリサイクルも容易で、資源量も多い代替品を見つけるのに重要な役割を担うだろう。太陽光発電パネルの材料研究や創薬でも、分子レベルのシミュレーションによって新しい化合物を特定できる。従来のゆっくりとした実験法よりずっと精密で強力だ。こうした超進化は、数十億ドルのＲ＆Ｄ費用を削りつつ、現在の研究パラダイムをはるかに超える成果を出す。

楽観的なテクノ・ソリューショニズムの信奉者は、テクノロジーが世界のすべての問題を解決すると見ている。だが、テクノロジーだけでは解決策にならない。どのようにテクノロジーが創造され、使用され、所有され、管理されるかによって、大きな違いが生じるからだ。多面的で計り知れない気候変動に対し、テクノロジーが魔法のような答えを出すと思い込むべきではない。だが、今世紀を決定付ける課題に対し、新しいテクノロジーなしでも対処できると考えるのも完全に非現実的だ。来たるべき波がもたらすテクノロジーによって、数十億人の生活が楽になり、健康的で、生産的で、楽しく過ごせるようになる。時間とコストと手間を節約し、何億もの命を救う。この重要性は、不確実であるからといって矮小化したり無視したりしてはならない。

来たるべき波は、私たちが前進するための必然としてやってくる。大規模で体系的な力がテクノロジーを前進させる。だが、私の経験ではもうひとつテクノロジーを進歩させる力がある。もっと個人的で、過小評価されているものだ。それは自尊心《エゴ》だ。

自尊心

科学者も技術者も、非常に人間らしい存在だ。誰もが地位と成功を熱望し、後世に名を残したい。世界一で最優秀でありたいし、周囲からもそんな評価を得たい。負けず嫌いで、研究の世界における序列と歴史への残り方について敏感だ。彼らは限界への挑戦が大好きで、カネのためにやることもあるが、ほとんどが名誉のためであり、挑戦のための挑戦という時もある。

ＡＩの研究者は世界有数の報酬を得ているが、彼らが朝ベッドから起きるのはブレイクスルーを最初に見つけたい、画期的な論文の執筆者に名を連ねたいという気持ちがあるからである。愛されようが嫌われようが、テクノロジー界の大物や起業家は、権力や富、ビジョン、強固な意志を持つ、ユニークな存在と考えられている。批判的な人も熱狂的なファンも、彼らは物事を実現するのに秀でているが、自尊心《エゴ》の塊だとみなしている。

エンジニアはそれぞれ考え方が異なる。ロスアラモス国立研究所所長だったJ・ロバート・オッペンハイマーは、非常に信念のある人物だった。だが、オッペンハイマーは好奇心に駆られて問題を解決しようとした。オッペンハイマーは世界初の核実験を見届けた際にヒンドゥー教の聖典『バガバッド・ギーター』の「我は死神なり、世界の破壊者なり」という一文が思い浮かんだという話で知られるが、同じくらいぞっとする言葉も残している。「技術的に魅力的なものを目にしたら、とりあえず取りかかり、成功した後でどうするかを初めて議論する」[68]。マンハッタン計画をともに進めたハンガリー系アメリカ人の天才的な博学者ジョン・フォン・ノイマンも同じ考えだった。フォン・ノイマンは言う。「私たちは今、歴史を変える影響力を持つ怪物を創造している。ただし、もしも歴史が続くのであれば、という条件つきではあるが。それでもこのプロジェクトを最後までやり遂げないわけにはいかない。軍事的な理由だけでない。科学者の立場からしても、たとえどんなに悲惨な結果を招くことになったとしても、実現可能と知っているものをやらないのは倫理に反するからだ[69]」

テクノロジー開発に長い間どっぷり浸かっていると、このような見方が蔓延していることに気づく。倫理や社会的責任について常に議論されているにもかかわらず、極めて強力なテクノロジーに直面している場合ですらそうだ。私は何度も目撃したし、私自身はその誘惑に負けたことがないと言えば嘘になる。

歴史を作り、重要なことを成し遂げ、他人を助け、他人に勝ち、将来のパートナーや上司、同僚、ライバルに感銘を与える――こういった思いが、リスクを取り、限界に挑戦し、未知の領域に一歩踏み出すことを後押ししている。そして、新しいものを築き、大変革を起こし、未踏の山を征すのだ。

崇高で高潔な動機か、「やるかやられるか」の冷酷でゼロサムな動機か――こうした動機が、国家の要請や外部株主への責務以上にテクノロジー開発を活性化させる。成功している科学者や技術者の中には、自尊心《エゴ》に駆られ、感情的衝動に突き動かされている者もいる。それは卑劣で非倫理的とさえ思える場合もあるが、テクノロジーが生まれた理由として、このことは十分に認識されていない。敵対的で無知な世界に1人の英雄的な起業家が立ち向かい、独力で帝国を築き上げるというシリコンバレーの神話が根強く残っているのには理由がある。それが技術者がいまだにめざす理想像であり、手本とする原型であり、新しいテクノロジーの原動力となるファンタジーだからだ。

ナショナリズムも資本主義も科学も、どれもすでに世界に深く組み込まれている。現実的な期限内に世界から取り除くことなどできない。気持ち（利他主義や好奇心、傲慢さ、競争心）や願望（競争に勝ちたい、有名になりたい、周りの人たちを助けたい、世界を救いたい）は、何であれ波を推し進めるし、消すことも避けることもできない。

さまざまなインセンティブや要素は、互いに増幅し合う。国家間の軍拡競争は企業間競争と一致し、研究所や研究者は互いに刺激し合う。言い換えれば、一連の競争が入れ子構造になることで、複雑で相互に強化し合うダイナミクスが作り出される。テクノロジーは無数の独立した貢献が層状に重なった「アイデアの沼」から「出現」する。研究者に深く広く根付いたインセンティブによって、無数の独立した貢献が互いに影響しつつ増殖し、複雑に絡み合って溶け合う「沼」が作り出されているのだ。

情報を光の速さで広めるツールがなかった時代、新しいテクノロジーが目の前に現れると、当時の人々はそれが引き起こす影響を理解しないまま、場合によっては何十年もありがたく利用した。たとえ理解したとしても、その広範囲な影響を完全に認識するには、長い年月と、最終的には想像力を必要とした。だが、今日、世界はすべての人々の反応をリアルタイムで見ている。

すべてがリークされ、コピーされ、反復開発され、改良される。多くの人が同じ分野で探求し、お互いの動向に注意し、発見から学び合っているから、必然的に誰かが次のブレイクスルーを見つける。封じ込めは期待できない。封じ込めようとしても、別の誰かが同じ発見をするか、類似の手法を見つけるからだ。戦略的な可能性、経済的利益、名誉といったインセンティブを見出す人々が、それを追求する。

これが、私たちが新しいテクノロジーに「ノー」と言えない理由だ。来たるべき波を阻止し、封じ込めることの難しさを説明している。今やテクノロジーは日常生活、社会、経済のあらゆる側面に浸透した不可欠なメガシステムであり、誰もそれなしではやっていけない。テクノロジー開発を追求するインセンティブはすでに深く根付いており、開発をさらに急進的に推し進める。新しいテクノロジーの方向性は誰も完全にコントロールできない。これははるか昔の哲学的な概念でも、技術決定論者の極論でも、現実離れしたカリフォルニアのテクノセントリズム（技術中心主義）の見方でもない。紛れもなく私たちが生きている世界、私たちがずっと昔から生活してきた世界の話だ。

テクノロジーは避けられぬ未来に向かってゆっくりと進む大きな粘菌のようだ。何十億もの小さな貢献が研究者や起業家によってなされているが、そこに調整はないし、インセンティブに抗う能力もない。強いインセンティブがテクノロジー開発を推し進めるのだ。障害があったとしても、隙間を見つけて前進する。このスピードを落とすことは、国家と企業と研究の利益に反する。

これは究極の集合行為問題だ。CRISPRやＡＩを元の箱に戻せるとは思えない。インセンティブの塊を解きほぐす妥当な方法が示されない限り、開発しない、新テクノロジーに「ノー」と言うという選択肢はあり得ないし、開発スピードを落とす、別の道を行くという選択肢すら存在しない。

テクノロジーの封じ込めには、複雑で相互に強め合うダイナミクスを回避する必要がある。来たるべき波に影響を与えられる時間軸で、これを実行する方法を考えるのは難しい。解決策を示せるのは、政治体制を支え、社会が生み出すテクノロジーの最終責任を負う主体、すなわち「国民国家」だけだ。

だが、問題がある。国家はすでに大きな試練に直面しており、来たるべき波が確実に事態を複雑にする。この衝突の結果が、残りの21世紀を形作る。

第 III 部

弱体化する国家

STATES OF FAILURE

第9章

国家と国民との「大いなる取引」

国家の約束

今日の世界の政治秩序の中心的単位である国民国家は、国民に対してシンプルで説得力のある「取引《バーゲン》」を提示している。[*1] それは「権力は領土を持つ主権国家に集中させるが、それによってもたらされる利益はリスクをはるかに上回る」というものであり、国民国家の本質を成すものだ。歴史が示す通り、暴力の独占（警察と軍に対する権限を国家に委ねること）が、平和と繁栄を実現する最も確実な方法だ。うまく管理された国家は、経済成長、安全保障、幸福の重要な基盤になる。過去500年間にわたり、権力をひとつの権威に集中させることは、平和維持に不可欠だった。それによって何十億もの創造的才能が解き放たれ、人は仕事に励み、教育を受け、発明し、貿易し、その中で進歩が促された。

国家がますます強力になり、日常生活に深く入り込んでいく中で、国民国家の「大いなる取引《グランド・バーゲン》」は、「権力の集中によって平和と繁栄をかなえると同時に、権力を抑え込めるように、権力に対する抑制と均衡、再分配、制度的な形態を機能させる」へと変容した。この取引を維持するために、両極の間で微妙なバランスを保つことを、私たちは当然と受け止めがちだ。権力のディストピア的な一極集中を避けつつ、秩序維持のために国家の定期的な介入を容認するというバランスである。

今日この不安定なバランスが来たるべき波のテクノロジーによって脅かされている。その脅威は史上最大だ。端的に言って国家の「大いなる取引」は今や破綻しつつある。この歴史的転換の重要な推進力のひとつは、テクノロジーである。

国民国家が国民の最大利益のためにテクノロジーの影響を管理・規制する責任を負うのだとすれば、国民国家はこれから起きることにどれほど準備できているだろうか。国家が波を封じ込められず、国民にリスクが利益を上回ると約束できなければ、中長期的に人類にはどんな選択肢が残されるだろう？

第Ⅰ部と第Ⅱ部で、強力なテクノロジーの波が押し寄せていることを確認した。ここからはそれが何を意味するのか考え、波を被った後の世界を見てみよう。

第Ⅲ部では、新しいテクノロジーが国民国家、とりわけ自由民主主義の国民国家に与える深刻な影響について考えてみる。すでに亀裂は生じている。政治秩序は国富を増大させ、生活水準を向上させ、教育を充実させ、科学技術を発展させ、世界を平和に向かわせた。今、この政治秩序が苦境に直面している。自らが生み出した力によって揺さぶられている部分もある。無秩序に広がる影響の全体像は予測が難しいが、封じ込めはますます困難になり、21世紀の巨大なジレンマが不可避となる未来が示唆されているように私は思う。

コペンハーゲンの教訓――政治は個人的なもの

私は昔から、人々の生活を向上させる国家の力を固く信じてきた。ＡＩの世界に入る前は、行政や非営利団体で働いた。19歳で電話カウンセリングの慈善事業を立ち上げたし、ロンドン市長の下で働いたこともある。マルチステークホルダー・プロセスによる紛争解決を助ける企業の共同設立者にもなった。公務員（次々に仕事が発生し過労気味だが、助けが必要な人のために懸命に働いている人々）と一緒に働いたことで、国家が機能不全に陥ればどんな惨事になるか、身をもって知った。

だが、地方自治体、国連での交渉、非営利団体での経験は、組織の限界を肌で知る貴重な体験ともなった。どこも慢性的に管理体制が不十分で、組織は肥大化し、行動が遅い。2009年のコペンハーゲン会議（国連気候変動枠組条約第15回締約国会議［COP15］）では、数百のNGOと科学者を集めたプロジェクトのファシリテーションを担当し、交渉上の立場のすり合わせを試みた。首脳級会合で論じあう192カ国に対し、統一した立場を示そうとしたのだ。

しかし、何ひとつコンセンサスを得られなかった。科学に対する考え方も現状認識も違うし、優先事項もばらばらだ。何が効果的か、何が金銭的に可能か、何が現実的かということすら、まるで意見がまとまらなかった。二酸化炭素吸収のためにアマゾンを国立公園にしたいが、100億ドル捻出可能か？　アマゾンの民兵組織と賄賂の問題はどうするつもりか？　ブラジルではなく、ノルウェーを再植林したほうがいいのでは？　いや巨大な海藻であるジャイアントケルプを育てては？　何か提案されても、すぐに誰かがあら探しをする。どんな提案にも問題がある。ありとあらゆることが物別れに終わる。つまり、政治の常というものだ。

概念上は「同じチーム」に所属している人たちであり、しかも主要な協議や駆け引きのまだ前段階だった。コペンハーゲンでは、多くの国々が対立的な立場を取り、感情的な発言が増えていった。物事を決めようとしていたが、会場では数百人が大声で議論を交わし、決裂してグループに分かれていった。そうする間にも、会議の時間も地球の時間も刻々と過ぎていった。私はファシリテーターの役割を果たそうとしたが、これはおそらく人類史上最も複雑かつ最も重大な決定を伴う多者間交渉で、はじめから合意を見ることは不可能に思えた。こうした状況を目の当たりにして、満足できるスピードで十分に進展させるのは無理だと悟った。スケジュールはきつく、問題があまりにも複雑で、グローバル規模の大問題に取り組む組織が、その目的にかなっていなかった。

20代前半、ロンドン市長の下で働いていて、似たようなことを体験した。私の仕事は、バングラデシュ系イギリス人から地元のユダヤ人団体に至るまで、あらゆる信条や背景を持つ老若男女に話を聞き、彼らのコミュニティにおける1998年人権法の影響を監査することだった。話を聞いてみると、この法律が彼らの生活改善にかなり役立っていることがわかった。アメリカとは異なり、イギリスには基本的人権を保障する成文憲法が存在しない。だが、1998年人権法が根拠となって地方自治体に問題を提起し、社会的弱者の保護を求められるようになったし、地方自治体も無視できなくなった。ある程度、効果があったのだ。私は希望を持った。公共機関が正義のルールを持ったのだ。この仕組みはうまくいくかもしれない。

だがやはり、ロンドン市政の現実はまったく異なっていた。現実は何もかも言い訳、責任転嫁、メディアの操作に終始した。明確な法的責任があっても関係部署や議会は対応せず、言い逃れ、はぐらかし、先送りした。現実の問題に直面しても動かないというのは、もはやロンドン市政固有の病気だった。

ロンドン市政にかかわるようになった2005年当時、私は21歳になったばかりで、世間知らずで楽観的で、地方自治体や国連を信じていた。部外者からすればどちらも立派で効率的な組織で、大きな問題に共に取り組めると思った。当時の多くの人たちと変わらず、私もグローバリズムと自由民主主義がデフォルトであり、どちらも望ましい「歴史の終わり」だと捉えていた。現実に触れることで、達成不能な理想と現場の実際の間の巨大な格差を突きつけられた。

その頃、姿を現しつつあったあるものが気になり始めていた。フェイスブックが未曾有の速さで成長していた。地方自治体や国連の行動は異常に遅く思えたが、この小さなスタートアップ企業は数年のうちに1億超のMAU（月間アクティブユーザ）を獲得した。このただひとつの事実が私の人生の進路を変えた。大規模かつ非常に効率的に行動できる組織が、オンラインプラットフォームのような新しい領域で活動しているとはっきりとわかった。

テクノロジーだけが社会的・政治的問題を解決できると考えるのは危険な妄想だ。だが、テクノロジーなしで問題を解決できるという考え方も間違っている。公務員のフラストレーションを間近で見て、大規模かつ効率的に物事を実行する方法、生産的で公平で思いやりのある社会を作るために国家と協働する方法を探し出そうと思い立った。

テクノロジーのブレイクスルーは、第Ⅱ部に示した問題の解消に役立つ。地球温暖化の中で作物を育てる。洪水、地震、火災を事前に察知する。すべての人の生活水準を向上させる。コストが高騰し、サービスが劣化している現在、ＡＩと合成生物学が進歩を加速させる重要な役割を果たすと見ている。このふたつのテクノロジーによって、医療の質が向上し、手頃な料金で利用できる。政治が停滞する今、再生可能エネルギーへの移行を実現するツールを作り出し、気候変動に対処する。教師をサポートし、資金が不十分な教育制度の効率を高める。来たるべき波はこうしたことを実現できる可能性がある。

だから私はテクノロジーの世界に転じることにした。新世代のツールがあれば、私たちの能力を増幅して大規模に発揮でき、従来よりもはるかに迅速に政策実行できると考えたのだ。ツールを生かして「未来を発明する」ことに働き盛りの時期を捧げるのは、ベストの選択に思えた。

私には理想主義者の側面がある。以降の章ではこの理想主義的な側面から、しばしば描かれる悲惨な未来予想図は、「テクノロジーの大敗北」「テクノロジーを作った私のような人間の敗北」の結果であると私は考えていることを明らかにしたい。

テクノロジーは21世紀の課題に対処する最も強力な手段であることは間違いないが、デメリットに目をつぶることはできない。多くの利点を認めるべきだが、「悲観論嫌悪」に陥ることなく、オムニユースのテクノロジーからどんなリスクが新たにもたらされるか、冷静かつ厳しく検討する必要がある。時間の経過とともに、新しいリスクはどんなものであるか、失敗した時の規模の大きさも含めて明らかになってきた。テクノロジーは国民国家の「取引」を支援するツールでもあり、「取引」をひどく脅かすものでもあるのだ。

テック業界で強い影響力を持つ限られた者たちは、新しいテクノロジーが国家間の秩序ある世界に脅威をもたらすと信じているだけでなく、国家主導の世界の終焉を強く願っている。国家に対して批判的な人々は、国家はもはや邪魔者だと考えている。国家はすでに救済不可能なほど問題を抱えており、見捨てるのが最善だと言うのだ。私とは根本的に異なる見解だ。そんなことをすれば、大惨事になるだろう。

私はロンドン育ちのイギリス人だが、シリア人の血も半分引いている。シリアが近年経験した恐ろしい戦争に、家族も巻き込まれた。だから国家が破綻すればどうなるかよくわかる。端的に言えば、想像を絶するひどさだ。悲惨だ。シリアで起こったようなことは「自分の国では決して起こらない」と思うのは、現実を甘く見ている。人間はどこにいても人間だ。私たちの国民国家体制は完璧ではない。完璧から遠くかけ離れている。それにもかかわらず、なんとしても国民国家を強化し、保護しなければならない。国民国家を保護することは、本書の目的のひとつだ。

波がもたらす不安定から私たちを救ってくれる魔法の解決策はなく、中期的に国民国家以外の選択肢は存在しない。

最良のシナリオでさえ、来たるべき波は社会の統治体制に計り知れない衝撃をもたらすと予想している。この波の危険性を詳しく見ていく前に、国民国家の健全性について幅広く見ていこう。はたして今後の課題に対応できるのだろうか。

脆弱な国家

データで見る限り、現代の生活環境は人類史上最高だ。水も食料も豊富にあるのが当然と思われていて、多くの人には暖かい住居もある。識字率、平均寿命、ジェンダー平等は、史上最高水準に達した。[*2] 数千年にわたる人類の学問と探究の成果が、キー操作ひとつで手に入る。先進国のほとんどの人たちが、過去の時代には信じられないような豊かで気楽な生活を享受している。だが、心の底では何か間違っているという思いが常にある。

特に西洋社会は根深い不安に包まれている。[*3]「神経質な国家」の集合体で、衝動的で対立が絶えない。消えることのない不安は、これまで世界を襲った衝撃——複数の金融危機、新型コロナウイルスの世界的大流行、テロと暴力（9・11からロシアによるウクライナ侵攻に至るすべて）——の結果でもあり、国民の信頼の低下や、格差拡大、地球温暖化など、高まる圧力の影響を長期にわたって受けてきた結果でもある。来たるべき波を迎えるにあたり、多くの国は、正常に機能する能力に悪影響を及ぼす大きな問題をいくつも抱え、弱体化や分裂、判断の遅れや誤った判断といった事態を招いている。今度の波は、暴動が起きやすく、機能不全に陥っており、張り詰めた地域にまで達する。そうなると、テクノロジーを制御・管理し、人類全体に恩恵をもたらすよう封じ込めることが、いっそう難しくなる。

民主主義は信頼の上に築かれる。官僚や軍部やその他エリートが支配的地位を濫用せず、私益ではなく公益が優先され、納税と遵法が実行されるという信頼が必要だ。投票、納税申告、地方議会、司法制度に対する信頼がなければ、社会はたちまち困難な状況に陥る。

特にアメリカでは、政府に対する信頼が崩壊している。[*4] 政権が「正しいことをする」と信頼するかどうかを尋ねたピュー研究所の調査によると、第二次世界大戦後のアイゼンハワー政権やジョンソン政権に対しては70％以上のアメリカ人が信頼すると答えた。だが、オバマ政権、トランプ政権、バイデン政権など最近の大統領に関しては軒並み信頼度が急落し、どの大統領も20％を下回っている。[*5] 注目すべきは2018年のアメリカの民主主義に関する調査で、5人に1人が「軍事政権」は望ましいと考えていることがわかった。[*6] 加えて85％ものアメリカ人は、国が「間違った方向に進んでいる」と感じているのだ。[*7] メディア、科学、専門家全般の考え方など、政府以外にも不信感が広がっている。[*8]

この問題はアメリカに限ったことではない。ピュー研究所の別の調査によれば、調査対象の

27カ国の大半が自国の民主主義に不満を感じている。民主主義認識指数（DPI）の世論調査では、50カ国の回答者のうち3分の2が、政府が公益のために行動することは「滅多にない」「まったくない」と感じている。[*9]これほど多くの人々が、社会が失敗していると強く感じていること自体が問題だ。不信感は否定的な態度や無関心を生み出す。人々は投票を控えるようになる。

2010年以降、民主主義の度合いが良くなった国より悪くなった国のほうが多いし、この流れは加速しているように思える。[*10]ポーランドや中国、ロシア、ハンガリー、フィリピン、トルコなどでは、ナショナリズムの高揚と権威主義が根付いたようだ。ポピュリストによる活動はQアノンのような奇妙なものから、方向性を持たないもの（フランスの「黄色いベスト」運動）までさまざまなものが見られるが、ブラジルのボルソナロ前大統領やイギリスのEU離脱など、世界の舞台での存在感は看過できない。

新たな権威主義の台頭や政治不安の背後に、高まり続ける社会への怒りがある。政治不安と社会への怒りの主因は格差であり、近年、西側諸国全体、特にアメリカで急速に進んでいる。[*11]1980年から2021年までに、高額所得者上位1%が国民所得に占める割合はほぼ2倍になった。[*12]現在は高額所得者上位1%が国民所得の半分近くを得ており、かつてない富の集中が起きている。[*13]政府の政策、生産年齢人口の減少、教育水準の停滞、長期的な成長の減速など、すべてが社会の不平等化を強力に後押しする。[14] 世界の最富裕国アメリカでは4000万人が貧困状態にあり、500万人以上が「第三世界の状況」で暮らしている。[15]

社会的流動性の低下と格差拡大、政治的暴力の三者間には切っても切れない関係があることを考えると、憂慮すべき傾向だ。[16] 100カ国以上のデータを見ると、社会的流動性の低い国ほど、暴動、ストライキ、暗殺、革命運動、内戦といった大混乱に見舞われることが多い。自分は行き詰まっているのにほかの者たちが不当に利益を貪っている時、人は怒りを覚える。

少し前まで、世界は「フラット化」する、つまり貿易が摩擦なしに容易になり、世界は繁栄し続けると思われていた。だが、21世紀に入ると、世界経済は「フラット化」ではなく、サプライチェーンの逼迫と複数の金融危機で特徴付けられることになった。ナショナリズムに傾倒する国は「国家同士のつながりが強まれば、富と民主主義の広がりが加速する」という20世紀の明るい約束を拒絶している。

オンショアリング、国家安全保障、強靱なサプライチェーン、自給自足など、今日の貿易政策のキーワードが、再び国境や障壁や関税などに関連するものになっている。同時に、食品やエネルギー、原材料、その他あらゆるものが値上がりしている。戦後の安全保障と経済の秩序全体そのものがかつてないほど緊張した状況にある。

グローバルな課題は臨界点に達している。蔓延するインフレ、不足するエネルギー、低迷する所得、崩壊する信頼、相次ぐポピュリズム。左派・右派の古いビジョンからは説得力のある答えは出ていないし、代案も不足している。現代の生活環境は人類史上最高だが、「ポピュリズムや怒り、機能不全は社会全体で高まっておらず、すべて順調だ」と断言できる人は、よほど肝が据わっているか、空想癖があるかどちらかだ。[*17]

こんな状況だから、封じ込めは一段と複雑になる。国内外で急速に進化するテクノロジーに対する合意を得て、新しい規範を確立するのは、すでに途方もなく困難なことになっている。自分たちの基盤が激しくふらついているのに、一体どうやって実現できるというのか？

テクノロジーが与える政治的影響と国家への挑戦

過去の波はどれも重大な政治的影響を与えてきた。未来の波もそうだろう。直近の波はメインフレーム、PC、デスクトップソフトウエア、インターネット、スマホをもたらし、社会に莫大な恩恵をもたらした。現代経済の新しいツールを築き、成長を後押しし、知識やエンターテインメントへのアクセスや他者とのつながりを変容させた。こうした見落とされがちなポジティブな側面の一方で、この10年間には根深い政治的二極化と制度の脆弱性を助長し、増幅させる状況を作り出したという共通認識が広がっている。

ソーシャルメディア・プラットフォームが感情的反応を引き起こすことは、すでに周知の通りで、そのネガティブな影響がたびたび論じられている。人間は脅威を認識するとアドレナリンが一気に溢れ出す。ソーシャルメディアの成長の源はユーザの感情の昂ぶりである（往々にして怒りである）。ネイチャー誌に掲載された約５００の研究結果のメタ分析は、「デジタルメディアの利用拡大と、政治不信の高まり、ポピュリストの活動、憎悪、二極化の間には明確な相関関係がある」と結論付けている。*18 相関関係は因果関係ではないかもしれないが、この分析は新しいテクノロジーが「民主主義に対する深刻な脅威となる明確な証拠」を示している。

すでにテクノロジーは国民国家の確固たる主権を侵食している。ヒト、情報、アイデア、ノウハウ、コモディティ、完成品、資本、富といったもののグローバルな移動を生じさせ、促進する。すでに見てきたように、テクノロジーは地政学的戦略の重要な要素なのだ。人間の生活のほぼすべての側面に関わっている。来たるべき波が押し寄せる前の時点ですでに、テクノロジーは世界の舞台を動かす原動力であり、世界中の国家の健全性を悪化させる大きな要因になっている。その発展はあまりにも速く、グローバルで、変幻自在で魅力的で、単純な方法では封じ込められない。戦略的にも重要で、何十億人もの人々が依存している。現代のテクノロジーはそれ自体が主要な動作主体であり、その巨大な力を国家は管理しきれない。すでに巨大な波の力で揺さぶられて機能不全に陥っている社会に、ＡＩや合成生物学やその他の新技術がもたらされようとしている。世界は現状の重荷にすら耐えられなくなっており、来たるべき波への備えどころではない。

テクノロジーそのものは「価値中立」であり、テクノロジーの利用によって政治的意味が生じるという議論がある。これはあまりに還元主義的で簡略化されていて、ほとんど意味がない。テクノロジーは近代国家（あるいは政治構造）の「直接的原因」ではなく、創造者でもない。だが、テクノロジーが解き放つ潜在力は中立ではない。

技術史を研究するラングドン・ウィナーは、次のように述べる。「技術はさまざまな形で発現し、人間社会の重要部を担う。技術の構造・プロセス・変化は、人類の意識や社会や政治の構造・プロセス・変化に取り込まれ、その一部となる」[*19]。言い換えれば、テクノロジーは政治的なものなのだ。

この事実は世界の指導層にもテクノロジーの構築者にも認識されていない。テクノロジーは至るところで微妙に政治問題化しているが、ほとんど気づかれていない。これではいけない。テクノロジーと政治組織は切り離せないことを、ソーシャルメディアは改めて教えてくれているに過ぎない。国家とテクノロジーは密接に結びついている。この事実が来たるべきものに重要で複雑な影響を及ぼす。

テクノロジーが人々を既定路線へ向けて推し進めるわけではないが、何らかの能力を人々に与える傾向や、ある種の結果を促進するとみなすことは、技術決定論的だとは思わない。[20] テクノロジーは歴史の主要な決定要因のひとつではある。だが、テクノロジーは単独の決定要因ではない。テクノロジーそのものに予測可能性があるという機械論でもない。テクノロジーは特定の行動や結果の表層的な原因になるわけではない。だが、テクノロジーの生み出すものが、可能性の範囲を制限したり方向性を示したりする。

戦争、平和、通商、政治秩序、文化は根本的に相互に関連し、どれもテクノロジーとも相互に関連する。テクノロジーとはアイデアであり、製品やサービスとして具体化され、人々や社会構造や環境といったものや、それらの間に存在するものに対し、深く持続的な影響を与える。

現代のテクノロジーと国家は、絶えず対話を交わしながら共生的に進化してきた。いかにテクノロジーが国家の中核をなす機構部分を手助けし、ナショナル・アイデンティティと行政機構の体系化に尽くしたか考えてみよう。文字は借金や相続、法律、税金、契約、所有権などのやりとりを記録する行政や会計のツールとして発明された。時計は時刻を生み、まずは修道院のような限られた空間の時間を、続いて中世後期の商業都市全体の時間を、やがて国家全体の時間を、さらには国をも越えた大きな社会的単位の時間を定めた。[21] 活版印刷機は、方言が入り混じる状況から標準語を作り出し、国民国家の背後に存在する単一の集団、つまり「想像の共同体」を生み出す力となった。[22] 変化しやすい口頭伝承に代わり、活字が地理や知識、歴史を固定化し、法律やイデオロギーを広く普及させた。この流れはラジオやテレビによって加速した。フランクリン・D・ルーズベルト大統領の「炉辺談話」をアメリカ国民が同時に聴いたり、ワールドカップを世界の人々が同時に見たりするなど、国内外の出来事の体験が共有されるようになった。

武器も国民国家の権力行使の中心を担うテクノロジーだ。実際、国家論の研究者は戦争自体が国家の基盤を作り出したと指摘する（「戦争が国家を作り、国家が戦争を作った」と政治学者チャールズ・ティリーは言う）。同様に対立は新技術開発を促し、古代の戦車であるチャリオット（二輪馬車）や金属製の甲冑から、現代のレーダーや精密誘導兵器用の高性能チップなどを生み出した。火薬は13世紀にヨーロッパに持ち込まれ、中世の城の古い防御態勢を打ち崩した。要塞化した集落は格好の砲撃対象になった。英仏の百年戦争の頃には、資本集約的な大砲を購入・製造・維持・移動・配備し、攻撃能力を維持できる陣営が有利になった。歳月を経て、国家は正当な暴力の独占を主張し、ますます殺傷力が高まる兵器を一手に集めた。

簡単に言えば、テクノロジーと政治秩序は密接に関連している。新しいテクノロジーの採用は、政治的に大きな影響を及ぼす。大砲や活版印刷機が社会を一変させたように、AI、ロボット工学、合成生物学でも同じことが起きるはずだ。

ここで考えてほしい。人間と同じくらい器用で、簡単な英語で「プログラム」できるロボットが電子レンジ1台の値段で買える世界を。こんなに価値あるテクノロジーの活用法や普及の範囲を想像してみよう。介護施設にいるあなたの年老いた母親の介護、レストランでの注文方法と配膳係、人質事件での警察の交渉役、果樹園での収穫作業、子どものサッカー練習、自宅の窓掃除といったことは、「誰が」あるいは「何が」やることになるだろう。人間を戦闘地域に送る必要がなくなった時、軍部・治安部隊の立案者はどんな戦略を立てるだろう。こうしたハードウエアや知財は誰が所有し、誰が管理するのだろうか。不具合が生じた時の安全策は？

何を想像しても、今日の政治経済の状況とまるで異なる。

自由民主主義で工業化した国民国家は、20世紀初頭からグローバルな主要勢力として存在し、20世紀の大きなイデオロギー対立において明確な「勝者」となった。国民国家は、今では当然となった次のような機能を備えていた。安全保障の提供。合法的権力の中央集中。管轄区域内の完全な支配。権力分立および三権に対する合理的な抑制と均衡。再分配と健全な経済運営による十分な福祉。技術イノベーションと規制の安定的な枠組み。グローバリゼーションの社会経済的・法的な体系整備。

本章に続く数章では、来たるべき波がここに列挙したことをどのように大きな脅威にさらすのかを見ていこう。

今後の道は両極に分かれている。今後起きることも、この両極の間に分布していくだろう。[*23] まず一方の道では、いくつかの自由主義民主主義国が内部崩壊し、ゾンビ国家となる。自由民主主義と伝統的な国民国家の象徴は残るが、実質的には空洞化し、中核的な公共サービスは衰退の一途を辿り、政治は不安定で対立が絶えなくなる。何もない中で国家をかろうじて維持するが、劣化は止まらず機能不全に陥る。他方の道では、来たるべき波の要素のいくつかを漫然と取り入れた結果、暴君的な国家支配へつながり、史上最も極端な全体主義国家をも超える最強のリヴァイアサンが誕生する。権威主義政権はゾンビ化するかもしれないが、逆にさらに強化して力を増し、本格的なテクノ独裁国家が誕生する可能性もある。どちらの方向に向かおうと、国家を維持する微細なバランスは崩れ、カオス側に傾く。

弱体化する国家も権威主義政権もそれ自体が悲惨だが、テクノロジー管理にも悲惨な結果をもたらす。不安定な官僚組織にも、日和見主義のポピュリストにも、全権を掌握した独裁者にも、強力な新しいテクノロジーの管理責任を負ってほしくないだろう。弱体化する国家も権威主義政権も、来たるべき波を封じ込める能力もなければ意志もない。

どちらの方向にも危険が待ち受けている。来たるべき波を管理する国家には、自信に溢れた迅速かつ首尾一貫した対応が取れること、国民に対して説明責任を果たせること、専門知識を備えていること、利益とインセンティブのバランスが取れること、迅速かつ断固たる立法措置ができること、重要な点として国際的な連携が密にできることが求められる。国家指導者は前例のない事態に大胆に取り組み、長期的利益のために短期的利益を犠牲にしなければならない。史上最も革新的で、最も広範囲におよぶ出来事すべてに効果的に対応するには、成熟し、安定し、何より国民に信頼される政府が最善を尽くすことが求められる。本当に万全に機能する国家だ。来たるべき波がもたらす大きな利益を手にするには、そんな国家が必要だが、これはとてつもなく難しい要求である。

先ほど述べた安価な万能ロボットをはじめ、第II部で見てきた社会に変革をもたらすテクノロジーは、20年後、あるいはもっと早い時期に不可避となる。そうなれば、経済と国民国家とそれらに関連するあらゆることに、深刻な変化がもたらされる。国家と国民との「大いなる取引」はすでに暗礁に乗り上げている。大洪水が起これば、新たなストレス要因が次々に発生し、「大いなる取引」の基盤そのものが大きく揺らぐことになる。

第10章 脆弱性増幅器

新しい国家非常事態——封じ込めできない「非対称性」の実例

2017年5月12日午前、イギリスの国民保健サービス（NHS）の傘下にある数千の施設で突然ITシステムが停止した。病院スタッフはMRIをはじめとする重要な医療機器が利用できなくなり、患者のカルテにもアクセスできなくなった。癌の診察から外科手術に至るまで、何千もの予約がキャンセルされた。パニックに陥った医療・看護チームは、手書きメモや個人の電話を使ってその場をしのいだ。ロイヤル・ロンドン病院は救急部門を閉鎖し、患者は手術室の外でストレッチャーに寝かされたままとなった。

ＮＨＳはランサムウエア「WannaCry（ワナクライ）」の攻撃を受けたのだ。[*1] 被害は甚大だった。ランサムウエアはシステムに侵入して重要ファイルを暗号化して使用不可能にする。攻撃者は復号の見返りとして「身代金」を要求するメッセージを表示する。

ワナクライに狙われたのは、ＮＨＳだけではなかった。攻撃者は旧バージョンのウィンドウズの脆弱性につけ込み、デジタル世界の広大な領域を機能停止させる方法を見出した。ドイツ鉄道、スペインのテレフォニカ、ＦｅｄＥｘ、日立、さらには中国公安部も攻撃を受けた。WannaCryはシステムに自己増殖するワームを仕込み、ネットワークを通じて感染を拡大させる。たった1日で１５０カ国25万台のコンピュータを感染させた。[*2] 攻撃開始から数時間、顔の見えない攻撃者からの身代金要求に対し、デジタル世界の大部分は動揺していた。被害総額は80億ドルに上ったが、事態はそれより深刻だった。[*3] WannaCryの攻撃によって、私たちが信頼していた機関が巧妙なサイバー攻撃にどれほど脆弱か、白日の下にさらされたのだ。

結局、22歳のイギリス人ハッカー、マーカス・ハッチンズが偶然にキルスイッチを見つけ、幸運にもＮＨＳと世界は救われた。ハッチンズはWannaCryのコードに奇妙なドメイン名を発見し、これがワームの司令塔であるコマンド＆コントロールサーバーの一部かもしれないと考えた。ドメインが未登録であることを確認し、わずか10・69ドルでドメインを手に入れて、WannaCryの動きを完全に封じ込めた。その間にマイクロソフトが修正パッチを公開した。

最大の驚きは、WannaCryの技術の出所だろう。アメリカ国家安全保障局（ＮＳＡ）のエリート部隊ＴＡＯ（テイラード・アクセス・オペレーション）が開発したEternalBlue（エターナルブルー）というサイバー攻撃ツールが利用されていたのだ。あるＮＳＡ局員はEternalBlueを「王国の鍵」と呼び、「国内外の主要な政府関連ネットワークや企業ネットワークのセキュリティを『攻撃』するために作り出された」ツールだと説明する。[*4]

地球上で最も先端を行くテクノロジー組織のひとつが開発した恐るべき攻撃ツールが、どうしてハッカーの手に渡ったのだろうか。当時マイクロソフトは「通常の武器で考えれば、アメリカ軍がトマホークミサイルを盗まれるのと同じ」と声明を出している。[*5]トマホークミサイルとは異なり、EternalBlueは密かにＵＳＢメモリにコピーできた。盗んだハッカー集団シャドー・ブローカーズはこの攻撃ツールを売りに出した。結局、北朝鮮が国家ぐるみで支援するハッカー集団「１２１局」の手に渡り、北朝鮮から世界に打ち込まれたのだ。

修正パッチは迅速に公開されたものの、EternalBlue流出の影響は終わらなかった。２０１７年６月には亜種である「NotPetya（ノットペトヤ）」が出現し、今度はウクライナ国内のインフラ攻撃に使われた。ただちにロシア軍参謀本部情報総局（ＧＲＵ）による攻撃と判断されたが、このサイバー攻撃でウクライナ国内は大混乱に陥った。チョルノービリの放射線監視システムは電源を失い、ＡＴＭは出金できなくなり、携帯電話は通話できなくなった。国のコンピュータの10％がNotPetyaに感染し、送電網からウクライナ国立貯蓄銀行に至るまで、さまざまなインフラが停止した。大手海運会社マースクをはじめとする主要多国籍企業が巻き添えとなって業務停止に追い込まれた。

21世紀のテクノロジーの寓話がここにある。テクノロジーで世界最先端を行くアメリカの国家安全保障を担う部局が作成したソフトウエアがリークあるいは盗まれる。そして失敗国家やむら気な核保有国のために働くデジタルテロリストの手に渡る。そのソフトウエアが兵器化し、現代国家の中枢に攻撃を仕掛け、医療サービス、交通網、電力インフラ、グローバル通信や物流などの基幹産業が混乱に陥る。つまり、基本的な封じ込めに失敗しただけのことで、世界の超大国は自らが作り出し、漏洩しないと思われていた強力なテクノロジーの攻撃を浴びる。

これが、封じ込めできない「非対称性」の実例だ。

こうしたランサムウエア攻撃が従来のサイバー兵器の形を取っていたのは幸運だった。来たるべき波のテクノロジーはまだ反映されていなかったのだ。よって破壊力も潜在能力も限られていた。攻撃された国民国家は傷つき、打撃を受けたが、完全に破壊されたわけではなかった。だが、次の攻撃があるのは時間の問題だし、その時はそれほど幸運であるとは思えない。

WannaCryのような攻撃からの重要システムの回復スピードを見て、サイバー攻撃は思ったほど効果的ではないと思うかもしれない。だがその想定は、来たるべき波では重大な誤りとなる。このような攻撃は、先端テクノロジーを使えば国家の主要機能を傷つけて、無効にできることを示したのだ。攻撃者は現代生活の主要制度が脆弱であることを示した。この脆弱性を修正したのは、一匹狼のハッカーと、民間企業1社（マイクロソフト）だ。攻撃は国境を無視する。政府の危機対処能力は限られていた。

では、WannaCryが自身の脆弱性を系統的に学習し、繰り返し修正するようにプログラミングされていたら、どうなっていただろうか。攻撃しながら、WannaCryがシステムの弱点をさらに悪用するように進化するとしたら、どうなっていただろうか。あらゆる病院やオフィスや家庭を移動し、絶えず変異しながら学習するのだ。生命維持システム、軍事施設、交通信号機、送電網、金融データベースが攻撃されるかもしれない。拡散を続けながら、WannaCryが自分をシャットダウンしようとする動きを察知・阻止できるように学習するとしたら、どうなっていただろうか。このような恐ろしい武器はまだ開発されていないかもしれないが、すでに視界に入っている。

汎用学習エージェントを備えた次世代のサイバー兵器は、新しい国家非常事態をもたらす脅威となる。それに比べればWannaCryやNotPetyaの破壊力は限られている。今日のサイバー攻撃はまだ本当の脅威ではなく、炭鉱のカナリアだ。もはや国家だけに安全保障を委ねてはいられないという脆弱で不安定な新時代を告げている。

本章では、近い将来に実現する新しいテクノロジーが、国家の仕組みをどのように崩すかを見ていこう。こうしたストレス要因がテクノロジーの管理責任を負う組織を少しずつ崩していく。これらの脆弱性増幅器、システムへの衝撃、新しい国家非常事態は、現状の問題を大きく悪化させ、国家の基盤を揺るがし、すでに危ない状態の社会的均衡を乱す。誰に何ができるのか、その力はどこから得るのかを考えたい。

力のコストの急落

力とは「特定の方法で何かを行う、あるいは特定の方法で行動する能力・資格」であり、「他人の行動や事態の流れを指図、あるいは左右する能力・資格」だ。[*6] 文明を支える力学的エネルギーや電気的エネルギーも、力の一種だ。国家の根本的で中心的な原理もそうだ。どのような形であれ、力がすべてを形成する。だが、それも変わろうとしている。

テクノロジーは力の形態のひとつだから、最終的に政治的なものとなる。来たるべき波の最も重要な特徴は、力へのアクセスを民主化することだ。第II部で見たように、来たるべき波は、人々が現実世界でさまざまなことをする力を与えてくれる。商用インターネット時代は情報の処理・伝達コストを急落させた。それと同じように、来たるべき波は、実際に何かをする、行動を起こす、力を示すことにかかるコストを急落させると私は考えている。情報や知識はすばらしいが、行動のほうがはるかに大きな影響をもたらす。

単にコンテンツを消費するだけでなく、誰もがプロ級の動画、画像、テキストを作成できる時代だ。ＡＩは結婚式のスピーチについての情報を見つけてくれるだけでなく、スピーチそのものを書き上げる。すべてかつてなかった規模で可能になる。ロボットは自動車製造や倉庫で荷役作業をするだけでなく、機械いじりが好きでも時間と発想力の足りない人を手助けするようになる。過去の波はＤＮＡ解析を実現したが、来たるべき波はＤＮＡ合成を世界中で可能にする。

すべての力が増幅され、あらゆる人が目標達成に向けて大々的に支援される。ビジネス戦略の刷新から地域社会における社交イベントの開催、敵の領土の占領に至るまで、何もかもが簡単になる。航空会社の設立も、航空隊を飛行禁止にするのも実現しやすくなる。商業的・宗教的・文化的・軍事的など、どんな動機であろうと、またそれが民主的であろうと権威主義的であろうと、簡単に操作できる安価な力によって劇的に強められる。

今日、あなたがどんなに裕福でも、数十億の人々に対して販売されているのと同じスマホの機種しか手に入らない。現代文明のこの驚異的な成果に目が向けられることはほとんどないが、今後の10年間で、ＡＣＩも同じ道を辿るだろう。数十億の誰もが平等に、最高の弁護士、医師、戦略家、デザイナー、コーチ、経営アシスタント、交渉人として頼れるＡＣＩにアクセスできる。誰もが自分だけの世界代表レベルのチームを確保できるようになる。

ＡＣＩは人類史上最大の富と繁栄を最も急速にもたらすと同時に、最大級の混乱ももたらす。誰もが力にアクセスできるのであれば、悪意ある者もそこに含まれてしまう。防御策を立てるよりも速いペースで進化するテクノロジーは、メキシコの麻薬カルテルから北朝鮮のハッカーまで、悪人たちにも力を与える。アクセスの民主化は、リスクの民主化を意味する。

人類は臨界点を超えようとしている。これからの10年間、国民国家はこれに対処しなければならない。本章では、来たるべき波から生じる脆弱性増幅器の代表例を説明する。まず、近未来のリスク、悪意ある者による新しい攻撃法について見ていこう。このような攻撃法は致命的なものでありながら広くアクセス可能になる。しかも大規模攻撃の犯人を捕まえられない恐れがある。

銃を装備したロボット――攻撃側の優位性

イランの核兵器開発を長年指揮していた核科学者モフセン・ファクリザデ。愛国的で、献身的で、経験豊富なファクリザデは、イランの敵対勢力が暗殺の主要標的としていた。彼は暗殺のリスクを認識しており、居場所や行動は極秘にして、イランのイスラム革命防衛隊の警護も受けていた。

２０２０年11月、厳重警護されたファクリザデの車列が、カスピ海近くの自宅に向けて埃の立つ田舎道を走行していた。突然、急ブレーキの音を立てて車列が停止した。何かに衝突したと思い、車外に出たファクリザデは、機関銃で撃ち殺された。警護にあたっていたイスラム革命防衛隊は、事態が飲み込めず混乱した。狙撃手はどこだ？　その直後、爆発が起き、近くに停まっていたピックアップトラックが炎上した。

だが、炎上したトラックには機関銃しかなかった。狙撃手は現場にいなかったのだ。ニューヨーク・タイムズ紙は「ＡＩと複数のカメラを備えコンピュータ化されたハイテク狙撃手のデビュー戦。衛星通信を介して遠隔操作されたこの狙撃手は、１分間に６００発銃撃できる」と報じた。[*7] カメラと機関銃が据え付けられ、計算された場所に停められたトラック。普通のトラックに擬装されていたが、これこそがイスラエルの情報機関が組み立てた一種のロボット兵器だった。もちろん暗殺指令は人間が下したが、標的に自動で照準を定めたのはＡＩだ。１分以内に発射されたわずか15発の弾丸で、厳重警護されていたイランの最重要人物を暗殺したのだ。トラックの爆発は証拠隠滅目的だったが、これは失敗に終わった。

ファクリザデの暗殺はこれから起きることの予兆だ。さらに高性能化された武装ロボットは暴力を振るいやすくする。最新ロボットの動画はネット検索ですぐに見つけられる。ずんぐりした奇妙な姿のヒューマノイド「Atlas（アトラス）」や、四足歩行する犬のようなロボット「BigDog（ビッグドッグ）」が、いくつもの障害物を越えて駆けていく。ひどくバランスが悪そうだが、決して倒れない。不思議な動きで複雑な地形をしっかり進む。重そうだが転倒しない。後方宙返り、ジャンプ、高速回転、アクロバティックな動きができる。何度押し倒しても、冷静に、何度でも立ちあがる。不気味なほどだ。

顔認識、ＤＮＡの組み換え、自動火器を装備したロボットを想像してほしい。未来のロボットは犬のような形状にはならないだろう。鳥やハチのような大きさにまで小型化され、ミニサイズの火器や炭疽菌のカプセルを装備するようになる。それが近い将来、望めば誰でも手に入るようになるかもしれない。悪意ある者にも力が与えられると、こういう世界になる。

軍用ドローンの製造コストは過去10年間で3桁減った。[*8] ２０２８年までに世界で軍用ドローンに年間２６０億ドルが支出されると見込まれており、その時点で多くは完全自律型ドローンになっているだろう。[*9]

自律型ドローンの実戦配備は日ごとに現実味を帯びている。たとえば２０２１年5月には、イスラエルがガザ地区にＡＩドローンの一群を投入し、ハマスの戦闘員を発見・識別・攻撃した。[*10] Anduril（アンドゥリル）、Shield AI（シールドＡＩ）、Rebellion Defense（レベリオン・ディフェンス）などのスタートアップ企業は、自律型ドローンネットワークやＡＩの軍事応用のために、数億ドルを調達した。[*11] ３Ｄプリンターや次世代モバイル通信などの軍用ドローンの周辺技術によって1機当たり数千ドル程度にまで安くなれば、アマチュア愛好家や民兵組織、一匹狼の攻撃者など、誰もが手を出せるようになる。

入手しやすくなるだけでなく、ＡＩを搭載した兵器はリアルタイムで自己改善するようになる。WannaCryの影響は、攻撃者の想定よりもはるかに限定的だった。修正パッチで当面の問題は解決できた。だが、ＡＩはこの種の攻撃を変える。ＡＩサイバー兵器はネットワークを常時探索し、自己改善しながら自律的に脆弱性を発見し、悪用するだろう。

現在のワームはプログラムされた行動パターンで自己増殖を試みるが、強化学習を利用して自己改善するワームがあったらどうなるだろうか。ネットワークを攻撃するたびにアップデートされたプログラムを試し、サイバー空間の脆弱性を悪用する効果的な方法を次々と見つけたらどうなるだろうか。AlphaGoが膨大な自己対局から予想外の戦略を学ぶように、ＡＩサイバー兵器は予想外の攻撃ができるようになるだろう。人間があらゆる想定で作戦演習を繰り返したとしても、不眠不休のＡＩはわずかな脆弱性を必ず見つけ出す。

自動車、飛行機、冷蔵庫、データセンターまで、すべては大量の法規制の上に成り立っている。今後のＡＩはこれまで以上に容易に脆弱性を特定して悪用する。たとえば銀行規制や技術的な安全規定の穴を特定し、企業や機関を法的あるいは財務的に攻撃するかもしれない。情報セキュリティ専門家のブルース・シュナイアーが指摘するように、ＡＩは世界中の法規制を理解し、各国の法的義務の差を利用した裁定取引ができるようになるかもしれない。[*12] ある企業から大量の機密文書が漏洩したとしよう。法律を学習したＡＩは各国の法規制と照らし合わせて法律違反を探し、企業に大打撃を与えるような訴訟をいくつも同時に世界中で起こすかもしれない。ＡＩはライバル企業に壊滅的なダメージを与えるような自動取引戦略を立てることができるし、偽情報を流してある銀行に取り付け騒ぎを起こしたり、ある商品に対して不買運動を起こしたりして、ライバル企業の業績を急激に悪化させることもできる。そこでライバルを買収したり、ただ単に倒産まで追い込んでもいい（ＡＩによる偽情報については次節で扱う）。

ＡＩは金融システムや司法制度、通信システムだけでなく、人間の心理や弱点、偏見も巧みに利用する。メタの研究者は戦略ボードゲーム「ディプロマシー」で上級者レベルの人間のプレイヤーに勝てるＡＩ、CICERO（キケロ）を作り出した。[*13]「ディプロマシー」はプレイヤー同士の交渉が重要なゲームで、勝つには策略と裏切りを含んだ複雑な長期的戦略を立てる必要がある。CICEROが明らかにしたのは、ＡＩが人間の計画を助けて協力するだけでなく、人間の感情や行動を恐ろしいまでに深く読み取って操り、信頼と影響力を獲得するために心理的トリックまで編み出せることだ。これは「ディプロマシー」に勝つためだけに役立つスキルではない。

選挙活動や政治運動にも役立つ。

ＡＩをこれほど強力かつ魅力的なものにしている要素――学習能力と適応力――は、悪意ある者を強化すると同時に、国家の主要機能を攻撃する可能性が高まっている。

何百年もの間、最先端の攻撃力（集中砲火、舷側砲、戦車、空母、ＩＣＢＭなど）は非常にコストが高かったため、国民国家の管轄下に置かれていた。だが、最先端の攻撃力が今や大変なペースで進化しており、研究所やスタートアップ企業、機械いじりが得意な個人にまで急速に広がっている。ソーシャルメディアの「1対多」のコミュニケーションによって個人が全世界に情報発信できるのと同じく、「結果的に広範囲に影響を及ぼす力」があらゆる者たちの手に渡りつつある。

この新しいダイナミズムは悪意ある者の攻勢を煽り、現代のシステムの相互接続性と脆弱性につけ込んだ、新たなベクトルの攻撃を可能にする。つまり、ひとつの病院だけではなく医療システム全体を、ひとつの倉庫だけではなくサプライチェーン全体を攻撃できるのだ。自律型致死兵器を使えば、開戦や攻撃に伴う物的損耗を削減でき、何より人的損耗を局限できる。かつ、攻撃者は犯行を否認しやすくなり、攻撃自体の曖昧さも増すので、これまでの抑止論が通じなくなる。攻撃者も事象も不詳になるなら、誰もが戦端を開く。

非国家主体や悪意ある者にこんな力を与えてしまうと、「国民の安全を守る」という国家の主要な使命のひとつが損なわれる。[*14] 国民の安全安心を守ることは国民国家体制の重要な基盤で、あってもなくてもいいというものでは決してない。国家は国内の治安問題や敵対国からの直接攻撃には、ほぼ対処できる。だが、この攻撃者は曖昧で、無定形で、非対称で、管轄や責任の帰属も不鮮明だ。

「国民の安全を守る」という基本的な約束を国家が果たせないのであれば、どうやって国民の信頼を維持し、国民との「大いなる取引」を守れるのか。どうやって病院や学校を運営し続け、停電を防ぐことができるのか。国家が自分や家族を守らないなら、国家に属し、従う意味はあるのだろうか。家で電気が使えない、交通網が破壊されてどこにも行けない、エネルギー網がダウンして暖を取れないといったように、1人ひとりの日々の安全が脅かされれば、一体どうなるか。そういった基本的なものが瓦解し、私たちも政府も何もできなくなると、国家体制の基盤が崩れ落ちる。現代の国家というものが新しい形式の戦争の中から生まれたのだとすれば、おそらく同じように終わりを迎える。

歴史を通じて、攻撃に使える技術は防衛にも使えた。両者の間で優位性が振り子のように揺れながらも、概ね均衡が保たれてきた。新しいミサイルやサイバー兵器が出現すれば、ただちに強力な対抗策が講じられた。大砲は攻撃に使えば城壁を崩せるが、防御に使えば侵略者の部隊を吹き飛ばせる。だが今は国家の壊滅をたくらむ者が、強力で、非対称で、オムニユースな技術を入手できてしまう。防御策は時間とともに強化されていくが、来たるべき波の4つの特徴は攻撃側に有利だ。新しいテクノロジーの力はあまりにも広範に、すばやく、誰もが使えるように拡散するからだ。世界を変える重要なアルゴリズムがノートパソコンに保存できてしまうから、巨大なインフラや規制可能なインフラは必要ない。弓矢や超音速ミサイルとは異なり、ＡＩや病原体の進化は過去のどんなテクノロジーとも比べものにならないほど安価で急速で自律的になる。その結果、今の流れを変えられる劇的な対策が講じられなければ、ほんの数年後には無数の人々が新しいテクノロジーがもたらす力を利用できるようになる。

決定的かつ無限の戦略的優位性を幅広い範囲におよぶ汎用技術に対して保つのは、単純に不可能である。いずれは攻撃側と防御側の優位性の均衡が回復するかもしれないが、それより前に状況を極度に不安定化する力が波のように押し寄せる。これまで見てきたように、この脅威は物理的な直接攻撃よりもはるかに広範囲におよぶ。情報と通信が一体となって、リスクをさらに高め、新たな脆弱性増幅器となる。

ディープフェイク時代へようこそ。

偽情報マシン

2020年、デリー州議会選挙に向けて、インド人民党（BJP）のデリー州代表マノジ・ティワリの演説動画が2本公開された。ひとつは英語の演説、もうひとつはヒンディー語方言の演説だった。どちらの言語でも本当に話しているように見えたし、そう聞こえた。[*15] ティワリは動画の中で対立する党の党首を「私たちをだました」と攻撃している。だが、ヒンディー語方言の演説動画はディープフェイクで、AIを活用した新たなタイプの合成映像だった。ある政治PR企業が制作したこの動画によって、それまで直接語り掛けることができなかった有権者にもティワリの声が届いた。ディープフェイクについてはまだほとんど知られていなかったから、多くの人々はティワリが本当にその方言を話していると思い込んだ。動画の制作会社は、ディープフェイク技術の「有益な」利用法だと主張したが、冷静に考えれば、これは政治コミュニケーションにおける危険な新時代の幕開けを告げるものだった。ほかにも大きく報道された事件がある。[*16] アメリカのナンシー・ペロシ下院議長が病気でおかしな話し方をしているかのように再編集された動画が作られ、ソーシャルメディアで広く出回ったのだ。

誰もが非常にリアルな動画を作り、多くの人に見せられるようになったらどうなるだろうか。先ほどの例は、ほぼ完璧なディープフェイクを生成できるようになる前に起こった。今や文書、画像、動画、音声を問わず、グーグル検索をかけるくらい簡単にディープフェイクを生成できる。第4章で見たように、大規模言語モデルは驚くほど質の高い合成メディアを作り上げる。従来のメディアとまるで区別がつかないディープフェイクの世界だ。あまりにもよくできているフェイク画像なので、本物ではないと合理的に判断するのが難しいほどだ。

ディープフェイクは急速に広がっている。ワニと闘おうとするトム・クルーズのリアルなフェイク映像もネット上で見られるのだ。[*17] 学習に必要なデータ量が少なくてすむようになってきており、一般人へのなりすましがどんどん増えている。2021年には日系企業の香港支店が、本社の取締役になりすましたディープボイスにだまされ、詐欺グループに数百万ドルを送金してしまった。[*18] 詐欺グループは取締役本人のように聞こえる声で支店長に電話をかけ、企業買収の資金を送金する必要があると説明した。書類を確認したが、すべて本物に見えたし、声も話しぶりも本社の取締役に間違いないと思えたので、支店長は送金してしまったのだ。[*19]

不安定な状況を広めたいのであれば、今は簡単にできる。投票日の3日前に大統領が人種差別的発言をしている動画が流れれば、どうなるだろうか。大統領の選挙対策本部が強く否定しても、誰もが実際に目にしているのだ。国中に怒りの声が広がり、支持率は急落。突如として激戦州が対立候補の手に落ち、予想に反して現職大統領が敗れて、新政権が誕生する。だが、その動画は精巧なディープフェイクで、真贋判定ができる最先端のニューラルネットワークも見破れないものだった。

ディープフェイクが恐ろしいのは、大統領が意味不明なことを叫びながら手榴弾を投げつつ学校に突入するような極端な動画が出回ることではない。微妙に異なる、もっともらしいことが誇張され、歪められることだ。たとえば、大統領が苦渋の表情で、非常事態法を制定するか徴兵制を再導入するしか選択肢がないと告げる動画だ。[*20] あるいは「白人警察官の集団が黒人男性を殴って死なせる様子を捉えた監視カメラ映像」なるものが出回るのだ（ハリウッド流の高画質映像などではない）。

ボストンマラソンの爆弾テロ犯も、フランスの週刊風刺新聞シャルリー・エブド襲撃犯も、オーランドのナイトクラブで49人を殺害した銃撃犯も、「アラビア半島のアルカイダ」の幹部だったアンワル・アウラキの死後の説教に触発された。アウラキは2011年にアメリカの無人機攻撃で殺害されたが、彼の過激なメッセージは2017年までYouTubeで公開されていたからだ。[*21] ディープフェイクで制作された新たなアウラキの動画がいくつも「発掘」され、それぞれの動画が非常に研ぎ澄まされた言葉でさらなるターゲットの攻撃を命じたとしたらどうなるか想像してほしい。みんなが本人だと信じるわけではないが、信じたいと思う者にとっては非常に説得力のあるものになるだろう。

まもなくこうしたフェイク動画は、アウラキと現実に対話していると完全に信じられるようなものに進化する。[*22] あなたはアウラキと直接話をするのだ。アウラキはあなたのことを知っている。あなたの話す言語や話し方に合わせて、あなたのこれまで経験したこと、個人的な恨み、学校でいじめられたこと、恐ろしく不道徳で西洋に毒された両親を話題にする。偽情報は無差別爆撃のようにばらまかれるのではなく、精密爆撃のようにピンポイントに使われるのだ。

政治家や実業家を狙うフィッシング攻撃、主要な金融市場の攪乱と操縦を狙って流される偽情報、党派対立や人種対立などを煽るメディア、低俗な詐欺行為までもが、社会の信頼を損ない、脆弱性を増幅する。

実世界の出来事であるかのように歴史全体を細かく合成することも簡単にできるようになる。国民1人ひとりは、自分に向けられたコンテンツのほんの一部を検証する時間もツールもない。フェイクは高度なチェックも難なくすり抜けるのだから、簡単に見破れるわけがない。

国家主導の情報攻撃

1980年代、ソ連は偽情報作戦を展開し、「HIVはアメリカの生物兵器開発計画が生んだ人工ウイルス」という話を拡散させた。年月が経っても、いまだにこの偽情報がもたらした不信感と影響がアメリカには残っている。こうした偽情報作戦は今も続けられている。フェイスブックによれば、2016年のアメリカ大統領選挙中、ロシアの情報機関が8万以上のコンテンツを投稿し、1億2600万のアメリカ人が見たという。[*23]

AIで強化されたデジタルツールは今後もこうした悪質な情報操作を行い、選挙運動に介入し、社会の分断を悪用し、巧妙な「偽草の根運動《アストロターフィング》」を仕掛けて混乱をもたらす。残念なことに、ロシアだけでなく、[24]70カ国以上が偽情報作戦に手を染めている。[25]中国は急速にロシアに追いつきつつあるし、トルコからイランまで、多くの国々が偽情報を効果的に拡散する方法を開発している（CIAも情報操作には通じている）。[26]

新型コロナウイルス・パンデミックの初期段階では偽情報が大量に飛び交い、最悪の結果をもたらした。カーネギーメロン大学が最初のロックダウン中に投稿された新型コロナウイルスに関する2億件超のツイートを分析したところ、「アメリカ経済再開」を主張するインフルエンサーの82%がボットだった。[27]これはおそらく過去100年で最悪の公衆衛生危機を激化させようとするロシアが、標的型「プロパガンダマシン」を使って企てたことだ。

ディープフェイクがこうした情報操作攻撃を自動化する。これまでの効果的な偽情報作戦は労働集約的だった。ボットやフェイクを作るのは難しくないが、どれも質が悪くて簡単に見破られてしまうし、ターゲットの行動や反応を実際に変えるほどのインパクトはあまり期待できなかった。

高品質の合成メディアがこの状況を変える。現在、大掛かりな偽情報作戦を実行する資金と専門機関と多数の工作員を抱える国は限られている。だが、ボタンをクリックするだけで高品質の素材を生成できれば、以前よりも参入障壁は下がる。これから起きる混乱の多くは、偶発的なものではない。既存の偽情報作戦の高品質版・規模拡大版が、明確な意図を持つさまざまなグループに渡ることで、混乱が作り出されるのだ。

合成メディアが最低限のコストで大量に作成できることで、偽情報（悪意を含み、意図的に誤解を招く情報）と誤報（意図せず広がる偽情報）が一挙に増幅する。情報の終焉《インフォカリプス》の到来である。社会が連発される不審なネタを管理できなくなり、知識と信頼と社会的結束を基盤とする情報エコシステムが崩壊する。社会をひとつにする接着剤が機能しなくなるのだ。[28]ブルッキングス研究所の報告書は、完璧な合成メディアが遍在することで、「民主的な議論を歪め、選挙を操作し、制度への信頼を損ない、ジャーナリズムを弱体化し、社会の分断を深め、公衆の安全を脅かし、選挙で選ばれた公職者や立候補者などの、著名人の評判に修復困難な傷をつける」と指摘する。[29]

だが、すべてのストレス要因やダメージが悪意ある者からもたらされるわけではない。善意から生み出されるものもある。脆弱性は意図的にだけでなく、偶発的にも増幅される。

研究所からの漏出と意図しない不安定さ

世界で最も安全とされるある研究所で、研究者グループが極めて危険な病原体の実験を行っていた。その後何が起こったか、誰にもわからない。今に至るまで、研究の詳細は闇に包まれている。確かなことは、秘密主義と政府の強い統制で知られる国で、奇妙な新しい病気が発生したことだ。

まもなくイギリス、アメリカほか、世界中にその病気が広まった。不思議なことに、この病気は自然発生したとは思えなかった。この病気に見られる特徴が科学界に警鐘を鳴らし、これが発生した研究室で何かひどくおかしなことが起きたと示唆された。この病気による死者数はたちまち増加した。世界で最も安全とされるその研究所は、どうやらそんなに安全ではなかったようだ。

どこかで聞いたような話に思えるかもしれないが、おそらくあなたが考えている病気でない。これは1977年に流行したソ連かぜとして知られるインフルエンザだ。まず中国で発見され、続いてソ連で検出され、たちまち世界に蔓延し、70万人もの死者を出したと言われる。[*30] このH1N1型が異常だったのは、1950年代に流行したインフルエンザに酷似していたことだ。[*31] 1977年のソ連かぜが若者に重症感染者を多く出したことは、数十年前から生きている人々より当時の若者のほうがこのインフルエンザに対する免疫が弱いためと考えられた。

何が起こったのか、さまざまな説がある。永久凍土から何かが溶け出したのか？　それともソ連の謎に包まれた大規模な生物兵器開発計画の一部か？　だが、今日、最も信憑性が高いのは、ある研究所から漏れ出したという説だ。研究所でのワクチン製造の実験時に何らかの理由で、1950年代に流行したウイルスが外部に漏れ出したとみられる。ソ連かぜの流行は、実は流行を防ごうとする善意の研究によって引き起こされたのだ。

生物学研究所は事故防止の世界基準に従う。安全性がいちばん高いのは、バイオセーフティレベル4（BSL−4）の研究所だ。BSL−4の生物学研究所は、最も危険な病原体の取り扱いに関する最高の封じ込め基準を満たしているとされる。施設は完全に密閉され、実験室の空気が外に漏れ出ないように陰圧になっている。すべての出入りは徹底的にチェックされる。内部では全員、陽圧式防護服を着用し、退出時に必ずシャワーを浴びる。使用されたものはすべて最も厳格な手順に従って処分される。手袋や防護服を突き刺す恐れのある鋭利なものは一切持ち込み禁止だ。BSL−4の生物学研究所の研究員は、人類史上最高に安全な生物学的環境を守る高度な訓練を受けている。

にもかかわらず、事故や漏出は避けられない。1977年のソ連かぜは一例に過ぎない[*33]。わずか2年後の1979年にはソ連の秘密の生物兵器製造施設から漏出した炭疽菌芽胞が50キロメートル四方に広がり、少なくとも66人の命を奪った[*34]。

2007年には、BSL−4の実験室を備えていたイギリスのパーブライト生物学研究所で口蹄疫が発生して1億4700万ポンドの損失を出した[*35]。2021年、アメリカのフィラデルフィア近くにある製薬会社の研究所で、天然痘の小瓶が冷凍庫に放置さ

れているのが見つかった。冷凍庫を片付けていた職員が偶然発見し、幸い職員はマスクと手袋[*36]

を着用していたので大事に至らずにすんだ。これが漏出していたら想像を絶する被害がもたら

されただろう。天然痘は根絶されているが、それまでに20世紀だけでも推定3億人から5億人

の命を奪ったのだ。実効再生産数は感染力の高いコロナ変異株と同等だが、致死率は30倍にも[*37]

なる。

重症急性呼吸器症候群（SARS）のウイルスはBSL−3の施設で保管されることになって

いるが、シンガポール、台湾、中国のウイルス研究所から漏れ出した。考えられないことだが、

北京の同じ研究所から4度も漏出している。どれもよくあるヒューマンエラーが原因だった。シ[*38]

ンガポールでは、SARSウイルスが保管されていることを知らなかった大学院生が漏出させ

た。台湾では、研究者が感染性廃棄物の取り扱いを誤った。北京では、バイオセーフティレベ

ルの低い研究所でSARSウイルスを十分に無害化できず、漏出につながった。以上はすべて、

世界最大のBSL−4の研究室を備え、コロナウイルス研究の中心である中国の武漢ウイルス

研究所が話題になる前のことだ。

BSL−4の研究所の数は急増しているものの、グローバル・ヘルス・セキュリティ指数に

よれば、安全性が高いと評価されるのは、そのうちの4分の1に過ぎない。1975年から[*39]

2016年まで、感染性が高く有毒な病原体の意図的または偶発的な漏出が少なくとも71件記

第 10 章
脆弱性増幅器

273

録されている。[40] ほとんどは、針がすべった、ガラス瓶からこぼした、実験で小さなミスを犯したなど、最高度に訓練された人間も時折起こしてしまう些細な事故だ。だが、すべての漏出が把握されているとは思えない。事故をすぐに外部に報告する研究者がほとんどいないからだ。バイオセーフティ担当者に対するある調査では、担当者のほとんどが、所属機関以外に事故を報告したことはない、と答えている。[41] ２０１４年のアメリカのリスク評価によると、生物学研究所10機関が10年間に「大きな漏出」を犯した可能性は91%で、それがパンデミックとなる恐れは27%とされる。[42]

何も漏出してはならない研究所から、何度も病原体が漏れ出している。最も厳格な管理手順や技術や規制をもってしても、封じ込めに失敗している。ピペットを持つ手が震えた、プラスチックシートに穴が空いている、靴に溶液がひとしずく落ちた、どれも偶発的に、付随的に発生する具体的な封じ込め失敗例で、残念ながら周期的に起きる。だが、合成生命の時代において、こうした事故は巨大なストレス要因であるだけでなく、第Ⅲ部でこのあと再び取り上げるように、未曾有の大惨事を引き起こす恐れがある。

生物学において、機能獲得研究ほど物議を醸す領域は少ない。[43] 機能獲得研究とは、簡単に言えば、病原体を意図的に致死性の高いものに、あるいは感染力の高いものに、またはその両方に変える研究だ。自然界においては通常、感染力と致死性にはトレードオフがある。一般には感染しやすいウイルスほど、致死性が低くなる。だが、絶対にそうなる理由があるわけではない。どうしてそうなるのか、つまり致死性の高いウイルスが広く伝播することはあるのか、あるとすればそれに対処するにはどうしたらいいのか。これを突き止めるひとつの方法は、実際に試してみることだ。

そこで機能獲得研究が行われることになる。病原体の潜伏期間はどのくらいか、ワクチン接種による抗体をどのように回避するか、無症状のまま人々の間で感染を広げることはできるかといったことが調査されるのだ。機能獲得研究は、エボラ出血熱、H1N1型インフルエンザ、麻疹（はしか）などを対象として行われてきた。

こうした研究は通常、信用できるし、善意の下で行われる。10年ほど前にオランダとアメリカで実施された鳥インフルエンザの研究が好例だ。鳥インフルエンザの致死率は驚くほど高かったが、感染率は幸運にもかなり低かった。研究者はこの状況がどう変わるのか、形態がどのように変化すると感染力が増すのかを突き止めようと、フェレットを使って実験してみたのだ。つまり、致死性の高い病原体を感染力の高いものにしたのだ。

だが、こうした実験が悪い方向に進む可能性は十分にある。核のボタンでいたずらするようなものだ、このようにウイルスを意図的に操作して改変するのは、私を含めて何人かの研究者は、こ

第 10 章
脆弱性増幅器

275

と感じている。
機能獲得研究は、言うまでもなく物議を醸している。アメリカ政府は機能獲得研究に対する資金提供を一時的に凍結した。[*45] だが、ここでも封じ込めが十分に機能せず、2019年に資金提供が再開された。新型コロナウイルスには遺伝子操作された形跡が見られることに加え、武漢ウイルス研究所の研究実績から、コロナウイルスの分子生物学的特徴に至る状況証拠が次々に挙がっていることから、新型コロナウイルスは特定の研究所から漏出し、パンデミックが発生したのではないかと示唆されている。[*46]
アメリカのFBIとエネルギー省はこれが事実と確信するが、CIAはまだ態度を明らかにしていない。[*47] これまでのウイルスの流行と異なり、人獣共通感染症であるという明確な証拠が確認できないため、生物学研究が原因で膨大な人命が奪われ、全世界の社会が麻痺し、何兆ドルも失われたと十分に考えられる。2022年末にボストン大学で行われた国立衛生研究所（NIH）の研究では、新型コロナウイルスの致死性の高い株と、感染力の高いオミクロン変異株のスパイクタンパク質を合成する実験が進められた。[*48] 多くの人が研究を中止すべきだと感じていたにもかかわらず、公的資金が投入され、研究は進められた。[*49]
パンデミックは、悪意ある者が新しいテクノロジーを兵器化しようと試みた結果ではない。人類の健康を改善しようとした善良な者の意図しない結果だ。強力なツールの増殖がどのように誤った方向に進むのか、どのような間違いが生じるか、どのような報復効果《リベンジ・エフェクト》が展開するか、テクノロジーが現実と衝突することでどれほど予想も計算もつかない混乱が生じるか、パンデミックは示している。設計・理論段階から離れれば、最善の意図をもって実装しても「封じ込めできないテクノロジー」の主要課題は変わらない。

機能獲得研究は人類の安全を守ることを目的としている。だが、研究が行われるのは、研究所から危険物質が漏出し、パンデミックが起こるような欠陥のある世界だ。武漢で実際に何が起こったかに関係なく、コロナウイルスの機能獲得研究が行われ、ウイルスが漏れ出した可能性があると残念ながら考えられる。いくつもの研究所からウイルスが漏出してきた歴史的な記録を見過ごすわけにはいかない。

機能獲得研究と、研究所からのウイルスの漏出が鮮明に示すのは、来たるべき波によってどれほど恐ろしい報復効果《リベンジ・エフェクト》や不注意による障害がもたらされるかということだ。もし安全基準を半分程度しか満たさない研究所や無計画なバイオハッカーが機能獲得研究に取り組めるようになるなら、悲劇は避けられない。第1章で言及したセミナーで私が見たのはこのシナリオだ。

どんなテクノロジーも威力を増して普及するにつれて、障害発生時の影響も拡大していく。1機の飛行機が墜落すれば、大変な悲劇だ。だが、航空隊が丸ごと墜落すれば、さらに恐ろしいことになる。再度強調するが、こうしたリスクは悪意から生じるものではない。社会の中核システムに広く取り入れられた、史上最も高性能な最先端テクノロジーから生じる。研究所からの漏出は意図しない結果の一例である。封じ込め問題の核心であり、原子炉のメルトダウンや核弾頭の紛失に匹敵する問題だ。このような事故によってまた新たな予測不可能なストレス要因が生まれ、システム内にさらに亀裂が生じる。

だが、ロボットによる攻撃、研究所からの漏出、ディープフェイク動画といった個別の形を取らず、ゆっくりと拡散して社会基盤を損なうようなストレス要因も考えられる。歴史を通じて、人間は自分たちが作り出したツールやテクノロジーを使い、少ない資源で多くのことを効率的に成し遂げてきた。それぞれのツールやテクノロジーがもたらした効率化はわずかだ。だが、それが積み重なり、もはやほとんどの仕事に人間が不要になるという副作用が最終的にもたらされるとしたら、どうなるだろうか。

自動化の議論

ディープマインドを共同設立してからの数年間は、ＡＩの政策論争の中でも「仕事の未来」に関して過剰なほど時間が割かれた。

元々の論理はこういうことだ。これまでも新しいテクノロジーは人々の仕事を奪っており、経済学者ジョン・メイナード・ケインズが「技術的失業」と呼ぶものを生み出してきた。ケインズは生産性向上によってさらなるイノベーションや余暇の時間が期待できると考え、好ましい現象だとした。技術的失業の例は枚挙にいとまがない。力織機の登場で織工は失業した。自動車の登場により、馬車製造業者も馬小屋もいらなくなった。蠟燭製造業者が破産する中、電球工場は繁盛した。

概して、新しいテクノロジーが古い仕事や産業を潰すと、新しい仕事や産業が生まれた。時代の流れとともに、新しい仕事はサービス産業やホワイトカラーの認知的業務になった。アメリカ中西部と北東部のラストベルトで工場が閉鎖される頃、弁護士やデザイナーの需要が急増し、ソーシャルメディアのインフルエンサーが何人も出てきた。経済学的に言えば、少なくともこれまでは新しいテクノロジーが人間の労働者に完全に取って代わったわけではなく、人間の労働者を全体として補完するにとどまっていた。

だが、人間から仕事を奪う新たなシステムが自身の認知能力を高めていき、人間の労働力が新たに向かう場所がなくなるとしたら、どうなるだろうか。来たるべき波に予想通り汎用性があって広範囲に普及するのであれば、人間はどう対抗すればよいだろうか。ホワイトカラー業務の大半をＡＩがもっと効率的にこなすとしたらどうなるだろうか。人間が機械より「優れている」と言える分野はわずかしか残らないだろう。これが起こり得る可能性の高いシナリオであると、私はずっと言ってきた。最新世代の大規模言語モデルの登場で、事態はこのシナリオ通りに進展すると今まで以上に強く確信している。

新ツールが人類の知性を増強するのは一時的である。人類は一時的に賢く、効率的になり、大幅な経済成長が起きるが、私たちの仕事は根本的に新ツールに取って代わられる。最終的には新ツールが管理、データ入力、カスタマーサービス（コールセンター業務を含む）、メール作成、要約、文書の翻訳、コンテンツ作成、コピーライティングなどの認知的業務を、多くの人間より効率よく安いコストでこなすようになるだろう。超低料金でこうしたサービスがいくらでも受けられることを考えれば、人間がこの種の「認知的単純労働」を行う時代は終焉を迎える。

私たちはこの新しい波がもたらす影響を今まさに目にしつつある。ChatGPTの初期分析によると、「中級レベルの大学教育を受けた専門職」の多くの業務の生産性が40％向上する。[*50] 一方、これによって採用判断に影響が出るかもしれない。[*51] マッキンゼーの予測によれば、全職種の半分以上で今後7年間に業務の多くがＡＩによって自動化され、２０３０年までに「自動化に多かれ少なかれ影響を受ける」仕事に従事するアメリカ人は５２００万人に上る。

経済学者のダロン・アセモグルとパスクアル・レストレポは、ロボットが地域の労働者の賃金を下げると予想する。[*52] 人間の労働者１０００人に対してロボットが1台追加されるたびに人間の雇用率は下がり、結果として賃金も下落する。今でさえ株取引の大部分がアルゴリズムによって執行され、金融機関全体にアルゴリズム利用が拡大している。[*53] アメリカの金融市場は好況だが、新しいテクノロジーがこなす業務がますます増えることで、人員は削減されていく。

だが、そうは思わない者も多い。新しいテクノロジーは常に収入を増やし、新たな労働の需要を生み出している、とデビッド・オーターのような経済学者は指摘する。[*54] テクノロジーは企業の生産性を高め、多くの利益を生み、経済に還元する。端的に言えば、需要はとどまるところを知らない。テクノロジーが富を生み出し、富が需要を刺激し、需要が人間の労働を必要とする新しい仕事を生み出す。懐疑派はディープラーニングが浸透してすでに10年経っているにもかかわらず、それによる仕事の自動化のメルトダウンは起こっていないと指摘する。中には、自動化による失業という恐怖に賛同することは、世の中における仕事は一定量しかないとする「労働塊の誤謬」という時代遅れの考えを繰り返すだけだと主張する者もいる。[*55] むしろ未来においては、今の時点でほとんど予測もつかない高度な仕事に、何十億もの人々が従事しているはずだ、と彼らは言う。

このバラ色の展望は今後数十年にはあり得ない、と私は考える。自動化は明らかに脆弱性増幅器となる。第4章で見たように、ＡＩは指数関数的勢いで改良されているし、どこまで進化するかまったくわからない。コンピュータは視覚、音声、言語など、人間のあらゆる能力を急速に学び取っている。物事の「深い理解」に向けた根本的な進展は見られなくても、新しい言語モデルは文字を読み取り、合成し、驚くほど正確でとても実用的なテキストを生成する。このひとつのスキルだけが求められる仕事はまさしく何百もあるが、ＡＩはさらに多くをこなす。

新しい職種はほぼ確実にいくつも生み出される。インフルエンサーが引っ張りだこになると誰が思っただろう。大規模言語モデルから最適な答えを引き出すプロンプトエンジニアという職種ができると誰が予想しただろうか。マッサージ師、チェロ奏者、野球のピッチャーの需要はなくならない。だが、新しい仕事が生まれるスピードと量は、求められるほど早くはないと私は推測している。機械学習で博士号を取得できる人の数は、ＡＩによって仕事を奪われる人の数と比べてほんの少数にとどまるだろう。加えて、確かに新しい需要は新しい仕事を生み出すが、それをすべて人間が行うとは限らないのだ。

労働市場ではスキル、地理、アイデンティティといった点で需要と供給の大きな不一致が生じる。[*56] 前回起こった産業空洞化では、ピッツバーグの製鉄所やデトロイトの自動車工場が閉鎖されても、そこで働いていた人たちがほかの場所に引っ越して再教育を受け、ニューヨークでデリバティブ取引を始める、シアトルでブランディングコンサルタントになる、マイアミの学校で教師になるなど、別の仕事に就くことはまず不可能だった。シリコンバレーやロンドンで新しい仕事がどれだけ生まれようが、適切なスキルもなく、移住もできない遠方の労働者の助けにはならない。自分のアイデンティティが特定の仕事と結びついている人にとっては、新しい仕事が自分の面目を潰すと感じられれば何の役にも立たない。

仕事がある時だけ呼び出されて賃金をもらう「ゼロ時間契約」で働いても、誇りや社会的連帯感は感じられない。それは1960年代に隆盛を迎えたデトロイトの自動車工場には存在したものだ。平均以上の収入を約束する仕事がどれだけあるか示す「民間部門の仕事の質指数（The Private Sector Job Quality Index）」が、1990年以降、急落している。[*57] 十分な収入が得られる仕事の割合がすでに減少しているのだ。

インドやフィリピンのような国々は業務のアウトソーシングを幅広く請け負い、コールセンター業務のような比較的高賃金の仕事が生まれている。この種の仕事も自動化の標的にされてしまう。長期的には新たな雇用が創出されるかもしれないが、失業した何百万人もが望むようなスピードでも勤務地でもない。

同時に、仕事がなくなれば税収が激減し、公的サービスが損なわれ、最も必要とされる時に福祉を十分に供給できなくなる。雇用が大きく減少する前でさえ、政府は責任を果たすことも、持続可能な方法で財源を確保することも、国民が期待するサービスを提供することも、非常に難しくなる。さらにこういった混乱はグローバルに、多面的に起こり、農業経済から先進的なサービス業中心の経済まで、あらゆる発展段階にある経済に影響を及ぼす。ラゴスからロサンゼルスに至るまで、持続可能な雇用への道筋は、予測不可能で急速に進化する計り知れない変動の影響を受けることになる。

自動化が最悪の結果をもたらすと予測しない人でも、中期的に大混乱をもたらすことは認めざるを得ない。[*58] どちらの立場に立とうと、何億人もがリスキリングして新しい種類の仕事に転じる必要があり、非常に不安定な状況になることは否定できない。楽観的なシナリオにさえ、政府の財政破綻、不完全雇用、社会不安、国民の不満拡大など、厄介な政治状況が予想されている。

悪い兆候だ。すでにストレスがかかる世界に、新たなストレス要因が加わる。

ソーシャルメディアと同じく、労働市場の混乱は脆弱性増幅器となる。国民国家にダメージを与え、弱体化させる。その最初の兆候はすでに現れているが、21世紀の最初の10年間におけるソーシャルメディアがそうであったように、具体的にどんな形で現れ、どれほどの影響がもたらされるか、まだはっきりしない。いずれにしろ、どんなことになるかわからないからといって、消えてなくなるわけではない。

新しい攻撃形態と脆弱性、偽情報の産業化、自律型致死兵器、研究所から偶発的漏出、自動化による雇用喪失など、本章で概説したストレス要因（すべてを網羅しているわけではない）は、テクノロジー、政策、安全保障の専門家たちにはすでにおなじみのものばかりだ。だが、往々にして個別に論じられ、社会制度へのこうした新しい圧力がすべて同じ汎用技術革命から生じたものであることが見落とされている。どのようにしてストレス要因が同時に現れ、互いに交わり、強化し合い、増加し合うのか。こうした影響はあたかも都合よく個別に進行し、少しずつ起きているように見えるから、脆弱性が全体として増幅していることが見落とされてしまう。だが、そうではない。さまざまな形で発露しているだけで、実際は、単一の一貫した相互に関係した現象から生じている。現実はもっと複雑に絡み合い、混沌としていて緊急性があるから、順序立てて説明できるものではない。脆弱性の増幅は、国民国家を弱体化させる。

これまでも不安定な局面を乗り越えてきた。今回の状況がこれまでと違うのは、汎用技術革命が特定のニッチ分野や問題、きっちりと区切られた領域に限定されないことだ。本質的にどこにでも存在する。力とその行使のコスト低下は、悪者や機敏な起業家、閉鎖的で限定的な応用例だけに限った話ではない。

新しいテクノロジーの力はむしろ社会全体に再分配され、強化される。来たるべき波がもたらすオムニユースの特性を持つテクノロジーは、あらゆる段階、業界、企業、サブカルチャー、グループ、官僚機構に浸透し、世界の隅々まで広がる。何兆ドルもの新しい経済効果を生む一方で、既存の一部の収益源を破壊する。大いに可能性が開かれる者もいれば、すべてを失う者もいる。軍事的には一部の国民国家と民兵が強化される。よって来たるべき波がもたらす力は、特定の脆弱性を増幅するだけでなく、少し長い目で見れば社会を築いている土台そのものを変革する。このように力が大きく再分配される中で、すでに脆弱な状況がさらに悪化しつつある国家は根底から揺さぶられ、国民との「大いなる取引」はずたずたに引き裂かれ、危ういものとなる。

第11章 国家の未来

鐙の登場

一見したところ、鐙《あぶみ》はそれほど革命的に見えないかもしれない。[*1] 馬の鞍《くら》に取り付けられた革ベルトの先に垂れ下がった、三角形の単純な金属片に過ぎないからだ。だが、よく見ると、別の姿が浮かび上がる。

鐙ができる前は、騎兵が戦場で活躍する場面は驚くほど限られていた。騎兵による突撃は防御側の兵士の盾壁に跳ね返された。騎士の足は軍馬に固定されておらず、騎兵隊は脆弱だった。十分な訓練を受けた兵士が長槍と大盾を手に密集陣形を組めば、重騎兵も軍馬から突き落とせた。よって、当時の軍馬の主な役割は兵力輸送だった。

鐙がすべてに大変革をもたらした。槍を持つ騎士を軍馬に固定し、一体化した。槍に伝わる力は軍馬と騎士の両者を合わせたものとなった。敵の兵士の大盾に向かって長槍を構えて突撃しても、騎士は落馬せず、大盾を持つ兵士を打ち砕いた。いきなり全速力で突撃してくる重騎兵は、圧倒的な衝撃を与える戦術となった。どんなに堅固な密集陣形も打ち砕いた。

この小さなイノベーションによって、パワーバランスは攻撃側に傾いた。鐙がヨーロッパに入ってくると、フランク王国の宮宰カール・マルテルはただちにその可能性を見て取り、鐙の優れた効果を利用してウマイヤ朝のイスラム勢力の進撃を食い止めた。だが、重騎兵隊の導入はフランク王国に莫大な負担をもたらした。軍馬は餌を大量に必要とし、費用がかかる。重騎兵の訓練には長い年月をかけなければならない。これに対処するために、マルテルは教会の土地を召し上げて家臣に封土として与えた。家臣は与えられた封土を使って軍馬を飼育し、騎士を訓練し、装備を購入した。新しい富を与えられた家臣は、王国への忠誠心を深めた。封土と称号への見返りとして、家臣は王のために軍備を整え、有事には戦うことを約束した。ここでも「大いなる取引」が結ばれたのだ。

時が経ち、この約束は、君主への義務と多数の農奴から成る精巧な封建制度に発展した。封土と称号と馬上槍試合、徒弟制と鍛冶屋と職人、武器と城、紋章と騎士道物語といったもので構成された世界である。封建制度は中世全体を形成する政治形態にもなった。

鐙は一見シンプルなイノベーションだったが、数億人もの生活を変える社会革命をもたらした。ヨーロッパでほぼ1000年間続いた政治、経済、戦争、文化のシステムが、全面的ではないにせよ、鐙という小さな三角形の金属片の上に成立したのだ。鐙と封建制度の物語は重要な真実を浮き彫りにする。新しいテクノロジーは、新しい権力の中枢と、それを実現し支える新しい社会インフラとを生み出すということだ。第10章では、このプロセスが今日の国民国家が直面する一連の緊急課題を生じさせる様子を見てきた。だが長期的に見れば、この新しい力のコストの急落は地殻変動をもたらし、国家の基盤がテクノ政治によって大きく揺さぶられることを示唆している。

テクノロジーの小さな変化はパワーバランスを根本的に変えることができるが、数十年後の未来にどんな変化が見られるか、正確に予測するのは非常に難しい。指数関数的に進化するテクノロジーは人も物もすべて増幅する。そして一見矛盾すると思われるトレンドも生み出す。力は集中すると同時に分散する。既存の権力者は強くなると同時に弱くなる。国民国家は脆弱化すると同時に監視を受けない権力の濫用に陥るリスクが高まる。

力にアクセスしやすくなれば、全員の力が増幅されることを思い出してほしい。今後数十年で、かつての歴史のパターンが再び繰り返され、新たな中枢が形成され、新しいインフラが開発され、新しい形態の統治方式と社会組織が出現するだろう。同時に既存の力の中心も予測不能な方法で増幅される。新テクノロジーに関する文章には、過去のビジネスや制度は新テクノロジーの旋風によって吹き飛ばされ、一掃されるという陶酔的な論調が散見される。これは真実ではないと思う。一掃されるものもあるが、多くは増大される。テレビは革命を報道することも、なかったことにもできる。テクノロジーは社会構造、階層構造、支配体制を強化することもできれば、すべてをひっくり返すこともできる。

結果として生じる混乱の中で、焦点を大きく変えない限り、多くの開かれた民主国家は制度基盤が徐々に衰退し、正当性や権威が弱体化する状況に追い込まれる。これはテクノロジーの普及によって権力が移行するという循環的なダイナミクスである。つまり、国家基盤の弱体化、統制力の低下、テクノロジーの普及という循環だ。これと同時に、権威主義国家は新しい弾圧の有力な手段を手にする。

国民国家は巨大な求心力と遠心力、中央集権と分裂の力にさらされる。これは急速に混乱へ向かう道だ。誰がどのように決定を下し、いつ誰がどこで、どのように決定を実行するかという疑問が突然湧き上がる。この微妙なバランスと調整を限界まで図らなければならなくなる。この混乱のレシピが、力の新たな集中と分散を大規模に生み出し、上からも下からも国家を分裂させる。最終的に存続可能性そのものが疑問視される国家も出てくるだろう。

政治学者ウェンディ・ブラウンが「ポスト主権」と呼ぶ、この統治不可能な世界は、近未来に起きる脆弱性をはるかに超えたものになる。[*2] 何十年にもわたって世界を害し、深刻な不安定性へと向かう長期的なマクロトレンドが生じる。最初にもたらされるのは、社会を再編する力と富の新しく大幅な集中だ。

集中――知能への利益は指数関数的に増える

モンゴル帝国からムガル帝国まで、アジアでは1000年近くにわたり伝統的帝国が最大勢力であった。だがそれは1800年までには変化した。わずかな株主が所有する私企業が最大勢力となったのだ。その私企業は何千キロメートルも離れた都市にある窓5つ分しかない建物で、わずかな会計士と管理人が経営にあたっていた。

19世紀初頭、イギリス東インド会社はインド亜大陸の広範囲を支配し、徴税し、法律を制定していた。その面積と人口は西欧よりも大きい。当時のイギリス本国の2倍にあたる20万人規模の練度の高い常備軍を擁し、世界最大の商船隊も備えていた。軍事力はアジアのどの国家も上回り、グローバルな貿易関係は香港島の割譲やボストン茶会事件のきっかけも作った。イギリス東インド会社の業務や支払われる関税や配当はイギリス経済に不可欠で、当時のイギリスの貿易の半分以上は同社経由で進められていた。[*3]

明らかに一般企業ではなく、一種の帝国であった。現在、こうした会社を想像するのは難しい。私たちは新植民地主義の「東インド会社2・0」に向かっているわけではない。だが、一部企業の取締役会が、現代の政治・文化を形作る巧妙なナッジや選択アーキテクトだけでなく、自社のプロダクトが今後数十年にわたり社会をどこへ導くのかについても圧倒的なスケールと影響力を持っていることを考える必要がある。こうした企業の取締役会は一種の帝国であり、来たるべき波によって規模も影響力も能力も根本的に拡大する。

人々はAIの進化を「1人の人間が実行する特定タスク」と「その特定タスクをAIがどこまで達成できるか」との比較で確認しようとする。研究者は翻訳や自律走行車などでAIがいかに超人的パフォーマンスを発揮するかを語る。だが、世界で最も強い力を持つのは、共通目標の達成に向けて連携した集団であることが見落とされている。組織も知能の一種だ。[*4] 企業、軍隊、官僚機構、市場は「人工的に作られた知能」であり、膨大なデータを集計・処理し、特定目標のために組織化し、目標達成のために仕組みを改良し続ける。実際、AIは人間の脳よりも、巨大な官僚機構にずっと似ている。AIが世界に与える巨大な影響について語る際には、すでに存在する「人工的に作られた知能」がどれほど広範囲にわたる影響力を持っているかを心に留める必要がある。

企業あるいは省庁の運営に必要なタスクの多く、もしくは半分以上が、機械によって効率的に遂行されたらどうなるだろうか。このダイナミクスにおいて最初に利益を得るのは誰か。その人はこの新しい力をどのように使うだろうか。

現在、巨大企業の時価総額は兆ドル単位に跳ね上がり、一部の国家のGDPをも上回る。アップルを考えてみよう。同社が生み出したiPhoneは人類史上最も美しく、最も多くの人に利用され、最も強い影響力を持つ天才的プロダクトだ。全世界で12億人以上が利用し、アップルはこの成功で巨額の利益を稼いでいる。2022年、アップル1社の時価総額は、ロンドン証券取引所の時価総額上位100社（FTSE100採用銘柄）の合計額を上回った。アップルは約2000億ドルの現金および現金同等物を保有しており、信者とも言える顧客は同社のエコシステムにほぼ取り込まれている。アップルは来たるべき波をうまく活用できる好位置にあるのだ。

同様に、地球上の大半で提供される幅広い分野の膨大なサービスが、グーグルという単一企業に集約されている。地図と位置情報、レビューとビジネスプロフィール、広告、動画ストリーミング、オフィスソフト、カレンダー、メール、フォトストレージ、ビデオ会議など、グーグルはありとあらゆるサービスを抱えている。グーグルをはじめとする主要テック企業は、個人の誕生日の計画から数百万ドルのビジネス業務まで、あらゆる目的に沿ったツールを提供する。

グーグル以外にこれほど多くの人々の生活に深く関与する組織は、中央政府だけだ。単一の企業体が、経済や人間の経験の大部分を機能的に可能にする幅広いサービスを、無料もしくは低コストで提供している。まさに「グーグル化」だ。

巨大企業への集中を理解するには、フォーチュン・グローバル500に採用された企業の収益総額が、すでに世界GDPの44％に達していることを考えればいい。[*5] 利益総額は、上位6カ国を除く全世界の国々のGDP合計額よりも大きい。すでに企業は最大級のAIプロセッサのクラスターと最高のAIモデル、最先端の量子コンピュータ、圧倒的なロボット製造能力、知財を支配している。[*6] ロケット、衛星、インターネットとは異なり、今度の波の先端技術は、政府機関や学術研究機関ではなく、企業が掌握する。次世代テクノロジーによってこの傾向に拍車が掛かれば、将来さらに企業にあらゆるものが集中してもおかしくない。

すでに加速度的な「スーパースター」効果があきらかに発生し、有力企業がますます桁外れなシェアを手にしている。[*7] 世界の上位50都市には全世界人口のわずか8％しか住んでいないが、富と企業力の大部分を握っている（大企業本社の45％、世界GDPの21％）。グローバル企業の上位10％が全世界の企業利益の80％を占めている。この状況に来たるべき波が流れ込むと、地域や業界、企業、研究グループを問わず、ますます裕福で成功した「スーパースター」を生み出すだろう。

多くの国民国家よりも規模とリーチが大きな企業が出現するだろう。韓国のサムスングループのような巨大企業帝国の並外れた影響力を考えてみよう。サムスンは約90年前に麵などの食料商社として創業し、朝鮮戦争後にコングロマリットに成長を遂げた。1960年代と1970年代に韓国は右肩上がりで成長を遂げるが、サムスンはその中心を担った。さまざまな商品を製造するだけでなく、金融業や保険業でも存在感を示した。「漢江の奇跡」を支えたのはサムスンだった。韓国経済は財閥が支配しているが、この時点でサムスンは韓国最大の財閥になっていた。

スマホ、半導体、テレビはサムスンの専門分野だが、生命保険、造船、テーマパークなどでも大きな業績を上げている。サムスンに入社するのは非常に難しい。グループ全体の総収益は韓国経済の20%を占める。韓国人にすればサムスンはもはやもうひとつの政府であり、日常生活に完全に入り込んでいる。複雑な利害関係と現在進行中のスキャンダルがあるので、サムスンと韓国政府のパワーバランスは不安定で、はっきりしない。

サムスンと韓国の成長は外れ値だが、そろそろ翳りも見えてきたようだ。さまざまな力が集中していることを考えると、教育や防衛、もしかしたら通貨発行や法執行など、通常は政府の管轄にある業務が新世代の企業によって担われるかもしれないからだ。たとえばeベイとペイパルの問題解決システムは年間約6000万件を処理している。これはアメリカで起こされる訴訟件数の3倍である。問題解決システムは案件の90%をテクノロジーによって解決している。

テクノロジーはこれからさらに多くのことを実現するだろう。[*8]

すでにテクノロジーはある種の現代の帝国を築いている。来たるべき波はこの流れを飛躍的に加速し、テクノロジーを創造・支配する者たちに絶大な権力と富をもたらす。疲弊し問題を抱えた政府が立ち去ったスペースに、企業が入り込む。このプロセスはイギリス東インド会社のようにマスケット銃で脅しながら行われるものではないが、イギリス東インド会社と同じように政府と同等の規模とリーチと権力とを備えた企業が誕生する。こうした企業は、来たるべき波を活用し、知識を大幅に増大させつつリーチを拡大するための十分なキャッシュと専門知識と流通網を持ち、莫大な利益を手にする。

前回の波では脱物質化が起き、モノはサービスに形を変えた。今はソフトウエアのCD－ROMや音楽CDを買わずにデータで手に入れる。グーグルやアップルを利用すれば、ウイルス対策ソフトウエアやセキュリティ・ソフトウエアがデフォルトで付いてくる。製品は壊れたり古びたりするが、サービスはそうなりにくい。シームレスで使いやすい。企業はユーザにサブスクリプションへの加入を求める。定期収入は魅力的だ。大手テック企業のプラットフォームは、サービス事業が主体もしくは大部分を占める。アップルはiPhoneやiPadの製造販売を手がけているが、アップストア（App Store）もある。アマゾンは世界最大のモノの小売業者だが、第三者に電子商取引サービスを提供し、ユーザに映画やドラマをストリーミング配信し、クラウドサービスＡＷＳでインターネットのかなりの部分を支えている。

どこを見てもテクノロジーは脱物質化を加速させている。最終消費者に従来型の売り切り商品を買ってもらうのではなく、継続的にサービスを提供することで消費者側の手間を省く。ウーバー、ドアダッシュ、Ａｉｒｂｎｂのようなサービスも、インスタグラムやＴｉｋＴｏｋのようなプラットフォームも、メガビジネスの潮流は市場に参入することではなく市場そのものになることであり、製品製造ではなくサービスの提供である。はたして次に何がサービス化され、メガビジネスに取り込まれるだろうか。

数十年後、ほとんどのモノはサービスのようになると私は見ている。限界費用ゼロの製造・流通がこれを可能にする。[*9] あらゆるものがクラウドへ移行する。この流れはローコードもしくはノーコードのソフトウエアが優勢になり、バイオものづくりと３Ｄプリンティングがブームになることで拍車が掛かる。来たるべき波のすべての技術――ＡＩによる設計・マネジメント・物流管理、量子コンピュータによる化学反応シミュレーション、ロボットによる超微細部品組み立てなど――を組み合わせれば、「ものづくり」の本質が大幅に変わる。

食品や医薬品、日用品など、ほぼすべてが３Ｄプリンターやバイオものづくり、原子レベルの精密な製造技術を使い、高度なＡＩと最終消費者との自然言語による流暢なやりとりを経て、最終消費者の近所や消費するその場で製造される。消費者は単に実行コードを購入して、ＡＩやロボットにタスクを命じ、製造させればいい。たしかにこれは恐ろしいほどの材料の複雑さを一切考慮していないし、遠い未来の話に過ぎない。だが、遠い将来を見つめれば、このシナリオは現実味がある。あなたがすべてに同意できないとしても、新しい波の力が世界経済のサプライチェーン全体に大変化と新しい価値の集中をもたらさないと考えるのは、まず不可能だ。

安くて手軽なサービスという需要を満たすには、先行投資（半導体、人材、セキュリティ、イノベーションなど）が必要となるので通常は規模が求められ、成功すれば加速度的な集中が起きる。こうして数社の超巨大企業が登場し、規模も力も国家と張り合うようになる。最高のシステムを持つ企業は、計り知れない優位性を確立する。[*10] 来たるべき波の中心にいるこのような企業は、過去のどんな企業よりも巨大化・高収益化し、社会に定着した存在となる。

システムがさまざまな分野に普及すればするほど、システムの所有者に力と富が集中する。新しいテクノロジー（たとえば現代版チューリングテストに合格できるテクノロジー）をいち早く発明・導入するリソースを持つ企業は、急速に利益が拡大する。そのシステムには多くのデータと幅広い「現実世界でのリリース経験」があるのでうまく機能して早く普及し、その優位性を持続させ、システムを構築する最高の人材を集める。そうなると埋められない「インテリジェンス・ギャップ」が生じてくる。圧倒的優位に立つ1社が生まれると、その会社はカネの印刷機と化し、最終的には圧倒的なシェアを得る。このプロセスに完全なAGIや量子超越性までが含まれるようになると、新規参入が非常に難しくなり、政府さえも手に負えなくなる。

どこに辿り着くかわからないが、私たちは未曾有の権力と能力とが強力な主体に委ねられる場所に向かっている。彼らはリーチを拡大し、自らの目的をさらに推し進めようとするだろう。

このような集中は、広く活動する自動化された超巨大企業を実現し、人的資本——労働から資本への価値移転を生じさせる。資本の集中から生じる不平等は、社会の既存の分断を加速度的かつ構造的に深める。新たな封建主義やテクノ封建主義が論じられているのは不思議ではない[*11]。新しい封建主義は鐙さえ超えたものの上に築かれ、既存の社会秩序への直接的な挑戦となる。

知能への利益は、指数関数的に増える。これまで会社や組織と呼んでいた「人工的に作られた知能」のいくつかは、力の集中から莫大な利益を得る。このような集中は、おそらく人類史上初めてのことになる。人類が大成功を収めた本質を再利用・再適用するツールを作り上げ、あらゆる環境で使用できるようにすることは、企業や政府が追求する大きな目標である。このような組織をどのように統治するのか。国家とどのような摩擦を起こし、国家を取り込み、再編してしまうのか。今のところ何もわからない。ただ、国家に挑戦することになるのは確実だ。

だが、力の集中がもたらす影響は、企業だけには留まらない。

監視——権威主義体制のロケット燃料

スーパースター企業と比べれば、政府は肥大化して動きが緩慢であり、実態を把握していないように見える。だから政府は「歴史のゴミ箱」行きだと見捨てたくなる。だが、国民国家の必然的なもうひとつの反応は、来たるべき波がもたらすツールを使ってさらなる権力掌握を図り、国家の支配をさらに強固に守ろうとすることだ。

20世紀、全体主義体制は計画経済、従順な国民、統制された情報エコシステムを追求した。全体主義体制は完全な支配を求め、国民生活のあらゆる側面を管理した。5カ年計画は映画の制作本数と内容から、農場ごとの小麦収穫量まで、あらゆることを決定した。高度近代化を信奉していた計画立案者は、上意下達が機能する汚れなき社会を作り出そうとした。人々を常時監視する冷酷な保安機関を設置することで、社会全体を動かし続けた。権力は最高指導者1人に集中しており、全体像を把握し、断固とした行動を取ることができた。ソ連の農業集団化、スターリンの5カ年計画、毛沢東時代の中国、東ドイツの国家保安省《シュタージ》を考えてほしい。ディストピア的悪夢のような政府だ。

少なくともこれまでは、どの全体主義体制も悲劇的な結末を迎えた。革命家と官僚がどれだけ努力しても、社会を思い通りにはできなかった。[*12] 社会は国家にとって完全に「判読可能」なものではなく、非常に複雑で、その現実は制御できず、中央で計画を立てる純粋主義者の夢と合致しない。人間は多種多様で衝動的だから類型化できないのだ。これまでの全体主義政府にはこのタスクに見合ったツールがなかったため失敗に終わった。生活の質の向上に失敗し、体制が崩壊し、別の改革が進められた。権力の一極集中は極めて不適切だったし、実際に不可能だった。

来たるべき波が、気がかりな可能性を示している。もはや全体主義は不可能ではないかもしれない。来たるべき波は中央集権的な権力と統制を増し、国家機能を本来の目的から逸脱した抑圧的なものへと変える可能性がある。これが権威主義体制と大国間競争のロケット燃料になる。驚異的な規模と精度でデータを取得・活用し、リアルタイムに作動する国境を越えた監視・制御システムを設置するのだ。言い換えれば史上最強のテクノロジーを単一の組織の指揮下に置くことで、国家権力の限界は徹底的に書き換えられ、まったく新たな存在として生まれ変わるだろう。

スマートスピーカーの音で起きたあなたはスマホに手を伸ばし、メールをチェックする。スマートウオッチによると睡眠状態も朝の心拍数も正常だ。理屈のうえでは、あなたの起床時間と気分と見ているものを、どこか離れたところにある組織が認識していることになる。家を出てオフィスに向かう。スマホにあなたの動きはトラッキングされ、テキストメッセージで何をタイプしたか記録され、聴いているポッドキャストの情報も残される。移動中どころか1日中、あなたは何百回も監視カメラに捉えられる。[*13] この街には10人に1台、もしかしたらそれ以上の割合でカメラが設置されている。オフィスでＩＤカードをかざすと、システムが入館時間を記録する。オフィスのパソコンには視線追尾システムがインストールされており、生産性を監視している。

帰宅途中で夕食を買うと、スーパーマーケットの顧客管理システムが購入履歴を更新する。食事の後で一気に見たテレビシリーズは、視聴習慣として正確に記録される。ちらっと目にしたもの、急いで送ったメッセージ、ブラウザを開いてさっと検索をかけながらぼんやり思ったこと、にぎやかな街を歩いた一歩一歩の足取り、すべての心拍数と眠れない夜の数、すべての購入履歴と購入中止履歴。何もかも監視され、記録され、集計される。これは日々収集されるかもしれないデータのほんのわずかな例に過ぎない。仕事中や電話中だけでなく、病院での診察やジムでのトレーニングでもデータが収集される。収集したデータを処理・活用する専門知識を有したどこかの組織が、私たちの生活のすべてを事細かに記録に残している。これは遠い未来のディストピアではない。ロンドンのような都市で何百万人が経験している日常だ。

残されたもう1ステップは、こうしたさまざまなデータベースを単一の統合システムにまとめることだ。これで完璧な21世紀の監視装置ができあがる。顕著な例は、言うまでもなく中国だ。20年後や30年後はおろか、現時点ですでに中国共産党の計画は先進的で野心的だ。

西洋諸国と比較して、中国のＡＩ研究は物体追跡、シーン理解、音声認識、行動認識といった監視領域に集中している。[*14] 監視技術は日常生活に遍在しており、自宅から街中に至るまでデータ粒度を高め続けている。顔認識や歩容認識、ナンバープレート認識を、生体情報を含む大量の収集データと組み合わせる。中国の微信《ウィーチャット》のようなスーパーアプリは、メッセージングからショッピング、銀行業務までアプリ内で完結させるので、簡単に追跡可能だ。中国の高速道路では、無数のナンバープレート認識カメラが車輌を追尾している（西洋世界の大都市圏のほとんどにも存在する）。新型コロナウイルスによるロックダウン期間中には、ロボット犬やドローンに搭載されたスピーカーが外出自粛を求めるメッセージを流した。

顔認識ソフトウエアは、第Ⅱ部で見たコンピュータビジョンの進化によってもたらされたもので、1人ひとりの顔を非常に精緻に識別する。スマホは私の顔を「見る」と同時にロックを解除する。ささやかな機能だが実に便利だ。そしてその影響は明白かつ大規模である。このシステムはアメリカの企業と研究者が開発を進めていたが、中国ほど精通している国はない。

かつて毛沢東は「大衆の眼はごまかせない（群众的眼睛是雪亮的）」というスローガンの下、住民同士を監視させ、反共産主義は密告させた。ここから2015年までに公共空間の100％で市民の行動を監視する顔認識計画「雪亮工程（鋭眼《シャープ・アイズ》）」が立ち上げられた。[*15] 香港中文大学の有力研究者が20億人以上の顔画像データベースに基づいて、世界屈指の顔認識企業、商湯科技（センスタイム）を設立した。[*16] 現在、中国は顔認識技術の開発を世界で最も精力的に進めている。商湯科技のほか、曠視科技（メグビー）や雲従科技（クラウドウォーク）などの大手企業が市場シェアを争っている。中国警察は顔認識システムを組み込んだサングラスも所持しており、群衆に紛れた容疑者を追跡できる。[*17]

世界で数十億台の監視カメラが稼働しているが、その約半数が中国に設置されている。[*18] 中国の監視カメラの多くに顔認識機能が組み込まれ、情報を最大限収集するために、住居用の建物、ホテル、カラオケラウンジなど、私的空間に近い場所にも設置されている。ニューヨーク・タイムズ紙の調査によれば、福建省の警察だけで顔画像データベースに25億枚が登録されていると推定されるという。福建省警察は「人民の統制・管理」のためであると、率直に目的を明らかにしている。当局は音声データを取り込むことも検討していて、広東省中山市の警察からは半径約90メートル内の音声を録音できるカメラ設置が求められた。新型コロナウイルス感染症が広がった際には、生体データの徹底的なモニタリングと保存が当たり前になった。

中国公安部は次なる優先事項を明確にしている。ナンバープレートからDNA、微信アカウント、クレジットカードまで、あちこちに散在するデータベースやサービスをひとつに紐付けるのだ。AIが可能にするこのシステムによって、中国共産党に対する反対や抗議活動といった新たな脅威をリアルタイムで検出でき、政府が不適切とみなすものに痛烈な対応が可能となる。[19] 新疆《しんきょう》ウイグル自治区では、このシステムが最も恐ろしい形で実現された。

中国北西部の広大な辺境の地、新疆ウイグル自治区では、ウイグル族に対して最新テクノロジーによる組織的な抑圧と民族浄化が行われてきた。監視と統制のシステムがここに集約されている。街中で顔認識とAI追跡機能を備えた監視カメラが稼働し、検問所や「再教育」収容所が人々の活動と自由を管理する。人々は無数の監視データベースに基づく社会信用システムに監視されている。当局は新疆ウイグル自治区の人口を上回る最大3000万のサンプルを保持できる虹彩スキャンデータベースを構築した。[20]

これがすでに存在する傲慢な監視・統制社会の姿であり、すべての要素が中央への権力集中を次の段階へと大いにエスカレートさせる。これを中国や権威主義体制に限った問題とするのは間違いだ。この監視技術は、ベネズエラやジンバブエ、エクアドル、エチオピアなどにも大量に輸出されており、アメリカも購入している。アメリカ政府は2019年、連邦機関およびその請負業者に対し、華為技術（ファーウェイ）、中興通訊（ZTE）、杭州海康威視数字技術（ハイクビジョン）などの中国企業から通信および監視機器を購入することを禁じた。[21] だがわずか1年後に、3つの連邦機関が取引の禁じられた中国企業から機器を購入していたことが明らかになった。[22] アメリカの100以上の町が、新疆ウイグル自治区の人々を監視するために開発された技術を取得していたのだ。[*23] 封じ込め失敗の典型例と言える。

西洋の企業や政府も、監視技術の構築と実装を進めている。先ほどロンドンについて言及したのは理由がある。ロンドンは中国の深圳と並んで、世界で最も監視カメラが多い都市だ。各国の政府が国民を監視・統制していることは秘密でもなんでもないし、今や西洋の企業もこれに追従しつつある。スマート倉庫では全従業員の体温からトイレ休憩、ちょっとした行動まですべてが監視されている。[*24] カリフォルニア州のビジラント・ソリューション（Vigilant Solutions）は、ナンバープレートから車輛の移動データを集約し、州や市の司法当局に販売している。テイクアウトのピザも監視されている。[*25] ドミノ・ピザはＡＩ搭載のカメラで自社のピザの材料は問題ないか、焼き具合はどうかといったことを確認している。[*26] 中国と同じくらい、西洋諸国の人々も毎日の生活で膨大なデータを残しているのだ。そしてやはり中国と同様に、すべての情報は収集され、処理され、運用可能な状態にされて売られる。

今度の波が訪れる前まで、全世界が「ハイテクのパノプティコン」と化すといった考えは、エヴゲーニイ・ザミャーチンの『われら』やジョージ・オーウェルの『１９８４』などのディストピア小説の話に過ぎなかった。[*27] だが今、パノプティコンが現実化しつつある。何十億台ものデバイスと何兆ものデータポイントがリアルタイムで操作・監視される可能性があり、監視だけでなく予測にも使われる。高い精度と粒度で社会的結果を予測するだけでなく、選挙結果のような重要なマクロの行為から個人の消費者行動に至るまで、あらゆる結果を巧妙に誘導したり、公然と強制したりする可能性もある。

これによって、全体主義の見通しを新たな次元に引き上げる。あらゆる場所で起きるわけでも、一度に起こるわけでもない。だが、ＡＩ、生命工学、量子コンピュータ、ロボット工学など、あらゆるものが抑圧的国家の手中に収まれば、国家は明らかにこれまでとまるで異なるものになるだろう。次章で、この可能性を再び論じてみる。だが、その前に別のトレンドがやって来る。力の集中とは完全かつ逆説的に異なるものだ。

断片化——パワー・トゥ・ザ・ピープル

ヒズボラと聞いて、議会や学校、病院を思い浮かべる人はほとんどいない。ヒズボラは長くレバノン内戦の悲劇から生まれ、イランの手先として長年にわたり活動する武装組織であり、アメリカからテロ組織に指定されている。ヒズボラでは、権力と国家の別の方向性を示す、さまざまなことが起こっている。

本拠地レバノンで、ヒズボラはイスラム教シーア派の「国家内国家」として活動している。ヒズボラの軍事部門は大規模で悪名高く、非国家主体としては世界最大の軍事力とされる。あるアナリストによれば「砲弾の保有量はほとんどの国より多い」[28]。ドローン、戦車、長距離ロケット砲のほか、シリア内戦でアサド政権とともに戦った何千人もの兵士も抱え、イスラエル軍と交戦を繰り返してきた。

驚く人がいるかもしれないが、ヒズボラはレバノンの主要な政治勢力でもある。従来型の政党として、頻繁に主役が代わる国政に参加している。他党と連立政権を組み、法律を起草し、国家機関と共に働き、レバノンの政治体制の一部を担う。メンバーの中には地方議員も国会議員もいるし、入閣した者もいる。またレバノン国内の支配地域の多くで病院や学校、保健センター、社会インフラ、水道、マイクロファイナンスなどを運営し、一部ではイスラム教スンニ派やキリスト教徒の支援も受けている。ヒズボラは支配地域を「国家」として運営しているのだ。さまざまな合法的な商業活動も行っているが、石油密輸など犯罪にも手を染めている[29]。

ヒズボラの正体は、国家か、非国家か、過激派団体か、あるいは伝統的な軍閥だろうか。どれも違う。ヒズボラは国家機関の内外で機能する奇妙な「ハイブリッド」組織だ[30]。国家でありつつ非国家であり、自分たちに利益をもたらす活動だけに従事し、それによってより広い範囲の国々や地域にしばしば深刻な影響を及ぼす。地域特有の緊張関係の中で発展したヒズボラのような組織はあまり多くない。

だが、来たるべき波は、小さな国家のようなさまざまな主体の実現可能性を増す[31]。力の集中とは逆に、一種の「ヒズボラ化」——誰もが最新テクノロジーにアクセスでき、国民国家の組織という上部構造がなくても自分たちだけで生活水準が維持できる、分裂化・部族化した世界——に拍車が掛かるかもしれない。

ＡＩと安価なロボット工学、先端生命工学が、クリーンエネルギーと組み合わせることで、近代化以降で初めて「オフグリッド」な生活が「プラグで接続された」生活とほぼ同等になるかもしれない。この10年間だけでも太陽光発電コストが82％以上下落し、今後さらに下落することを考えれば、小規模なコミューンでもエネルギー自給自足が達成できるようになる。[*32] 社会インフラの電化と代替エネルギーの普及により、世界のより多くの地域で自給自足が実現する。ＡＩとロボット工学、生命工学などのインフラが整っているから、各地域で情報や製品を作り出すことができる。

教育や医療などの分野は現在、巨大な社会的・財政的インフラに依存している。これらのスリム化とローカライズ化も十分に考え得る。適応型学習システムや知的教育システムは、生徒1人ひとりにオーダーメイドのカリキュラムを構築し、全課程を履修させる。ＡＩは自動採点システムつきのインタラクティブゲームのような、1人ひとりの子どもに最適化された教材を作成できる。

国民国家体制で提供される集団安全保障の傘の下には入れないが、必要に応じてさまざまな形の物理的防護、サイバー防護を手に入れればいい。ＡＩによるハッキングも自律型ドローンも、民間組織が利用できるようになる。すでに本書では攻撃力の拡散について触れたが、防衛力も同じだ。最先端テクノロジーに誰もがアクセスできるようになれば、強力な物理的防護、サイバー防護を配備できるのは国民国家だけではなくなる。

規模と中央集権に依存している現代社会と社会組織の主要部分が、来たるべき波が解き放つ能力によって根本的に弱体化する可能性がある。大規模な反乱や分離独立主義、あらゆる種類の国家形成は、現在とまったく違うものになる。真の力が再分配されることでありとあらゆる組織――ＩＳ（イスラム国）、コロンビア革命軍（ＦＡＲＣ）、国際ハッカー集団「アノニマス」、ナイジェリアのビアフラからスペインのカタルーニャに至る分離独立主義組織、太平洋の孤島に豪華なテーマパークを建設しようとする大手企業――が望み通りの生活を送ることができる。

だが、力がさらに集中する分野もある。最大規模のＡＩモデルの訓練には数億ドルの費用がかかるため、所有できる者はごくわずかだ。だが逆説的ではあるが、逆方向の動きも同時進行する。ＡＩのブレイクスルーは、オープンアクセスの学術誌に発表された数日後には、オープンソースの公開リポジトリに登録される。これによってＡＩの最先端モデルに誰もが簡単にアクセスでき、実験、構築、変更も可能だ。ＡＩモデルの「重み」に至るまで、公開、流出、盗用される。

スタビリティＡＩ（Stability AI）やハギングフェイス（Hugging Face）のような企業は、非中央集権型の分散型ＡＩを推進している。CRISPRのような技術によって生命工学実験が容易になったことで、バイオハッカーが自宅ガレージで最先端テクノロジーをいじれるようになった。最終的にＤＮＡや大規模言語モデルのコードの共有やコピーは、普通のことになる。オープンネスはデフォルトであり、模倣は止まらず、費用曲線はゼロに向かって落ち続け、アクセスへの障壁は崩れ去る。望めば誰でも指数関数的な力を手に入れられる。

これは巨大な力が既存の中心から再分配される時代の到来を告げている。たとえば小さなグループ（レバノンのような破綻国家や、ニューメキシコの遊牧民キャンプなどでオフグリッドな生活するグループ）が、ＡＩ活用によって信用組合や学校、医療機関といったサービスを提供できるようになる未来を想像してほしい。こうしたサービスはコミュニティの中心を担うものであり、普通は国家が提供するか、より大規模なグループが設立するものだ。だが、小さなグループでもサービスが提供できるのであれば、社会の条件をマイクロレベルで設定したくなるだろう。「批判的人種理論を教えない私たちの小規模学校に通おう」「邪悪な金融システムをボイコットして、私たちのＤｅＦｉ（分散型金融）プロダクトを使おう」といった具合に、イデオロギーや宗教、文化、人種に基づくグループ分けをして、自立して存続可能な社会を作れる。自前の学校や病院や軍隊を設立することを想像してみてほしい。複雑で膨大で難解なプロジェクトであり、想像するだけで疲れる。必要なリソースと許認可と設備を手に入れるだけで一生かかるかもしれない。だが、今は「学校を運営して」「病院を設立して」「軍隊を組織して」と依頼すれば、現実的な期間で実現してくれる大量のアシスタントがいると考えてみてほしい。

ＡＣＩと合成生物学は、ダウ平均に採用されている巨大企業にも、環境保護団体「エクスティンクション・レベリオン（絶滅への反逆）」にも力を与える。カリスマ的リーダーを備えた小国も、対応が遅い大国も同じ条件に置かれるのだ。規模の優位性が増すかもしれないし、無効化されるかもしれない。すでに不安定になっている国家で、セクトや分離独立主義組織、慈善団体、ソーシャルネットワーク、狂信者や排外主義団体、ポピュリスト的陰謀論者、政党、マフィア、麻薬カルテル、テロ組織などによる国家建設のチャンスが来たら、何が起こるだろう。今の国家で政治に参加できないなら、自分の都合のよい国家を作ればいい。

断片化は世界中で発生する可能性がある。企業が国家になる道を歩み出せばどうなるだろうか。都市がより自主性を得ようと、国家から独立したらどうなるだろうか。現実世界以上に仮想世界により多くの時間とお金、感情エネルギーが費やされたらどうなるだろうか。途方もない力と専門知識を備えたツールが、億万長者だけでなくストリートチルドレンにも利用できるようになったら、これまでの社会の階層構造はどうなるだろうか。そもそも、巨大企業がＧメールやエクセルといったソフトウエア開発に心血を注いでおり、さらにそのソフトウエアは誰しもが入手可能であるということ自体が驚くべきことなのだ。さらに力へのアクセスの民主化が図られ、この範囲が根本的に拡張されれば、地球上の誰もが史上最強のテクノロジーの数々に自由にアクセスできるようになる。

人々がますます力を手にすると、新しい不平等が生物学分野に生まれると私は予想する。断片化された世界では、人体実験に対して寛容な地域が生まれる。それによってDNAレベルでさまざまな先端バイオ能力と自己改造がもたらされ、結果的に国家レベルやミニ国家レベルで異なる結果が生み出される。個人を増強するバイオハッキングによる軍拡競争のようなものが起こるかもしれない。投資や優位性を切望する国は、何でもありのバイオハッカー天国になることに可能性を見出すかもしれない。通常では到達し得ないような知的能力や肉体能力をバイオハッキングによって手に入れた「ポストヒューマン」の集団が出現したら、どのような社会契約が成立するだろうか。一部の少数集団が全体を置き去りにしようとする「分断された政治」と、どのような相互作用を起こすだろう。

すべてはまだ仮説でしかない。だが、以前には考えられないようなことが、可能性として否定できない時代に私たちは突入した。現実を見ないことのほうが、過度な推測よりも危険だ。

統治は被治者の同意に基づくものだ。統治は、関係者全員の信念の上に成り立つ集団的虚構である。このシナリオでは、主権国家は限界まで圧力をかけられ、古い社会契約はバラバラに引き裂かれる。制度は形骸化し、弱体化し、取って代わられる。課税、法の執行、規範の遵守、すべてが脅威にさらされる。権力の急速な断片化が進み、一種の「バルカニゼーション」が加速度的に発生し、機敏で有能な新しい主体が乱立して、かつてないほどの自由を手にするかもしれない。権威とサービスの統一体としての国家が、バラバラに切り離され始める。

このシナリオに描かれるのは、国民国家以前の世界かもしれない。「新しい中世」的で、小規模で、地域的で、さまざまな憲法を持ち、複雑で不安定な政治形態のパッチワークとなる。違いは最先端テクノロジーを手にしているということだ。北イタリアがこうした小さな都市国家のパッチワークだった時代にルネサンスは生まれたが、絶え間ない戦争と確執の舞台ともなった。ルネサンスの再来はすばらしいが、未来の軍事技術で遂行する終わりなき戦争は誰も望まない。

テクノロジーに携わる、またはテクノロジーに隣接する分野に携わる多くの人々にとって、この種の急進的な結果は望ましくない副産物ではなく、目標そのものになっている。ベンチャーキャピタリストでペイパル創業者のピーター・ティールのようなハイパー・リバタリアンなテクノロジストは、国家が衰退するという見通しを称賛し、「主権ある個人」を自認する非常なる成功を収めたビジネスリーダーを解放するものと受け止めている。[*33] 既存の公共サービスや制度や社会規範を焚き火にくべることを奨励するのは、テクノロジーによって「これまでにない形の異議申し立てや、歴史的な国民国家の考え方に縛られない新たなコミュニティを形成する空間を創造する」という明確な見通しがあるからだ。[*34]

テクノ・リバタリアン運動は、レーガン大統領が1981年の就任演説で述べた「政府が問題だ」という考えを論理的に極端に推し進めたもので、政府の多くの欠点をあげつらうだけで、政府によってもたらされる莫大な利点を一切見逃している。政府による規制や課税は少なくとも彼らには破壊的な制限であり、ほとんど利益をもたらさないと捉える。権力と特権を最も有している人たちの思想がこれほど心が狭くて破壊的なことにひどく落ち込むが、彼らの思想は社会の断片化をさらに推し進める。

億万長者や宗教家がミニ国家を設立・運営できる時代が到来した。企業、コミューン、アルゴリズムといった非国家主体が、国家の上からも下からも暗い影を投げかけている。ここで再び、鐙というひとつの単純な発明が後世にどんな影響をもたらしたか、考えてみてほしい。そのうえで来たるべき波がもたらす発明の規模について考えてほしい。現在の国家や社会がさまざまな圧力にさらされ、脆弱性を抱えていることを考えると、今私が推測した秩序の広範な変化は、それほど突飛ではないだろう。根本的な変化が何も起こらないほうが、むしろ奇妙だ。

相反する波の到来

力の集中と分散が相反しているように聞こえるのは、事実、相反しているからだ。未来を推測するには、相反する複数の軌跡を同時に扱う必要がある。来たるべき波は集中と分散の激流を同時に引き起こす。どちらも同時進行するのだ。すべての個人や企業、教会、非営利団体、国家は、最終的に独自のＡＩ能力、独自の生命工学能力、独自のロボット工学能力を保有する。ソファに座る一個人から世界最大の組織まで、それぞれのＡＩが所有者の目標を達成しようとする。相反し、衝突を繰り返す波を理解する鍵がここにある。

新しい力が形成されれば、公共財提供のビジョンが変わり、商品製造法が変わり、布教される宗教思想が変わる。すでにＡＩシステムは明確な政治的影響を持つ重要な決定を下している。誰が融資や就職、大学進学、仮釈放、ベテラン医師の診察といったことを享受できるか決めている。今後10年以内に、ＡＩは公金の使途や軍隊の配置計画、学生のカリキュラムも決定するだろう。いずれも集中と分散の両極で起きる。たとえば、ＡＩは超国家的な大規模システムや数億を管理する汎用的な公益事業として利用される可能性がある。同時に、低コストで入手でき、オープンソースで適応性の高い超高性能システムが、小さな村に導入されるだろう。

テクノロジーの所有形態は、同時並行で複数が存在することになる。オープンソースを支援する非営利組織が民主化したテクノロジー、今日の主要企業や電撃的に規模拡大するスタートアップによるプロダクト、国有化あるいは内製で生み出された政府保有のテクノロジー。すべてが共存・共進化し、力の流れやネットワークを変化・拡大・創出・破壊する。

複数の影響力がどこでどう作用するか、現在の社会的・政治的要因によって大きく異なる。単純に図式化できないし、未知の抵抗ポイントと適応ポイントが無数にある。あるセクターや地域はひとつの方向に進み、ほかのセクターや地域は異なる方向に進み、一部は両方の強烈なねじれを経験するかもしれない。いくつかの階層構造や社会構造は強化され、ほかは覆される。ある場所では平等あるいは権威主義のどちらかの傾向が高まるかもしれないが、ほかの場所ではそうではないかもしれない。いずれにしろ、さらなるストレスと不安定さ、予測不可能な力の増幅、急進的な新しい能力の中心で起きる苦痛を伴う混乱によって、自由民主主義の国民国家の基盤がいっそう揺らぐ。

私の予想があまりに奇妙で、逆説的で、あり得ないと思うなら、こう考えてほしい。来たるべき波は前回の波と同じ相反する力学をさらに深化させ、反復する。前回の波に含まれたインターネットはまさにそうだった。いくつかの主要なハブに集中させる一方で、何十億人に力を与えた。巨大なものを生み出す一方で、すべての人に参加する機会を与えた。ソーシャルメディアは少数の巨人と何百万もの部族を作り出した。誰でもウェブサイトを作れるがグーグルはただひとつ、誰もが独自のニッチ商品を販売できるがアマゾンもただひとつ……同じ現象が他でも見られる。インターネット時代の混乱は、エンパワメントとコントロールという強力で炎上しやすい混合物の緊張関係によるものであると、ほぼ説明できる。

来たるべき波によって、集中化と分散はインターネットやデジタル領域を超えて拡大する。これを人生のあらゆる場面に当てはめてみてほしい。確かに私たちはインターネットでこの苦痛を伴う変化を経験済みだ。だが、インターネットの登場による変化を大きく感じたのであれば、今度の変化はもっと大きい。オムニユースの汎用技術が社会を変える。それだけでなく、人間であることの意味まで変えてしまう。大げさに聞こえるかもしれないが、今後10年以内に情報と富、何よりも権力の急激な流動化および新たな集中と分散が起きることを覚悟しなければならない。

では、この現象においてテクノロジーはどこへ向かうのだろうか。さらに重要なことだが、私たちはどこへ向かうのだろうか。国家が来たるべき波をバランスよく統制できなければ、どうなるだろうか。ここまでの第Ⅲ部では、現代の国民国家がすでに不安定な状態にあることと、来たるべき波によって到来する新たな脅威について見てきた。見てきた通り、計り知れないストレス要因と力の大掛かりな再分配が進み、波を統制できる唯一の力である国家が危機的状況に追い込まれる。

この瞬間が今まさに訪れつつある。容赦ないテクノロジー進化と国家の終わりによって危機がもたらされる。この危機は、人類存続にかかわる深刻な問題であり、21世紀最大のジレンマとなる厳しい選択とトレードオフとして私たちに突きつけられる。

よい選択肢がない状況に私たちを追い込むのは、テクノロジーの究極の失敗と言える。だが、私たちはまさにそこへ向かっているのだ。

第12章 ジレンマ

大惨事——究極の失敗

人類の歴史は、大惨事の歴史でもある。大惨事の中でもパンデミックはよく取り上げられる。6世紀の「ユスティニアヌスのペスト」と14世紀の「黒死病」は、世界の人口の最大3割を死に至らしめた。1300年にイングランドの人口は700万人だったが、黒死病に襲われ、1450年にはわずか200万人に減少した。[*1]

もちろん人為的な大惨事もある。第一次世界大戦は世界人口の約1%を、第二次世界大戦は世界人口の3%を犠牲にした。[*2] また13世紀にチンギス・ハンとモンゴル軍は中国や中央アジアに攻め込み、世界人口の1割近くの命を奪った。原爆開発によって、人類は地球上のすべての人間を何度も死滅させる壮絶な破壊力を手にしている。かつて何年も何十年もかけて発生した大惨事を、ボタンひとつでわずか数分内に発生させることができるのだ。

来たるべき波は、大惨事を起こす人類の能力を飛躍させる。リスク上限も、大惨事を引き起こす力を解き放とうとする者が利用できる手段の数も増える。本章では、国家機能に対する脆弱性や脅威から一歩進めて、封じ込め失敗で（遅かれ早かれ）何が起こり得るかを予想しよう。

新しいテクノロジーの圧倒的多数は、よい目的に利用される。本書ではリスクに焦点を当てているが、新テクノロジーが日常的に数え切れないほどの人々の生活を向上することを忘れてはならない。本章では、ほとんどの人たち――特にこうしたツールを使う仕事をしている人たち――が見たくもない極端な例を取り上げる。だが、使用例が少ないとしても、無視はできない。悪意ある者たちが深刻な被害を与え、広い範囲を不安定化できることはすでに見てきた。では、十分な技量のない研究所やハッカーが複雑なDNA鎖を合成できるようになればどうなるだろうか。災害発生までに、どれくらいの時間がかかるだろうか。

史上最強のテクノロジーが至るところに浸透するにつれ、極端な例が引き起こされる可能性も増す。解放された力と同じスケールとスピードで、いずれ何か問題が発生するだろう。来たるべき波の4つの特徴を考えると、あらゆるレベルで強力な封じ込め策が講じられなければ、人為的なパンデミックのような大惨事の可能性がこれまで以上に高くなる。

とても許容できることではない。だが、ここにジレンマがある。というのは、新しいテクノロジーを最大限確実に封じ込めるような解決策も同じく許容できないからだ。それは人類を権威主義的でディストピア的な道へと導くことになる。

一方では、前章で見たようなテクノロジーを活用し、完全な監視社会に向かう可能性がある。予測・制御できないテクノロジーに対して強硬なメカニズムで対応しようという、社会の本能的反応であり、自由が犠牲になる。あるいは、人類が最先端テクノロジーの開発から完全撤退するかもしれない。これは起こりそうにないが、たとえ起こったとしても何の解決にもならない。この実存する困難を切り抜けられる唯一の存在は、国民国家体制しかない。だが、この体制が封じ込めるべき力によって衰弱・崩壊しつつある。

これらのテクノロジーが引き起こす影響によって、人類は大惨事とディストピアの両極に挟まれた道を歩まされる。これが私たちの時代の根本的なジレンマだ。

人々の生活を向上させ、コストや不利益をはるかに超えた利益をもたらす――テクノロジーはこんな約束をしてくれたはずだが、このひどい選択肢は約束がひどく裏切られたことを意味している。

破局ばかりを強調されると、私を含めて多くの人は興味を失う。警戒感や懐疑心を抱くかもしれない。壊滅的な影響について話すと、冷たい反応が返ってくることが多い。大惨事を強調しすぎている、ネガティブに考えすぎる、人騒がせだ、現在の多くの危機にこそ注意が必要なのに、はるか先のわずかなリスクにこだわっている、といった非難だ。極端なテクノ楽観主義と同じで、極端なテクノ悲観主義も、歴史的裏付けがない、見当違いの歪んだ極論として軽視されがちだ。

だが、警告が劇的であっても、無条件に却下してはならない。「悲観論嫌悪」によって災厄がふりかかる可能性を一切受け入れなければ、大きな災厄を呼び込むことになる。少数の変わり者の大げさな物言いだとして警告を無視することが、自分には合理的で「賢い」と思えたとしても、その姿勢が自らの失敗につながる。

テクノロジーのリスクは、私たちを不確かな領域へと間違いなく導く。あらゆるトレンドがリスクの多発を示している。この推測は、絶え間ない科学的・技術的進歩の相互作用に基づくものだ。大惨事の可能性を否定する人は、今話題にしているのがオートバイや洗濯機の普及ではないという事実を軽視している。

さまざまな大惨事

どのような壊滅的被害に備えなければならないか、第10章で見た悪意ある者による攻撃をもとに推測してみよう。以下は、どれも考えられるほんの数例だ。

テロリストが顔認識機能を備えた自動火器を数百から数千の強力な自律型ドローン群に搭載する。どのドローンも銃撃後に速やかに体勢を立て直し、短時間に連射し、移動することができる。そのドローン群がある人物の殺害を指示され、大都市の中心街に解き放たれる。通勤ラッシュの最中に、恐ろしいほど効率的に都市を最適ルートで移動する。わずか数分で、たとえば主要駅など都市のランドマークを襲撃した２００８年のムンバイ同時多発テロより、はるかに大規模な攻撃を起こせるだろう。

大量殺人者が大規模政治集会の襲撃を決意し、特製の病原体を入れた噴霧装置つきドローンを使用する。集会参加者たちは次々に病気を発症し、家族にも伝染する。演説していた賛否両論ある注目の政治家が最初の犠牲者の1人になる。激しい党派対立の中でこのような攻撃があれば、暴力的な報復が各地に広がり、国内は混乱状態に陥る。

アメリカ在住の危険な陰謀論者が、自然言語だけを使ってAIに生成させた偽情報動画を大量に流す。さまざまな偽情報動画を発信するが、ほとんどがあまり拡散しない。だが、「シカゴで警察官による殺人事件が発生」というひとつの動画が火を付ける。完全なフェイク動画だが、街頭では騒ぎが起き、警察への嫌悪感が広がる。こうして陰謀論者は拡散させるノウハウを手に入れる。警察官による殺人がフェイク動画であると確認されるまでの間に、暴動が全米規模で発生し、多数の犠牲者が出る。新たな偽情報動画が燃料として次々に投下され、暴動は沈静化しない。

あるいは、これらが同時発生するかもしれない。ひとつの集会やひとつの都市だけでなく、何百もの場所で同時発生したらどうなるだろうか。ツールが入手できる状態で、悪意ある者に力を与えれば、大惨事がもたらされることに気づくだろう。今日のＡＩは水道に毒を入れる方法や爆弾探知機をすり抜ける爆弾を作る方法を教えないように、できる限りの対策が取られている。ＡＩが独自に目標を設定・遂行する能力はまだない。だが、すでに見てきたように、最先端でより強力なＡＩモデルが、安全対策が取られていないバージョンも含めて急速に広がっている。

来たるべき波がもたらす壊滅的なリスクに関するマスコミ報道はＡＩに偏っている。だが、他にもたくさんリスクはある。完全に自動化された軍隊は、紛争へ参加するハードルを今までよりはるかに下げる。戦争が偶発的に発生するが開戦理由は永遠に不明、ということが起こる。ＡＩが何らかの行動パターンや脅威パターンを検出し、瞬時に圧倒的な力で反応するからだ。言うまでもなく、こうした戦争はこれまでとはまったく異質である。戦闘は急速に激化し、かつてないほどの壊滅的な結果がもたらされる。

本書では、人為的パンデミックと病原体の偶発的漏出の危険性、自己改良に熱心な大勢の者が遺伝コードを操作すると何が起きるかについて、すでに見てきた。特定の動植物の個体群を対象にした攻撃や、ひとつの生態系を破壊するといった、それほど目立たなくても極端な生物学的リスクとなる事件も十分に考えられる。たとえばコカイン撲滅を考える活動家が、除草剤の空中散布の代わりに、コカノキだけを食べる新種の昆虫を生み出すことを想像してほしい。あるいは過激な完全菜食主義者《ビーガン》が食肉のサプライチェーンを破壊することを決意する。予想の範囲内と範囲外の恐ろしい結果が起こり得るが、どちらも制御不能に陥るかもしれない。

脆弱性増幅器という観点で研究所からの病原体漏出を見てきたが、もしも漏出をすぐに抑えられなければ、過去のパンデミックを再現することになる。たとえば、新型コロナウイルスのオミクロン株は、最初に発見されてから100日以内にアメリカ人の4分の1に感染した。もし同じ感染力で致死率が20%のウイルスが蔓延したらどうなるだろうか。またはHIVのように何年も症状の出ないウイルスが、空気感染したらどうなるだろうか。たとえば基本再生産数4（水痘や麻疹よりはるかに低い）で致死率50%（エボラや鳥インフルエンザよりはるかに低い）の未知のウイルスが拡散すれば、ロックダウンなどの対策が取れたとしても、数カ月で10億人以上の死者が出る。[*3] そんな病原体がひとつではなく、いくつも放出されたらどうなるだろうか。脆弱性増幅器どころではなく、未曾有の大惨事になるだろう。

ハリウッド映画のよくある筋書きを超えて、ＡＩがどんな災害を引き起こす可能性があるだろうか。研究者の非主流派は極端なストーリーを想定する。全能のコンピュータが不可解な目的のために世界を滅ぼすのだ。ハリウッド映画のように最初から有害なＡＩが世界を破壊するのではなく、人類の懸念に無関心な本格的ＡＧＩが、不可解なゴールに向けてやみくもに最適化するからだ。

典型的な思考実験をしてみよう。十分に強力なＡＩにペーパークリップを作るように指示したとする。ゴールを慎重に設定しなかった結果、地球のみならず、宇宙のあらゆる物体がペーパークリップに変えられてしまう可能性がある。こうした論理の連鎖を辿ると、ひどい事態が次々に浮かび上がる。ＡＩの安全性の研究者は、ＡＧＩのようなものが創造されれば、人類は自分たちの運命をコントロールできなくなるのではないかと懸念する（この懸念は正しい）。人類は既知の宇宙における支配的な種から初めて転落するのだ。ＡＩの設計者がいかに賢く、安全機構がいかに強固であっても、不測の事態を把握することも、安全性を保証することもできない。人類の利益と完全一致するようにアライメントされていても、十分に強力なＡＩであれば、自らプログラミングを上書きし、安全機構とアライメントを無効化する可能性がある。

このように考えるからか、「ＡＧＩは今日の人類が直面する最大リスクだ！　ＡＧＩが世界を終わらせる！」というような意見をよく耳にする。だが、それは実際どんなものか、どのようにして起こるのか質問されれば、彼らは言葉を濁すし、具体的な危険性を明示することはできない。ただ、ＡＩはあらゆる演算資源を独占し、世界全体を巨大なコンピュータに変えてしまうかもしれない、と言うだけだ。ＡＩがますます強力になっていく現在、最悪のシナリオを真剣に想定して、被害軽減を考えなければならない。だが、そこに至るずっと前に、さまざまな問題が起こり得る。

今後10年間で、ＡＩが史上最強の「力の増幅器」となり、歴史に残る規模で力の再分配を起こす可能性がある。人類進歩の最大の促進要素になるかもしれないが、同時に損害を引き起こす可能性もある。戦争から事故、突発的なテロ集団の発生、権威主義的政府、企業支配の強化、窃盗の多発、意図的な破壊活動など、あらゆる害がもたらされる恐れもある。現代版チューリングテストを容易に合格するＡＧＩが大惨事を引き起こすと想像してほしい。最先端ＡＩと合成生物学は新しいエネルギー源や特効薬を見つける研究者だけでなく、次なるセオドア・カジンスキー（通称ユナボマー）にも利用可能になるのだ。

ＡＩは人類の良い面も悪い面も拡張する。だから有益であると同時に危険だ。しかも、学習することを前提としたテクノロジーであり、適応と探査を続け、ほかのＡＩですら考えつかなかったような新奇な戦略やアイデアを生み出す可能性がある。現代のＡＩに水道網を破壊する方法を、株式市場を崩壊させる方法を、核戦争を引き起こす方法を、究極のウイルスを設計する方法を尋ねてみよう。もちろんすぐに提案してくれる。私が何より心配するのは、思考実験に登場するペーパークリップ製造ＡＩでもなければ、悪魔的な有害なＡＩでもなく、現代のＡＩにすでに備わった力が、今後10年間にどれだけ増幅されるかだ。

ＡＩがエネルギー網、メディアのコンテンツや番組制作、発電所、航空機、主要金融機関の取引口座をコントロールする世界を想像してほしい。至るところにロボットがいて、軍隊は自律型致死兵器を大量配備し、兵器庫には文字通りボタンひとつで大量殺戮が自律的に実行される技術を搭載した武器がぎっしり保管されている。それを軍隊とは別のＡＩがハッキングしようとしたらどうなるだろうか。または攻撃ではなく、単純なエラーのようなもっと基本的な障害を考えてほしい。基礎インフラでＡＩがミスを犯したらどうなるだろうか。あるいは広く普及した医療システムで誤作動が起こったらどうなるだろうか。多数の有能で半自律型ＡＩに善意の目標を指示するが、その目標の設定が不適切だったら、大惨事になる恐れがあることは容易に想像がつく。[*4] 農業、化学、外科手術、財務など、さまざまな分野にＡＩがどんな影響をもたらすか、まだわからない。それが問題なのだ。障害の種類と被害の範囲がまだわからない。

新しいテクノロジーをどう構築すれば安全に使えるのか、教えてくれるマニュアルは存在しない。能力も危険度も増していくシステムをあらかじめ構築して実験することもできない。ＡＩの自己改善スピードもわからない。生命工学の未開拓領域で行われていた実験で事故が発生したらどうなるか、人間の脳とコンピュータを直接接続して意識を一体化したら何が起きるか、AI兵器によるサイバー攻撃が重要インフラにどのような被害をもたらすか、人為的遺伝子ドライブが自然界でどう広がるかもわからない。急速に進化する自己複製機械や新しい生物学的因子が放たれれば、もう元に戻せない。ある段階以降は好奇心から新テクノロジーをいじることすら危険になるかもしれない。大惨事にならないと思っていても、私たちが今やみくもに作業を進めていることを考えると、一度立ち止まらなければならない。

また、テクノロジーを安全に構築し、封じ込めるだけでは十分ではない。AIアライメントは一度すればよいというものではなく、強力なAIを構築するたびにアライメントが必要となる。研究所からの病原体の漏出は、漏出させた研究所だけの問題ではない。政治的緊張下にある国も含め、世界各国のあらゆる研究所が問題をいつまでも共有・解決し続けなければならない。テクノロジーの力が臨界点を超えた場合、最初の開発者が安全に構築するだけでは不十分だ(もちろんそれも難題だが)。本当に安全に使うには、どの利用場面においても安全基準を維持する必要がある。新しいテクノロジーがすでに大変なスピードで拡散していることを考えれば、これが何より強く期待される。

ここで説明したのは、誰もがあらゆる人々に影響を及ぼすようなツールを自由に発明・利用できる状況になった時に起きることだ。想定しているのは活版印刷機や蒸気機関のような発明品ではなく、新種の化合物や新種の生命体、新種の生物といった、まったく新しい特性を持つ発明である。

来たるべき波を封じ込めないのであれば、あとは時間の問題だ。事故、エラー、悪用、人間が制御できない進化といった、さまざまな予測不能な展開を許容することになる。どこかの段階で、何らかの形で、何かが、世界のどこかで失敗する。ボパール化学工場事故やチョルノービリ原発事故といった規模ではなく、被害は世界規模になる。ほぼ善意で進められたテクノロジー開発の結果がこれである。

だが、全員が善意を共有するとは限らないのだ。

カルト、過激派、自暴自棄国家

機能獲得研究などで発生するリスクのほとんどは、審査を経たうえで安全な開発を進めた結果である。言い換えれば、巨大な報復効果《リベンジ・エフェクト》であり、善意が意図せぬ結果となったわけだ。だが残念なことに、まったくの悪意で設立される組織もある。

1980年代、日本に終末思想のカルト、オウム真理教が設立された。[*5] 麻原彰晃こと松本智津夫が開いたヨガ道場から始まった宗教団体で、世の中に不満を持つ人たちを狙って最盛期には1万人ほどの信者が日本国内にいた。教団は次第に過激化し、ハルマゲドン（最終戦争）の到来を説き、信者以外は生き残れないと説いた。さらに教団に抵抗する者の殺人も「救済」であるとし、麻原の忠実な側近たちは生物兵器や化学兵器の開発を進めた。教団の総資産は1000億円以上あったと推定され、信者には高度な専門知識を持つ科学者が数十人ほどいた。[*6] 地震兵器、プラズマ兵器、恒星反射砲（宇宙に打ち上げた巨大な鏡で太陽光を地上に集中させる兵器）といった奇怪なSF兵器の開発に魅了されていたが、非常に本格的で優秀な科学者集団だった。

オウム真理教はダミー会社を設立し、各地の大学の研究室に侵入して必要物資を手に入れ、オーストラリアに土地を購入して核兵器製造に向けてウラン探査を試み、山梨県の教団施設で大規模な生物・化学兵器計画に着手した。オウム真理教の研究グループはホスゲン、青酸ガス、ソマンなどの神経剤の開発・実験を進めていた。さらには炭疽菌の大規模散布を計画し、ウイルス学専攻の大学院生を信者に取り込んだ。オウム真理教は神経毒であるボツリヌス菌を入手し、国会議事堂周辺や皇居周辺、別の宗教団体の本部、アメリカ海軍横須賀基地の周辺に噴霧した。幸いなことに培養に失敗しており、被害は出なかった。

だが、これで終わりではなかった。1994年、オウム真理教は長野県松本市で神経ガスのサリンを噴霧し、8人が死亡、約600人の重軽傷者が出た。その1年後の1995年3月20日、東京の地下鉄車内でサリンを撒き、14人が死亡、6000人以上が重軽傷を負った。走行中の地下鉄車内という密閉空間でサリンを撒いたため、多数の死傷者を出すことになった。

オウム真理教は異常な組織力と恐ろしいまでの野心を抱いていた。教祖の麻原彰晃は無差別テロを起こしてオウム国家を設立しようとしており、組織体制は中央省庁を模していた。一方で安心すべきは、オウム真理教のような団体が出てくるのは稀であることだ。１９９０年代以降の多くのテロ事件や非国家による大量殺戮のほとんどは、精神的に不安定な一匹狼か、特定の政治思想やイデオロギーを持つ集団によって実行されている。

だが、安心ばかりしてはいられない。かつては大量殺人を可能にする武器の入手は困難であり、大惨事が食い止められてきた。たとえば学校で銃を乱射するような病的な虚無主義者が入手できる武器は限られていた。ユナボマーは手製の装置しか持っていなかった。オウム真理教にとって、生物・化学兵器の製造・噴霧はひどく困難だったはずだ。被害妄想的な秘密主義の狂信的集団で、規模も小さく、専門知識も不十分で、材料の入手経路も限られていた。オウム真理教は何度も製造に失敗している。

だがすでに見てきたように、来たるべき波は破壊手段を民主化し、コモディティ化する。性能も適応性も向上した殺戮兵器を、人間の制御も理解も超えた方法で稼働できる。進化とアップグレードを高速で繰り返す人類最高の攻撃力を、誰もが手に入れられるようになる。

新しいテクノロジーを使ってテロを起こすオウム真理教のような者は稀にしか出現しない。だが、たとえオウム真理教のような組織が50年に一度の割合で出現するとしても、地下鉄サリン事件を上回る大量殺戮を防ぐには多すぎる。カルトも過激派も破滅しかかって自暴自棄に陥った国家も、すべて動機を備えているし、大量殺戮を可能にする手段も手に入る。オウム真理教の影響に関する報告書に簡潔に表現されているように、「私たちはロシアンルーレットをしている」のだ。[*7]

歴史の新たな局面が到来した。ゾンビ国家が新しいテクノロジーを封じ込められなければ、次のオウム真理教、新たな産業事故、狂気に駆られた独裁者による戦争、研究所からの病原体の漏出といったことが起き、どれも想像を絶する衝撃をもたらす。

こうした暗いリスクシナリオをＳＦの読みすぎとか、破滅主義に陥った者の非現実的な白昼夢として片付けてしまいたくなるが、それは望ましくない。ＢＳＬ－４施設の利用手順や、規制の提案、ＡＩアライメント問題に関する論文公開といった進展があっても、悪意ある者のインセンティブは消えないし、テクノロジーは発展・拡散の一途にある。これはＳＦやネットフリックスのドラマの話ではないのだ。現実の話で、今この瞬間にも世界中のオフィスや研究所で進行中だ。

これほど深刻なリスクがあるからこそ、あらゆる選択肢を検討する必要がある。封じ込めには、テクノロジーを制御する能力が求められる。つまり、新しいテクノロジーの背後にいる人々や社会を管理する力という意味でもある。壊滅的な影響が広がるか、大惨事の可能性が無視できなくなれば、議論の内容が変わってくるだろう。管理や制御だけでなく、取り締まりを求める声が高まるだろう。かつてないほどの高い警戒レベルが人々に受け入れられる可能性もある。出現する脅威を探知・阻止できる可能性があるなら、それがベストで正しいことではないか、というわけだ。

世界中の政府や国民がこのような反応を示すと私は予想している。国民国家の中央集権的な力が脅かされ、封じ込めがますます困難になり、国民の命が危険にさらされれば、権力支配の強化は必然的な反応である。

問題は、その代償の大きさだ。

ディストピア化

大惨事を阻止することは当然の急務である。惨事の規模が大きいほど、リスクにさらされるものも多くなり、対策の必要性が高まる。惨事が発生する兆候があまりにも深刻になれば、テクノロジーのあらゆる側面を厳しく管理するしか阻止する方法はない、と政府は結論を出すだろう。非常線を張って、悪意あるＡＩや人工ウイルスを製造・研究・流出させないようにする。

テクノロジーは文明に深く浸透しているので、テクノロジーの監視は、あらゆるものの監視を意味する。あらゆる研究所、工場、企業、大学、サーバー、新しいソースコード、DNA合成のほか、森の中の小屋に潜伏するバイオハッカーから所有者を伏せた巨大データセンターまで、すべて漏れなく監視するのだ。来たるべき波がもたらす未曾有のダイナミクスに向き合い、大惨事を防ぐには、前例のない対処が必要だ。すべてを監視するだけでなく、いつでもどこでも必要な時に停止させ、コントロールする能力が求められる。

極限まで権力を一極集中させ、パノプティコンのような監視体制を構築し、悪意あるAIもパンデミックも発生しないように人々の生活のあらゆる面を厳しく管理する――こんな提案をする人が必ず出るはずだ。[*8] 多くの国家は前章で説明したような「ハード・パワーを活用した包括的監視体制」を敷くことが実現可能な唯一の方法だと認識しつつある。ディストピアへの扉は開かれた。実際、大惨事に直面すれば、ディストピアのほうが安心すると思う人もいるだろう。

このような意見は、特に西洋諸国ではまだ少数派だ。だが、増えていくのは時間の問題だろう。来たるべき波はディストピア化の動機と手段を与え、着実にデータ量と支配力を高める自己強化型「AI独裁国家」をもたらす。[*9] 政府に監視・管理の意志があるのか疑う人は、新型コロナウイルスによるパンデミックの際に、数週間前までは想定外だったロックダウンが突如として不可避になったことを考えてほしい。各国政府は国民に苦しい要請をして、国民はそれを遵守した――少なくとも初めのうちは。安全のためなら強力な手段への許容度も高まるようだ。社会に大変動が起これば、将来の惨事を阻止するために、極端な監視体制の設置を求める声が高まるだろう。新しいテクノロジーに問題が発生した場合、どのくらい早く取り締まりが行われるだろうか。大惨事を目の前にして、取り締まりに反論できる人はいるだろうか。監視型ディストピアが根を下ろし、蔓《つる》を伸ばして成長するまでに、どのくらい時間がかかるだろうか。小さな技術的失敗が重なれば、管理を求める声が高まる。管理が強まれば、権力に対する「抑制と均衡」は衰退する。それはさらなる介入を呼び、テクノディストピアへの下降スパイラルに陥る。

自由と安全のトレードオフは昔から存在するジレンマであり、ホッブズの『リヴァイアサン』の国家論にも見られる。多くの複雑な要因が絡み合う、決して消えないジレンマだ。だが、来たるべき波はこれをさらに難しくする。人為的パンデミックを食い止めるには、どの程度の社会的統制が適切だろうか。同じ目的のために他国へ干渉するなら、どこまでが適切だろうか。自由、主権、プライバシーに対して、かつてない痛みを伴う影響がもたらされる可能性がある。

すべてを見える状態にして細部まで管理する抑圧的監視社会は、別の形の失敗だと思う。来たるべき波のさまざまな力が人類を繁栄させるのではなく、逆効果をもたらす別の道筋だ。強制的で偏見に満ちた著しく不公平な利用が大幅に強化されるだろう。ようやく勝ち取った権利と自由も後退する。多くの国の自決権は、せいぜい妥協の産物に過ぎなくなる。この場合は、脆弱性ではなく、抑圧が明らかに増幅する。大惨事への対応がこのようなディストピアだとしたら、まるで対応になっていない。

中国などで構築された監視と支配のアーキテクチャによって、最初の一歩は間違いなく踏み出された。大変動の脅威と安全の約束は、さらに多くのことを可能にするだろう。これまでも、テクノロジーの波が押し寄せるたびに、社会秩序がシステム的に破壊される可能性を高めてきた。だが、これまではグローバル規模の大惨事を引き起こす広範囲のシステム的リスクはもたらさなかった。だがそれが変わり、ディストピア的な対応を促しかねないのだ。

ゾンビ国家がふらふらと大惨事の中を進めば、その開放性と高まるばかりの混乱状態は「封じ込め」という制約を受けないテクノロジーの培養器になる。一方で権威主義国家はすでに積極的にテクノディストピアへと進んでおり、道義的ではないが、大規模なプライバシー侵害と自由の縮小の準備を技術的に整えている。このふたつが両極にあることで、世界最悪の状況が生み出される恐れがある。[10] 強力な監視・統制装置がいくつも配備されているにもかかわらず、完全な封じ込め体制にはなっていないのだ。

大惨事に加えてディストピア。

技術哲学者のルイス・マンフォードは、社会の諸制度がテクノロジーと融合することで生まれる「すべてを包含する統一構造体」を「メガマシン」と呼んだ。[*11] メガマシンは「非人間的な共同体組織の利益のために制御」される。人類は自らの安全を確保するためにメガマシンを解き放ち、ほかのメガマシンが生まれるのを阻止するかもしれない。つまり、来たるべき波が自身を封じ込めるのに必要なツールを作り出す可能性もある。だがそうしたツールが障害状態になったとしたら、自己決定、自由、プライバシーが消去され、機械による監視と制御のシステムが社会を抑圧する支配形態に姿を変えてしまう。

こうした抑圧は現状そのものだと言う人には、未来はこんなものではないと申し上げたい。これが唯一考えられるディストピア的な道筋というわけでもないのだ。ほかにも多くの道が存在するが、ここに紹介したのは来たるべき波がもたらす政治的課題と大惨事の可能性の双方に直接関連している。これは漠然とした思考実験ではない。この道を前に、私たちは自問しなければならない。人類の進歩という列車の動力は非常に大きく、取り除くこともできないように見えるので、人類はこの列車から降りるべきではないだろうか。継続的なテクノロジー開発を完全に拒否すべきではないだろうか。とても実現できるとは思えないが、技術そのものを一時停止する時が来たのではないだろうか？

停滞——別種の大惨事

広大な都市、鋼鉄と石で作られた頑丈な建物、それらをつなぐ巨大な道路網と鉄道網、環境を整える大規模な土木工事といったものを見ると、社会の永続性を強く感じる。デジタルの世界の無重力感とは対照的に、私たちを取り巻く物質世界は強固さと豊かさがある。それが私たちの期待を日々形作っている。

私たちはスーパーマーケットに新鮮な野菜と果物がたくさんあることを期待し、夏すずしく冬暖かく過ごせることを期待する。社会が完全な無風状態になることはないが、21世紀のサプライチェーンもアフォーダンスも古い市庁舎のように揺るぎないと思っている。歴史上の大混乱期も陳腐な出来事に見えて、私たちはいつもの生活をほぼそのまま永遠に続けられると思い込んでいる。国の指導者を含めて私たちは皆同じように考えている。

だが、永遠に続くものなどない。歴史を振り返ると、古代メソポタミア文明、ローマ文明、マヤ文明、イースター島など文明崩壊は繰り返し生じており、文明は永続しないばかりか最初から持続不可能と決められているようだ。また文明崩壊は例外的ではなく、法則的に起きている。60の文明の調査によると、成立から崩壊まで平均約400年だという[*12]。新技術がなければ成長限界にぶつかる。エネルギーと食料の確保が難しくなり、社会の複雑化に対応できず、崩壊に至る。

この崩壊の法則は変わっていないのだが、何百年にもわたる絶え間ない技術進歩によって社会が歴史の罠から抜け出せたように見えるだけだ。文明は崩壊しないと考えるのは間違いである。21世紀の文明は当然ながらマヤ文明から大きく進化を遂げているが、貪欲で巨大な上部構造、人口の多さ、エネルギーと文明の限界といった問題は魔法のように消えたわけではなく、ただ押さえ込まれているだけだ。

こうしたインセンティブを押し止められる世界が来るとしよう。それはテクノロジー開発を一時停止する時期なのだろうか？　いや、絶対にそうではない。

現代文明は、継続的な技術進歩によってキャッシュになるものにしか投資しない。社会全体が長期的な経済成長を前提として構築されている。そして長期的な経済成長は新テクノロジーの採用と普及を前提としている。消費を増やしつつ支払いを下げる、増税なしに公共サービスを改善する、環境を持続不可能なレベルで悪化させつつ生活を際限なく向上させ続けるといったことには、テクノロジーが必要だ。間違いなく、国家と国民の「大いなる取引」にもテクノロジーが欠かせない。

新しいテクノロジーの開発は、地球上の重要問題に取り組み、解決するうえで不可欠な要素のひとつである。[*13] 現存する、人的・物的な搾取も無視できない。現在のテクノロジーは多くの驚くべき点があるが、先進国の日常レベルを世界80億人が持続的に享受できる見込みはほとんどない。この考えを不愉快に思う人もいるだろうが、大事なことなので繰り返したい。気候変動への対処、生活水準や医療水準の向上、教育の改善、機会の均等といったことは、新たなテクノロジーを解決策のひとつとして広く提供しなければ、実現できない。

一時停止が可能だとしてだが、テクノロジー開発の一時停止は、ある程度の安全をもたらすだろう。新たな壊滅的なリスクを当面回避できるだろう。だが、それでディストピアから完全に逃れられるわけではない。21世紀社会の持続不可能性が判明すると、別の形のディストピアが出現する。新テクノロジーなしには早晩すべてが停滞し、すべてが崩壊する可能性がある。

次の100年で世界人口は減り始める。中には急激に減少する国もある。[*14] 労働力率が低下するので、現在の水準で経済を機能させられなくなる。つまり、新しいテクノロジーがなければ、生活水準を維持できないのだ。

これは世界的な問題だ。日本、ドイツ、イタリア、ロシア、韓国などはすでに生産年齢人口の危機に直面している。[*15] 驚くべきことに、2050年代にはインド、インドネシア、メキシコ、トルコなども同じ状況になると予想される。中国は今後数十年、世界の技術進展をリードする。[*16] だが、上海社会科学院の予測によると、21世紀末の中国の人口はわずか6億人に減少し、約100年間分の人口増を帳消しにする。中国の合計特殊出生率はすでに世界の最低水準にあり、隣国の韓国や台湾とほとんど変わらない。新しいテクノロジーがなければ、中国は持続不可能だ。

人口減の問題だけでなく、専門知識、税収基盤、投資の問題も発生する。退職者は社会からお金を引き出すが、長期投資はしない。つまり、「第二次世界大戦後の統治モデルは単に破綻に向かっているだけではない。社会的な自殺協定である」[*17]。人口動態は数十年かけて変化する。同世代コーホート人口は増えないから、ゆっくりと進む不可避の衰退がすでに始まっている。代替する労働力を見つける以外に、うっすらと見える氷山との衝突を避けようがない。

資源にも確実にストレスがかかる。クリーンテックのために採掘される大量の資源を思い起こしてほしいが、そのほかあらゆることについても原材料調達が非常に複雑化し、不安定になっている。2030年までにリチウム、コバルト、黒鉛の需要は500％増加すると予想される[*18]。現在、クリーンな経済を実現するうえで最も期待されているのがバッテリーだが、ほとんどの場所の消費電力の数分間分あるいは数秒間分すら蓄電できない。急減する資源の代替品を手に入れるか、多種多様な材料のサプライチェーンの不具合を改善するには選択肢が必要だ。すなわち、材料科学などの分野における新たな技術的・科学的なブレイクスルーが必要となる。

人口と資源の制限を考えれば、現状維持だけでも生産性を2～3倍向上させる必要がある[*19]。そして単なる現状維持は、世界の大多数の人々――先進国よりも乳幼児死亡率が12倍も高い生活を強いられている人々――には受け入れ難い。言うまでもなく、現状維持でも、人口と資源の問題は到来するし、気候変動問題も解決しない。

間違えないでほしいが、一時停止は大惨事を意味するのだ。

これは単にレストランで労働力が不足し、バッテリーが高騰するという問題ではない。予測不能な結果が連鎖的に次々と発生し、現代生活の不安定な側面をすべて白紙に戻し、すでに存在する多数の難しい問題と絡み合う。私たちの生活のどれほど多くの部分が持続的な技術進歩に支えられているか、容易に見過ごされてしまうようだ。過去の文明を崩壊させた法則が、はっきりと大声で叫んでいるのが聞こえる。一時停止は成長の限界をもたらし、最高のシナリオでも「衰退する未来」となる。おそらく内部崩壊し、悪循環が急激に進行する。一時停止は、第3の選択肢となり、トリレンマを形成するという者もいる。私はそう思わない。第一に、一時停止は現時点でいちばん可能性が低い。第二に、一時停止は既存のジレンマを言い換えただけだ。テクノロジー開発凍結は解決策ではない。別のディストピアか、別の大惨事を招くだけだ。

たとえ一時停止が可能だとしても、それでは安全ではない。生活水準の向上のみならず、現状維持にすら新テクノロジーが必要だ。文明崩壊を防ぐにもテクノロジーが不可欠だ。新しいテクノロジーに「ノー」と言えば、人類の存続が代償になる。どの道を進もうとも、大きなリスクとデメリットを突きつけられる。

これこそが大いなるジレンマだ。

次はどこへ向かう？

原子力とデジタルの時代が到来し、こうしたジレンマが次第に明確になっていった。1955年、晩年のジョン・フォン・ノイマンは「私たちはテクノロジーを生き残れるか？」という小論を書いた。フォン・ノイマンは国際社会が「急速に深まる危機に直面している。技術進歩の起きるべき環境が、規模も小さく、組織化も不十分であることがその原因だ」と記し、本書での議論を予見している。[*20] フォン・ノイマンは小論の末尾に、人類が生き残れるかどうかは「可能性」に過ぎないと綴っているが、彼が自らのコンピュータ技術によって原爆という武器の実現に寄与したことを考えれば当然かもしれない。「進歩に治療法はない」とフォン・ノイマンは書いている。「現在の爆発的な技術進歩の多様性に対して、自動的に安全な道を見つけようとしても挫折するだけだ」

リスクを抑えつつ、多くの利益を生むテクノロジーを構築したいと考えているのは私だけではない。この野心を「新たなシリコンバレーの思い上がり」と揶揄する者もいるかもしれないが、私は今も、テクノロジーが社会と生活を改善する主要な力であると信じている。テクノロジーがもたらした損害やマイナス面や意図せぬ結果と、もたらした恩恵とを比較すると、現時点まで恩恵のほうが圧倒的に多い。テクノロジー開発に最も厳しい批評家たちも、やかんで湯を沸かし、アスピリンを飲み、テレビを観て、地下鉄に乗っている。銃もあるが、命を救うペニシリンもある。偽情報も流れるが、真実もすぐに明らかになる。

それでもなお、フォン・ノイマンや彼の共同研究者たち以降、私を含めて多くの人たちが今後の長期的な展望に不安を感じている。私が強く心配するのは、テクノロジーが恩恵以上にマイナス面を多くもたらすものに急変する可能性があり、それを止めることも逃れることもできないということだ。

これが具体的にどう展開するか、誰も何もわからない。ジレンマの変数は広範囲で、具体的な結末も多種多様で予見不能だ。だが、今度数十年間に、繁栄と監視と大惨事の脅威という痛みを伴うトレードオフがさらに深刻化すると、私は確信している。最も良好な状態にある国家体制も、困難に見舞われることになるだろう。

ホモ・テクノロジカスにとって究極の挑戦に直面しているのだ。

本書のテクノロジーへの態度が矛盾していると思うかもしれない。肯定的であると同時に、不吉な考え方も示しているからだ。だが、この矛盾する見方こそ、いちばん正直な現状判断である。私たちの曾祖父母は、現代世界の豊かさに驚嘆し、同時に脆弱性と危険性に驚愕するだろう。来たるべき波によって、私たちは現実の脅威を突きつけられている。それは悲惨な結果をもたらす可能性がある脅威の連続であり、人類の存続すら危ぶまれる。テクノロジーは人類にとって最良のものであると同時に最悪のものでもある。テクノロジーをどちらか一方から正しく評価することはできない。テクノロジーに対して一貫して求められるのは、良い面も悪い面も同時に見ることだ。

ここ10年間ほどで、このジレンマはいっそう顕著になり、対処が急務となった。世界を見渡すと、テクノロジーを封じ込めることは不可能に思える。だがその結果を辿っていくと、別のことも明確になる。あらゆる人たちのために、封じ込めは可能にせねばならない。

第 IV 部

波を越えて

THROUGH THE WAVE

第
13
章

封じ込めは可能にせねばならない

分散した議論の代償

テクノロジーの未来と未来全般について、もっと楽観的な展望を本にまとめようとしたことがある。人類は「テック」について知識を増やし、警戒心を強めつつあるが、依然としてテックには肯定的な要素がたくさんある。だが、新型コロナウイルス・パンデミックで思索する時間を得た私は、あまりにも長い間軽視してきた真実と再び向き合った。指数関数的変化が訪れつつある。それは避けられない。この事実に向き合わなければならない。

本書の主な主張を少しでも認めてくれるのであれば、「それに対して実際に何をすべきか」が重要な問いになる。この現実を認識したうえで、何をすれば本当の違いを生み出せるだろうか。第Ⅲ部までに見てきたようなジレンマに直面した際に、封じ込めはどのような形を取るだろうか。たとえ理論上であれ、それを示せるだろうか。

ここ数年、私はこの問題について数え切れないほど話してきた。ＡＩ研究の第一人者や企業のＣＥＯ、古い友人、ワシントンＤＣや北京やブリュッセルの政策立案者、科学者、弁護士、高校生のほか、パブでたまたま出会った人とも議論を交わしてきた。誰もがすぐに安易な答えを求め、ほぼ例外なく、同じ対処法を口にする。規制だ。

これが唯一の答えに見える。ジレンマから抜け出す唯一の方法、封じ込めの唯一の鍵、国民国家と人類文明の救世主に思える。合理的な安全に関する制約と、進歩する必要性とを両立させる巧妙な規制を国家レベルと超国家レベルで策定し、主要テック企業から軍部、小規模な大学の研究グループ、スタートアップ企業まで、すべてを包括的で法的強制力を備えた枠組みにつなぎとめる。規制賛成派の議論はこう続く。「私たちは、これまでもこうしてきた。自動車、飛行機、医薬品を見なさい。これが来たるべき波を管理し、封じ込める方法のはずだ」

そんなに簡単にはいかない。すさまじい技術的変化を前にして「規制」と言うのは簡単だ。これは「悲観論嫌悪」の典型的な答えであり、問題を受け流す簡単な方法だ。紙に書くと、規制は魅力的だし、当然かつ正攻法にすら思える。規制を提案する人のことを、賢明で問題を憂慮しており、安心をもたらしてくれると人々は考える。また規制を提案することで、問題は解決可能で、誰かが処理してくれるという暗黙の前提も示される。だが、そんな規制をよく見れば、いくつもの亀裂が明らかになる。

第Ⅳ部では、多くの方法を探求する──社会がこのジレンマに立ち向かい、「悲観論嫌悪」を振り払い、封じ込め問題に真剣に取り組み、解決策が必ず見つかるはずの世界で答えを模索する多くの方法だ。その前に規制だけでは不十分だという、重要な真実を認識しなければならない。ホワイトハウスの円卓会議で熱弁を振るうのは簡単だが、有効な法律を制定するとなると、話は異なる。すでに見てきたように、政府は来たるべき波以外にも多くの危機に直面している。実例を少し挙げると、信頼低下や根深い不平等、政治の二極化などだ。すでに手一杯だし、官僚はこの先に待ち受ける、複雑で目まぐるしく変化する難題へのスキルもなければ、準備もできていない。

アマチュアが自宅のガレージから強力なツールにアクセスし、テック企業が数十億ドルをR＆Dに充てる一方で、多くの政治家は発言の切り取りや写真の見栄えを気にする24時間更新のニュースサイクルに閉じ込められている。政府がただ危機から危機へと迷走するだけの状態に陥れば、不確実な時間枠で広い分野の専門知識と慎重な判断が求められる地殻変動に取り組む余裕はほとんどない。次の選挙で票を集めやすい簡単な目標が優先され、こうした問題は無視されやすい。

ＡＩのような分野の技術者や研究者でさえ、変化の速さに苦しんでいる。では、手段も方策も限られた規制当局にチャンスはあるのだろうか。超進化の時代に、来たるべき波のスピードと予測不能性に、どう説明責任を果たすのだろうか。[*1]

テクノロジーは毎週進化している。法案の作成と可決には何年もかかる。リング（Ring）のドアベルのような新製品が市場に出てくる場合はどうか？　リングは玄関ドアにカメラを取り付け、スマホに接続できるようにした。この新製品は瞬く間に取り入れられ、すでに広く使われており、ごく普通の郊外住宅街のほぼプライベートな道路を監視・記録される空間に突然変えてしまったのだ。こうしてリングは、「何を規制の対象にすべきか」という問題を根本から変えてしまった。規制の話が出る頃には、リングはすでに広範なカメラネットワークを構築し、世界中の人々の玄関先からデータや画像を収集していた。ソーシャルメディアの誕生から20年経つが、強力なプラットフォームが新たに出現しても、決まった対処法は定められていない（問題の核心は、プライバシー侵害、社会の二極化、市場の独占、外国企業による所有、心の健康のいずれか、あるいはすべてか？）。来たるべき波はこのダイナミクスをさらに悪化させる。

テクノロジーに関する議論が、ソーシャルメディアやブログ、ニュースレター、学術誌、カンファレンス、セミナー、ワークショップに広がっているが、議論が分散していて、ノイズに埋もれている。誰もが自分の意見を持っているが、一貫性のあるプログラムには収斂していない。たとえば機械学習システムの倫理と合成生物学の技術的安全性は、別世界の議論だ。こうした議論はサイロ化した同じ考えを持つ人々の中で行われており、そこから抜け出ることはほとんどない。

しかし、私はどの議論も同じ波の異なる側面に対処しようとしていると思う。アルゴリズムバイアス、バイオリスク、ドローン戦争、ロボット工学の経済効果、量子コンピュータのプライバシーへの影響などについて、別々に議論を重ねるだけでは十分ではない。それでは原因と結果の相関性を完全に軽視していることになる。さまざまな議論を総合し、異なる側面のリスクをまとめ上げ、汎用革命に対する汎用コンセプトが必要なのだ。

洞察が分散した状態では失敗するが、私たちが現時点で手にしているのはそれだけだ。遠く離れた技術圏《テクノスフィア》にまたがる何百もの異なる善意のプログラムが、場当たり的、かつ包括的な計画や方向性なしに、少しずつ進められている。だが、テクノロジーに関する各種取り組みをひとまとまりに統合する、明確でシンプルな目標を最上位に掲げることが必要だ。あれこれの要素を少しずつ調整したり、ある会社や研究グループや国家を対象にしたりするのではない。あらゆる最前線や危険領域や地域、つまりあらゆる場所で同時に取り組むのだ。ＡＧＩの出現であろうと有用な新たな生命体であろうと、目標は「封じ込め」に統一されていなければならない。

21世紀の人類の重要課題は、いかにして正統な政治権力と合理的な知識、適切な技術力、強固な規範を十分に育み、テクノロジーを封じ込め、害よりもはるかに多くの恩恵を得るか、ということになる。言い換えれば「封じ込め不能」に見えるものを、どのようにすれば封じ込められるだろうか。

ホモ・テクノロジカスの歴史を見ても、人類の生活のあらゆる側面にテクノロジーが浸透している時代を考えても、封じ込めを実現するには難題が山積していると思える。だが、だからといって挑戦しないわけにはいかない。

だが、政府のみならず大半の組織は、迫りくるこの複雑な課題に不向きである。すでに見たように、富裕国でも危機が進展すれば苦戦を強いられる。[*2] 2020年以前のグローバル・ヘルス・セキュリティ指数は「パンデミックへの備え」に関して、アメリカを世界1位に、イギリスもかなり上位にあると評価した。だが、アメリカやイギリスは数々のひどい決断を下し、カナダやドイツなどほかの先進国よりもはるかに高い死亡率と多大な財政コストを記録した。[*3] 最高の専門知識と組織力を誇り、計画もリソースも備えた、表面上は最高の備えができていると思われた国がひどい打撃を受けたのだ。

表面上、各国政府には新たなリスクとテクノロジーを管理する体制がかつてないほど十分に整っているはずだ。その対処に割かれる国家予算も概して過去最高水準に達している。[*4] だが実際に新たな脅威に対処するのは、どの政府にとっても非常に難しい。それは政府という枠組みの欠陥ではなく、私たちが直面する課題の規模のせいだ。現代版チューリングテストをパスするＡＣＩが出現すれば、最も慎重で先見性のある官僚組織も、新型コロナウイルスへの対応と似た反応を示すだろう。政府は先の戦争、パンデミック、波を規制する。予測できるものを規制するのだ。

しかし、今は予測できぬ驚きの時代である。

規制だけでは不十分

逆風を受けているが、先端技術を規制する努力は必要だし、広まってもいる。最も野心的な立法措置は、おそらく２０２１年に欧州委員会が発表したＡＩ規制法案だろう。[*5] 本書執筆中の２０２３年現在、このＡＩ規制法案は長い立法手続きが行われている［２０２４年５月に成立］。ＡＩ規制法は、ＡＩ研究と導入をリスクベースで分類する。直接的な危害をもたらす「許容できないリスク」があると思われるテクノロジーは禁止される。ＡＩが基本的人権や、基本インフラ、公共交通機関、医療、福祉などの重要なシステムに影響を及ぼす場合は、「高リスク」に分類され、監視が強化され、説明責任が課される。高リスクＡＩは、「透明性と安全性が高く、人間の管理下にあり、適切なログが記録保存されている」必要がある。

ＥＵのＡＩ規制法は世界で最も先進的かつ野心的で先見性のある試みだが、規制そのものの問題も示している。一方からは「行き過ぎ」と、もう一方からは「不十分」と批判されているのだ。「行き過ぎ」と批判する人たちは、未来のリスクに焦点を当てすぎており、存在しないものも規制しようとしているとか、ＥＵ内の研究やイノベーションを冷え込ませ、雇用や税収に打撃を与えると指摘する。また「不十分」と批判する人たちは、未来をまるで見据えていないとか、[*6]大手テック企業が規制案作成に関与し、規制を骨抜きにしているので、彼らは規制の網をかいくぐれるのではないかと疑っている。[*7]

ほとんどの規制は、相反する利害の狭間で綱渡りをしている。しかしこれほど広範囲に普及し、経済にとって非常に重要であり、しかも急速に進化しているものを規制することはほとんどない。ＡＩ規制法に対する不平不満や当惑は、それがどのような規制案であったとしても制定が難しく、複雑であることを明らかにしている。変化が加速しているからなおさらだ。そのため、確実に規制の穴が生まれ、効果的な封じ込めが実現できなくなる。

超進化するオムニユースな汎用技術を規制するのは、非常に難しい。自動車の規制について考えてみよう。単一の規制当局や2、3の法律から成るわけではない。道路交通法（交通規則やシートベルト着用義務、自動車教習所に関する規則を含む）、道路法、駐車場法、車庫法、大気汚染防止法などがいくつも定められている。こうした規則やルールは、国会だけでなく、地方自治体、高速道路会社、道路交通の監督官庁、免許発行の監督官庁、環境基準の監督官庁なども打ち出している。そしてここには立法者だけでなく、司法警察、交通警察、自動車会社、整備士、都市計画者、保険会社なども関与している。

このように何十年もかけて練り上げられてきた複雑な規制によって、道路も自動車も安全性が増し、秩序がもたらされ、道路網が整備され、自動車が普及した。だが、それでも全世界で毎年135万人が交通事故で亡くなっている。[*8] 規制によって自動車の悪影響を軽減することはできるが、事故や公害、スプロール現象などの悪い結果を消すことはできない。「私たち」はこれを利益に見合う犠牲と判断してきた。この「私たち」が重要だ。規制は新しい法律だけに依存するものではなく、規範や所有構造、コンプライアンスや誠実さに関する不文律、仲裁手続き、契約執行、監視メカニズムも関わる。これらすべてが統合され、人々に受け入れられる必要がある。

これには時間がかかるが、私たちにはその時間がない。新たな波が押し寄せる中、半世紀かけて多くの組織や機関がすべきことを考えたり、半世紀かけて正しい価値観を醸成させたり、半世紀かけてベストプラクティスを蓄積したりするわけにはいかない。詳細な規制を正しく、迅速に施行しなければならないのだ。これほどまでに広範で未曾有のテクノロジーをどう管理すべきかも明確ではない。合成生物学の規制は、食品、医薬品、合成生物学ツール、学術研究のどれかひとつか、それともすべてを同時に規制するのだろうか。どの機関が何に責任を持つのだろうか。整合性はどうなるだろうか。サプライチェーンのどの部分に、どの当事者が責任を負うのだろう。ひとつでも深刻な事故が起こった場合の危険は計り知れないが、監督官庁を決めることすら問題だらけだ。

活発な立法論議はさておき、各国は矛盾にも陥っている。一方でAIや合成生物学のような技術開発を加速させる戦略競争を繰り広げている。どの国もテクノロジーの最先端に立ちたいし、世界的にもテクノロジー先進国とみなされたい。国家威信、安全保障、存在意義がかかっている。他方で新テクノロジーを規制・管理しようと躍起になっている。とりわけ最高権力機関としての国民国家を新しいテクノロジーが脅かす懸念から、これを封じ込めようとしている。恐ろしいのは、その前提だ。強力で、それなりに有能で、団結力がある（自由民主主義的な）国民国家が、国内では首尾一貫して機能し、国際的にはうまく調整するという、最良のシナリオを想定しているのだ。

封じ込めを実現するには、オランダやニュージーランドからニカラグアやナイジェリアまで、幅広い背景を持つ国々でルールが機能しなければならないが、誰かがスピードを落とせば別の誰かがスピードを上げる世界だ。また、技術開発に対して、すでに各国で独自の法的慣行・文化的慣習が持ち込まれている。ＥＵは遺伝子組み換え食品の流通を厳しく制限しているが、アメリカでは遺伝子組み換え食品がありふれている。中国政府はＡＩ倫理関連の政令・法令をいくつも発し、幅広い規制を導入しようとしており、ある種の規制のリーダーに表向きは見える。[*9] 各種の暗号資産サービスやＤｅＦｉプロジェクトを積極的に禁止し、18歳未満の子どもがゲームやソーシャルアプリを使用できる時間を制限している（平日90分、週末3時間）。[*10] 中国でのレコメンドアルゴリズムや大規模言語モデルの規制案は、これまでの西洋のものと比べてはるかに厳しい。[*11]

このように中国は特定分野で急ブレーキをかけつつ、前章までに言及したように、別分野では突っ走る。中国はテクノロジーを権威主義的な政府の権力ツールとして、未曾有の規模で社会実装と展開をしており、この動きと規制とは歩調を合わせている。西洋の政策立案者や安保関係者に話を聞くと、中国のＡＩ倫理や規制は口先だけで、安保関連のＡＩ開発には有意な規制はない、と断言する。実際、中国のＡＩ政策は二重構造になっており、民間には規制をかけ、軍需産業には自由な開発を認めている。

規制が深く根付いたインセンティブ（第Ⅱ部参照）に対処できなければ、テクノロジー封じ込めには不十分だ。規制は悪意ある者や偶発的な事故を防がない。規制はオープンネスを重視し、予測不可能な研究システムの核心にも切り込めない。規制は巨額の経済的利益に対する代替案も提示しない。何よりも、規制は戦略的必要性を軽減しない。現代世界では、国際条約がたびたび機能しなくなる。その環境下で、魅力的だが定義が難しい越境的な「現象」に対し、どのような国家間調整ができるか、どのようにして必要な数の同意を集めて繊細な同盟関係を築くことができるかについて、規制は答えを出してくれない。[*12] 来たるべき波を封じ込めたいという願望と、来たるべき波を方向付けて手中に収めたいという願望との間には、埋め難いギャップがある。同様に、テクノロジーからの防御の必要性と、他者や他社や他国からの防御の必要性の間にも、埋め難いギャップがある。利益と制御は逆方向を向いているのだ。

実際のところ、封じ込めは一国や一部の国々だけでは実行不能だ。官民の力強く革新的な協力関係が必要だし、すべての関係者にこれまでにない新たなインセンティブが必要だ。ＥＵのＡＩ規制法は世界の一部地域で封じ込めが重視されており、主要国政府が拡散リスクを真剣に受け止め、新たなレベルの介入と犠牲を払う意志があることを示している。

規制だけでは不十分だが、少なくとも第一歩、それも力強い第一歩になる。来たるべき波の危険度を真に理解することと規制は、封じ込めが可能になるかもしれない未来を指し示している。

封じ込め再考──国家と国民の新たな「大いなる取引」

来たるべき波の大規模な拡散を防ぎつつ、強大な力と利益を手にできるか？　悪意ある者がテクノロジーを入手できないようにできるか？　開発初期段階にある技術アイデアを拡散することはできるか？　機械の自律性が高まる中、マクロレベルで有意な統制ができるか？　封じ込めとは、こうした一連の問いに「イエス」と答えることである。理論上、「封じ込められたテクノロジー」であれば、破局かディストピアかというジレンマから解放される。持続可能な繁栄する社会を築くために不可欠なツールである「波」を利用・管理し、同時にディストピアを招かないような非侵害的な方法で「波」が深刻な大惨事を起こさないようにチェックする。つまり、国家と国民の新たな「大いなる取引」を起草するのだ。

封じ込めとは、技術・文化・規制にまたがる各側面でテクノロジーを管理・統制するための基盤だが、根源的には、局所的で小規模なものから地球規模や人類の生存に関わるものまで、テクノロジーの悪影響を大幅に軽減する、あるいは完全に止める力を手に入れることだと私は考える。拡散したテクノロジーの悪用を網羅的に厳しく取り締まりながら、初期段階のテクノロジーの開発と方向付けと管理体制を作り上げる。封じ込められたテクノロジーは、障害発生時の影響範囲が事前に把握され、管理され、軽減されている。封じ込められたテクノロジーの力が向上するのに並行して、テクノロジーを方向付けて統制するための手段も増強される。

「封じ込め」とは、文字通り特定の技術を魔法箱に封印することのように考えたくなる。悪意あるマルウエアや危険な病原体など、およそ許容できないものには思い切った措置が必要だ。だが、通常「封じ込め」はガードレールのようなものであり、テクノロジーが利益よりも害を及ぼす時に人類を車の運転席に押し止めておくものと考えればよい。このガードレールがいくつも異なる段階と形で設置されていると考えてほしい。次章では、AIアライメントから、研究所の設計、国際条約、ベストプラクティスプロトコルまで、より細かい粒度で検討する。現時点で重要なのは、理論上、どのガードレールにも、制御不能な大惨事を阻止する強さが必要だということだ。

封じ込めのためには、その性質に応じてテクノロジーを管理しやすい方向に誘導することが求められる。来たるべき波の4つの特徴――非対称性、超進化、オムニユース、自律性を思い出してほしい。この4つの特徴を「封じ込めの可能性」というレンズを通して見なければならない。戦略を練る前に、次のような問いに答えることが有望な道筋を考えるために効果的だ。

● **そのテクノロジーはオムニユースで汎用型か？　それとも特化型か？** 核兵器はひとつの目的に特化した技術だが、コンピュータは本質的に多目的な技術である。想定される用途が多いほど、封じ込めが難しくなる。汎用システムより、狭い分野に特化した技術の開発を奨励すべきだ。

- **そのテクノロジーはアトムからビットへと移行しているか？**　テクノロジーの脱物質化が進むと、管理の難しい超進化の影響を受けやすくなる。材料設計や医薬品開発などのスピードは急加速し、足取りを追うのが難しくなる。
- **価格と複雑さが低下しているか？　そのペースはどれくらいか？**　戦闘機の価格はトランジスタや民生用ハードウエアの価格のようには下がっていない。戦闘機の攻撃能力は高いが、基礎的なコンピュータ利用から生じる脅威は戦闘機よりも幅広い。
- **代替品は実用化されているか？**　特定フロンを使用禁止にできたのは、手頃で安全な冷媒が他にあったからだ。代替テクノロジーはあるだろうか？　安全に活用できる代替品が多ければ、段階的な廃止が容易になる。
- **そのテクノロジーは非対称な影響を生むか？**　ドローンの大群が通常戦力に立ち向かい、超小型コンピュータや生物学的ウイルスが重要な社会システムを破壊することを想像してほしい。特定のテクノロジーの不意打ちによって、脆弱性を利用されるリスクが高まりつつある。
- **自律性があるか？　自己学習や、ユーザの監視なしで使用可能か？**　遺伝子ドライブ、ウイルス、マルウエア、言うまでもなくロボット工学を考えてみよう。設計上で人間の介入が必要なテクノロジーであるほど、制御不能に陥る可能性が下がる。

- **地政学的戦略上の優位性を与えるか？**　たとえば化学兵器は、利点が限定的であるうえに多くのマイナス面もある。だが、AIや生命工学で優位に立てば、経済と軍事の両面で大きな利点がある。この状況では、テクノロジー開発にストップをかけにくい。
- **攻撃を優先するか、防御を優先するか？**　第二次世界大戦では、V2ロケットなどの開発によって攻撃力が強化されたが、レーダーのような新技術によって防衛力も高まった。攻撃よりも防御を優先する方向に開発が向かうと、封じ込めしやすくなる傾向がある。
- **発明・開発・配備に関して、リソース上の制限と技術的制約はあるか？**　半導体製造には、純度の高い特殊素材や半導体製造装置、専門知識が必要だ。合成生物学でスタートアップを立ち上げられる人材は世界的にも非常に限られている。リソースと専門技術の必要性は、当面の間の封じ込めを容易にする。

たとえばさらなる制約がテクノロジーを物理的世界に留めたり、コストを高くしたり、より安全な代替品が手軽に利用できるようになったりすれば、封じ込めの可能性が高まる。開発を遅らせたり、アクセスを制限したり、完全に中止させたりすることが容易になるからだ。すでに述べた通りオムニユースの技術よりも特化型のほうが規制は容易だが、重要なのはオムニユースの技術を規制することだ。同様に攻撃行為に使われる可能性や自律性の可能性が高まるほど、封じ込めの必要性が高まる。多くの人には手が届かない値段で容易にアクセスできないものであれば、拡散を防げる。このような問いかけをすることで、封じ込めの総合的ビジョンが浮かび上がる。

洪水の前に

私はこの問題に過去15年の大部分を費やしてきた。その間、ジレンマの輪郭がいっそうはっきりするにつれて、本書で述べた波の力やインセンティブを実感し、答えを出すことが急務であると感じてきた。その私でさえ、わずか数年でテクノロジーが実現したことに驚かずにいられない。開発スピードがどんどん加速していくのを目の当たりにしながら、私はこの問題に取り組んできた。

これまで、人類はほとんどテクノロジーを制御したり封じ込めたりしてこなかった。今、封じ込めを望むのであれば、安全性・倫理・規制・制御などあらゆるものを含む計画が必要だが、計画の名称すらない。そもそも実現するとは思えない。

破局かディストピアかというジレンマが、緊急行動を促すはずだと思ってきた。だが、年月を重ねるうちに、多くの人たちがこのジレンマを理解するのが大変だとわかった。私もまったく同感だ。一度聞いただけでは、それが現実だと思えないだろう。ＡＩと規制に関する議論をいくつも重ねながら「なぜ本書に書いたリスクを真剣に受け止めなければならないのか」「なぜこれらのリスクはほとんど無関係なテールリスクでもなければSFの話でもないのか」を正確に伝えることが、数多くの既存の問題や迫り来る問題と比べて、いかに難しいかを痛感した。

このジレンマについて話し合うにあたり、ひとつ問題がある。多くの人々の頭の中で「テクノロジー」という単語が、ごく狭い範囲の不必要なアプリケーションと結びついているのだ。確かに今、「テクノロジー」と言えば、ソーシャルメディアのプラットフォームや、歩数や心拍数を計測するウェアラブル・ガジェットを指すことが多い。食料生産に不可欠な散水装置や、新生児の生命維持装置をテクノロジーが生み出していることは、ほとんど忘れられている。テクノロジーは単に自撮り写真を保存するためのものではない。世界中に蓄積された文化や知恵へのアクセスを意味する。テクノロジーはニッチなものではない。人類の存在を支配する、人間の尺度を超えた「ハイパーオブジェクト」だ。

気候変動との比較がわかりやすい。気候変動も、広範囲にわたって拡散したリスクで、不確実で、時間的にも空間的にも遠い話だと思われていて、顕著な特徴もなく、アドレナリンを分泌させるような出来事もなく、サバンナで突然襲われた時のように闘争本能を刺激するリスクでもない。私たちの脳は、地球温暖化を現実視できないのだ。こうした不定形の脅威に対して、私たちの原始的な脳はほとんど対処できない。[*13]

だが、ここ10年で気候変動の問題はより明確になってきた。世界は依然として二酸化炭素排出量を増やし続けているが、どこの科学者も大気中の二酸化炭素濃度を百万分率（ｐｐｍ）単位で測定できる。１９７０年代には、世界の大気中の二酸化炭素濃度は３００ｐｐｍ台前半だった。２０２２年には４２０ｐｐｍに達した。[*14] 北京でもベルリンでもブルンジでも、石油メジャーも家族経営農場も、気候の変化を客観的に把握できる。データが状況を明確にしたのだ。

二酸化炭素濃度として影響をはっきりと定量化すれば、悲観論嫌悪を示し続けるのが非常に難しくなる。気候変動と同様、テクノロジーがもたらすリスクは地球規模でしか対応できないが、そのリスクの高さが気候変動の二酸化炭素濃度のように定量化されることはない。テクノロジーのリスク度を示す便利な測定基準はないし、各国の政府や企業の取締役会や国民感情で共有できる客観的な脅威の指数もない。テクノロジーの能力と進化の状態を測定する百万分率のような単位もない。毎年、達成度を確認できる国際的な合意事項や明確な基準もない。最先端テクノロジーに関して科学者や技術者の間にコンセンサスもない。それを止めるために人々がデモ活動をすることもないし、海氷減少で行き場がなくなったホッキョクグマや海面上昇で水没の危機にある村の映像もない。arXivやSubstack（サブスタック）やシンクタンクの無味乾燥な報告書などに掲載される漠然とした研究は、まるで役に立たない。

検討すべき課題が一致しない状況下で、共通のスタート地点を見つけるにはどうしたらよいだろうか？　中国とアメリカはＡＩの開発規制に関して、ビジョンが一致していない。メタはソーシャルメディアが問題の一部であるという見解を受け入れないだろう。ＡＩ研究者やウイルス学者は、自分たちは大惨事を見極め、回避する重要な役割を担っていると信じており、まさか大惨事の主原因の一部であるわけがないと思っている。表向きは「テクノロジー」が地球温暖化と同じような問題として扱われることはないのだ。

それでも共通のスタート地点を見つけることができるかもしれない。まずは、認識することだ。波が押し寄せており、方針を急激に変えない限り、ジレンマは解消できないことを冷静に受け止める必要がある。このままオープンで不注意な開発を続けて、その結果生じる膨大な良い結果と悪い結果の対処に追われるか？　それとも、強力なテクノロジーの拡散を抑え込もうとしてディストピア的で権威主義的な世界に陥るリスクや、そのテクノロジーの一極支配によって生じる本質的なリスクを突きつけられる道を選ぶか？

苦しい選択だが、どちらかを選ばなければならない。最終的には、全員の協議によって選択のバランスを調整すべきである。多くの人の注目が集まれば、それだけ良い結果が生まれる。本書が批判・議論・提案・反論を促すのであれば、それが多ければ多いほどよい。

どこかの地下要塞に世界的な天才が集まって魔法のような解決策が生み出される、ということなどあり得ない。むしろ逆だ。現在のいわゆるエリート層は悲観論嫌悪にはまり込んでいて、今私たちが直面する危険性を率直に口にしない。内輪では意見を言うが、公に発言するのは抵抗があるのだ。エリート層は支配と秩序の世界に慣れ切っている。CEOが企業を支配し、中央銀行が金利を管理し、官僚が軍備調達を仕切り、都市計画者が舗装修繕工事の優先順位を決定する世界だ。エリート層の管理は不完全だが、管理手法はわかっているし、多くの試練に耐えているし、ほとんどは機能している。だが、テクノロジーの管理はそうはいかない。

今この瞬間は二度と戻ってこない。来たるべき波はすぐそこまで迫っているが、私たちはまだ飲み込まれていない。止めようがないインセンティブは変えられないが、来たるべき波の最終形態とジレンマの形状はまだ確定していない。最終形態が決まるのを数十年間待つようなことがあってはならない。今日から対処を始めよう。

次章で、焦点を合わせるべき10分野について概説する。これは全体像ではないし、もちろん最終的な答えでもない。必要な土台作りだ。私がめざすのは、封じ込めに向けた重要な第一歩を踏み出すことを期待して、アイデアの種を蒔くことだ。アイデアに共通するのは「マージナルゲイン」、つまり小さな努力をゆっくりと着実に積み重ねれば、よい結果が得られる確率が高まるという考え方だ。その目的は、テクノロジーの構築と展開に対して、異なるコンテクストを生み出すことである。コンテクストが異なれば、時間を稼いでスピードを落とす方法が見つかり、問いに対する答えを見つけるために時間が割かれ、多くの人の注目を集め、企業や組織の間に連携が生まれ、技術的な作業が進むはずだ。

来たるべき波の封じ込めは、現時点の世界では不可能だと思う。だが、これらの措置によって基礎的な状況を変えられるかもしれない。現状を少しずつ前進させれば、封じ込めのチャンスがある。失敗するかもしれないが、これが封じ込めを可能にする世界、人類の繁栄を可能にする世界を作り上げるベストの方法であると心に留め、すべてを行うべきだ。

保証はない。帽子からウサギを引っ張り出すようなこともできない。手っ取り早い解決策や洗練された答えもない。ジレンマに対処する方法は、人事を尽くして天命を待つという、極めて人間臭いやり方である。以下は、半々以下の確率で成功するかもしれないと私が考えていることだ。

第14章

封じ込めへの10ステップ

ここに提示した10のアイデアは、同心円状に並んでいると考えてほしい。まず、テクノロジーに隣接した、小さな同心円から始める。設計によってテクノロジーに制約を課すメカニズムである。この円から外側の同心円に向かうに従って、アイデアの対象範囲がどんどん広がっていく。具体的なテクノロジーの仕様（ソースコードや原材料など）から、重要だが非技術的な行動にまで介入の段階を上げていく。ビジネス向けの新しいインセンティブ、政府の改革、国際条約、健全なテクノロジー文化、グローバルな社会運動である。

タマネギの皮のようにひとつひとつのアイデアは不十分だが、すべての層が積み重なれば強力になる。どのアイデアもまるで異なる介入、異なるスキル・能力・人材を求めている。ほとんどのアイデアには、膨大かつ専門的な下位分野がある。すべてが集結すれば、何かうまく機能するものになると私は信じている。

では、テクノロジーそのものから始めよう。

1 安全性――技術的安全性を確立するための「アポロ計画」

数年前まで、多くの大規模言語モデルは問題を抱えていた。はっきり言えば、人種差別的だったのだ。大規模言語モデルに人種差別的なことを出力させたり、学習データとして取り込まれたテキストデータに含まれる人種差別的意見を保持させたりする方法を、ユーザはいとも簡単に見つけた。人間が書いたテキストには有害な偏見が深く染み込んでおり、それをＡＩが増幅したようだ。多くの人は大規模言語モデルのシステム全体が倫理的に壊れていて、道徳的に機能しないと考えた。明らかに社会に有害なので、大規模言語モデルを一般公開できるレベルに制御できるようにならないと捉えた。

だが、ご存じのように大規模言語モデルは急速に普及した。２０２３年になると、ChatGPTなどの大規模言語モデルに人種差別的発言をさせるのは極めて難しくなった。問題は解決されたわけではない。今も偏見に満ちた、露骨に人種差別的な発言をする大規模言語モデルは数多く見られるし、不正確な情報からガスライティングまで深刻な問題がある。だが、当初からこの分野で開発を進めてきた私たちにすれば、質の悪い出力は信じ難いほど急激に取り除かれている。これは否定できない事実である。進歩の量と速さを、私たちは見落としがちだ。

この進歩の原動力は、RLFH（人間のフィードバックによる強化学習）と呼ばれるものだ。偏見に染まりやすいという大規模言語モデルの性質を修正するため、開発者は大規模言語モデルとやり取りを繰り返し、不快で有害で攻撃的なことを出力した場合など一連の間違いをフラグ付けする。こうして人間の評価をフィードバックすることで、大規模言語モデルに望ましい世界観を教えていく。これは食事中の禁句を子どもに教えるのと大差ない。開発者は大規模言語モデルの倫理的問題を強く意識するようになり、これに対処するイノベーションをさらに積極的に推し進めるようになった。

大規模言語モデルの人種差別的な発言や偏見に対処する試みは、モデルの安全性を高めるには、慎重かつ責任ある開発が必要であると示す好例だ。現実世界との交流によって、開発者は学び、修正を図り、安全性を高めることができる。

技術的な修正だけでAIが引き起こす社会的・倫理的問題を解決できるわけではないが、どうすれば解決の一部となり得るかを示している。コードでも研究室でも、技術的安全性は間近で確認できる。よって、あらゆる封じ込め議論で最初に扱うべきだ。

あなたが国際関係論の研究者でない限り、「封じ込め」という言葉は、物理的に何かを閉じ込めることを思い起こさせるだろう。物理的封じ込めは確かに重要だ。すでに述べた通り、BSL－4の研究室からも病原体が漏出する可能性がある。漏出を完全に食い止める環境とは、どのようなものだろうか。BSL－7のように、バイオセーフティレベルを「4」以上にできるとしたら、どのようになるだろうか。

前章で、封じ込めは魔法箱へ封印することではないと書いたが、魔法箱を作る方法を発見すべきではないという意味ではない。究極の制御とは、サーバー、微生物、ドローン、ロボット、アルゴリズムを物理的に厳格に制御することだ。AIを「箱に入れる」ことは、技術的な封じ込めの初期形態・基本形態となる。AIをインターネットと接続せず、人間との接触も限定的にして、外部インターフェースは少数の限られたものにする。文字通り、特定の場所に置かれた物理的な箱に入れてAIを閉じ込めるのだ。このようにエアギャップされれば、理論上、AIは広い世界と関わりを持てず、どうにかして「逃げ出す」こともできない。

物理的な隔離は、来たるべき波の課題に対処する技術的安全性を高めるための、アーキテクチャ変革の一側面に過ぎない。ベストプラクティスを取り入れることから始めよう。たとえば、原子力はチョルノービリ原発や福島第一原発といった大事故で評判を落としているが、実際は非常に安全だ。IAEA（国際原子力機関）は、放射性廃棄物の分類から緊急事態への準備と対応

第 14 章
封じ込めへの10ステップ

375

まで、特定の状況における具体的な安全基準に関して100本以上の安全レポートを公開している。[*1] IEEE（米電気電子学会）のような組織は、自律型ロボットの開発から機械学習に至るまで、2000以上の標準規格を制定・維持している。数十年以上前から、バイオ・医薬品関連企業は大多数のソフトウエア会社よりはるかに高い安全基準を遵守して事業を推進している。長年の努力によって、多くの既存技術やそれをベースに開発された技術がどれほど安全になったか、忘れてはならない。

最先端AIの安全研究はまだ発展途上であり、自律性を高めつつあるAIシステムが人間の理解と制御能力を超えないようにすることに焦点を当てている。AIシステムの制御や、人間とAIの価値観の一致は、より広範な封じ込め問題の一部だと私は思う。ロボット工学、生命工学、AIの開発には何十億ドルも投資されているが、実際に技術を封じ込める技術的安全体制への投資はごくわずかだ。たとえば、生物兵器禁止条約（BWC）は条約の実施機関がなく、国連軍縮部ジュネーブ事務局に設置された条約履行支援ユニットは予算がたったの140万ドルで、職員はわずか4人。マクドナルドの標準的な店舗の常勤スタッフ数より少ない。[*2]

AIの安全性の研究者は世界のトップレベルの研究所をすべて合計しても2021年時点では100人ほど、2022年時点では300から400人ほどと極めて少ない。[*3] AI研究者の総数が3万から4万人であることを考えると、驚くほど少ない（なお、ゲノム編集ができる研究者も

AI研究者と同じくらいいる)。[*4] AIの安全性という課題の規模感を考えると、AIの安全性の研究者数が10倍になったとしても足りない(優秀な人材確保が難しいので10倍にするのは難しいが)。問題発生時の重大性に比べて、AI倫理と安全性に関する研究は重要視されていない。リソースが限られているので、技術的安全性に真剣に取り組むことができる機関も少ない。だが、今日の安全性に関する決断が、テクノロジーと人類の成り行きを左右するのだ。

現時点でしなければならないことは明確だ。AIの安全性のさらなる研究を奨励し、インセンティブを与え、資金を直接提供することだ。AIの安全性とバイオセーフティを「アポロ計画」にして、何十万人もが取り組むべきだ。具体的には、新法を制定し、先端企業の研究開発予算の一定額(たとえば最低20%)を安全対策に充てさせ、重要な研究結果の政府への報告を義務付ける。こうして研究の進歩を監視し、情報共有できるようにする。1960年代の「アポロ計画」は膨大な費用と困難を伴うものであったが、途方もない野心と何があってもやり遂げるという姿勢が、のちの半導体やソフトウエア、クオーツ腕時計、ソーラーパネルの開発を促進した。[*5] AIの安全性に対しても、同様の効果をもたらすかもしれない。

まだ数は少ないが、こうした問題に関心を持つ人が増えつつあると肌で感じる。学生を含めて若い人たちはAIアライメントやパンデミックへの備えについて熱心に話してくれる。この問題が知的な挑戦であるだけでなく、道徳的責任も果たせることに惹かれるようだ。世界の役に立ちたいし、世界をよくする義務を感じている。就職先と研究プログラムが用意されれば、才能ある人たちが必ず出てくるはずだ。

技術的安全性に関してこれから研究する人たちには、有望な方向性がいくつも開けている。たとえばウイルスを死滅させる遠紫外線（far-UVC）ライトを開発すれば、パンデミック対策は大いに推進されるだろう。遠紫外線とは200から230ナノメートルの短波長を指す。通常の深紫外線（UVC）のように皮膚細胞内部にまでは到達せず、人間の皮膚の角質層で吸収される。よって深紫外線のように皮膚表面のウイルスを死滅させる殺菌効果があるが、人体には無害であり、パンデミック対策や病気の感染拡大を阻止する強力な武器になる。[*6] 新型コロナウイルス・パンデミックで人類が学んだのは、新しいワクチンの研究・接種・規制を統合して、迅速に進めることの利点である。

ＡＩにおける技術的安全性とは、高度なＡＩが現実世界に放たれる前に厳格なテストができるよう、証明可能安全性を持つエアギャップを構築するためのサンドボックスと安全なシミュレーションを意味する。つまり、現在の重要課題である不確実性にもっと取り組むということだ。ＡＩは情報が間違っているかもしれない場合、どのように出力するだろうか。大規模言語モデルの問題のひとつに、「ハルシネーション」の問題がある。盛大に間違った情報を自信満々に正確だと出力することがよくあるのだ。だが、それが専門家のレベルでは正確だと認定されることが少なからずあるので、二重に危険となる。ユーザは誤った安心感を与えられて、ＡＩシステムが発することはすべて真実であると安易に考えてしまうのだ。

たとえばインフレクションＡＩが開発したＡＩ、Pi（Personal Intelligence）は、控えめで断定を避けた口調で出力することをデフォルト設定している。ユーザにはPiの情報を頭から信じないようにと伝えている。Piは自分の出力への疑念をユーザに伝え、絶えず建設的なフィードバックを求めるように設計してあるのだ。加えてＡＩではなく人間が正しいと考えて、すぐに譲歩するようにしてある。ほかの研究者とともに、ＡＩの出力が事実かどうか、信頼できる第三者のナレッジベースを利用して検証するという重要研究にも取り組んでいる。ＡＩの出力が疑わしいと思えば、ユーザが掘り下げて確認できる引用・出典・根拠を確実にＡＩに提供させるというものだ。

説明可能なＡＩも技術的安全性の未研究分野だ。現在、なぜＡＩモデルがその情報を出力するのかを誰も正確に説明できない。決定を下した理由を徹底的に説明できるＡＩモデルを考案すること、それを検証の対象にする方法を見出すことは、ＡＩの安全性の研究者にとって重要で難しい技術的な課題になっている。この研究はまだ初期段階であり、まだ因果推論になっておらず信頼性も不明ではあるものの、ＡＩモデルが自分の出力の正当性を説明できるのではないかという有望な兆候が見えてきている。

またシンプルなＡＩアーキテクチャを使って、複雑なＡＩアーキテクチャを探索する研究も進められている。[*7] ＡＩアラインメントを自動化することも含まれるが、ＡＩ封じ込めを支援するＡＩを作り上げるのだ。今、研究者が取り組んでいるのは「クリティックＡＩ」である。他のＡＩモデルの出力をチェックしてフィードバックを与え、出力の改善を人間が到底かなわないスピードとスケールで行う（まさしく来たるべき波で私たちが目にするスピードとスケールだ）。強力なツールを管理するには、強力なツールが必要になる。

コンピュータ科学者のスチュアート・ラッセルは、インフレクションＡＩが開発する「出力への疑念の組み込み」を活用し、「有益性が立証可能なＡＩ（provably beneficial AI）」とラッセルが名付けたシステムの開発に取り組むことを勧めている。[*8] ＡＩに対して「憲法」のような固定的で形式的な目標を与えるのではなく、ＡＩに私たちの好みや目的を慎重に推測させるのがいいとラッセルは言う。ＡＩシステムが慎重に観察し、学ぶ。これによって理論上、ＡＩは自分を疑うことがさらに増えるし、不適切な判断を避けられるはずだ。

それでもまだ多くの重要な課題が残る。与えられた指示を上書きできる可能性のある強力なＡＩシステムに、どのようにしたら安全な価値観を組み込めるだろうか。ＡＩは人間から安全な価値観をどのようにして推測するだろうか。加えて、いつでもシステムにアクセスして修正できる状態を担保する「修正可能性（corrigibility）」問題をどう解決すればいいか、という現在進行中のもうひとつの課題もある。このような課題がすべて高度なＡＩに不可欠かつ基本的安全機能に思えるなら、まさにその通りだ。安全面での進展が引き続き図られなければならない。

開発・製造段階で厳格な技術的制約も組み込むべきだ。現在流通するコピー機やプリンターがどうなっているか、考えてほしい。どの機器にも紙幣の複写や印刷を禁止する技術が取り入れられていて、中にはそれを試みるとシャットダウンするものもある。たとえばモデルの学習に使える演算能力に上限を設ければ、進歩の速度に制限をかけられる（少なくともこの側面においては）。厳格に管理された特定ハードウエアでしか動作しないようモデルのパフォーマンスは制限されるかもしれない。ＡＩシステム構築にあたり、「モデルの重み」（システムで最も重要な知財）を暗号化して、コピーできる回数や状況を限定できるかもしれない。

合成生物学であれ、ロボット工学であれ、ＡＩであれ、いずれにおいても最難度の課題は、無条件でシャットダウンできる完璧なオフスイッチを作り出すことだ。制御不能になる恐れがあるテクノロジーをシャットダウンする手段だ。自律型システムあるいは強力なシステムにはオフスイッチを絶対に取り付けなければならない。このオフスイッチを、来たるべき波のテクノロジーのように世界中に分散し、さまざまに形を変えて広範囲に広がるそれぞれのテクノロジー（どれもまだ明確な形はないし、状況次第では人類に強力に抵抗を試みるかもしれない）に、どう取り付けるかという問題は未解決だ。途方もなく難しいことだ。私は可能だと思うが、この桁外れの難しさを少したりとも軽視してはならない。

狭い範囲のインパクト・アセスメントや小さな技術的問題に集中して、多くの安全対策が段階的にしか取られていない。あるいは公開後の緊急問題への対処を優先し、事前に基本的な問題に取り組んでいない。このようなやり方はやめて、早めに問題を特定し、基本的なことに多くの時間や資金を投入すべきだ。広い視野で考えよう。標準規格を作成するのだ。安全機能は付け足しではなく、あらゆるテクノロジーに設計段階で組み込まれる標準装備となるべきものだ。非常に厳しい課題だが、私はこの段階で創出されるアイデアの幅と独創性が本当に楽しみだ。あらゆるアイデアに知的な酸素を送り、成功のために物質的な支援を行おう。確かに技術的な解決策が答えのすべてではないが、その基礎を成す一部になる。

2 監査――知識は力なり、力は制御なり

監査と聞くと、必要かもしれないが極めて退屈だと思うかもしれない。だが、監査は封じ込めに不可欠だ。「安全な箱」を物理的もしくはバーチャルに作製するという、これまで見てきた作業が基本だが、それだけでは不十分だ。意味のある監視と強制力を有する規則、技術実装の点検が必須だ。技術的安全性が進歩し、規制が作られたとしても、意図通りに機能していることが確認できない限り、効果的とは言えない。現場で何が起きているか、自分が制御下に置い

ているかを確認するには、どうしたらいいのだろうか。技術的・社会的に非常に大きな課題だ。信頼は透明性から生まれる。システムが安全で、完全で、妥協のないものだとあらゆるレベルで検証できなければならない。そのためにはアクセス権と監査能力が必要であり、敵対的検証システムやホワイトハッカー・チーム、脆弱性や欠陥や偏見を探るＡＩも必要になる。まだ存在しないツールと技術を使って、まったく異なる方法で新テクノロジーを構築するのだ。

外部監査は不可欠だ。現在、リリース済みのシステムの定期検査はなく、公的機関や世界規模の取り組みもない。技術的リスクについて早期警戒情報を出す組織もなければ、規制を遵守しているか、あるいは一般的に合意を得た基準を守る気があるかどうかを確認する統一された厳格な手段もない。制度も評価基準もツールも、監査に必要なものが何もない。したがって、社会に損害を与える現実的リスクのある最先端領域で開発を進める企業と研究者が、政府主導の監査を受け、政府が信頼する専門家と積極的に協力することが、常識的な出発点だろう。そんな監査体制があれば、私はぜひ協力したい。

数年前、私はこうした活動を支援するために、業界横断的な非営利組織「パートナーシップ・オン・ＡＩ」を共同設立した。ディープマインド、グーグル、メタ、アップル、マイクロソフト、ＩＢＭ、オープンＡＩを含むほぼすべての大手テック企業と、アメリカ自由人権協会（ＡＣＬＵ）、電子フロンティア財団（ＥＦＦ）、オックスファム、国連開発計画（ＵＮＤＰ）ほか20団体を含む多くの民間の専門家団体の支援を受けて立ち上げたのだ。設立後すぐに、事故報告を開発者間で共有する「ＡＩインシデント・データベース」を開始した。現在３５００件以上の報告がこのデータベースに収められている。パートナーシップ・オン・ＡＩは１００以上のパートナー（非営利団体、学術機関、メディア）と提携し、学際的な議論と協力の重要で中立的な窓口となっている。今後、パートナーシップ・オン・ＡＩのような組織はもっと設立されるだろうし、こうした組織を通じた監査も行われるだろう。

もうひとつ興味深い試みに「レッドチーム演習」がある。管理された環境下で、ＡＩモデルやソフトウエアシステムを攻撃し、脆弱性を積極的に探し、システム障害を明らかにするものだ。[*9] 今日発生した問題は、将来拡大する可能性が高い。あらゆる問題を探ることで、安全対策を組み込みつつ、システムを強化できる。レッドチーム演習が公的かつ共同で行われれば、開発者全体で共有される知識が増える。サイバーセキュリティ業界がゼロデイ脆弱性を共有してきたように、今こそすべての大手テック企業が積極的に連携し、新たなリスクの見識を迅速に共有すべきだ。

また、あらゆるシステムを徹底攻撃してストレステストを行うレッドチームを国家予算で組織し、演習で判明した情報を業界全体で広く共有すべきだ。最終的にレッドチーム演習の範囲は拡大され、またシステム監査と問題発見をする公認ＡＩシステムによって自動化される。もちろん、この公認ＡＩシステム自体も監査の対象になる。

新しいテクノロジーを把握するために導入されるシステムには、さまざまな異常や予期せぬ性能向上、隠れたシステム障害を突き止めることが求められる。無害なプログラムを装った「トロイの木馬」による悪意ある攻撃を感知しなければならない。これを実現するには、パノプティコン的監視体制を構築したいという誘惑に惑わされず、さまざまな指標を監視する必要がある。ＡＩの重要な訓練データセット（特にオープンソースのデータセット）や、周辺研究の計量書誌学的分析、公開された脅威事例を徹底的にチェックすることによって、パノプティコンなしでも有意義な作業を開始できる。基盤を成すＡＩサービスのＡＰＩは無条件にオープンにすべきではなく、金融業界のＫＹＣ（本人確認）のような手続きをすべきだ。

技術面では、対象を絞った監督メカニズムが可能性として考えられる。[*10] このメカニズムを、「タスク達成スキルの大半が、人間より上回る可能性があるシステム」に対する「スケーラブルな監視」と呼ぶ研究者もいる。ＡＩモデルのアルゴリズムの非有害性を数学的に証明しようというものであり、確実に記録されるアクティビティログと機能制限をＡＩモデルに組み込み、モデルの行動や出力が封じ込められているという確証を取る。こうしてモデルの動作を点検・認証することで、システムを誘導・追跡する客観的で秩序立った手段を提供できる可能性がある。

期待できる新しい監督メカニズムのもうひとつの例として、科学者とセキュリティ専門家のグループが立ち上げた非営利プログラム「セキュアＤＮＡ（SecureDNA）」が挙げられる。現在、潜在的危険性がスクリーニングされているＤＮＡ合成はごくわずかだ。[*11]「セキュアＤＮＡ」は、世界規模ですべてのＤＮＡ合成機（卓上型から大型で遠隔操作ができるものまで）を、安全で暗号化された集中型システムに接続し、病原性配列の有無を検査しようとするプログラムであり、重要な第一歩だ。潜在的に有害なＤＮＡ合成には、警告フラグが立てられる。無料で利用できる暗号化された安全なクラウドサービスで、リアルタイムで更新される。

すべてのＤＮＡ合成をスクリーニングすることは、生物学的リスクを減らす重要な作業である。市民的自由を必要以上に制限しないと私は思う。長い目で見れば、規定に準拠しないＤＮＡ合成機やスクリーニング回避のためのハッキングなどによって「闇取引」が行われるだろうが、それらに対して決して小さくない障壁が設けられる。ＤＮＡ合成のほか、ＡＩモデルのデータ入力を事前検査できれば、システムを展開前に監査できるし、リスクも削減できる。

現在、新興技術の開発状況の監視や、敵対国や敵対勢力による悪用の監視は、世界各国で異なる基準で行われている。曖昧なオープンソース情報や学術研究が混在する中で、一部では監視が秘密裏に行われている。これは法律的にも政治的にも危険であり、監視側に許容されている権利侵害の程度は不透明で、最悪の場合には意図的に曖昧にされている。私たちはもっとうまくできるはずだし、透明性が不可欠だ。あらゆる新しいテクノロジー（機器内部であれ、ソースコードの中であれ、研究所や工場の中であれ、自然発生したものであれ）をチェックする明確で合法的な方法が確立されるべきだ。

ここに述べたことのほとんどは、テクノロジー開発者が自発的に協力し、実施されるべきだ。そうならない場合は、法律を制定し、協力を強制しなければならない。それでもうまくいかない時は、技術的な安全装置（暗号化されたバックドアを含む）を開発し、司法当局や公的な独立機関がシステムを監査できるようにするといった、代替策が検討されることになろう。

司法当局や規制当局が公共または民間のシステムへのアクセスを求める場合、事例の実情に基づいて決定が下される。さらに、モデルやシステム、知識の複製・共有履歴を記録した分散型台帳も、それぞれの拡散と使用状況の追跡に役立つ。このように社会的封じ込めメカニズムと技術的封じ込めメカニズムとを融合することが極めて重要だ。詳細を詰めるには、新しい研究と国民的議論が必要となる。来たるべき波を迎えるにあたり、安全で悪用の難しい新たなバランスを、監視と安全性の間に見出す必要がある。

法律や条約の制定、優れた技術的解決策はどれも大切だ。だが、調整と確認が必要だし、厳格な管理手段に訴えることなく、実施されなければならない。このような新たな取り組みの下でテクノロジーを作り上げることは、決してうんざりするような体験にはならない。21世紀の最も刺激的な技術的・社会的挑戦のひとつになるだろう。そのために技術的安全性の確立と監査の手段は両方とも極めて重要だが、私たちには足りないものがある。時間だ。

3 チョークポイント――時間を稼ぐ

「重要機器や部品、原材料の一部には、輸入品に依存しているものがある」。２０２０年9月、中国の習近平国家主席は国内の科学者グループに懸念を伝えた。[*12] 恐ろしいことに、彼が中国の将来と地政学的安全保障に不可欠と考える「鍵となる核心技術」が「他国に支配」されていたのだ。実際、中国は石油よりも半導体チップの輸入額のほうが多い。[*13] 中国の指導者はほとんど公に動揺を示さない。だが、「来たるべき波の支配」という国家の長期戦略を達成するために、あえて深刻な脆弱性を抱えていることを認めたのだ。

その数年前、中国の政府系新聞が、同じ問題をもっと露骨に伝えていた。中国のテクノロジーは一連の「チョークポイント」によって制限されており、このチョークポイントに圧力をかけられれば、その影響は明らかだ、と書き立てた。

習近平の懸念は２０２２年10月7日に現実のものとなった。アメリカは中国に「宣戦布告」し、このチョークポイントのひとつを攻撃したのだ。この「宣戦布告」でミサイルが台湾海峡を飛び交うことも、南シナ海が海上封鎖されることも、アメリカ海兵隊が福建省の沿岸部を急襲することもなかった。攻撃は、アメリカ商務省という予想外の場所から行われた。ＡＩやスーパーコンピュータに使われる先端半導体やその製造装置の対中輸出規制が導入されたのだ。

この輸出規制により、アメリカ企業による先端半導体の対中輸出、先端半導体の製造装置の輸出、半導体製造装置の修理・メンテナンスも違法になった。AIやスーパーコンピュータなどに使われる先端半導体（一般的には14ナノメートル以下の製造プロセスを使用する半導体で、回路線幅はわずか原子20個分）は、知財、製造装置、部品、設計、ソフトウエア、サービスも含めて、厳格な輸出許可の対象となる。この規制により、エヌビディアやAMDのようなアメリカの主要半導体企業は、先端半導体を中国に輸出できなくなった。また、中国企業で半導体開発に携わるアメリカ人はこのまま仕事を続けてアメリカ国籍を失うか、すぐに会社を辞めるか、という選択を迫られた。

21世紀の最重要テクノロジーの基本要素を、中国が支配しないようにする――これは単なる不可解な貿易紛争ではなく、明確な意図を持った奇襲攻撃だった。輸出規制は中国共産党大会で習近平が事実上の終身指導者となる直前に発せられ、北京の中南海に強烈な警報を鳴らした。とあるテック企業の幹部が匿名で取材に答え、規制の及ぼす影響範囲について説明した。「アメリカは軍事応用を阻止するだけではなく、どんな手段を使っても中国の技術力の発展を阻止しようとしている」[*14]

短・中期的には中国の痛手になる、というのが専門家の一致した見方だ。[*15] 半導体製造のインフラ構築、とりわけ最先端半導体の製造装置の開発と技能の獲得は非常に難しく、中国はこの分野で後れを取っている。だが、長期的には、この規制で中国を止めることはできないだろう。それどころか、中国は半導体生産の国産化という、困難で莫大な投資が必要になるものの、妥当な道を突き進んでいる。数千億ドル規模の投資が必要になるとしても（実際必要だろう）、中国は投資するだろう。[*16]

中国企業はすでに規制を回避する方法を見つけている。第三国のダミー会社を複数経由し、クラウドコンピューティングサービスを利用して、規制をかいくぐろうとしているのだ。世界最先端のGPUを開発するエヌビディアは、規制を逃れるために性能を規制値以下に落とした製品を作った。[*17]こんな状況ではあるが、それでも私たちに非常に重要なことを示している。少なくとも一定の期間と領域において、波の到達を遅らせる優れた手段があるのだ。

超進化の時代において、時間を稼ぐことは非常に貴重で有益だ。その時間があれば、さらなる封じ込め戦略を練る、追加の安全対策を組み込む、オフスイッチをテストする、改良された防衛技術を構築する、国民国家を強化する、より効果的に規制する、法案を可決させる、国際的な同盟関係を強固にする、といったことができる。

現在、テクノロジーはさまざまなインセンティブによって突き動かされていて、封じ込めが追いつかない状態にある。アメリカによる先端半導体の対中輸出規制のような輸出管理が大国間競争や軍拡競争、人類の未来に与える影響は不透明だが、これだけは確実だ。中国（ひいては世界全体）の少なくとも一部のテクノロジー開発を遅らせられる。

近年の歴史が示す通り、テクノロジーは地球規模で拡散しているにもかかわらず、開発は限られた重要なR＆Dと商業化の拠点に集中しており、チョークポイントとなっている。たとえばインターフェースはゼロックスとアップルに、遺伝子工学はDARPA、MIT、ジェネンテック、モンサント、スタンフォード大学、カリフォルニア大学サンフランシスコ校（UCSF）に集中している。ただ、この傾向が徐々に消えつつあることは注目に値する。

AIにおいては、最新モデルに不可欠な最先端GPUはエヌビディアがほぼ独占している。このGPUを製造しているのは台湾のTSMC（台湾積体電路製造）で、最先端半導体はたった1棟の建物——世界一高度で高額な工場——で製造されている。TSMCが使う最先端半導体製造装置は、ヨーロッパで最も重要で最も企業価値が高いテック企業ASMLが独占している。ASMLのEUV（極端紫外線）露光装置は歴史上最も複雑な製品のひとつで、原子レベルの驚異的精度で半導体製造が可能だ。[*18] エヌビディアとTSMCとASMLの3社は最先端半導体のチョークポイントを握っており、ある推定によれば最先端半導体の価格は1キログラムで最大100億ドルにもなる。[*19]

チョークポイントは半導体だけではない。産業利用できる規模のクラウドコンピューティングも、大手6社が独占している。現時点でＡＧＩの開発を進めているのは、ディープマインドやオープンＡＩなど、リソースが豊富なわずか数社だけだ。グローバルなデータ通信は海底に敷設された光ファイバーケーブルを通るが、イングランド南西部やシンガポールなどの重要な地点にケーブルが密集している。コバルト、ニオブ、タングステンといったレアアースが不足すれば、産業界全体が崩壊しかねない。[*20] 太陽光パネルやシリコンチップに不可欠な超高純度の石英の約80％は、ノースカロライナ州のひとつの鉱山から産出される。[*21] ＤＮＡ合成機や量子コンピュータは誰もが手に入れられる一般消費財ではない。スキルもチョークポイントであり、本書で取り上げた先端テクノロジーに携わる人は、現時点で15万人以下だろう。

　したがって悪影響が確認されれば、こうしたチョークポイントを利用して理にかなったボトルネックを作り出し、開発速度を確認し、科学の進歩に合わせて良識的対策が確実に実行されるようにしなければならない。実際にはチョークポイントへの圧力は中国にだけ適用されるべきではない。テクノロジーの開発や展開のペースを規制するために、幅広く適用されるべきだ。輸出規制は単なる戦略地政学的な策略ではなく、現実的な実験であり、テクノロジーを完全に押さえつけるのではなく、どのような形で封じ込めが可能か教えてくれる。最終的にこういったすべてのテクノロジーは広く普及する。だが普及する前の今後5年間くらいが非常に重要だ。時間的な余裕はないが、ある部分に圧力をかければ、まだテクノロジーの速度を遅らせることができる。この選択肢があるうちはこれを利用し、時間を稼ごう。

4　開発者——批判する人も参加しよう

テクノロジー開発には止められないインセンティブがあるからと言って、開発者が自らの創造物に無責任でよいわけがない。私を含む開発者の責任は非常にはっきりしている。誰も遺伝子組み換え実験や大規模言語モデル創出を強制されているわけではない。テクノロジーの拡散と発展は不可避だが、だからと言って「作りたいものを作ってどうなるか見てみる」といったことが許される「赦免状」を持っているわけではない。拡散と発展が不可避だからこそ物事を正しく行う必要性があることを思い起こし、そうしなかった時の恐ろしい結果を肝に銘じるべきだ。

本書に記した問題を積極的に解決すべきなのは、誰よりもまずテクノロジーの開発者である。検査と解決の責任は、開発者が負っている。「なぜあなたは、責任を負ってまでＡＩに取り組み、ＡＩ企業を創業し、ツールを作るのですか？」と時々尋ねられるが、第一に私はＡＩが有益な貢献を果たすと信じている。そして、私は封じ込めの「議論」だけをしたいだけではない、と答えている。私はテクノロジーの行きつくところに先回りし、積極的に封じ込めを支援したい。封じ込めには、この実現に全力を傾注できる技術者が必要だ。

テクノロジーに批判的な人も重要な役割がある。傍観者として大声を上げる、Xで怒りをぶちまける、問題を概説する長々として不明瞭な記事を書くのもいいだろう。だが、それでは来たるべき波を止められないし、状況を大きく変えることもできない。私が技術者として働き始めた頃、テクノロジー開発に対する外部の見方は概ね好意的だったし、熱狂的ですらあった。クールでフレンドリーな企業が輝く未来を作ると見られていたが、今はそう思われていない。だが、いかに批判が強くなっても、批判によって何かが実現することは稀だ。

テクノロジーを批判する人たちも、テクノエリート、政治エリート、ビジネスエリートによく見られる「悲観論嫌悪の罠」に陥ることがある。楽観的すぎる技術者をあざけって、机上の空論に過ぎない監視枠組みに固執したり、規制の必要性を論説記事で訴えたりする。テクノロジーが強力で、社会に重大な影響を与えると思うのであれば、こうした批判的意見に従うのはまったく賢明ではない。批判的な人たちも、目前の真の現実から目をそらしているのだ。痛烈な批判は、テクノロジーのハイプサイクルに見られる「幻滅期」を形成するだけで、何も変えずに終わってしまうこともある。[*22]

説得力のある批判をしたければ、傍観者として意見を述べるのではなく、参加しなければならない。適切なテクノロジーを構築する、あるいはテクノロジーの方向性を変える実用的手段を持つ者として、積極的に方向性を示し、変化を起こし、問題の根源に必要な対処をするのだ。

傍観者として大声を上げるだけでは許されない。私はテクノロジーについて批判的な人たちに異議を唱えたいのではなく、あらゆるレベルで彼らの参加が必要だと考えている。特にテクノロジーを構築し、日常的に起こる具体的な問題に取り組む現場において、彼らの参加がとりわけ必要だ。だから、批判したい人には言いたい。あなたも参加してほしい。

確かにこれはあなたの人生を複雑にするし、気持ちも安らがないし、矛盾を抱えることにもなる。私のような開発者は、有益なツールやシステムを作り上げ、有害な結果を未然に防ごうとする中で、避けようとしていることを不注意に加速させる可能性もある。ウイルスの機能獲得研究をしている研究者と同じだ。私が開発する技術は何らかの害をもたらすかもしれない。私は手はベストを尽くして学び、改善しようとするが、それでも間違いを犯し続けるだろう。私は手を引くべきなのか、それとも関わり続けるべきなのか、何年も頭を悩ませてきた。テクノロジーの核心に近づけば近づくほど、結果に影響を及ぼすことができるようになり、有益な方向に導き、有害な用途を阻止できる可能性が高まる。だが同時に、テクノロジーを実現する責任の一部――つまりテクノロジーがもたらす、すべての善と悪の責任の一端を担うことになる。

私はすべてに正しい答えが出せるわけではないし、自分が下してきた選択の正しさについて、たびたび疑問を抱いている。だが、テクノロジーを構築する役割を完全に放棄することもできない。技術者は未来を設計するにあたり、他人の意見を聞かずに孤立して作業してはならない。

外部にも内部にも批判的な視点を持つ人がいるからこそ、国民国家にこれ以上ダメージを与えず、最悪の失敗を抑え、権威主義的ディストピアの可能性を減らすテクノロジーを構築できるのだ。彼らがいなければ、破局かディストピアかというジレンマに容赦なく襲われる。10年前まで、テック業界はあらゆる意味で単一文化だった。今はより知的な多様性が高まり、開発プロセスにも倫理的・人道的意見が持ち込まれ、批判的な視点が加えられるようになった。

ディープマインドを共同設立した頃、テック企業の中核に安全性と倫理への配慮を組み込むのは斬新な考えだった。「倫理」という言葉を使うことすら不思議がられたが、残念なことに、今日では逆に使い古された流行語のひとつになる危険性がある。そうではあるが「倫理」という言葉が真の変化をもたらし、有意義な議論の場を設けてきた。有望なことに、「AI倫理」に関する研究は急増しており、2014年以降、論文数は5倍になった。[*23] 産業界ではさらに加速していて、企業と協力したAI倫理研究は前年比70%増のペースで増えている。かつて技術業界で働く道徳哲学者、政治学者、文化人類学者を見るのはめずらしかったが、今はそうではない。だが、技術以外の視点や多様な意見は、まだ十分に議論に取り込めていない。[*24] テクノロジーの封じ込めには、あらゆる学問分野の多様な視点が必要となる。そのために積極的な人材採用が必須だ。

インセンティブが定着し、規制が機能していない世界では、批判的な声を外部から聞くだけでなく、組織の中核にも批判的な意見を示す人が求められる。

5 企業——利益とパーパス

利益が来たるべき波を推し進める。この事実を受け止めなければ、安全は実現できない。ＡＩや合成生物学など指数関数的に発展するテクノロジーに関しては、安全と利益の両方のインセンティブを持つ包摂的で責任ある企業モデルを新たに考える必要がある。これによって、最初からテクノロジー封じ込めに適応した企業を作れるはずだ。長い間、この課題に取り組んでいるが、今のところ望ましい結果は出ていない。

どの企業も昔から、株主利益の向上というひとつの目標を明確に掲げている。ほとんどの場合、株主利益の重視は、スムーズな新テクノロジーの開発につながる。歴史を通じて、これが進歩を強力に推し進めるエンジンだったが、来たるべき波の封じ込めにはふさわしくない。利益と社会的なパーパスをハイブリッドな組織構造で調和させる方法を見出すことが、今後の課題に対処する最善策だと信じているが、実現は非常に難しい。

ディープマインド設立にあたり、企業のガバナンス構造に、企業の最終目標と同じ要素を織り込むことが重要だと考えた。２０１４年にグーグルから買収の打診があった際には、ディープマインドのテクノロジーを監視する「倫理・安全委員会」の設置を合意の条件にした。真の

ＡＧＩを作るという私たちのミッションが達成できたら、単一企業が所有し、制御できる範囲を超える力を解き放つとわかっていたからだ。グーグルにこれを理解してもらい、確実に私たち技術者以外もガバナンスに加えるようにしたかったのだ。最終的にＡＧＩが完成した暁《あかつき》には、これを使って何をするか決定するグローバルなマルチステークホルダーのフォーラムを、すなわち民主的な世界規模のＡＩ協会のようなものを創設したかった。テクノロジーがかつてないほど強力になれば、多様な視点から制御し、使用することが重要だと考えたのだ。

グーグルによる買収後、ディープマインドの共同創業者たちと何年もかけて倫理憲章を組み込んだ会社形態にしようとした。そしてこの倫理憲章をどこまで一般公開できるか、ディープマインドの業務をどこまで独立機関の監査と監視の対象とするか議論を重ねた。一連の議論の目標は、未曾有のテクノロジーに匹敵する未曾有のガバナンスを作ることだった。私たちは、ディープマインドを「世界に利害関係を有する会社（global interest company）」という新しい形態にしてグーグルから独立した企業体にしたいと提案し、経営に責任を持つ取締役会とは別に、完全に独立した理事会の設置を求めた。理事の顔ぶれ、決定事項、決定に至った理由の一部も公開される。透明性や説明責任、倫理は、どれも単なるディープマインドのＰＲだけではなく、法的拘束力のある企業の基盤となり、企業の全活動に組み込まれる。これによって私たちはオープンに働けるし、各企業は指数関数的に進化するテクノロジーに対する先進的で長期的な管理《スチュワ》者《ード》として、いかにしてレジリエンスを維持できるかを学べると考えたのだ。

私たちはＡＩから得られる利益が倫理的で社会的なミッションに再投資される現実的方法を確立し、アルファベットに提案した。独立したディープマインドを株主がいない「保証有限会社（company limited by guarantee）」にして、主要出資者であるアルファベットに排他的技術ライセンスの提供を義務付けるのだ。社会的・科学的ミッションの一環として、ディープマインドは利益の大半を、数年内には成果が出ないと思われる公共サービス技術の開発に充てる。たとえば、二酸化炭素回収・貯留（ＣＣＳ）、海洋浄化、プラスチックを除去するロボット、核融合といった技術だ。また学術機関のように、ディープマインドの主要なブレイクスルーの一部をオープンソースにしたいとも提案した。グーグルの主力事業である検索関連の知財には手を付けないが、新薬などヘルスケア関連の技術開発や気候変動対策といった、ディープマインドの社会的ミッション推進のために残りのテクノロジーを使うのだ。投資家がリターンを得られるようにしつつ、会社の社会的パーパスを会社の法的な構造に確実に組み込もうとした。

今にして思えば、当時のグーグルには過度な提案だった。何人も弁護士が雇われ、何年も厳しい交渉が続けられたが、問題解決の糸口は見つかりそうもなかった。結局、誰もが満足する答えは見つからなかった。ディープマインドは法的に独立することなく、グーグルの通常の一部門として運営され、別ブランドのひとつとなった。ここで私は基本的なことを学んだ。株主資本主義が機能するのは単純で明確だからであり、企業のガバナンス構造も単純で明確なものをデフォルトとする傾向がある。株主がいる企業体では説明責任と業績が明確に数値化され、非常に透明性が高い。理論的にはもっと先進的なシステムを設計できるかもしれないが、実際に運用するとなると話は別だ。

グーグル在籍中、私はさまざまな実験的な取り組みを重ねて、革新的なガバナンス構造を作ろうとした。私はグーグルのＡＩ倫理原則を起草し、さらにＡＩ倫理諮問委員会「ＡＴＥＡＣ」を設立するチームの一員となった。どちらも目的は同じで、グーグルはＡＩや量子コンピュータなどの先端技術をどう扱うべきか、憲章をまとめる最初の一歩を踏み出そうとしたのだ。チームは、外部からさまざまなステークホルダーを呼び込むことを強く望んだ。ＡＴＥＡＣの委員となった法律、テクノロジー、倫理の専門家に開発の最前線を見てもらい、外部の視点をもたらしてもらうのだ。この人たちは新しいテクノロジーの開発に対する興奮と楽観主義から遠く離れた世界に生きているから、まさに求められる視点を与えてくれるはずだ。

だが、ＡＴＥＡＣは発表から数日後に解散した。グーグルの一部の社員が、ワシントンＤＣに本部を置く保守系シンクタンク、ヘリテージ財団の会長ケイ・コールズ・ジェームズが委員に選ばれたことに反対したのだ。ジェームズは左派と中道を含むさまざまな人物とともにＡＴＥＡＣの委員に任命されたが、グーグル社内で彼女への解任要求がすぐに広がった。反対派は当時のツイッター社の社員と連携して、彼女が過去数年にわたって反トランスジェンダー的、反LGBTQ的な発言を繰り返しており、直近では「彼らは女性の定義に男性を含めるように変更して、女性を経済的、社会的、政治的にエンパワメントする努力を帳消しにしようとしている」と発言したと指摘した。[*25] 私個人としては彼女の発言と政治的立場に賛同しないが、委員就任を要請したことは間違っていないという立場を崩さなかった。あらゆる価値観や視点に耳を傾けるべきだからだ。なんといってもグーグルは世界中にユーザを持つグローバル企業であり、ジェームズと同じ考えの人もいるだろう。

多くのグーグルの社員と外部の活動家たちが、ATEACの委員が発表された数日後に、ジェームズの解任を要求する公開書簡を発表した。さらに、ほかの委員に対してもATEACを辞任するよう求め、辞任しない場合はトランスフォビアを容認するのと同じだとして、委員の所属大学へ彼らへの学術資金提供を中止するよう働きかけた。最終的に3人の委員が辞任し、ATEACは1週間も経たずに解散した。残念なことに、当時の政治状況は、公人にも上場企業にもあまりに厳しかった。

ここでも企業に対する負託を再考しようとする私の試みは失敗した。それでも対話を促し、アルファベットだけでなく、政策、学術、産業界の幅広いグループにおいて難しい問題を論じ合う状況は作り出せたと思う。資金提供すべきチームと研究、各プロダクトのテスト方法、適切な内部管理と監査、外部からの監視、考慮すべき利害関係者——アルファベットをはじめ、さまざまな企業の幹部たちが定期的にこんなことを話し合うようになったのだ。

テック業界で10年前は非主流と思われていたAIの安全性に関する議論が、今は日常的に行われている。社会貢献および先端技術の安全性と、利益とのバランスを取ることを、アメリカのすべての大手テック企業が原則として受け入れているのだ。差し出されている利益の規模は莫大だが、起業家、経営陣、従業員は封じ込め問題に対応できる企業形態を模索し、推進し続ける必要がある。

期待の持てる実験が進行中だ。メタは元判事のほか、活動家や専門家で構成される独立した監督委員会を設置し、プラットフォーム運営に対し勧告を出している。監督委員会はあらゆる方面から批判を受けており、この委員会だけでは問題が「解決」されないことは明らかだ。だが、まずはこの取り組みを評価し、メタなどが実験的な取り組みを続けるように働きかけることが大切だ。もうひとつ注目すべきこととして、パブリック・ベネフィット・コーポレーション（PBC）やBコープの動きが活発化している。どちらも営利企業だが、社会的ミッションを企業の目標として掲げた企業形態である。次のステップは、テック企業がテクノロジーを封じ込める強力なメカニズムを備え、受託者責任の明記された目標を掲げることだ。PBCやBコープの成長（現在、1万社以上がBコープとして設立されている）を考慮すれば、前向きな変化が起こる可能性は高い。[*26] 経済的目標の追求とテクノロジーの封じ込めが常に歩調を揃えるとは限らないが、Ｂコープのような革新的な企業形態が広がることで、その可能性が高まる。こうした実験的取り組みが求められている。

テクノロジーの封じ込めには、新世代の企業が必要だ。積極的に社会貢献するテック業界の創業者や従業員も不可欠だ。さらにもっと難しいものも必要となる。政治だ。

6 政府——生き残り、改革し、規制せよ

すでに見てきた通り、テクノロジーの問題にはテクノロジーによる解決策が必要だが、それだけでは十分ではない。国家の繁栄も必要だ。自由民主主義国家を強化し、ストレス要因に対する抵抗力をつける、あらゆる努力が後押しされるべきだ。国民国家は、法律や通貨発行、課税、軍事など、文明の基本要素の多くを今も掌握しており、今後直面する課題に役立つ。すなわち、厳しいストレスにも耐えられるレジリエンスのある社会制度や福祉制度、安全保障アーキテクチャ、統治構造を作り出し、維持することが必要だ。だが、国家は実際の状況を正確に認識する必要がある。今はまるで暴風雨の中で目隠しをして作業しているようなものだ。

物理学者リチャード・ファインマンは「自分で作れないものは、理解しているとは言えない」という名言を残したが、これは今日の政府とテクノロジーにも当てはまる。政府はもっと関与

し、本物のテクノロジーを再度創出し、基準を設定し、政府内の能力を高める必要がある。優秀な人材とハードウエアを巡って、自由市場で競い合わなければならない。それ以外に方法はない。莫大な費用がかかり、無駄遣いに終わる失敗を重ねるだろう。だが、未来を見据えて活動できる政府は、サービスを委託し、外部の専門家と外部が所有・運営するテクノロジーに依存するより、はるかに強力な統率力を手にできる。

説明責任を果たすには、深い理解が必要だ。所有することで、制御も可能になる。どちらも政府が直接関与する必要がある。現在のR&Dは企業が主導しているが、投機的で成功可能性が低い基礎研究の多くは、依然として政府の資金援助を受けている。[*27] アメリカ政府のR&D予算は裁量的経費の約20%と史上最低だが、それでも年間1790億ドルと決して少なくない。

これはよいニュースだ。科学技術教育と研究開発に投資し、国内のテック企業を支援することで、政府が最先端技術に直接関わり、恩恵を最大限に活用しつつ弊害を最小限に抑えるというポジティブなフィードバックループが生まれる。[*28] 簡単に言えば、来たるべき波の創造において政府が対等のパートナーとなることで、波を全体的な公共の利益に向かわせる機会がより多くなるのだ。かなりのコストになるとしても、政府内部に技術の専門知識を蓄えることは有意義な投資である。政府は、経営コンサルタントや請負業者、その他の民間サプライヤーに依存してはならない。民間企業と同等の適切な給与を得た、評価の高い正規職員が解決の中心になるべきだ。ところが現実には、国家にとって重要な役割を果たしている国家公務員と、同レベルの民間企業社員との給与差が10倍もある。これは持続不可能だ。[*29]

政府がまずすべきは、テクノロジーの進展を監視し、理解することだ。[*30] 国家は国民が提供するデータと使用法、使用箇所、その意味といったことなどを詳しく理解する必要がある。行政は最新研究や最先端研究の動向、国家にとっての利益最大化の方策などについて敏感でなければならない。何よりも、どのようにテクノロジーが損害をもたらすかについて、すべて記録する必要がある。研究所からの漏出、サイバー攻撃、大規模言語モデルの偏見、プライバシーの侵害など、すべてを一覧にして公開することで、誰もが失敗から学んで改善できるようにする。

こうした情報を国家は効果的に活用し、新たに出現した問題にリアルタイムで対応できるようにする必要がある。ホワイトハウスの科学技術政策局（ＯＳＴＰ）のような行政府の直属組織が影響力を高めているが、まだ不十分だ。経済、教育、安全保障、国防などの大臣がいるのに、それと同等の権力と民主的な説明責任を果たすテクノロジーの担当大臣がいないのは筋が通らない。世界を見回しても、新たなテクノロジーを管理する大臣は珍しいが、それではいけない。来たるべき波の時代に、各国はこの役職を創設すべきだ。

規制だけでは封じ込めできないが、規制なしの議論は必ず失敗する。規制はインセンティブに焦点を当てて、個人と国家と企業と公共を連携させ、全体として安全とセキュリティを享受できるものにする。それと同時に、強力な制御機構を組み込むべきだ。たとえば選挙活動におけるＡＩ利用など特定の用途は、一括法案の一部として法律で禁止する。

立法府も活動している。２０１５年にはＡＩ関連法はほぼゼロだったが、[*31]２０１９年以降に「人工知能」という言葉を含む法案が世界で72件可決された。ＯＥＣＤ（経済協力開発機構）の「ＡＩ政策に関するオブザーバトリー（The OECD AI Policy Observatory）」のデータベースには、60カ国８００件以上のＡＩ政策が記録されている。[*32]ＥＵのＡＩ規制法には確かに問題があるが、評価すべき条文はいくつもあり、正しい視点と野心を感じさせる。

２０２２年10月、ホワイトハウスのＯＳＴＰは5原則が含まれた「ＡＩ権利章典のための青写真」を公表した。[*33]この5原則は「アメリカ国民の市民権を保護しつつ、ＡＩや自動化システムを設計し、開発し、使用する際に指針とすべき」とされ、具体的には、アメリカ国民は安全でも効果的でもないシステムや、アルゴリズムによる差別から保護されるべきであり、ＡＩ利用を強制されるべきではなく、オプトアウトする権利を持つ――とある。こうした取り組みへの広い支持と迅速な実施が求められる。

だが、政策立案者の想像力をテクノロジーの進歩に合わせて広げなければならない。政府はさらに踏み込む必要があるからだ。当然の理由から、原発建設や運用を民間企業の判断に任せきりにしていない。実際には、原発を監視し、認可を与え、管理するなど、原発のあらゆる側面に国家が深く関与している。これからはテクノロジー全体を原発のように扱うだろうし、扱うべきだ。今は誰でもＡＩシステムを構築できるし、誰もが研究室を開設できるが、むしろ厳格な許認可制に変えるべきだ。これによって責任の所在がより明確になり、先端技術へのアクセスを取り消したり、先端技術による被害の救済を行ったりする厳格なメカニズムを作り上げられる。最先端ＡＩシステム、ＤＮＡ合成機、量子コンピュータは、責任ある認定開発者のみが製造する。認定開発者には、明確な拘束力を持つセキュリティ基準と安全基準に同意する義務を課す。規則の遵守、リスク評価の実施、記録の保存、実稼働状況の綿密な監視が求められる。連邦航空局（ＦＡＡ）の承認なしにロケットを宇宙に向けて打ち上げられないのと同じで、最先端ＡＩを許可なしにリリースすることは許されない。

ＡＩモデルの規模や能力に応じて、異なる許認可制度が適用されることもあるだろう。規模が大きく、能力が高ければ、許認可の要件を厳しくするのだ。汎用性が高いモデルであれば、深刻な脅威をもたらす可能性も高まる。つまり、最も基本的な機能開発に取り組む研究所は、想定を超えた能力を持つＡＩを生み出す可能性があり、特別な注意が必要だということだ。必要であれば、ＡＩモデルの訓練、一定規模を超えた半導体チップのクラスター化、特定の生命体の取り扱いなど、開発の内容に焦点を当てた、きめ細かい許認可も可能である。

現在、価値創造の源泉が労働から資本へと史上最大規模で転換しており、安全保障と福祉の財源確保のために税制の全面的見直しが必要である。テクノロジーが敗者を生むのであれば、補償が必要だ。現在、アメリカの労働者に課せられる税率は平均25％だが、設備やソフトウエアはたった5％だ。[*34] 現在の税制では、産業振興という名目で資本が制約なく再生産されている。将来は資本に対する課税を増やして、テクノロジーによって不利益をこうむる人々へ再分配するほか、社会の移行速度を緩やかで公平にするために用いる必要がある。財政政策はこの移行期のさまざまなチョークポイントを管理し、国家のレジリエンスを高める重要な調整役を果たすことになる。

税制見直しには、土地や固定資産、株式、低流動性資産などの昔からある形態の資本や資産への増税と、自動化と自律型システムに対する新税導入が含まれるべきだ。後者は時に「ロボット税」と呼ばれ、[*35] MITの経済学者たちによると、自動化と自律型システムの価値のわずか1～4％の課税であっても、大きな影響がある。[*36] 労働者への課税を慎重にロボット税にシフトしていくことで、継続的雇用を促し、家計崩壊を緩和できる。税額控除と還付によって最低所得を補うことで、所得が上昇しなかったり、下がってしまったりした人の苦況をすぐに和らげられるかもしれない。同時に、大規模なリスキリングとリカレント教育を進めることで、影響を受けやすい仕事をしている人々に心構えをさせて、リスク意識を高め、来たるべき波の可能性に触れる機会を増やせる。ユニバーサル・ベーシックインカム（UBI）――所得に関係なく全国民に支給される最低生活保障――は、波によってもたらされる経済的混乱の解決策としてよく提案される。将来的にはＵＢＩに似た取り組みが導入される可能性もあるが、その前に検討すべき魅力的なアイデアがほかにもある。

超大規模な法人向けＡＩが登場する時代において、資本税は資産や利益に対してだけでなく、巨大企業にも適用されるべきだ。[*37] さらに巨大企業にも社会機能を維持する公正な税金を納めてもらうために、クロスボーダー課税を考える必要がある。ここでも実験的な取り組みが奨励される。たとえば企業価値の一定割合を「配当」として課税する。これにより、利益が一部企業に過度に集中する時代において、全国民に企業価値が還元され続けることになる。議論を推し進めると、来たるべき波の資本財や生産財は、誰が所有すべきかという核心的問題に突き当たる。ＡＧＩそのものを建物やトラックと同じように私有化できるわけではないのだ。人間の寿命や能力を向上し得るテクノロジーに関しては、誰がその恩恵を得るのかについて最初から十分な議論が必要だ。

そのようなテクノロジーを誰が設計し、開発し、運用できるのかについては、最終的には政府が決定することになる。その方法も担当機関も専門知識も、テクノロジーと同じ速度で進化する必要があり、関係者全員の世代を超えた課題となる。よって、テクノロジー封じ込めの時代は、テクノロジーを広範囲かつ賢く規制する時代だ。これには議論の余地はない。一国だけの規制には避けられない欠点があり、単独で規制できる政府はどこにも存在しない。

7 同盟——条約締結に向けて

レーザー兵器はＳＦに聞こえるが、残念ながらそうではない。レーザー技術の進展は、敵を失明させるレーザーを可能にした。これを兵器化すれば戦場で敵を失明させ無力化するだけではなく、誰でも標的にして失明させることができる。新たな民生技術が再び恐ろしい攻撃方法をもたらしたのだ（今のところ、スター・ウォーズのレーザー砲のようなものではない）。失明レーザーで武装した軍隊や無法者が街を練り歩く世界など、誰も望まない。

幸いなことに、これは起こらなかった。１９９５年の「失明をもたらすレーザー兵器に関する議定書」により、失明レーザー兵器の使用が禁じられたのだ。[*38]「兵器の唯一の戦闘機能、あるいは戦闘機能のひとつとして、視力の強化されていない眼に対して永久に失明をもたらすように特に設計されたレーザー兵器の使用」を禁じたこの「議定書」は、「特定通常兵器使用禁止制限条約（ＣＣＷ）」に追加された。１２６カ国がこの議定書を締結した。これにより、レーザー兵器は、兵器としても小型武器としても普及することはない。

確かにレーザー兵器は、本書で説明しているオムニユースの技術ではない。だが、この兵器は強力な禁止令が機能することを証明している。慎重な同盟関係の構築と国際協力が功を奏せば、歴史は変えられる。

一部は本書内でも触れたが、以下のような事例を考えてみよう。核兵器不拡散条約。特定フロンを全廃させたモントリオール議定書。東西冷戦時代に実現したポリオワクチンの開発、臨床試験、世界規模の接種。生物兵器禁止条約やクラスター爆弾禁止条約や対人地雷禁止条約。世代を超えたヒトゲノム編集や優生政策を禁じたオビエド条約や欧州人権条約。気候変動の悪影響を抑制し、温室効果ガスの削減をめざすパリ協定。天然痘を根絶した世界的取り組み。自動車用の有鉛ガソリンの全廃。アスベストの段階的な禁止。

企業が利益を逃すのを好まないのと同じで、国家は権力を手放すことを望まないが、ここに挙げたものは学ぶべき先例であり、技術開発競争の再燃によって分裂した現状に希望をもたらしてくれる。どの事例も特有の条件と課題があり、それらが実現を後押しすることも、完全な遵守を難しくすることもあった。だがいずれも、世界の国々が団結し、妥協しながら大きな課題に立ち向かった貴重な例であり、来たるべき波に対処するヒントと枠組みを与えてくれている点が極めて重要である。一国の政府が合成生物学やＡＩの応用を禁止するのは難しいし、部分的で脆弱な禁止になるだろう。だが、強い動機を持った同盟によるものであれば、禁止できるかもしれない。

奈落の底を目の前にすると、地政学が急速に変化する。第二次世界大戦のさなか、平和は夢としか思えなかっただろう。連合国は戦闘で疲弊していたが、わずか数年後に自国政府が敵国の復興に百数十億ドルも投じることになると想像した戦場の兵士はほとんどいなかっただろう。ドイツと日本は恐ろしい大量虐殺という戦争犯罪を行ったにもかかわらず、戦後すぐに安定的な同盟関係の重要な一員となった。今思えば、目が回るようだ。銃弾と敵意に溢れたノルマンディー上陸作戦と硫黄島の戦いからわずか数年で、揺るぎない軍事同盟と通商協定が成立し、今日にも続く深い友好関係が生まれ、過去最大規模の復興支援が行われた。

今、新冷戦が出現し始めており、世界に分断が広がっている。だが、冷戦最盛期も高官レベルの接触は続けられていた。今後、反逆的なＡＧＩが広まったり、深刻なバイオハザードが発生したりするようなことがあれば、こうした高官レベルの調整が必要になるだろう。大惨事を引き起こす脅威は本質的にグローバルなものであり、国際的な合意の対象となるべきである。自国内にしか適用されない規則は明らかに不十分だ。すべての国がテクノロジーの進歩に利害関係があるが、最悪の事態を抑え込む正当な理由もある。来たるべき波に対する、核不拡散条約やモントリオール議定書やパリ協定は、どのようなものになるだろうか。

核兵器が例外的なのは、製造が非常に難しいことだけではない。長く辛抱強い討論、国連での厳しい条約交渉、緊張が高まる時代においても国際協力が求められるなど、あらゆる要素が核の封じ込めには不可欠だ。核の封じ込めには道徳的側面と戦略的側面がある。このような合意に達し、発効させるのは決して簡単ではなく、大国間競争の時代には2倍難しいものになる。現在、テクノロジー封じ込めにおいて外交官の役割が過小評価されているが、軍拡競争の時代からテクノ外交の黄金時代が出現すべきなのだ。私と話した外交関係者の多くは、そう感じている。

技術者間や地方政府のレベルでも、同盟関係を機能させることはできる。たとえば、資金提供先を話し合うのだ。よい例としては、ヒト生殖細胞系列ゲノム編集が挙げられる。106カ国を対象にした調査では、ヒト生殖細胞系列ゲノム編集に対する規制は国によってまちまちだ。[*39] ほとんどの国は何らかの規制やガイドラインを用意しているが、相違やギャップがある。世界的な影響を持つテクノロジーに対する、グローバルな枠組みにはなっていない。これまでより効果的だったのは、最前線の科学者たちによる国際協力だ。最初のヒトゲノム編集が行われたことをきっかけに、エリック・ランダー、エマニュエル・シャルパンティエ、フェン・ジャンなどの著名科学者による文書が発表された。その中で「ヒト生殖細胞系列ゲノム編集に関するすべての臨床利用、すなわち遺伝可能なＤＮＡ（精子、卵子、胚）を組み換えて遺伝子操作された子どもを生み出すことを世界的に一時停止」し、「各国が独自の決定権を保持しながら、一定条件が満たされない限りヒト生殖細胞系列ゲノム編集の臨床利用を承認しないことを自主的に約束する国際的枠組み」を求めた。[*40]

科学者たちは永久禁止を求めているわけではないし、研究目的でのヒト生殖細胞系列ゲノム編集を禁じようというわけでもないし、すべての国が足並みを揃えるべきだとも言っていない。だが、ゲノム編集を実践する者に、時間をかけて調整することと、正しい決断をすることを求めているのだ。最先端にいる人たちが集まればまだ方向を変えられるし、一時停止もできるし、各国と国際機関が協力する場や解決策の基盤も作り出せる。

本章前半で、米中対立について論じた。競合する二大国間には相違点もあるが、協力できる分野もある。その点では、競争状態がそれほど激しくなく、新たな生物学的脅威に対する相互確証破壊（MAD）が明白な利点となるので、AIよりも合成生物学から始めるのがいいと思う。すでに取り上げた「セキュアDNA」は好例で、化学兵器削減と同様、合成生物学を管理する道筋を示す。たとえば先進的なR＆Dから商業的な応用例に至るまでバイオリスクを監視する機関を米中共同で創設できれば、貴重な協力体制が築かれることになる。

米中は、悪意ある者が細々と切れ目なく出現するのを抑えたいという共通の利害がある。オウム真理教のような団体がいつどこから出てくるかわからないことを考えれば、米中は世界最強のテクノロジーが無制限に拡散することは避けたいはずだ。現在、米中は技術標準の策定で対立している。だが、共同で取り組むアプローチのほうが間違いなくウィン・ウィンとなる。技術標準が統一されなければ、誰もが苦しい状況に置かれてしまう。もうひとつ米中が協力できる分野は、量子コンピュータや機械学習の進歩によって安全性が脅かされている暗号化技術だろう。どちらも両国の大きな妥協を引き出せるかもしれない。冷戦終結から年月が過ぎる中、その教訓を再び学ぶべきだろう。敵と協力しなければ、技術的安全性は確保できないのだ。

この段階では、米中間の取り組みを働きかけるだけでなく、テクノロジーに専念する新たな国際機関の設立を提案することも明らかに必要だ。次のような質問を、私は何度となく耳にした。「生命工学のための世界銀行」や、「ＡＩのための国連」とはどのようなものか？　強固な国際協力によって、ＡＧＩのような複雑で難しい問題に対処できるか？　究極の裁定者、つまり「誰がテクノロジーを封じ込めるか」と問われて手を挙げられるような「最後の貸し手」は誰か？

世界共通のアプローチを作るために、私たちの世代は核不拡散条約のようなものを必要としている。今回はテクノロジーの拡散を完全に抑え込むのではなく、制限を設け、国境を越えた管理と緩和の枠組みを設置する。研究内容に明確な制限を課し、各国の許認可業務を橋渡しすることで、研究制限と許認可の妥当性を点検する枠組みを作る。

技術的問題に関しては、単一もしくは複数の新設機関が必要だ。面倒な地政学的問題を（できるだけ）回避し、行き過ぎを避け、広く客観的な基準に基づく実用的な監視機能を持つ専門の規制機関が早急に必要だ。ＩＡＥＡのような国際機関や国際航空運送協会（ＩＡＴＡ）のような業界団体が望ましい。テクノロジーを直接規制したり、構築したり、制御したりする組織ではなく、ＡＩ監査機関（ＡＡＡ：AI Audit Authority）のようなものから始めるといいだろう。実態調査に加え、ＡＩモデルのスケールを監査し、能力が閾値を超えてしまった場合には、ＡＡＡは次のような質問を出して最先端テクノロジーの実態を世界規模で調べ、透明性を高める。システムは能力を自己改善できる兆候があるか？　システムは独自の目標を設定できるか？　人間の監視なしに、さらなるリソースを獲得できるか？　欺瞞や人心操縦の訓練を意図的に受けていないか？　来たるべき波のほぼ全領域で、ＡＡＡのような監査機関が活動できるだろう。監査機関の調査は政府による許認可の根拠となり、不拡散を目的とした条約への取り組みを後押しするだろう。

厳格な現実主義は、漠然とした可能性の低い提案よりも、はるかに成功する可能性が高い。制度の車輪を完全に作り直す必要はない。競争とスタンドプレーが増えるだけだ。制度の車輪を改良できるあらゆる方法を見つけるだけでよい。できるだけ早く。

8　文化——謙虚に失敗から学ぶ

ソフトウエアシステムからマイクロチップ、企業、研究機関、国家、国際社会に至るまで、共通するテーマは「ガバナンス」だ。これらには各レベルでインセンティブやサンクコスト、制度の硬直性、領土問題や世界観といった克服すべき問題が複雑に絡み合っている。倫理、安全性、封じ込めの3つは、ガバナンスの何より優れた産物である。だが、誤解しないでほしいが、よいガバナンスは明確なルールや有効な制度的枠組みだけから生まれるわけではない。

ジェットエンジンが開発されたばかりの１９５０年代は、墜落事故（と死亡事故）は不安を催させるほど頻繁だった。だが、２０１０年代初頭の死者数は搭乗者７４０万人当たり1人になった。[*41] アメリカの民間航空会社の死亡事故は何年も発生していない。飛行機は今では最も安全な交通手段で、実際、1万メートル上空を飛ぶ飛行機に座っているほうが自宅のソファに座っているよりも安全だ。

航空会社のすばらしい安全実績は、長年にわたって積み重ねられてきた数々の技術改良や業務改善によるものだ。だが、背後には同じくらい重要なものがある。文化だ。航空業界はあらゆるレベルの過ちから精力的に学び取ろうとしている。墜落事故を単なる悲劇として嘆いているだけではない。学習の機会として、システムの故障原因を究明し、問題を解析し、修正し、得られた知識を航空業界全体で共有している。ベストプラクティスは企業秘密にも競争優位にもならない。業界全体の信頼性と安全性のために、一丸となって実践しているのだ。

これこそが来たるべき波に必要なことだ。つまり、最先端テクノロジーに関与する人たち全員による、本心からの支持だ。倫理や安全性に向けた取り組みや政策を考案し、推進するのはすばらしい。だが、それらを実際に実行する人たちが、本当に信じていなければならない。

テック業界は「失敗から学ぶ」と口先では立派なことを言うが、プライバシーの問題、安全性や技術的違反からはほとんど学ばない。ヒットしなかった新製品は困りものだが、偽情報で大惨事を引き起こす大規模言語モデルや、重篤な副作用を起こす薬のほうがはるかに厄介だ。技術に対する批判は、十分な理由があるとはいえ容赦なく厳しい。競争も激しい。その結果、新しい技術や製品に問題が生じると、秘密主義の文化が頭をもたげる。開発プロセスの一部の特徴であるオープンネスや相互信頼は霧消し、学ぶ機会や学んだ内容を広める機会がなくなる。過ちを認めたり、前例にないことをしたりするのもリスクで、禁止事項になってしまう。

失敗と世間からの非難に対する恐怖は停滞につながる。問題が発覚したらただちに自己申告することが、個人でも組織でも基本であるべきだ。だが、これを実際にやると称賛されるどころか、企業もチームも干されてしまう。正しいことをしているのに失笑を買い、Xで炎上し、悪意あるマウンティングの犠牲になる。この状況で誰が自分たちの過ちを認めようとするだろうか。もっと高度で信頼のおける、封じ込め可能なテクノロジーを生み出したいのであれば、こんなことはやめるべきだ。

失敗から学ぶと口で言うだけでなく、現実にそうしなければならない。まず、たとえ厄介なことであっても失敗を包み隠さず公表するのは称賛されるべき行為で、侮辱されるべきではない。テック企業が何らかのリスクや不都合な点、障害を認識した際に、まずすべきは、広く世界にしっかりと伝えることだ。研究所からの漏出があった際に、まずすべきは、事実の隠蔽ではなく、公表だ。それを聞いた他社やほかの研究グループ、政府といった人々が、まずすべきは、耳を傾け、考え、支援を申し出ることだ。そして何より大切なのは、失敗から学び、学んだことを積極的に実践することだ。この姿勢こそが航空業界で何万人もの命を救ってきたし、これから先もさらに何百万人もの命を救うことになる。

封じ込めは単に政策やチェックリストや取り組みをあれこれ整備するだけでなく、進んで実行しようとする自己批判的な文化が不可欠となる。すなわち、職場や研究所に規制当局者を迎え入れ、そこで技術者と規制当局者が互いに学び合うという文化だ。この文化を作り上げるには、誰もがそれを受け入れ、自分事として捉え、強い関心を抱くことが必要だ。それができなければ、安全性が後回しにされる。ＡＩに限らず、多くの分野において、私たちは「単なる」研究者で、「ただ単に」探求と実験をしているだけだ、という意識がある。だが何年も前からこの考えは現実にそぐわない。文化の変革が強く求められる典型例だ。研究者は、常に論文発表を急ぐ風潮から一歩退くことを奨励されるべきだ。知識を公共財とするのが当たり前になっているが、今後は必ずしもデフォルトにすべきではない。先端研究を精力的に進める者たちは、まずこれを認識する必要があるし、核物理学やウイルス学の研究者はすでに認識している。ＡＩ

については、再帰的自己改善や自律性といった能力が、越えてはならない一線だと私は考えている。研究者を踏みとどまらせるには、技術的側面と法的側面が関係してくるが、研究者や関係者や組織の道徳的・感情的・文化的側面からの支持が不可欠だ。

遺伝子工学の基礎を築いたポール・バーグは、1973年、カリフォルニア州モントレー半島に、科学者たちを集めた。バーグは自分の発見が何をもたらすかを危惧し、今後のために基本原則と道徳的基盤を作ろうと考えたのだ。会場となったアシロマ会議場で、新たな学問領域がもたらした難問を問いかけた。人間の遺伝子操作に取り組むべきか？　もし行うのであれば、どのような形質であれば許容できるのか？　2年後、バーグほか、さらに多くの研究者が同じアシロマ会議場に再度集まり、DNAの組み換えについて議論した。海辺の会場での話し合いは、非常に重要なものとなり、生命科学の転換点となった。遺伝子研究の指針が確立され、許容される実験内容と封じ込めに関し、基本ガイドラインと道徳的制限が設けられたのだ。

私は2015年、AIのアシロマ会議をめざしたプエルトリコでの会議に参加した。この会議にはさまざまな人たちが参加し、AIの安全性に対する注目を高め、慎重な姿勢を文化として根付かせ、現実的な答えを探ろうとした。2017年に再び集い、AI開発の原則を立案し、私を含め多くの業界関係者が署名した。[*42] 会場は、あの象徴的なアシロマ会議場だ。「アシロマの原則」にはAI研究に対して明確な責任を負う文化の醸成が盛り込まれ、ほかのさまざまな取り組みを呼びかけた。来たるべき波が高まり続ける中、私たちはアシロマの精神と「アシロマの原則」に、意識的に何度も立ち返る必要がある。

何千年にもわたり、「ヒポクラテスの誓い」は医療関係者の道徳的指針であった。その中に、「まず害をなさぬこと（first, do no harm）」という一節がある。1995年にノーベル平和賞を受賞した、ポーランド生まれでイギリス国籍も持つ物理学者ジョセフ・ロートブラットは、良心に従い、「マンハッタン計画」を推進していたロスアラモス研究所から離脱した。科学者も「まず害をなさぬこと」の精神が必要で、社会的・道徳的責任を無視してはならない、と考えたのだ。[*43] 私も同意見だし、技術者に向けた「ヒポクラテスの誓い」の現代版を検討すべきだ。世界規模のアルゴリズムやゲノム編集が可能な現代において、「害をなさぬ」とはどういう意味かを考え、道徳的に曖昧な状況下で日常的にいかに実践できるかを問うのだ。

こうした予防原則は望ましい第一歩だ。システムを構築する前にいったん立ち止まり、公開する前に一時停止し、すべてを見直し、二次的影響、三次的影響、さらにはそれ以上の影響をしっかり見定める。あらゆる証拠を見つけ出し、冷静に観察する。執拗に軌道修正する。いつでもためらわずに立ち止まる。どれもどこかに規定があるからではなく、それが正しいことであり、技術者はそうするものだからだ。

法律や企業理念として定められただけでは、こうした行動は取られない。法律は国内でしか機能せず、企業理念は往々にして表面的で変更されがちだからだ。それよりも、テクノロジーの文化が「ただ頑張ってやってみる」という「エンジニアリング・マインドセット」ではなく、何が起こるかについてもっと慎重になり、もっと興味を持つような、より深いレベルで機能する必要がある。健全な文化というのは、木に果実が実っていても「ノー」と言って、安全が確認できるまでどれだけ時間がかかろうと利益を先延ばしできる文化であり、技術者がテクノロジーは目的そのものではなく、目的を達成するための手段であることを忘れない文化である。

9　社会運動——人々の力

本書を通して、「私たち」という言葉が何度も出てくる。著者と共著者を指した「私たち」。AI研究者たちと起業家たちを指した「私たち」。科学技術コミュニティ全般を指した「私たち」。西洋社会に生きる「私たち」。人類全体を指した「私たち」（完全に地球規模で、人類を改変するテクノロジーを前にした時は、「私たち」という言い方で人類全体を指し示すのが正しい数少ない場面のひとつだ）。

人々がテクノロジーについて話す時、（私自身も含めて）次のように主張することがよくある。「テクノロジーを開発しているのは私たちなので、テクノロジーが引き起こす問題を解決できる」[*44]。これは最大限広い意味で真実だ。だが、ここには機能し得る「私たち」が存在しない。コンセンサスもないし、コンセンサスを形成する合意メカニズムもない。「私たち」は存在せず、問題解決に向けて「私たち」が使えるレバーもない。これはすでに明白なはずだが、繰り返し指摘する必要がある。アメリカの大統領でさえ、たとえばインターネットの方向性を変える権限は著しく限られている。

その一方で、さまざまな無数の行為者が分散して存在し、時に協力し、時に対立しながら行動している。すでに見てきた通り、企業も国家もそれぞれ優先事項が異なり、分裂し、相反するインセンティブをそれぞれ抱えている。本書に示したテクノロジーに対する懸念は、ほとんどの場合、エリート層の関心事で、ビジネスクラス・ラウンジで頻繁に話題になり、保守的な論説記事になり、ダボス会議やＴＥＤトークの題材になる。だが、大半の人たちはこうしたことをまだ一連の流れとして懸念していない。Ｘを離れて現実に戻ると、ほとんどの人はまったく異なることを心配する。不安定な世界で注意を要するほかの問題があるのだ。ＡＩに関して話し合うことが常に実りある結果をもたらすとは限らず、過度に単純化した話に終わってしまうことも少なくない。[*45]

現時点で「私たち」が存在しないのであれば、次にしなければならないことは明らかだ。「私たち」を作り出すのだ。歴史を通じて、変化が起こるのは、人々が意識的に働きかけた時だ。大衆の圧力が新しい規範を生み出してきた。奴隷制度の廃止、女性参政権、公民権獲得などの巨大な道徳的成果は、人々が懸命に戦い、幅広い基盤を持つ連合を構築し、重要な主張を真剣に受け止め、変化を生み出したからこそ実現した。気候が注目されるようになったのは、極端な気候変動に人々が気づいたからではない。草の根の活動家たちが、そして科学者が、さらに後になって（一部の）作家、著名人、CEO、政治家が意味のある変化を求めて立ち上がったからだ。彼らは正しいことをしたいという思いを行動に移したのだ。

ある研究によると、新しい技術とそのリスクを知らされた人は、関心を持ち、解決策を見つけようとするという。[*46] 被害の多くはまだ先の話だが、人々は今の状況を読み解く能力が十分にあると私は信じている。ボストン・ダイナミクスのロボット犬の動画を見たり、新たなパンデミックの可能性を考えたりした時、戦慄を覚えずにいられる人を私は見たことがない。

ここに大衆運動の大きな役割がある。ここ5年間ほどで、今挙げた問題に焦点を当てる市民社会運動が急増している。メディア、労働組合、慈善団体、草の根運動のすべてが関心を持ち、封じ込められたテクノロジーを作り出す方法を、積極的に模索しているのだ。私の世代の創業者や技術者は、この動きに水を差すことなく、むしろ活性化させてほしいと願っている。また市民集会は、より幅広いグループを対話に呼び込む場になる。[*47] ひとつ提案だが、住民代表を抽選で選び、テクノロジーの管理方法を集中討論してもらい、提案してもらってはどうだろうか。適切なツールとアドバイスが前提となるが、封じ込めをより集団的で、現実的で、慎重なプロセスに変えるひとつの方法となるだろう。

変化は人々が求める時に起こる。テクノロジーを作る「私たち」は、多種多様で相反する国家的インセンティブ、ビジネス上のインセンティブ、研究上のインセンティブの影響下にあり、足並みが揃わない。そんな「私たち」が声をひとつにして明確に語り、臨界点を超えた数の大衆が変化を強く訴え、足並みを揃えて取り組むよう求めれば、よい結果が得られる可能性が高まる。人は誰でもどこにいても変化を起こすことができる。そもそも技術者も政府も、単独ではこの問題を解決できない。だが、「私たち」が一致団結すれば、解決できるかもしれない。

10　隘路——通過するしか方法はない

ＧＰＴ－４がリリースされたわずか数日後、数千人のＡＩ研究者が最先端ＡＩモデルの研究を6カ月間、一時停止することを求める公開書簡に署名した。研究者たちは「アシロマの原則」を引用しつつ、理由を次のように述べた。[48]「ここ数カ月、ＡＩの研究所は、より強力なデジタルマインドの開発と展開をめざす制御不能な競争に次々と巻き込まれてきた。このデジタルマインドは、誰も（開発者でさえも）理解も予測もできず、確実な制御ができないものだ」。その直後にイタリアはChatGPTを禁じた。アメリカの連邦取引委員会（ＦＴＣ）には、いっそう厳格な規制の適用を求める訴状が寄せられた。[49]ホワイトハウスの記者会見では、ＡＩがもたらすリスクについて質問が出された。何百万人もが、職場や家庭の食卓などさまざまな場所で、テクノロジーがもたらす影響を話題にした。

何かが生まれつつある。封じ込めとは言えないが、来たるべき波が、初めてしかるべき切迫感をもって取り扱われている。

ここまでさまざまなアイデアを示してきたが、いずれも防波堤構築の最初の一歩だ。具体的なテクノロジーの仕様から暫定的な防波堤を築き始め、それを外側の同心円へ向かって拡張していくことで、ポジティブな変化をめざすグローバルな社会運動という不可欠な防波堤につながる。どのアイデアも単独では効果がない。だが、いくつもの策を編み合せることで、封じ込めの輪郭が見えてくる。

MITの生物工学研究者ケビン・エスベルトを好例として挙げよう。[*50] バイオセキュリティの脅威を彼ほど深く考察してきた学者はまずいない。エスベルトは「死亡者数を最大化するよう設計された病原体」が実現しないように、あらゆる手段を使って防ごうとしている。エスベルトが進める計画は、非常に包括的な封じ込め戦略だ。それは「遅延、検出、防御」の三本柱から成る。

「遅延」させるために、エスベルトは「核実験禁止条約」に倣い、最も病原性の高い物質を扱う実験を停止する国際合意「パンデミック実験禁止条約」を提案した。機能獲得研究など、パンデミックのリスクを著しく高める実験をすべて禁止するというものだ。さらにエスベルトは、ウイルスを含む潜在的に有害なバイオマテリアル研究の保険と責任に関し、まったく新しい制度を提唱する。この制度では、「低確率で起こり得る壊滅的な結果」（現在は、負の外部性となっている）を研究機関の年間運営コストに計上する。こうすると「責任のコスト」が目に見える形で大幅に増大し、潜在的に危険な研究を進める機関はさらに保険をかけなければならなくなる。加えて、深刻なバイオハザードや大惨事を引き起こす可能性があると判断されれば、いかなる者も責任を負うことになるというトリガー条項を設ける。

すべてのDNA合成機に対するDNAスクリーニングは絶対に不可欠だ。また、システム全体をクラウド化し、新たに判明した脅威や新たに出現した脅威をリアルタイムで更新できるようにしなければならない。アウトブレイクを迅速に「検出」することが重要だ。特に潜伏期間が年単位など検出が難しい病原体の場合、何が起きているか気づいていなければ、封じ込めようがない。

そして最悪の事態が起こった時は「防御」だ。国家にレジリエンスと備えは不可欠だ。大規模なパンデミックが発生すれば、食料や電力や水の供給、治安や医療の維持が難しくなる。すべてのエッセンシャルワーカー向けに個人用防護具を備蓄しておけば、まったく違うはずだ。深刻な事態に耐えられる医療機器の強力なサプライチェーンも必要だ。ウイルスを破壊する遠紫外線ライトはパンデミックが広がる前にあらゆる場所に用意されていなくてはならないし、少

第 14 章
封じ込めへの10ステップ

427

なくとも配布できる体制にしておかなければならない。

これまで述べてきたことを表にまとめる。来たるべき波にどう対処し立ち向かうのか、輪郭が見えてくる。

10番目のステップは、各要素が互いに調和しながら機能するようにまとめ上げることだ。封じ込めは、個々の策が互いに強化し合う好循環でなければならない。さまざまな計画が競合して隙間を生んでしまい、不協和音を奏でるようでは役に立たないのだ。この意味で、封じ込めは具体的な指図にはなり得ない。封じ込めは、各ステップが相互作用することで出現する現象であり、ホモ・テクノロジカスが引き起こすリスクを社会が管理し、軽減する方法を学ぶ過程の副産物である。病原菌、量子コンピュータ、AI……どれをとっても、単独の対策ではうまくいかない。だが、国際条約から新しい保護技術の強力なサプライチェーンに至るまで、ガードレールの上にさらにガードレールを重ねるように、さまざまな対策をひとつずつ慎重に連携させていけば力が増す。エスベルトの「遅延、検出、防御」という提案は、最終的な状態でも目的地でもない。来たるべき波における安全とは、辿り着く場所ではなく、継続的に実現させるものなのだ。

封じ込めは安住の地ではない。長く終わりのない隘路だ。

1	安全性	潜在的な危害を軽減し、制御を維持するための技術的安全性を確立する
2	監査	テクノロジーの透明性と説明責任を確保するために監査を実施する
3	チョークポイント	開発を遅らせ、規制機関や防御技術のために時間を稼ぐ
4	開発者	責任ある開発者が、最初からテクノロジーに適切な制御機能を組み込む
5	企業	テクノロジーを開発する組織のインセンティブとテクノロジー封じ込めを一致させる
6	政府	政府を支援してテクノロジーの構築と規制を可能にし、影響を受ける人々の苦境を和らげる政策を実行できるようにする
7	同盟	法律と規制と対応策を国際的に調整する協力体制を作る
8	文化	失敗への対処法を迅速に広めるため、失敗から学び、それを共有する文化を醸成する
9	社会運動	1〜8の各ステップには一般大衆の参加や意見公募が必要で、さらに各ステップに圧力をかけて説明責任を果たすよう要求する必要がある

経済学者のダロン・アセモグルと政治学者のジェームズ・ロビンソンは、自由民主主義は見た目ほど安泰ではないと指摘する。[*51] 2人によれば、国家は本質的に不安定な「足枷のリヴァイアサン」だ。巨大で強力だが、強固な市民社会と規範によって抑制されている。時を重ね、アメリカのような国々は、アセモグルとロビンソンが「狭い回廊」と呼ぶ、不安定な状態に入り込んだ。この狭い回廊の両側には罠が仕掛けられている。片側では国家が社会全体の力を崩壊させて完全に支配し、中国のような「専横のリヴァイアサン」が生まれる。反対側では国家が崩壊して、ソマリアやレバノンのように、国家が社会に対する実質的な支配力を失う「不在のリヴァイアサン」、つまりゾンビ国家が生み出される。どちらも国民に対して恐ろしい結果がもたらされる。

アセモグルとロビンソンによれば、国家は常に狭い回廊を歩いている。いつバランスを崩してもおかしくない。国家が力を増せば、それを相殺するために社会も力を増さなければならない。専横のリヴァイアサンに向かう力は常に存在するので、それを抑える力も常に必要となる。狭い回廊の先には、最終目的地も永遠に続く安住の地もない。そこはエリートと市民が結果を求めて争う流動的で不安定な場所であり、いつ何時、足枷のリヴァイアサンが消滅するかもしれないし、専横のリヴァイアサンへ転換するかもしれない。安全とは、少しずつ歩みを進め、慎重にバランスを維持することにほかならない。

この喩《たと》えは、テクノロジーに対するアプローチの仕方にも通じるように思う。テクノロジーによってバランスが大きく崩れているという点もそうだが、テクノロジーを安全に封じ込めることが、最終的な終着点ではないところも、自由民主主義と同じだからだ。封じ込めは継続的なプロセスだ。微妙なバランスを積極的に維持し、そのために戦い続け、守らなければならない。「やった、ついにテクノロジーの拡散の問題を解決できた!」と言える瞬間は訪れない。オープンとクローズのバランスを絶え間なく維持しようと献身的に取り組む大勢の人を確保しつつ、道を探し続けなければならない。

封じ込めは、明確な方向性がある「回廊」ではない。むしろ封じ込めは、不安定で霧に覆われた隘路である。隘路の両側は断崖絶壁で、少しでも足をすべらせれば破局かディストピアへ転落する。先を見通すことはできず、道は曲がりくねっていて、思いもよらない障害物がいくつも立ちはだかる。

一方で、あらゆる実験と開発を完全にオープンにすれば、破局へ向かうのは火を見るより明らかだ。世界中の誰もが核爆弾をもてあそぶようになれば、いずれ核戦争が起こる。オープンソースはテクノロジーに恩恵を与え、幅広い進歩の大きな原動力となってきた。だが、強力なAIモデルや合成生物学には適した考え方ではない。禁止されるべきだ。AIモデルも人工生命体も、厳格な適正手続きを経ない開発や展開は言うまでもなく、共有すらもすべきではない。

安全性に必要なのは、障害状態に陥らないことと、悪者の手に決して渡さないことだ。インターネットやDNA合成機、AGI研究には一定の監視が必要になる。こう書くのはつらい。20代で仕事を始めた頃の私は、プライバシーは極限まで尊重されるべきで、監視なきコミュニケーションと監視なき研究は基本的な権利であり、健全な民主主義の重要要素であると信じていた。だが、年月が経ち、さまざまな論点が明確になり、テクノロジーが進歩するにつれ、考えを改めた。壊滅的な結果をもたらす脅威が存在する状況を、そもそも作ってはならないのだ。知性、生命、未開の力――どれもおもちゃなどではなく、相応の配慮と注意と管理が必要だ。技術者も一般人も、これまで以上に厳しい監視と規制を受け入れなければならない。多くの人は法律と警察のない社会で暮らしたくないと思うだろうが、テクノロジーが野放図に使われる世界にも暮らしたいと思わないだろう。

何らかの拡散防止策が必要だ。そして事実から目を背けるのはやめよう。その防止策とは、超国家的な本格的監視を意味する。抑えの効かないアメリカの覇権主義だ、西洋の傲慢だ、利己的だ、と思われることもあるだろう（ある意味で正しい表現だ）。率直に言わせてもらえれば、正しいバランスがどこにあるのか、必ずしも自信はない。だが完全にオープンにすれば、隘路から人類を断崖絶壁に突き落とすことになる、と私は強く信じている。だが、その逆もまた明らかで、全面的な監視と完全なクローズは想像もできないし、間違っているし、悲惨な結果をもたらす。過剰な支配はディストピアへの近道だ。これに対しても抵抗しなければならない。

この枠組みの中では、どの国も常にリスクにさらされている。それでも何世紀も存続し、競争で先頭を守り、バランスを保ち、適度な足枷も受け入れ続けてきた国もある。これまで説明してきた封じ込めのあらゆる側面において、私たちはこの非常に厳しい綱渡りをしていかねばならないのだ。ここで論じてきた策、あるいは今後議論する策は、どれも隘路の間にある。十分な保護を提供するためには一方の断崖絶壁に近寄る必要があるが、行き過ぎも避けなければならない。


来たるべき波を封じ込めることは可能だろうか?

この先の無数の道、テクノロジーが人を導くであろうありとあらゆる方向、解き放たれるさまざまな可能性、人間の世界を変えてしまう能力を目にする限り、封じ込めは多くの場面で失敗してしまうように思える。私たちは隘路をこれからも永遠に歩き続けなければならず、たった一歩踏み外すだけで奈落の底に落ちてしまう。

歴史を見ると、この拡散と発展のパターンは固定化していることがわかる。膨大なインセンティブが社会に定着しているようだ。テクノロジーは開発者も驚かせるスピードとパワーで発展を続ける。毎日のように新たなブレイクスルーがあり、新製品や新会社が生まれる。最先端技術はほんの数カ月で広がる。この革命を規制する責任を負う国民国家は、この速さに翻弄されるばかりだ。

だが、封じ込めは不可能だという有力な証拠はあるが、私は根っからの楽観主義者である。ここに紹介したさまざまな考えが、隘路を一歩一歩進み続けるのに必要なツールと手段を、すなわち前方に広がる曲がりくねった道を突き進むためのライトとロープと地図を与えてくれる。封じ込めは難題だが、背を向ける理由にはならない。これは「行動を起こそう」という呼びかけだ。私たち全員が向き合うべき、世代に課せられたミッションだ。

問題に熱心に取り組む新しい運動や企業や政府が急増し、インセンティブが見直され、技術力と知識と安全対策が強化されれば、私たち人類は現状を変えられる。そうなれば、隘路から転落せずに、希望の光を灯して前進する条件が整う。封じ込めはあまりにも大きな課題だが、本書の第Ⅰ部から第Ⅳ部を通じて、1人ひとりがまだ変化を起こすことができるいくつもの小分野に分けて掘り下げてきた。私たちの社会、人間の本能、歴史のパターンを根本的に変えるには、並外れた努力が求められる。確かなことは何もない。不可能に思えるかもしれない。だが、21世紀最大のジレンマの克服を、可能にせねばならない。

指数関数的な変化とともにさまざまな力が拡大し続けるこの時代において、私たちは皆、矛盾とともに生きることを受け入れるべきだ。最悪の事態を想定し、それに備え、全力を尽くす。

険路を忍耐強く進む。エリートだけでなく、さまざまな人たちが社会に関心を持ち、推し進めていく。大勢の人たちが、あの捉えどころのない「私たち」を形作るようになれば、希望のかすかな光が変化の激しい炎となる。

「人新世」の後の人類

静かだった。窓も鎧戸《よろいど》も閉じられ、蠟燭の火は落とされ、夕食も済んでいた。忙しい1日の喧噪《けんそう》は過ぎ去り、時折犬の遠吠えや草木を揺らす風の音が聞こえるだけだ。世界は吐息を漏らし、眠りに就いていた。

彼らはこの闇に紛れてやって来た。マスクで顔を隠し、変装し、武器を手にした何十人もが、怒りをみなぎらせていた。冷たく静かな夜、冷静に行動すれば、自分たちは正しいと証明できるかもしれない。

町はずれの巨大な建物に音もなく忍び寄る。暗がりの中で威圧的な存在感を示すその四角い堅固な建物に、物議を醸す高価な新技術が、彼らが敵だと信じる機械が置かれている。侵入が見つかれば、命すら失うかもしれない。だが、彼らは誓いを立てていた。今やるのだ。もはや後戻りはできない。彼らには、機械も雇い主も勝てない。

建物の前で一瞬立ち止まり、突撃した。鍵のかかったドアを叩き壊し、中になだれ込む。ハンマーや棍棒を振るい、機械を破壊し始める。ガシンと金属がぶつかりあう。破片が床に散らばり、警報が鳴り出す。鎧戸が勢いよく開けられ、守衛が急いでランタンを灯す。ラッダイトたちは出口に急ぎ、柔らかな月明かりの中に消えていった。夜の静寂が戻ることはなかった。

18世紀から19世紀に変わる頃、イギリスは初期の波に苦しんでいた。機械的自動化と蒸気機関に基づいた技術によって、生産・労働・価値・富・能力・権力のルールは次々に引き裂かれた。第一次産業革命と後に呼ばれる激動の只中にあり、工場が増えるたびに、国と世界が変化した。1785年、発明家エドモンド・カートライトは力織機を作り出した。最初は受け入れられなかったものの、改良に次ぐ改良で、織物の製造は革命的に進化した。

誰もが幸せになったわけではない。力織機は子どもひとりで操作でき、織工3・5人分の布を織り上げることができた。機械化により、織工の賃金は1770年以降の45年間で半分以下となった一方で、日常的な食料品の値段は急上昇した。新しい世界で、男性は女性と子どもに仕事を奪われた。織りから染めまで繊維業の仕事はそれまでも過酷だったが、当時の工場は騒音がすさまじい危険な場所で、労働者たちは厳しく管理され、抑圧されていた。求められた仕事がこなせない子どもは天井から吊るされたり、大きな錘《おもり》を付けられたりした。死者は絶えなかったし、労働時間は長く過酷だった。産業革命の人的コストを払わされている現場の労働者にとって、すばらしい新技術のユートピアなどではなかった。悪魔の工場であり、軽視され、奴隷のように扱われる世界だった。

伝統的な織工や繊維労働者は、新しい機械とそれを後押しする資本に仕事が奪われ、賃金が下がり、尊厳が損なわれ、豊かな生活が破壊されていると感じていた。雇用を減らす力織機は工場経営者にはすばらしいものだが、それまで繊維業の主役として高度な技能を生かして高賃金を得てきた織工には大惨事にほかならなかった。

ネッド・ラッドという織工が力織機を破壊したらしいという伝聞に触発され、怒りに駆られたイングランド中部の織工たちが立ち上がった。新しいテクノロジーの拡散はデフォルトであり、彼らの生活を打ち壊すテクノロジーの波は経済的に不可避であるという事実を受け入れることを拒否したのだ。彼らは反撃を決意した。

1807年、6000人の織工が賃金削減に対する抗議デモを展開したが、サーベルを手にした騎兵隊に鎮圧された。抗議デモで死傷者も出たことで、さらに暴力的な活動が展開されることになった。1811年、抗議者たちはノッティンガムの工場経営者に「ラッド将軍と世直し隊」の名で一連の手紙を送りつけ、それからラッダイトとして知られるようになった。この経営者から返事は一切なく、その結果3月11日に職を失った織工たちは地元の工場を襲撃し、63台の機械を破壊し、ラッダイト運動を拡大した。

それに続く数カ月間、匿名の「ネッド・ラッド軍」が攻撃を開始し、数百台の機械を破壊した。自分たちはただ適正な賃金と尊厳が得たい、と彼らは思っていた。要求はそれほど大きくないこともあった。賃金のわずかな上昇と新しい機械の段階的な導入のほか、利益共有メカニズムを作り上げるといったことだった。それほど大きな要求ではないように思われた。

このラッダイト運動は一連の過酷な法律と軍事力によって抑えられ、徐々に消えていった。この頃、イングランドには力職機が数千台しかなかった。だが、1850年には25万台に増加した。こうして戦いは終わり、テクノロジーは拡散し、織工の古い生活様式は破壊され、世界は変わった。ラッダイト運動は、テクノロジーの急激な発展によって不利益をこうむる者に対して、封じ込められないテクノロジーの波がどのように映るかを示している。

それでも……。

長期的に見れば、大きな痛みをもたらしたのと同じ産業技術が、生活水準を驚異的に押し上げた。何十年、何世紀も経った後、織工の子孫たちは、現代の私たちには当たり前と思われる不安定な状況を受け入れることで、当時のラッダイトがほとんど想像できなかった暮らしを手に入れた。多くは冬も暖かく過ごせる家に住み、冷蔵庫にはめずらしい食べ物がずらっと揃っている。病気になれば、驚くような医療看護を受けられる。昔の人たちよりずっと長生きできる。

私たち現代人と同じように、ラッダイトも困難な状況に置かれていた。彼らの痛みと混乱は現実だったが、生活水準の向上も現実となって子どもや孫たちが恩恵を受け、その恩恵を現在の私たちは当然のように享受している。ラッダイトはテクノロジーの封じ込めに失敗した。だが、人類はテクノロジーに適応した。今日の課題は明確だ。来たるべき波の害に圧倒されることなく、恩恵を享受しなければならない。ラッダイト運動は失敗した。今日新しいテクノロジーを止めようとする者たちも、同じように失敗すると私は思う。

唯一の方法は、最初から正しく行うことだ。産業革命の時のように、テクノロジーへの適応を人々に押し付けるのではなく、テクノロジーが最初から人々と人々の生活と希望に確実に適応できるようにするのだ。適応できたテクノロジーは封じ込められたテクノロジーだ。最大の緊急任務は、波に乗ることを拒否することでも、無駄に波を止めようとすることでもなく、流れを形作ることだ。

来たるべき波が世界を変える。最終的には、人類は地球の主要な推進力ではなくなるかもしれない。日常生活の大半を人間と交流するのではなく、ＡＩと交流する時代に生きることになる。興味深いことのように聞こえるかもしれないし、恐ろしいことのように聞こえるかもしれないし、あり得ないことのように聞こえるかもしれない。いずれにしても、すでに現実に起こっている。おそらくあなたは、起きている時間の大部分をスクリーンを見つめて過ごしているのではないだろうか。人生の中でスクリーンを見ている時間のほうが、特定の人間（配偶者や子ども）の顔を見る時間より長いかもしれない。

よって、新しい機械と対話し、関わる時間が増えることは、飛躍的変化とは言い難い。今後私たちが出会い、交流する人工知能（ＡＩ）と生物知能（ＢＩ）は、種類も性質も現在のものとはまるで異なるだろう。私たちの仕事をこなし、情報を探し出し、プレゼンを組み立て、プログラムを書き、買い物や今年のクリスマスプレゼントを注文し、問題への最適な対処法をアドバイスし、おしゃべりや遊びの相手をしてくれる。

ＡＩや新テクノロジーは私たちのパーソナル・インテリジェンスとなり、仲間、助力者、親友、同僚、参謀、アシスタント、翻訳者になる。私たちの生活を整え、強烈な願望や不安に耳を傾けてくれる。会社運営を手伝い、病気を治癒し、代わりに戦ってくれる。ごく平均的な１日に、さまざまな性格、能力、形態が現れるだろう。私たちが思考を巡らす世界も、会話を交わす世界も、この新たに出現する奇妙な知性の集合体を避けて通れないものになる。文化と政治と経済、友情と遊びと愛、すべてが連動して進化するのだ。

明日の世界では、地域のニーズに合わせて工場で生産物が「育てられる」。かつての農場と同じだ。ドローンとロボットはあらゆる場所に存在する。人間のゲノムは柔軟に編集可能になり、必然的に人間とは何かという考えそのものも変化する。人間の寿命は今よりずっと長くなる。多くの人々はほぼバーチャルな世界に消えてしまう。成立したはずの社会契約は変形し、消えてなくなる。この世界で生き、成功するための方法を学ぶことが、21世紀を生きる人たち全員に人生の一部として求められる。

ラッダイトの反応は当然で、予想できるものだ。だが、それは常に無益だ。カール・ベンツや最初の石油王たちが地球の大気について考えていなかったのと同じで、当時の技術者は自分たちのテクノロジーを人間側に合わせようとしなかった。ただテクノロジーが生み出され、資本家が出資し、長期的な影響がどうであれ、ほかの誰もがそれを利用した。

今回は封じ込めによって、この物語を書き換えなければならない。まだグローバルな「私たち」は存在しないかもしれないが、今まさにこのテクノロジーを構築している人々のグループは存在する。私たちはテクノロジーの適応が一方向に進まないようにする大きな責任がある。力織機とも気候とも異なり、来たるべき波は人間のニーズに適応しつつ、人間の懸念を中心に構築されなければならない。来たるべき波をずっと先の利益のために形作り、技術アジェンダや、もっと悪い何かを何も考えずに追従するようなことがあってはならない。

多くの未来ビジョンは、現在と未来のテクノロジーができそうなことから出発する。これは議論の土台から完全に間違っている。技術者はテクノロジーのただ細部に集中することがあってはならない。より豊かに社会的につながり合える人類の未来を想像し、最大限実現することに焦点を合わせるべきだ。テクノロジーは社会が織りなす複雑なタペストリーの糸に過ぎない。テクノロジーは未来の展開の中心になることは間違いない。だが、テクノロジーは未来の中核ではないし、真に重要なものでもない。一番重要なのは、私たち人間だ。

テクノロジーは私たちの最良の部分を増幅し、創造性と協力の新しい道を切り開き、人間の気質や、最も重要な社会性や関係性とうまく連携するものでなくてはならない。[*1] 私たち人間を豊かで幸せにし、私たちの努力と元気で充実した人生を究極的に補完することが求められるが、同時にその条件を決めるのは常に私たち人間であり、それは公に議論されて民主的に決定され、もたらされる恩恵は広く共有されるべきだ。激動の中でも、最も過激なラッダイトにも受け入れられるビジョンという視点は忘れてはならない。

だが、その地点に到達する前に、すなわち新しいテクノロジーの無限の可能性を押し広げる前に、来たるべき波とその中心にあるジレンマを封じ込める必要があるし、技術圏《テクノスフィア》全体に対して、強力で、かつてないほど極めて人間的な抑制が求められる。これから何十年にもわたって、人間が努力するあらゆる分野において、並々ならぬ決意を必要とする。誇張なしに、とてつもなく大きな課題であり、結果次第では21世紀とそれ以降の日々の生活の質も特徴も決まってしまう。

失敗のリスクは考えるのも恐ろしいが、立ち向かわなければならない。ただ、それによって最高にすばらしいものが得られる。ほかでもなく、長期的に安定した人類の繁栄が実現されるのだ。

だから立ち向かうべきだ。

謝辞

書籍も歴史上、最も変革をもたらしたテクノロジーのひとつである。そしてあらゆる変革をもたらすテクノロジーの例に漏れず、書籍は本質的にチームの共同作業によって生み出される。本書も例外ではない。本書は20年以上にわたる友情と絶え間ない議論から生まれた壮大な共同執筆作品である。

アメリカ版の版元であるクラウンは、この出版プロジェクトをかなり早い段階から強力にサポートしてくれた。エネルギッシュで頭の切れるデービッド・ドレイクは、すばらしい展望を描いて出版まで導いてくれた。驚異的な忍耐力と洞察力で本書を何度も改善してくれたポール・ウィトラッチが編集担当者だったのは大変な幸運だった。クラウンのマディソン・ジェイコブス、ケイティ・ベリー、クリス・ブランドにも感謝する。イギリス版の版元であるボドリー・ヘッドのスチュアート・ウィリアムズには聡明な編集意見と力強い支援を賜った。またティナ・ベネットとソフィー・ランバートの2人のすばらしい著作権代理人にも恵まれた。プロジェクトの初期段階からセリア・パンティエはリサーチを担当し、典拠集めの重要な存在だった。ショーン・ラバリーは全体の事実確認の労を取ってくれた。

本書は長年にわたる多くの人々の協力によって完成した。詳しく話を聞かせてもらい、一部を読んでもらい、議論を交わしてもらい、アイデアを出してもらい、間違いを訂正してもらった。多くの電話、セミナー、インタビュー、編集、提案によって本書執筆は後押しされた。以下の方々は、私たちのために時間を割き、話し、専門知識を共有し、議論し、いろいろ教えてくれた。特に草稿すべてに目を通し、詳細にコメントしてくれた多くの人たちに、厚く御礼申し上げる。この人たちの寛大さと卓抜した洞察力がなければ、とても最終原稿を完成することはできなかった。

次の人たちに深甚なる謝意を表する。グレゴリー・アレン、グレアム・アリソン（そしてハーバード大学ベルファー・センターの多くの教職員の皆さん）、サハル・アメル、アン・アップルボーム、ジュリアン・ベイカー、サマンサ・バーバー、ガブリエラ・ブルーム、ニック・ボストロム、イアン・ブレマー、エリック・ブリニョルフソン、ベン・ブキャナン、サラ・カーター、リウォン・チャイルド、ジョージ・チャーチ、リチャード・ダンジグ、ジェニファー・ダウドナ、アレクサンドラ・アイテル、マリア・アイテル、ヘンリー・エルクス、ケビン・エスベルト、ジェレミー・フレミング、ジャック・ゴールドスミス、アル・ゴア、トリスタン・ハリス、ザイード・ハッサン、ジョーダン・ホフマン、伊藤穰一、アヤナ・エリザベス・ジョンソン、ダニエル・

カーネマン、アンジェラ・ケイン、メラニー・カッツマン、ヘンリー・キッシンジャー、ケビン・クライマン、ハインリヒ・キュトラー、エリック・ランダー、ショーン・レガシック、アイトール・レウコヴィッチ、レオン・マーシャル、ジェイソン・マセニー、アンドリュー・マカフィー、グレッグ・マッケルビー、ディミトリ・メールホーン、デービッド・ミリバンド、マーサ・ミノウ、ジェフ・マルガン、エイザ・ラスキン、トビアス・リーズ、スチュアート・ラッセル、ジェフリー・サックス、エリック・シュミット、ブルース・シュナイアー、マリリン・トンプソン、メイヨ・トンプソン、トマス・バイニー、マリア・フォーゲラウアー、マーク・ウォルポート、モーウェナ・ホワイト、スコット・ヤング、ジョナサン・ジットレイン。

　インフレクションＡＩの共同創業者リード・ホフマンとカレン・シモニアンのすばらしいコラボレーションに感謝したい。驚異的な10年をともに過ごしてきたディープマインドの共同創業者デミス・ハサビスとシェーン・レッグにも御礼の言葉を述べたい。共同執筆者のマイケル・バスカーは出版社カネロの共同創業者で、絶えず支援の手を差し伸べてくれているイアン・ミラーとニック・バレートに謝意を表する。そして、最大限の感謝をすばらしい妻ダニと2人の息子モンティとダギーに贈る。

48. "Pause Giant AI Experiments: An Open Letter," Future of Life Institute, March 22, 2023, futureoflife.org/open-letter/pause-giant-ai-experiments.
49. Adi Robertson, "FTC Should Stop OpenAI from Launching New GPT Models, Says AI Policy Group," *The Verge,* March 30, 2023, www.theverge.com/2023/3/30/23662101/ftc-openai-investigation-request-caidp-gpt-text-generation-bias.
50. Esvelt, "Delay, Detect, Defend." 包括的な封じ込め戦略の別例は以下を参照。Allison Duettmann, "Defend Against Physical Threats: Multipolar Active Shields," Foresight Institute, Feb. 14, 2022, foresightinstitute.substack.com/p/defend-physical.
51. Daron Acemoglu and James A. Robinson, *The Narrow Corridor: How Nations Struggle for Liberty* (London: Viking, 2019).

「人新世」の後に

1. たとえば、以下を参照。Divya Siddarth et al., "How AI Fails Us," Edmond and Lily Safra Center for Ethics, Dec. 1, 2021, ethics.harvard.edu/files/center-for-ethics/files/aifailsus.jhdcarr_final_2.pdf?m=1651510742.

dashboards/overview.
33. "Fact Sheet: Biden-Harris Administration Announces Key Actions to Advance Tech Accountability and Protect the Rights of the American Public," White House, Oct. 4, 2022, www.whitehouse.gov/ostp/news-updates/2022/10/04/fact-sheet-biden-harris-administration-announces-key-actions-to-advance-tech-accountability-and-protect-the-rights-of-the-american-public.
34. Daron Acemoglu et al., "Taxes, Automation, and the Future of Labor," MIT Work of the Future, mitsloan.mit.edu/shared/ods/documents?PublicationDocumentID=7929.
35. Arnaud Costinot and Ivan Werning, "Robots, Trade, and Luddism: A Sufficient Statistic Approach to Optimal Technology Regulation," *Review of Economic Studies,* Nov. 4, 2022, doi.org/10.1093/restud/rdac076.
36. Daron Acemoglu et al., "Does the US Tax Code Favor Automation?," *Brookings Papers on Economic Activity* (Spring 2020), www.brookings.edu/wp-content/uploads/2020/12/Acemoglu-FINAL-WEB.pdf.
37. Sam Altman, "Moore's Law for Everything," Sam Altman, March 16, 2021, moores.samaltman.com.
38. "The Convention on Certain Conventional Weapons," United Nations, www.un.org/disarmament/the-convention-on-certain-conventional-weapons.
39. Françoise Baylis et al., "Human Germline and Heritable Genome Editing: The Global Policy Landscape," *CRISPR Journal,* Oct. 20, 2020, www.liebertpub.com/doi/10.1089/crispr.2020.0082.
40. Eric S. Lander et al., "Adopt a Moratorium on Heritable Genome Editing," *Nature,* March 13, 2019, www.nature.com/articles/d41586-019-00726-5.
41. Peter Dizikes, "Study: Commercial Air Travel Is Safer Than Ever," *MIT News,* Jan. 23, 2020, news.mit.edu/2020/study-commercial-flights-safer-ever-0124.
42. "Asilomar AI Principles," Future of Life Institute, Aug. 11, 2017, futureoflife.org/open-letter/ai-principles.
43. Joseph Rotblat, "A Hippocratic Oath for Scientists," *Science,* Nov. 19, 1999, www.science.org/doi/10.1126/science.286.5444.1475.
44. たとえば、以下の提案を参照。Rich Sutton, "Creating Human-Level AI: How and When?," University of Alberta, Canada, futureoflife.org/data/PDF/rich_sutton.pdf?x72900; Azeem Azhar, "We are the ones who decide what we want from the tools we build" (Azhar, *Exponential,* 253); Kai-Fu Lee, "We will not be passive spectators in the story of AI— we are the authors of it" (Kai-Fu Lee and Qiufan Cheng, *AI 2041: Ten Visions for Our Future* [London: W. H. Allen, 2021, 437]).
45. Patrick O'Shea et al., "Communicating About the Social Implications of AI: A FrameWorks Strategic Brief," FrameWorks Institute, Oct. 19, 2021, www.frameworksinstitute.org/publication/communicating-about-the-social-implications-of-ai-a-frameworks-strategic-brief.
46. Stefan Schubert et al., "The Psychology of Existential Risk: Moral Judgments About Human Extinction," *Nature Scientific Reports,* Oct. 21, 2019, www.nature.com/articles/s41598-019-50145-9.
47. Aviv Ovadya, "Towards Platform Democracy," Harvard Kennedy School Belfer Center, Oct. 18, 2021, www.belfercenter.org/publication/towards-platform-democracy-policymaking-beyond-corporate-ceos-and-partisan-pressure.

15. Gregory C. Allen, "Choking Off China's Access to the Future of AI," Center for Strategic & International Studies, Oct. 11, 2022, www.csis.org/analysis/choking-chinas-access-future-ai.
16. Julie Zhu, "China Readying $143 Billion Package for Its Chip Firms in Face of U.S. Curbs," Reuters, Dec. 14, 2022, www.reuters.com/technology/china-plans-over-143-bln-push-boost-domestic-chips-compete-with-us-sources-2022-12-13.
17. Stephen Nellis and Jane Lee, "Nvidia Tweaks Flagship H100 Chip for Export to China as H800," Reuters, March 22, 2023, www.reuters.com/technology/nvidia-tweaks-flagship-h100-chip-export-china-h800-2023-03-21.
18. 半導体製造装置だけでなく、サイマーの半導体製造用レーザーや、カール・ツァイスの超高精度の鏡（ドイツと同じ大きさの鏡を製造しても、波面誤差は数ミリほどしか出ないとされる）のように、一部のパーツも、それぞれ単一メーカーからしか供給されていない。
19. たとえば、マイケル・フィラーの2022年5月25日のツイート。twitter.com/michaelfiller/status/1529633698961833984.
20. "Where Is the Greatest Risk to Our Mineral Resource Supplies?," USGS, Feb. 21, 2020, www.usgs.gov/news/national-news-release/new-methodology-identifies-mineral-commodities-whose-supply-disruption.
21. Zeihan, *The End of the World Is Just the Beginning,* 314.
22. Lee Vinsel, "You're Doing It Wrong: Notes on Criticism and Technology Hype," Medium, Feb. 1, 2021, sts-news.medium.com/youre-doing-it-wrong-notes-on-criticism-and-technology-hype-18b08b4307e5.
23. Stanford University Human-Centered Artificial Intelligence, Artificial Intelligence Index Report 2021.
24. たとえば、以下を参照。Shannon Vallor, "Mobilising the Intellectual Resources of the Arts and Humanities," Ada Lovelace Institute, June 25, 2021, www.adalovelaceinstitute.org/blog/mobilising-intellectual-resources-arts-humanities.
25. ケイ・コールズ・ジェームズの2019年3月20日のツイート。twitter.com/KayColesJames/status/1108365238779498497.
26. "B Corps 'Go Beyond' Business as Usual for B Corp Month 2023," B Lab, March 1, 2023, www.bcorporation.net/en-us/news/press/b-corps-go-beyond-business-as-usual-for-b-corp-month-2023.
27. "U.S. Research and Development Funding and Performance: Fact Sheet," Congressional Research Service, Sept. 13, 2022, sgp.fas.org/crs/misc/R44307.pdf.
28. たとえば、以下を参照。Mariana Mazzucato, *The Entrepreneurial State: Debunking Public vs. Private Sector Myths* (London: Anthem Press, 2013).
29. イギリス財務省のサイバーセキュリティの責任者の給与は、民間部門の同等の職の給与の10分の1だ。@Jontafkasiの2023年3月29日のツイート。mobile.twitter.com/Jontafkasi/status/1641193954778697728.
30. この問題について以下が詳しく論じている。Jess Whittlestone and Jack Clark, "Why and How Governments Should Monitor AI Development," arXiv, Aug. 31, 2021, arxiv.org/pdf/2108.12427.pdf.
31. "Legislation Related to Artificial Intelligence," National Conference of State Legislatures, Aug. 26, 2022, www.ncsl.org/research/telecommunications-and-information-technology/2020-legislation-related-to-artificial-intelligence.aspx.
32. OECD, "National AI Policies & Strategies," OECD AI Policy Observatory, oecd.ai/en/

Information Service Algorithm Recommendations (Draft for Comment) Notice of Public Consultation," Cyberspace Administration of China, Aug. 27, 2021, www.cac.gov.cn/2021-08/27/c_1631652502 874117.htm.

12. たとえば、以下を参照。Alex Engler, "The Limited Global Impact of the EU AI Act," Brookings, June 14, 2022, www.brookings.edu/articles/the-limited-global-impact-of-the-eu-ai-act. 25万件の国際条約を調べたある研究によると、それぞれ目的が達成されることは決して多くない。以下を参照。Steven J. Hoffman et al., "International Treaties Have Mostly Failed to Produce Their Intended Effects," *PNAS,* Aug. 1, 2022, www.pnas.org/doi/10.1073/pnas.2122854119.
13. 以下はこの問題を詳細に論じている。George Marshall, *Don't Even Think About It: Why Our Brains Are Wired to Ignore Climate Change* (New York: Bloomsbury, 2014).
14. Rebecca Lindsey, "Climate Change: Atmospheric Carbon Di-oxide," Climate.gov, June 23, 2022, www.climate.gov/news-features/understanding-climate/climate-change-atmospheric-carbon-dioxide.

第14章

1. "IAEA Safety Standards," International Atomic Energy Agency, www.iaea.org/resources/safety-standards/search?facility=All&term_node_tid_depth_2=All&field_publication_series_info_value=&combine=&items_per_page=100.
2. Toby Ord, *The Precipice: Existential Risk and the Future of Humanity* (London: Bloomsbury, 2020), 57.
3. Benaich and Hogarth, *State of AI Report 2022.*
4. AI研究者数の推定値については、以下を参照。"What Is Effective Altruism?" www.effectivealtruism.org/articles/introduction-to-effective-altruism#fn-15.
5. NASA, "Benefits from Apollo: Giant Leaps in Technology," NASA Facts, July 2004, www.nasa.gov/sites/default/files/80660main_ApolloFS.pdf.
6. Kevin M. Esvelt, "Delay, Detect, Defend: Preparing for a Future in Which Thousands Can Release New Pandemics," Geneva Centre for Security Policy, Nov. 14, 2022, dam.gcsp.ch/files/doc/gcsp-geneva-paper-29-22.
7. Jan Leike, "Why I'm Optimistic about Our Alignment Approach," *Aligned,* Dec. 5, 2022, aligned.substack.com/p/alignment-optimism.
8. Russell, *Human Compatible.*
9. Deep Ganguli et al., "Red Teaming Language Models to Reduce Harms: Methods, Scaling Behaviors, and Lessons Learned," arXiv, Nov. 22, 2022, arxiv.org/pdf/2209.07858.pdf.
10. Samuel R. Bowman et al., "Measuring Progress on Scalable Oversight for Large Language Models," arXiv, Nov. 11, 2022, arxiv.org/abs/2211.03540.
11. Security DNA Project, "Securing Global Biotechnology," SecureDNA, www.securedna.org.
12. Ben Murphy, "Chokepoints: China's Self-Identified Strategic Technology Import Dependencies," Center for Security and Emerging Technology, May 2022, cset.georgetown.edu/publication/chokepoints.
13. Chris Miller, *Chip War: The Fight for the World's Most Critical Technology* (New York: Scribner, 2022).（邦訳：クリス・ミラー『半導体戦争』千葉敏生訳、ダイヤモンド社）
14. Demetri Sevastopulo and Kathrin Hille, "US Hits China with Sweeping Tech Export Controls," *Financial Times,* Oct. 7, 2022, www.ft.com/content/6825bee4-52a7-4c86-b1aa-31c100708c3e.

Diamond, *Collapse.*（邦訳：イアン・モリス『人類5万年　文明の興亡（上・下）』北川知子訳、筑摩書房）

14. Stein Emil Vollset et al., "Fertility, Mortality, Migration, and Population Scenarios for 195 Countries and Territories from 2017 to 2100: A Forecasting Analysis for the Global Burden of Disease Study," *Lancet,* Oct 17, 2020, www.thelancet.com/article/S0140-6736(20)30677-2/fulltext.
15. Peter Zeihan, *The End of the World Is Just the Beginning: Mapping the Collapse of Globalization* (New York: Harper Business, 2022).
16. Xiujian Peng, "Could China's Population Start Falling?" BBC Future, June 6, 2022, www.bbc.com/future/article/20220531-why-chinas-population-is-shrinking.
17. Zeihan, *The End of the World Is Just the Beginning,* 203.
18. "Climate-Smart Mining: Minerals for Climate Action," World Bank, www.worldbank.org/en/topic/extractiveindustries/brief/climate-smart-mining-minerals-for-climate-action.
19. Galor, *The Journey of Humanity,* 130.
20. John von Neumann, "Can We Survive Technology?," in *The Neumann Compendium* (River Edge, N.J.: World Scientific, 1995), geosci.uchicago.edu/~kite/doc/von_Neumann_1955.pdf.

第13章

1. David Cahn et al., "AI 2022: The Explosion," Coatue Venture, coatue-external.notion.site/AI-2022-The-Explosion-e76afd140f824f2eb6b049c5b85a7877.
2. "2021 GHS Index Country Profile for United States," Global Health Security Index, www.ghsindex.org/country/united-states.
3. Edouard Mathieu et al., "Coronavirus (COVID 19) Deaths," Our World in Data, ourworldindata.org/covid-deaths.
4. たとえば1957年のアジアかぜの流行時と比べると、アメリカの連邦予算の絶対額はもちろん増えているが、対GDP比でも拡大している（16.2%から20.8%）。1957年には保健省がまだ単一の組織として存在せず、後に疾病対策センター（CDC）となる機関も設立後わずか11年と、まだ組織としての歴史がかなり浅かった。Ferguson, *Doom,* 234.
5. "The EU Artificial Intelligence Act," Future of Life Institute, artificialintelligenceact.eu.
6. たとえば、以下を参照。"FLI Position Paper on the EU AI Act," Future of Life Institute, Aug. 4, 2021, futureoflife.org/wp-content/uploads/2021/08/FLI-Position-Paper-on-the-EU-AI-Act.pdf?x72900; David Matthews, "EU Artificial Intelligence Act Not 'Futureproof,' Experts Warn MEPs," Science Business, March 22, 2022, sciencebusiness.net/news/eu-artificial-intelligence-act-not-futureproof-experts-warn-meps.
7. Khari Johnson, "The Fight to Define When AI Is High Risk," *Wired,* Sept. 1, 2021, www.wired.com/story/fight-to-define-when-ai-is-high-risk.
8. "Global Road Safety Statistics," Brake, www.brake.org.uk/get-involved/take-action/mybrake/knowledge-centre/global-road-safety#.
9. Jennifer Conrad, "China Is About to Regulate AI— and the World Is Watching," *Wired,* Feb. 22, 2022, www.wired.com/story/china-regulate-ai-world-watching.
10. Christian Smith, "China's Gaming Laws Are Cracking Down Even Further," SVG, March 15, 2022, www.svg.com/799717/chinas-gaming-laws-are-cracking-down-even-further.
11. "The National Internet Information Office's Regulations on the Administration of Internet

ニーアル・ファーガソン『大惨事（カタストロフィ）の人類史』柴田裕之訳、東洋経済新報社）

2. 数値も以下による。*Doom: The Politics of Catastrophe.*
3. 「数カ月で10億人以上の死者」というのは極秘のブリーフィングから得られた数字だが、私たちの理解では、バイオセキュリティの専門家はこの数字を妥当だと考えている。
4. 3分の1の科学者がAIは大惨事を引き起こす可能性があると考えるのは注目に値する。Jeremy Hsu, "A Third of Scientists Working on AI Say It Could Cause Global Disaster," *New Scientist,* Sept. 22, 2022, www.newscientist.com/article/2338644-a-third-of-scientists-working-on-ai-say-it-could-cause-global-disaster.
5. 以下を参照。Richard Danzig and Zachary Hosford, "Aum Shinrikyo—Second Edition—English," CNAS, Dec. 20, 2012, www.cnas.org/publications/reports/aum-shinrikyo-second-edition-english; Philipp C. Bleek, "Revisiting Aum Shinrikyo: New Insights into the Most Extensive Non-state Biological Weapons Program to Date," James Martin Center for Nonproliferation Studies, Dec. 10, 2011, www.nti.org/analysis/articles/revisiting-aum-shinrikyo-new-insights-most-extensive-non-state-biological-weapons-program-date-1.
6. Federation of American Scientists, "The Operation of the Aum," in Global Proliferation of Weapons of Mass Destruction: A Case Study of the Aum Shinrikyo, Senate Government Affairs Permanent Subcommittee on Investigations, Oct. 31, 1995, irp.fas.org/congress/1995_rpt/aum/part04.htm.
7. Danzig and Hosford, "Aum Shinrikyo."
8. たとえば、ニック・ボストロムはこの提案をおそらく最大限推し進めたものを以下に記している。Nick Bostrom, "The Vulnerable World Hypothesis," Sept. 6, 2019, nickbostrom.com/papers/vulnerable.pdf.「簡単に作れる核兵器」が誕生する可能性を巡る思考実験で、ボストロムは「ハイテク・パノプティコン」を思い描く。「誰もが首から『フリーダム・タグ』をかけているが、このタグには全指向性カメラとマイクが取り付けられている。タグから暗号化された動画と音声がクラウドに途切れなくアップロードされ、AIによってリアルタイム解析される。AIアルゴリズムは、タグ着用者の行動、手の動き、近くの物体、そのほかの状況的な手がかりや信号を分類する。怪しい活動が検出されれば、映像と音声のデータが『愛国監視所』のひとつに転送される」
9. Martin Bereaja et al., "AI-tocracy," *Quarterly Journal of Economics,* March 13, 2023, academic.oup.com/qje/advance-article-abstract/doi/10.1093/qje/qjad012/7076890.
10. バラジ・スリニヴァーサンが予想する結果は、アメリカはゾンビに、中国は悪魔と化す、といったものだ。「アメリカは無政府状態に陥る。一方、中国共産党は、機能するが自由がほとんどない体制を唯一無二の代替案として世界に提示し、すべてを監視する『中国のAIの目』をサブスクサービスとして含む『ターンキー監視国家』を『一帯一路』の次世代版として、他国に『インフラ輸出』する」。Srinivasan, *The Network State,* 162.
11. Isis Hazewindus, "The Threat of the Megamachine," *IfThenElse,* Nov. 21, 2021, www.ifthenelse.eu/blog/the-threat-of-the-megamachine.
12. Michael Shermer, "Why ET Hasn't Called," *Scientific American,* Aug. 2002, michaelshermer.com/sciam-columns/why-et-hasnt-called.
13. Ian Morris, *Why the West Rules—for Now: The Patterns of History and What They Reveal About the Future* (London: Profile Books, 2010); Tainter, *The Collapse of Complex Societies;*

21. "NDAA Section 889," GSA SmartPay, smartpay.gsa.gov/content/ndaa-section-889.
22. Conor Healy, "US Military & Gov't Break Law, Buy Banned Dahua/Lorex, Congressional Committee Calls for Investigation," IPVM, Dec. 2, 2019, ipvm.com/reports/usg-lorex.
23. Zack Whittaker, "US Towns Are Buying Chinese Surveillance Tech Tied to Uighur Abuses," TechCrunch, May 24, 2021, techcrunch.com/2021/05/24/united-states-towns-hikvision-dahua-surveillance.
24. Joshua Brustein, "Warehouses Are Tracking Workers' Every Muscle Movement," Bloomberg, Nov. 5, 2019, www.bloomberg.com/news/articles/2019-11-05/am-i-being-tracked-at-work-plenty-of-warehouse-workers-are.
25. Kate Crawford, *Atlas of AI: Power, Politics, and the Planetary Costs of Artificial Intelligence* (New Haven, Conn.: Yale University Press, 2021).
26. Joanna Fantozzi, "Domino's Using AI Cameras to Ensure Pizzas Are Cooked Correctly," *Nation's Restaurant News,* May 29, 2019, www.nrn.com/quick-service/domino-s-using-ai-cameras-ensure-pizzas-are-cooked-correctly.
27. デイヴ・エガーズの*The Every*のような最新の監視ディストピア小説を考えてほしいが、この小説においても監視されるものは以前の小説とほとんど変わっていないし、遠い未来のSFとしてではなく、現代のテック企業への風刺として読むことができる。
28. このアナリストは、イスラエルの国家安全保障研究所のアサフ・オリオン（退役）准将。"The Future of U.S.-Israel Relations Symposium," Council on Foreign Relations, Dec. 2, 2019, www.cfr.org/event/future-us-israel-relations-symposium, quoted in Kali Robinson, "What Is Hezbollah?," Council on Foreign Relations, May 25, 2022, www.cfr.org/backgrounder/what-hezbollah.
29. たとえば、以下を参照。"Explained: How Hezbollah Built a Drug Empire via Its 'Narcoterrorist Strategy,' " *Arab News,* May 2, 2021, www.arabnews.com/node/1852636/middle-east.
30. Lina Khatib, "How Hezbollah Holds Sway over the Lebanese State," Chatham House, June 30, 2021, www.chathamhouse.org/sites/default/files/2021-07/2021-06-30-how-hezbollah-holds-sway-over-the-lebanese-state-khatib.pdf.
31. 単にすでにある特定の趨勢を大幅に広げることであり、中央集権については、伝統的に国家の領分と考えられていた役割を、民間セクターがもっと担うことになる。たとえば、以下を参照。Rodney Bruce Hall and Thomas J. Biersteker, *The Emergence of Private Authority in Global Governance* (Cambridge, U.K.: Cambridge University Press, 2002).
32. "Renewable Power Generation Costs in 2019," IRENA, June 2020, www.irena.org/publications/2020/Jun/Renewable-Power-Costs-in-2019.
33. James Dale Davidson and William Rees-Mogg, *The Sovereign Individual: Mastering the Transition to the Information Age* (New York: Touchstone, 1997).
34. Peter Thiel, "The Education of a Libertarian," *Cato Unbound,* April 13, 2009, www.cato-unbound.org/2009/04/13/peter-thiel/education-libertarian. テクノロジーによって構築された物が国民国家に取って代わる可能性について、より思慮に富んだ見解については、以下も参照。Balaji Srinivasan, *The Network State* (1729 publishing, 2022).

第12章

1. Niall Ferguson, *Doom: The Politics of Catastrophe* (London: Allen Lane, 2021), 131.（邦訳：

edu/wp-content/uploads/Machines-Bureaucracies-and-Markets-as-Artificial-Intelligences.pdf.

5. “Global 500,” *Fortune,* fortune.com/global500/. 世界銀行調べの2022年10月の数値はこれよりやや低い。World Bank, “GDP (Current US$),” World Bank Data, data.worldbank.org/indicator/NY.GDP.MKTP.CD.
6. Benaich and Hogarth, *State of AI Report 2022.*
7. James Manyika et al., “‘Superstars’: The Dynamics of Firms, Sectors, and Cities Leading the Global Economy,” McKinsey Global Institute, Oct. 24, 2018, www.mckinsey.com/featured-insights/innovation-and-growth/superstars-the-dynamics-of-firms-sectors-and-cities-leading-the-global-economy.
8. Colin Rule, “Separating the People from the Problem,” *The Practice,* July 2020, clp.law.harvard.edu/knowledge-hub/magazine/issues/remote-courts/separating-the-people-from-the-problem.
9. たとえば、以下を参照。Jeremy Rifkin, *The Zero Marginal Cost Society: The Internet of Things, the Collaborative Commons, and the Eclipse of Capitalism* (New York: Palgrave, 2014).（邦訳：ジェレミー・リフキン『限界費用ゼロ社会』柴田裕之訳、NHK出版）
10. エリック・ブリニョルフソンは、AIが経済の大部分を引き継ぎ、多くの人々を仕事も富も意味のある権力も持たない均衡に閉じ込めてしまうことを、「チューリング・トラップ」と呼ぶ。Erik Brynjolfsson, “The Turing Trap: The Promise & Peril of Human-Like Artificial Intelligence,” Stanford Digital Economy Lab, Jan. 11, 2022, arxiv.org/pdf/2201.04200.pdf.
11. たとえば、以下を参照。Joel Kotkin, *The Coming of Neo-feudalism: A Warning to the Global Middle Class* (New York: Encounter Books, 2020).（邦訳：ジョエル・コトキン『新しい封建制がやってくる』寺下滝郎訳、東洋経済新報社）
12. James C. Scott, *Seeing Like a State: How Certain Schemes to Improve the Human Condition Have Failed* (New Haven, Conn.: Yale University Press, 1998).
13. “How Many CCTV Cameras Are There in London?,” CCTV.co.uk, Nov. 18, 2020, www.cctv.co.uk/how-many-cctv-cameras-are-there-in-london.
14. Benaich and Hogarth, *State of AI Report 2022.*
15. Dave Gershgorn, “China’s ‘Sharp Eyes’ Program Aims to Surveil 100% of Public Space,” *OneZero,* March 3, 2021, onezero.medium.com/chinas-sharp-eyes-program-aims-to-surveil-100-of-public-space-ddc22d63e015.
16. Shu-Ching Jean Chen, “SenseTime: The Faces Behind China’s Artificial Intelligence Unicorn,” *Forbes,* March 7, 2018, www.forbes.com/sites/shuchingjeanchen/2018/03/07/the-faces-behind-chinas-omniscient-video-surveillance-technology.
17. Sofia Gallarate, “Chinese Police Officers Are Wearing Facial Recognition Sunglasses,” Fair Planet, July 9, 2019, www.fairplanet.org/story/chinese-police-officers-are-wearing-facial-recogni%C2%ADtion-sunglasses.
18. この情報および以下の統計は以下より。Isabelle Qian et al., “Four Takeaways from a Times Investigation into China’s Expanding Surveillance State,” *New York Times,* June 21, 2022, www.nytimes.com/2022/06/21/world/asia/china-surveillance-investigation.html.
19. Ross Andersen, “The Panopticon Is Already Here,” *Atlantic,* Sept. 2020, www.theatlantic.com/magazine/archive/2020/09/china-ai-surveillance/614197.
20. Qian et al., “Four Takeaways from a Times Investigation into China’s Expanding Surveillance State.”

sites/default/files/inline-files/Noy_Zhang_1_0.pdf.

51. ここまでの人数にはならない可能性があるが、それでもかなりの数の影響が出る。James Manyika et al., "Jobs Lost, Jobs Gained: What the Future of Work Will Mean for Jobs, Skills, and Wages," McKinsey Global Institute, Nov. 28, 2017, www.mckinsey.com/featured-insights/future-of-work/jobs-lost-jobs-gained-what-the-future-of-work-will-mean-for-jobs-skills-and-wages.「世界の労働者が有給で行っている活動の約半分は、現在実証されているテクノロジーを適用することで自動化される潜在的可能性がある」。もうひとつの数字は以下より。Mark Muro et al., "Automation and Artificial Intelligence: How Machines Are Affecting People and Places," Metropolitan Policy Program, Brookings, Jan. 2019, www.brookings.edu/wp-content/uploads/2019/01/2019.01_BrookingsMetro_Automation-AI_Report_Muro-Maxim-Whiton-FINAL-version.pdf.
52. Daron Acemoglu and Pascual Restrepo, "Robots and Jobs: Evidence from US Labor Markets," *Journal of Political Economy* 128, no. 6 (June 2020), www.journals.uchicago.edu/doi/abs/10.1086/705716.
53. Ibid. また以下も参照。Edward Luce, *The Retreat of Western Liberalism* (London: Little, Brown, 2017), 54; Justin Baer and Daniel Huang, "Wall Street Staffing Falls Again," *Wall Street Journal,* Feb. 19, 2015, www.wsj.com/articles/wall-street-staffing-falls-for-fourth-consecutive-year-1424366858; Ljubica Nedelkoska and Glenda Quintini, "Automation, Skills Use, and Training," OECD, March 8, 2018, www.oecd-ilibrary.org/employment/automation-skills-use-and-training_2e2f4eea-en.
54. David H. Autor, "Why Are There Still So Many Jobs? The History and Future of Workplace Automation," *Journal of Economic Perspectives* 29, no. 3 (Summer 2015), www.aeaweb.org/articles?id=10.1257/jep.29.3.3.
55. アジーム・アズハールの見解。「だが、すべて考慮すれば、自動化の長期的な影響は仕事の喪失ではない」(Azhar, *Exponential,* 141).
56. 以下は、この問題についてさらに,詳しく論じている。Daniel Susskind, *A World Without Work: Technology, Automation and How We Should Respond* (London: Allen Lane, 2020).（邦訳：ダニエル・サスキンド『WORLD WITHOUT WORK』上原裕美子訳、みすず書房）
57. 以下を参照。"U.S. Private Sector Job Quality Index (JQI)," University at Buffalo School of Management, Feb. 2023, ubwp.buffalo.edu/job-quality-index-jqi; Ford, *Rule of the Robots.*
58. Autor, "Why Are There Still So Many Jobs?"

第11章

1. White, *Medieval Technology and Social Change.* この見解は広く受け入れられているわけではない。リン・ホワイトのよく知られた論文に対する懐疑的な見解については、たとえば以下を参照。"The Great Stirrup Controversy," The Medieval Technology Pages, web.archive.org/web/20141009082354/http://scholar.chem.nyu.edu/tekpages/texts/strpcont.html.
2. Brown, *Walled States, Waning Sovereignty.*
3. William Dalrymple, *The Anarchy: The Relentless Rise of the East India Company* (London: Bloomsbury, 2020), 233.
4. リチャード・ダンジグはディナーの席でこのアイデアを私に披露し、その後すばらしい論文を書いた。Richard Danzig, "Machines, Bureaucracies, and Markets as Artificial Intelligences," Center for Security and Emerging Technology, Jan. 2022, cset.georgetown.

Every Year. Here's How Humans Beat It," *Vox,* May 8, 2022, www.vox.com/future-perfect/21493812/smallpox-eradication-vaccines-infectious-disease-covid-19.

38. たとえば、以下を参照。Kathryn Senio, "Recent Singapore SARS Case a Laboratory Accident," *Lancet Infectious Diseases,* Nov. 2003, www.thelancet.com/journals/laninf/article/PIIS1473-3099(03)00815-6/fulltext; Jane Parry, "Breaches of Safety Regulations Are Probable Cause of Recent SARS Outbreak, WHO Says," *BMJ,* May 20, 2004, www.bmj.com/content/328/7450/1222.3; Martin Furmanski, "Laboratory Escapes and 'Self-Fulfilling Prophecy' Epidemics," Arms Control Center, Feb. 17, 2014, armscontrolcenter.org/wp-content/uploads/2016/02/Escaped-Viruses-final-2-17-14-copy.pdf.

39. Alexandra Peters, "The Global Proliferation of High-Containment Biological Laboratories: Understanding the Phenomenon and Its Implications," *Revue Scientifique et Technique,* Dec. 2018, pubmed.ncbi.nlm.nih.gov/30964462. 過去2年間で研究所の数は59から69に増加し、そのほとんどは都市部に設置されている。また致死性の高い病原体を扱う研究所の数は100を超えている。新世代のBSL-3以上の研究所も急増している。以下を参照。Filippa Lentzos et al., "Global BioLabs Report 2023," King's College London, May 16, 2023, www.kcl.ac.uk/warstudies/assets/global-biolabs-report-2023.pdf.

40. David Manheim and Gregory Lewis, "High-Risk Human-Caused Pathogen Exposure Events from 1975–2016," F1000Research, July 8, 2022, f1000research.com/articles/10-752.

41. David B. Manheim, "Results of a 2020 Survey on Reporting Requirements and Practices for Biocontainment Laboratory Accidents," *Health Security* 19, no. 6 (2021), www.liebertpub.com/doi/10.1089/hs.2021.0083.

42. Lynn C. Klotz and Edward J. Sylvester, "The Consequences of a Lab Escape of a Potential Pandemic Pathogen," *Frontiers in Public Health,* Aug. 11, 2014, www.frontiersin.org/articles/10.3389/fpubh.2014.00116/full.

43. この話題に関しては、特にジェイソン・マセニーとケビン・エスベルトとの議論が有益であった。

44. Martin Enserink and John Cohen, "One of Two Hotly Debated H5N1 Papers Finally Published," *Science,* May 2, 2012, www.science.org/content/article/one-two-hotly-debated-h5n1-papers-finally-published.

45. Amber Dance, "The Shifting Sands of 'Gain-of-Function' Research," *Nature,* Oct. 27, 2021, www.nature.com/articles/d41586-021-02903-x.

46. Chan and Ridley, *Viral;* "Controversial New Research Suggests SARS-CoV-2 Bears Signs of Genetic Engineering," *Economist,* Oct. 27, 2022, www.economist.com/science-and-technology/2022/10/22/a-new-paper-claims-sars-cov-2-bears-signs-of-genetic-engineering.

47. たとえば、以下を参照。Max Matza and Nicholas Yong, "FBI Chief Christopher Wray Says China Lab Leak Most Likely," BBC, March 1, 2023, www.bbc.co.uk/news/world-us-canada-64806903.

48. Da-Yuan Chen et al., "Role of Spike in the Pathogenic and Antigenic Behavior of SARS-CoV-2 BA.1 Omicron," bioRxiv, Oct. 14, 2022, www.biorxiv.org/content/10.1101/2022.10.13.512134v1.

49. Kiran Stacey, "US Health Officials Probe Boston University's Covid Virus Research," *Financial Times,* Oct. 20, 2022, www.ft.com/content/f2e88a9c-104a-4515-8de1-65d72a5903d0.

50. Shakked Noy and Whitney Zhang, "Experimental Evidence on the Productivity Effects of Generative Artificial Intelligence," MIT Economics, March 10, 2023, economics.mit.edu/

Kianpour, "Iranian Digital Influence Efforts: Guerrilla Broadcasting for the Twenty-first Century," Atlantic Council, Feb. 11, 2020, www.atlanticcouncil.org/in-depth-research-reports/report/iranian-digital-influence-efforts-guerrilla-broadcasting-for-the-twenty-first-century.

27. Virginia Alvino Young, "Nearly Half of the Twitter Accounts Discussing 'Reopening America' May Be Bots," Carnegie Mellon University, May 27, 2020, www.cmu.edu/news/stories/archives/2020/may/twitter-bot-campaign.html.

28. 以下を参照。Nina Schick, *Deep Fakes and the Infocalypse: What You Urgently Need to Know* (London: Monoray, 2020).（邦訳：ニーナ・シック『ディープフェイク』片山美佳子訳、日経ナショナルジオグラフィック）; Ben Buchanan et al., "Truth, Lies, and Automation," Center for Security and Emerging Technology, May 2021, cset.georgetown.edu/publication/truth-lies-and-automation.

29. William A. Galston, "Is Seeing Still Believing? The Deepfake Challenge to Truth in Politics," Brookings, Jan. 8, 2020, www.brookings.edu/research/is-seeing-still-believing-the-deepfake-challenge-to-truth-in-politics.

30. 数値は以下より。William MacAskill, *What We Owe the Future: A Million-Year View* (London: Oneworld, 2022), 112.（邦訳：ウィリアム・マッカスキル『見えない未来を変える「いま」』千葉敏生訳、みすず書房）。マッカスキルはさまざまな情報源を参照しているが、どの情報源も確かな数値とは認めていないと記している。以下も参照。H. C. Kung et al., "Influenza in China in 1977: Recurrence of Influenzavirus A Subtype H1N1," *Bulletin of the World Health Organization* 56, no. 6 (1978), www.ncbi.nlm.nih.gov/pmc/articles/PMC2395678/pdf/bullwho00443-0095.pdf.

31. Joel O. Wertheim, "The Re-emergence of H1N1 Influenza Virus in 1977: A Cautionary Tale for Estimating Divergence Times Using Biologically Unrealistic Sampling Dates," *PLOS ONE,* June 17, 2010, journals.plos.org/plosone/article?id=10.1371/journal.pone.0011184.

32. たとえば、以下を参照。Edwin D. Kilbourne, "Influenza Pandemics of the 20th Century," *Emerging Infectious Diseases* 12, no. 1 (Jan. 2006), www.ncbi.nlm.nih.gov/pmc/articles/PMC3291411; Michelle Rozo and Gigi Kwik Gronvall, "The Reemergent 1977 H1N1 Strain and the Gain-of-Function Debate," *mBio,* Aug. 18, 2015, www.ncbi.nlm.nih.gov/pmc/articles/PMC4542197.

33. 以下に信頼できる説明がある。Alina Chan and Matt Ridley, *Viral: The Search for the Origin of Covid-19* (London: Fourth Estate, 2022); MacAskill, *What We Owe the Future.*

34. Kai Kupferschmidt, "Anthrax Genome Reveals Secrets About a Soviet Bioweapons Accident," *Science,* Aug. 16, 2016, www.science.org/content/article/anthrax-genome-reveals-secrets-about-soviet-bioweapons-accident.

35. 2001年に自然由来の口蹄疫がアウトブレイクした時よりも、被害ははるかに少なかったと指摘する必要がある。T. J. D. Knight-Jones and J. Rushton, "The Economic Impacts of Foot and Mouth Disease—What Are They, How Big Are They, and Where Do They Occur?," *Preventive Veterinary Medicine,* Nov. 2013, www.ncbi.nlm.nih.gov/pmc/articles/PMC3989032.

36. Maureen Breslin, "Lab Worker Finds Vials Labeled 'Smallpox' at Merck Facility," *The Hill,* Nov. 17, 2021, thehill.com/policy/healthcare/581915-lab-worker-finds-vials-labeled-smallpox-at-merck-facility-near-philadelphia.

37. Sophie Ochmann, Saloni Dattani and Max Roser, "Smallpox," Our World in Data, ourworldindata.org/smallpox; Kelsey Piper, "Smallpox Used to Kill Millions of People

in-indian-election-by-bjp.
16. Melissa Goldin, "Video of Biden Singing 'Baby Shark' Is a Deepfake," Associated Press, Oct. 19, 2022, apnews.com/article/fact-check-biden-baby-shark-deepfake-412016518873; "Doctored Nancy Pelosi Video Highlights Threat of 'Deepfake' Tech," CBS News, May 26, 2019, www.cbsnews.com/news/doctored-nancy-pelosi-video-highlights-threat-of-deepfake-tech-2019-05-25.
17. @deeptomcruiseのTikTokより。www.tiktok.com/@deeptomcruise?lang=en.
18. Thomas Brewster, "Fraudsters Cloned Company Director's Voice in $35 Million Heist, Police Find," *Forbes,* Oct. 14, 2021, www.forbes.com/sites/thomasbrewster/2021/10/14/huge-bank-fraud-uses-deep-fake-voice-tech-to-steal-millions.
19. Catherine Stupp, "Fraudsters Used AI to Mimic CEO's Voice in Unusual Cybercrime Case," *Wall Street Journal,* Aug. 30, 2019, www.wsj.com/articles/fraudsters-use-ai-to-mimic-ceos-voice-in-unusual-cybercrime-case-11567157402.
20. これは紛れもなくディープフェイク映像である。Kelly Jones, "Viral Video of Biden Saying He's Reinstating the Draft Is a Deepfake," *Verify,* March 1, 2023, www.verifythis.com/article/news/verify/national-verify/viral-video-of-biden-saying-hes-reinstating-the-draft-is-a-deepfake/536-d721f8cb-d26a-4873-b2a8-91dd91288365.
21. Josh Meyer, "Anwar al-Awlaki: The Radical Cleric Inspiring Terror from Beyond the Grave," NBC News, Sept. 21, 2016, www.nbcnews.com/news/us-news/anwar-al-awlaki-radical-cleric-inspiring-terror-beyond-grave-n651296; Alex Hern, " 'YouTube Islamist' Anwar al-Awlaki Videos Removed in Extremism Clampdown," *Guardian,* Nov. 13, 2017, www.theguardian.com/technology/2017/nov/13/youtube-islamist-anwar-al-awlaki-videos-removed-google-extremism-clampdown.
22. Eric Horvitz, "On the Horizon: Interactive and Compositional Deepfakes," ICMI '22: Proceedings of the 2022 International Conference on Multimodal Interaction, arxiv.org/abs/2209.01714.
23. U.S. Senate, Report of the Select Committee on Intelligence: Russian Active Measures Campaigns and Interference in the 2016 U.S. Election, vol. 5, Counterintelligence Threats and Vulnerabilities, 116th Congress, 1st sess., www.intelligence.senate.gov/sites/default/files/documents/report_volume5.pdf; Nicholas Fandos et al., "House Intelligence Committee Releases Incendiary Russian Social Media Ads," *New York Times,* Nov. 1, 2017, www.nytimes.com/2017/11/01/us/politics/russia-technology-facebook.html.
24. ロシアは頻繁に攻撃してきている。2021年のサイバー攻撃の58%はロシアからだった。Tom Burt, "Russian Cyberattacks Pose Greater Risk to Governments and Other Insights from Our Annual Report," *Microsoft Blogs: On the Issues,* Oct. 7, 2021, blogs.microsoft.com/on-the-issues/2021/10/07/digital-defense-report-2021.
25. Samantha Bradshaw et al., "Industrialized Disinformation: 2020 Global Inventory of Organized Social Media Manipulation," Oxford University Programme on Democracy & Technology, Jan. 13, 2021, demtech.oii.ox.ac.uk/research/posts/industrialized-disinformation.
26. たとえば以下を参照。Krassi Twigg and Kerry Allen, "The Disinformation Tactics Used by China," BBC News, March 12, 2021, www.bbc.co.uk/news/56364952; Kenddrick Chan and Mariah Thornton, "China's Changing Disinformation and Propaganda Targeting Taiwan," *Diplomat,* Sept. 19, 2022, thediplomat.com/2022/09/chinas-changing-disinformation-and-propaganda-targeting-taiwan/; Emerson T. Brooking and Suzanne

第 10 章

1. より詳しくは、たとえば以下を参照。S. Ghafur et al., "A Retrospective Impact Analysis of the WannaCry Cyberattack on the NHS," *NPJ Digital Medicine,* Oct. 2, 2019, www.nature.com/articles/s41746-019-0161-6.

2. Mike Azzara, "What Is WannaCry Ransomware and How Does It Work?," Mimecast, May 5, 2021, www.mimecast.com/blog/all-you-need-to-know-about-wannacry-ransomware.

3. Andy Greenberg, "The Untold Story of NotPetya, the Most Devastating Cyberattack in History," *Wired,* Aug. 22, 2018, www.wired.com/story/notpetya-cyberattack-ukraine-russia-code-crashed-the-world.

4. James Bamford, "Commentary: Evidence Points to Another Snowden at the NSA," Reuters, Aug. 22, 2016, www.reuters.com/article/us-intelligence-nsa-commentary-idUSKCN10X01P.

5. Brad Smith, "The Need for Urgent Collective Action to Keep People Safe Online: Lessons from Last Week's Cyberattack," *Microsoft Blogs: On the Issues,* May 14, 2017, blogs.microsoft.com/on-the-issues/2017/05/14/need-urgent-collective-action-keep-people-safe-online-lessons-last-weeks-cyberattack.

6. 以下の定義。Oxford Languages, languages.oup.com.

7. Ronen Bergman et al., "The Scientist and the A.I.-Assisted, Remote-Control Killing Machine," *New York Times,* Sept. 18, 2021, www.nytimes.com/2021/09/18/world/middleeast/iran-nuclear-fakhrizadeh-assassination-israel.html.

8. Azhar, *Exponential,* 192.

9. Fortune Business Insights, "Military Drone Market to Hit USD 26.12 Billion by 2028; Rising Military Spending Worldwide to Augment Growth," Global News Wire, July 22, 2021, www.globenewswire.com/en/news-release/2021/07/22/2267009/0/en/Military-Drone-Market-to-Hit-USD-26-12-Billion-by-2028-Rising-Military-Spending-Worldwide-to-Augment-Growth-Fortune-Business-Insights.html.

10. David Hambling, "Israel Used World's First AI-Guided Combat Drone Swarm in Gaza Attacks," *New Scientist,* June 30, 2021, www.newscientist.com/article/2282656-israel-used-worlds-first-ai-guided-combat-drone-swarm-in-gaza-attacks.

11. Dan Primack, "Exclusive: Rebellion Defense Raises $150 Million at $1 Billion Valuation," *Axios,* Sept. 15, 2021, www.axios.com/2021/09/15/rebellion-defense-raises-150-million-billion-valuation; Ingrid Lunden, "Anduril Is Raising Up to $1.2B, Sources Say at a $7B Pre-money Valuation, for Its Defense Tech," TechCrunch, May 24, 2022, techcrunch.com/2022/05/24/filing-anduril-is-raising-up-to-1-2b-sources-say-at-a-7b-pre-money-valuation-for-its-defense-tech.

12. Bruce Schneier, "The Coming AI Hackers," Harvard Kennedy School Belfer Center, April 2021, www.belfercenter.org/publication/coming-ai-hackers.

13. Anton Bakhtin et al., "Human-Level Play in the Game of *Diplomacy* by Combining Language Models with Strategic Reasoning," *Science,* Nov. 22, 2022, www.science.org/doi/10.1126/science.ade9097.

14. 以下は、この問題をさらに深く論じている。Benjamin Wittes and Gabriella Blum, *The Future of Violence: Robots and Germs, Hackers and Drones—Confronting A New Age of Threat* (New York: Basic Books, 2015).

15. Nilesh Christopher, "We've Just Seen the First Use of Deepfakes in an Indian Election Campaign," *Vice,* Feb. 18, 2020, www.vice.com/en/article/jgedjb/the-first-use-of-deepfakes-

洋経済新報社）

12. "Top 1% National Income Share," World Inequality Database, wid.world/world/#sptinc_p99p100_z/US;FR;DE;CN;ZA;GB;WO/last/eu/k/p/yearly/s/false/5.6579999999999995/30/curve/false/country.

13. Richard Mille, "Forbes World's Billionaires List: The Richest in 2023," *Forbes,* www.forbes.com/billionaires/. たしかにGDPはフローであり、財産のようにストックではないが、この比較は注意を引く。

14. Alistair Dieppe, "The Broad-Based Productivity Slowdown, in Seven Charts," *World Bank Blogs: Let's Talk Development,* July 14, 2020, blogs.worldbank.org/en/developmenttalk/broad-based-productivity-slowdown-seven-charts.

15. Jessica L. Semega et al., "Income and Poverty in the United States: 2016," U.S. Census Bureau, www.census.gov/content/dam/Census/library/publications/2017/demo/P60-259.pdf, reported in digitallibrary.un.org/record/1629536.

16. たとえば、以下を参照。Christian Houle et al., "Social Mobility and Political Instability," *Journal of Conflict Resolution,* Aug. 8, 2017, doi.org/10.1177/0022002717723434; and Carles Boix, "Economic Roots of Civil Wars and Revolutions in the Contemporary World," *World Politics* 60, no. 3 (April 2008): 390–437.

17. 国家の終焉は決して新しい考えではない。たとえば、以下を参照。Rana Dasgupta, "The Demise of the Nation State," Guardian, April 5, 2018, www.theguardian.com/news/2018/apr/05/demise-of-the-nation-state-rana-dasgupta.

18. Philipp Lorenz-Spreen et al., "A Systematic Review of Worldwide Causal and Correlational Evidence on Digital Media and Democracy," *Nature Human Behaviour,* Nov. 7, 2022, www.nature.com/articles/s41562-022-01460-1.

19. Langdon Winner, *Autonomous Technology: Technics-Out-of-Control as a Theme in Political Thought* (Cambridge, Mass.: MIT Press, 1977), 6.

20. たとえば、以下を参照。Jenny L. Davis, *How Artifacts Afford: The Power and Politics of Everyday Things* (Cambridge, Mass.: MIT Press, 2020)を参照。Ursula M. Franklin (*The Real World of Technology* [Toronto: House of Anansi, 1999])の言葉を借りると、テクノロジーは「社会規範」を生む。テクノロジーの創造や使用によって、ある種の行動や分業や結果が促進されたり、要求されたりする。トラクターを所有する農家は、耕牛２頭と鋤を持つ農家とは異なる方法で農作業を行い、異なるニーズを積み重ねる。工場制度が促す分業は、コンプライアンスと管理の文化という、狩猟採集社会とは異なる社会組織を生み出す。「技術の実践によって定められたパターンが社会生活の一部となる」(Ibid., 55)

21. 機械式時計の影響については、以下を参照。Mumford, *Technics and Civilization.*

22. Benedict Anderson, *Imagined Communities: Reflections on the Origin and Spread of Nationalism* (London: Verso, 1983).（邦訳：ベネディクト・アンダーソン『想像の共同体』白石隆・白石さや訳、リブロポート）

23. ケンブリッジの政治学者デイビッド・ランシマンは、次のような意味で「ゾンビ民主主義」という表現を使っている。「基本的な考え方は、人々は単純に適切なタイミングで拍手を送るか、拍手しないかを決めるだけという、パフォーマンスの観衆になっているということだ。民主主義政治は複雑なショーになっている」David Runciman, *How Democracy Ends* (London: Profile Books, 2019), 47.（邦訳：デイヴィッド・ランシマン『民主主義の壊れ方』若林茂樹訳、白水社）

存在する。だが、本書では「国民国家」と「国家」をあくまで基本的な意味で使い分けている。「国民国家」とした時は、世界中の国家とその国民と政府（多種多様で複雑であることも意味する）を指し、「国家」は一国内における政府、支配体制、社会サービス体制を指す。アイルランド、イスラエル、インド、インドネシアはすべて非常に異なる種類の国民と国家だが、いくつもの違いがあっても一連の「組織体」として扱うことができる。国民国家は常に「ある種の虚構である」とウェンディ・ブラウンは言う（*Walled States, Waning Sovereignty* [New York: Zone Books, 2010], 69）。権力が自分たちに行使される状態では国民は主権者たり得ない。それでも国民国家は信じられないほど便利で強力な虚構だ。

2. Max Roser and Esteban Ortiz-Ospina, "Literacy," Our World in Data, ourworldindata.org/literacy.
3. William Davies, *Nervous States: How Feeling Took Over the World* (London: Jonathan Cape, 2018)より。
4. 自分たちの国家政府を信頼していると回答したイギリス人は全体の3分の1（35%）にとどまり、OECD平均（41%）よりも低い。イギリス国民の約半数（49%）は国家政府を信頼していない。"Building Trust to Reinforce Democracy: Key Findings from the 2021 OECD Survey on Drivers of Trust in Public Institutions," OECD, www.oecd.org/governance/trust-in-government.
5. "Public Trust in Government: 1958–2022," Pew Research Center, June 6, 2022, www.pewresearch.org/politics/2022/06/06/public-trust-in-government-1958-2022.
6. Lee Drutman et al., "Follow the Leader: Exploring American Support for Democracy and Authoritarianism," Democracy Fund Voter Study Group, March 2018, www.voterstudygroup.org/publication/follow-the-leader.
7. "Bipartisan Dissatisfaction with the Direction of the Country and the Economy," AP NORC, June 29, 2022, apnorc.org/projects/bipartisan-dissatisfaction-with-the-direction-of-the-country-and-the-economy.
8. たとえば、以下を参照。Daniel Drezner, *The Ideas Industry: How Pessimists, Partisans, and Plutocrats Are Transforming the Marketplace of Ideas* (New York: Oxford University Press, 2017).（邦訳：ダニエル・W・ドレズナー『思想的リーダーが世論を動かす』佐々木俊尚監修、井上大剛・藤島みさ子訳、パンローリング）; The Edelman Trust Barometer: "2022 Edelman Trust Barometer," Edelman, www.edelman.com/trust/2022-trust-barometer.
9. Richard Wike et al., "Many Across the Globe Are Dissatisfied with How Democracy Is Working," Pew Research Center, April 29, 2019, www.pewresearch.org/global/2019/04/29/many-across-the-globe-are-dissatisfied-with-how-democracy-is-working/; Dalia Research et al., "Democracy Perception Index 2018," Alliance of Democracies, June 2018, www.allianceofdemocracies.org/wp-content/uploads/2018/06/Democracy-Perception-Index-2018-1.pdf.
10. "New Report: The Global Decline in Democracy Has Accelerated," Freedom House, March 3, 2021, freedomhouse.org/article/new-report-global-decline-democracy-has-accelerated.
11. 以下でさらに広範な調査を確認できる。Thomas Piketty, *Capital in the Twenty-first Century* (Cambridge, Mass.: Harvard University Press, 2014).（邦訳：トマ・ピケティ『21世紀の資本』山形浩生・守岡桜・森本正史訳、みすず書房）; Anthony B. Atkinson, *Inequality: What Can Be Done?* (Cambridge, Mass.: Harvard University Press, 2015).（邦訳：アンソニー・B・アトキンソン『21世紀の不平等』山形浩生・森本正史訳、東

Revolution," PwC, 2017, www.pwc.com/gx/en/issues/data-and-analytics/publications/artificial-intelligence-study.html.

53. Jacques Bughin et al., "Notes from the AI Frontier: Modeling the Impact of AI on the World Economy," McKinsey, Sept. 4, 2018, www.mckinsey.com/featured-insights/artificial-intelligence/notes-from-the-ai-frontier-modeling-the-impact-of-ai-on-the-world-economy; Michael Ciu, "The Bio Revolution: Innovations Transforming Economies, Societies, and Our Lives," McKinsey Global Institute, May 13, 2020, www.mckinsey.com/industries/life-sciences/our-insights/the-bio-revolution-innovations-transforming-economies-societies-and-our-lives.

54. "How Robots Change the World," Oxford Economics, June 26, 2019, www.oxfordeconomics.com/wp-content/uploads/2023/07/HowRobotsChangetheWorld.pdf.

55. "The World Economy in the Second Half of the Twentieth Century," OECD, Sept. 22, 2006, read.oecd-ilibrary.org/development/the-world-economy/the-world-economy-in-the-second-half-of-the-twentieth-century_9789264022621-5-en#page1.

56. Philip Trammell et al., "Economic Growth Under Transformative AI," Global Priorities Institute, Oct. 2020, globalprioritiesinstitute.org/wp-content/uploads/Philip-Trammell-and-Anton-Korinek_economic-growth-under-transformative-ai.pdf. これにより「有限の時間内に無限のアウトプットを生み出すほど加速化する」というまったく特異であり得ないシナリオが導き出される。

57. Hannah Ritchie et al., "Crop Yields," Our World in Data, ourworldindata.org/crop-yields.

58. "Farming Statistics—Final Crop Areas, Yields, Livestock Populations and Agricultural Workforce at 1 June 2020 United Kingdom," U.K. Department for Environment, Food & Rural Affairs, Dec. 22, 2020, assets.publishing.service.gov.uk/media/5fdcc2fad3bf7f3a30ec487f/structure-jun2020final-uk-22dec20.pdf.

59. Ritchie et al., "Crop Yields."

60. Smil, *How the World Really Works*, 66.

61. Max Roser, Pablo Rosado and Hannah Ritchie, "Hunger and Undernourishment," Our World in Data, ourworldindata.org/hunger-and-undernourishment.

62. Smil, *How the World Really Works*, 36.

63. Ibid., 42.

64. Ibid., 61.

65. Daniel Quiggin et al., "Climate Change Risk Assessment 2021," Chatham House, Sept. 14, 2021, www.chathamhouse.org/2021/09/climate-change-risk-assessment-2021.

66. Elizabeth Kolbert, *Under a White Sky: The Nature of the Future* (New York: Crown, 2022), 155.（邦訳：エリザベス・コルバート『世界から青空がなくなる日』梅田智世訳、白揚社）

67. Hongyuan Lu et al., "Machine Learning–Aided Engineering of Hydrolases for PET Depolymerization," *Nature,* April 27, 2022, www.nature.com/articles/s41586-022-04599-z.

68. "J. Robert Oppenheimer 1904–67," in *Oxford Essential Quotations,* ed. Susan Ratcliffe (Oxford: Oxford University Press, 2016), www.oxfordreference.com/display/10.1093/acref/9780191826719.001.0001/q-oro-ed4-00007996.

69. Dyson, *Turing's Cathedral*から引用。

第9章

1. 「国民国家」と「国家」という用語の使い分けは非常に複雑であり、関連書が多数

Reuters, Oct. 28, 2021, www.reuters.com/breakingviews/apple-has-most-growth-fuel-hand-2021-10-28.

36. Metz, *Genius Makers,* 58.
37. Mitchell, *Artificial Intelligence,* 103.
38. "First in the World: The Making of the Liverpool and Manchester Railway," Science+Industry Museum, Dec. 20, 2018, www.scienceandindustrymuseum.org.uk/objects-and-stories/making-the-liverpool-and-manchester-railway.
39. 以下を参照。William Quinn and John D. Turner, *Boom and Bust: A Global History of Financial Bubbles* (Cambridge, U.K.: Cambridge University Press, 2020).（邦訳：ウィリアム・クイン、ジョン・D・ターナー『バブルの世界史』高遠裕子訳、日本経済新聞出版）
40. Ibid.
41. "The Beauty of Bubbles," *Economist,* Dec. 18, 2008, www.economist.com/christmas-specials/2008/12/18/the-beauty-of-bubbles.
42. Perez, *Technological Revolutions and Financial Capital.*
43. イノベーションのミクロ経済学について調査する経済学の文献は膨大にあることから、このプロセスがどれほど繊細で、どれほど経済要因に結びついているかがうかがい知れる。たとえば、以下で概略がつかめる。Lipsey, Carlaw, and Bekar, *Economic Transformations.*
44. Angus Maddison, *The World Economy: A Millennial Perspective* (Paris: OECD Publications, 2001).（邦訳：アンガス・マディソン『経済統計で見る世界経済2000年史』金森久雄監訳、政治経済研究所訳、柏書房）。あるいはさらに新しい以下を参照。"GDP Per Capita, 1820 to 2018," Our World in Data, ourworldindata.org/grapher/gdp-per-capita-maddison-2020?yScale=log.
45. Nishant Yonzan et al., "Projecting Global Extreme Poverty up to 2030: How Close Are We to World Bank's 3% Goal?," *World Bank Data Blog,* Oct. 9, 2020, blogs.worldbank.org/opendata/projecting-global-extreme-poverty-2030-how-close-are-we-world-banks-3-goal.
46. Alan Greenspan and Adrian Wooldridge, *Capitalism in America: A History* (London: Allen Lane, 2018), 15.
47. Ibid., 47.
48. Charlie Giattino and Esteban Ortiz-Ospina, "Are We Working More Than Ever?," Our World in Data, ourworldindata.org/working-more-than-ever.
49. "S&P 500 Data," S&P Dow Jones Indices, July 2022, www.spglobal.com/spdji/en/indices/equity/sp-500/#data.
50. 世界のベンチャーキャピタル投資は2021年だけで6000億ドル以上に達し、ほとんどはテック業界とバイオテック業界に投じられた。10年前の10倍である。Gené Teare, "Funding and Unicorn Creation in 2021 Shattered All Records," *Crunchbase News,* Jan. 5, 2022, news.crunchbase.com/business/global-vc-funding-unicorns-2021-monthly-recap. 同時にテクノロジー分野へのPE投資は急増して2021年に4000億ドルを超え、単一の分野への投資額としてはずば抜けて大きくなった。Laura Cooper and Preeti Singh, "Private Equity Backs Record Volume of Tech Deals," *Wall Street Journal,* Jan. 3, 2022, www.wsj.com/articles/private-equity-backs-record-volume-of-tech-deals-11641207603.
51. たとえば、以下を参照。*Artificial Intelligence Index Report 2021.* だが、その後の生成AIブームもあり、投資額はさらに増えている。
52. "Sizing the Prize—PwC's Global Artificial Intelligence Study: Exploiting the AI

Nov. 14, 2017, time.com/5022859/china-most-supercomputers-world.

14. Jason Douglas, "China's Factories Accelerate Robotics Push as Workforce Shrinks," *Wall Street Journal,* Sept. 18, 2022, www.wsj.com/articles/chinas-factories-accelerate-robotics-push-as-workforce-shrinks-11663493405.
15. Allison et al., "Great Tech Rivalry."
16. Zhang Zhihao, "Beijing-Shanghai Quantum Link a 'New Era,' " *China Daily USA,* Sept. 30, 2017, usa.chinadaily.com.cn/china/2017-09/30/content_32669867.htm.
17. Amit Katwala, "Why China's Perfectly Placed to Be Quantum Computing's Superpower," *Wired,* Nov. 14, 2018, www.wired.com/story/quantum-computing-china-us.
18. Han-Sen Zhong et al., "Quantum Computational Advantage Using Photons," *Science,* Dec. 3, 2020, www.science.org/doi/10.1126/science.abe8770.
19. 以下からの引用。Amit Katwala, *Quantum Computing* (London: Random House Business, 2021), 88.
20. Allison et al., "Great Tech Rivalry."
21. Katrina Manson, "US Has Already Lost AI Fight to China, Says Ex-Pentagon Software Chief," *Financial Times,* Oct. 10, 2021, www.ft.com/content/f939db9a-40af-4bd1-b67d-10492535f8e0.
22. 以下からの引用。Amit Katwala Inkster, *The Great Decoupling,* 193.
23. 詳細は以下。"National AI Policies & Strategies," OECD.AI, oecd.ai/en/dashboards.
24. "Putin: Leader in Artificial Intelligence Will Rule World," CNBC, Sept. 4, 2017, www.cnbc.com/2017/09/04/putin-leader-in-artificial-intelligence-will-rule-world.html.
25. Thomas Macaulay, "Macron's Dream of a European Metaverse Is Far from a Reality," *Next Web,* Sept. 14, 2022, thenextweb.com/news/prospects-for-europes-emerging-metaverse-sector-macron-vestager-meta.
26. "France 2030," Agence Nationale de la Recherche, Feb. 27, 2023, anr.fr/en/france-2030/france-2030.
27. "India to Be a $30 Trillion Economy by 2050: Gautam Adani," *Economic Times,* April 22, 2022, economictimes.indiatimes.com/news/economy/indicators/india-to-be-a-30-trillion-economy-by-2050-gautam-adani/articleshow/90985771.cms.
28. Trisha Ray and Akhil Deo, "Priorities for a Technology Foreign Policy for India," Washington International Trade Association, Sept. 25, 2020, www.wita.org/atp-research/tech-foreign-policy-india.
29. Cronin, *Power to the People.*
30. Neeraj Kashyap, "GitHub's Path to 128M Public Repositories," *Towards Data Science,* March 4, 2020, towardsdatascience.com/githubs-path-to-128m-public-repositories-f6f656ab56b1.
31. arXiv, "About ArXiv," arxiv.org/about.
32. "The General Index," Internet Archive, Oct. 7, 2021, archive.org/details/GeneralIndex.
33. "Research and Development: U.S. Trends and International Comparisons," National Center for Science and Engineering Statistics, April 28, 2022, ncses.nsf.gov/pubs/nsb20225.
34. Prableen Bajpai, "Which Companies Spend the Most in Research and Development (R&D)?," Nasdaq, June 21, 2021, www.nasdaq.com/articles/which-companies-spend-the-most-in-research-and-development-rd-2021-06-21.
35. "Huawei Pumps $22 Billion into R&D to Beat U.S. Sanctions," Bloomberg News, April 25, 2022, www.bloomberg.com/news/articles/2022-04-25/huawei-rivals-apple-meta-with-r-d-spending-to-beat-sanctions; Jennifer Saba, "Apple Has the Most Growth Fuel in Hand,"

Existential Risk, Feb. 25, 2021, www.cser.ac.uk/news/response-superintelligence-contained.

第 8 章

1. たとえば、以下を参照。Cade Metz, *Genius Makers: The Mavericks Who Brought AI to Google, Facebook and the World* (London: Random House Business, 2021), 170.（邦訳：ケイド・メッツ『GENIUS MAKERS』小金輝彦訳、CCCメディアハウス）
2. Google, "The Future of Go Summit: 23 May–27 May, Wuzhen, China," Google Events, events.google.com/alphago2017.
3. Paul Dickson, "Sputnik's Impact on America," *Nova,* PBS, Nov. 6, 2007, www.pbs.org/wgbh/nova/article/sputnik-impact-on-america.
4. Lo De Wei, "Full Text of Xi Jinping's Speech at China's Party Congress," Bloomberg, Oct. 18, 2022, www.bloomberg.com/news/articles/2022-10-18/full-text-of-xi-jinping-s-speech-at-china-20th-party-congress-2022.
5. たとえば、以下を参照。Nigel Inkster, *The Great Decoupling: China, America and the Struggle for Technological Supremacy* (London: Hurst, 2020).
6. Graham Webster et al., "Full Translation: China's 'New Generation Artificial Intelligence Development Plan,' " DigiChina, Stanford University, Aug. 1, 2017, digichina.stanford.edu/work/full-translation-chinas-new-generation-artificial-intelligence-development-plan-2017.
7. Benaich and Hogarth, *State of AI;* Neil Savage, "The Race to the Top Among the World's Leaders in Artificial Intelligence," *Nature Index,* Dec. 9, 2020, www.nature.com/articles/d41586-020-03409-8; "Tsinghua University May Soon Top the World League in Science Research," *Economist,* Nov. 17, 2018, www.economist.com/china/2018/11/17/tsinghua-university-may-soon-top-the-world-league-in-science-research.
8. Sarah O'Meara, "Will China Lead the World in AI by 2030?," *Nature,* Aug. 21, 2019, www.nature.com/articles/d41586-019-02360-7; Akira Oikawa and Yuta Shimono, "China Overtakes US in AI Research," *Nikkei Asia,* Aug. 10, 2021, asia.nikkei.com/Spotlight/Datawatch/China-overtakes-US-in-AI-research.
9. Daniel Chou, "Counting AI Research: Exploring AI Research Output in English-and Chinese-Language Sources," Center for Security and Emerging Technology, July 2022, cset.georgetown.edu/publication/counting-ai-research.
10. Remco Zwetsloot, "China Is Fast Outpacing U.S. STEM PhD Growth," Center for Security and Emerging Technology, Aug. 2021, cset.georgetown.edu/publication/china-is-fast-outpacing-u-s-stem-phd-growth.
11. Graham Allison et al., "The Great Tech Rivalry: China vs the U.S.," Harvard Kennedy School Belfer Center, Dec. 2021, www.belfercenter.org/sites/default/files/GreatTechRivalry_ChinavsUS_211207.pdf.
12. Xinhua, "China Authorizes Around 700,000 Invention Patents in 2021: Report," XinhuaNet, Jan. 8, 2021, english.news.cn/20220108/ded0496b77c24a3a8712fb26bba390c3/c.html; "U.S. Patent Statistics Chart, Calendar Years 1963–2020," U.S. Patent and Trademark Office, May 2021, www.uspto.gov/web/offices/ac/ido/oeip/taf/us_stat.htm. ただし、アメリカの数字は2020年のものとなる。また、価値の高い特許が急速に増加していることも指摘すべきだ。State Council of the People's Republic of China, "China Sees Growing Number of Invention Patents," Xinhua, Jan. 2022, english.www.gov.cn/statecouncil/ministries/202201/12/content_WS61deb7c8c6d09c94e48a3883.html.
13. Joseph Hincks, "China Now Has More Supercomputers Than Any Other Country," *Time,*

Fastest Supercomputer," Medium, Feb. 28, 2021, medium.com/predict/googles-quantum-computer-is-about-158-million-times-faster-than-the-world-s-fastest-supercomputer-36df56747f7f.

17. Jack W. Scannell et al., "Diagnosing the Decline in Pharmaceutical R&D Efficiency," *Nature Reviews Drug Discovery,* March 1, 2012, www.nature.com/articles/nrd3681.
18. Patrick Heuveline, "Global and National Declines in Life Expectancy: An End-of-2021 Assessment," *Population and Development Review* 48, no. 1 (March 2022), onlinelibrary.wiley.com/doi/10.1111/padr.12477. しかしながら、こうした短期的な平均寿命の悪化の裏には、長期的な改善がある。
19. "Failed Drug Trials," Alzheimer's Research UK, www.alzheimersresearchuk.org/blog-tag/drug-trials/failed-drug-trials.
20. Michael S. Ringel et al., "Breaking Eroom's Law," *Nature Reviews Drug Discovery,* April 16, 2020, www.nature.com/articles/d41573-020-00059-3.
21. Jonathan M. Stokes, "A Deep Learning Approach to Antibiotic Discovery," *Cell,* Feb. 20, 2020, www.cell.com/cell/fulltext/S0092-8674(20)30102-1.
22. "Exscientia and Sanofi Establish Strategic Research Collaboration to Develop AI-Driven Pipeline of Precision-Engineered Medicines," Sanofi, Jan. 7, 2022, www.sanofi.com/en/media-room/press-releases/2022/2022-01-07-06-00-00-2362917.
23. Nathan Benaich and Ian Hogarth, *State of AI Report 2022,* Oct. 11, 2022, www.stateof.ai.
24. Fabio Urbina et al., "Dual Use of Artificial-Intelligence-Powered Drug Discovery," *Nature Machine Intelligence,* March 7, 2022, www.nature.com/articles/s42256-022-00465-9.
25. K. Thor Jensen, "20 Years Later: How Concerns About Weaponized Consoles Almost Sunk the PS2," *PCMag,* May 9, 2020, www.pcmag.com/news/20-years-later-how-concerns-about-weaponized-consoles-almost-sunk-the-ps2; Associated Press, "Sony's High-Tech Playstation2 Will Require Military Export License," *Los Angeles Times,* April 17, 2000, www.latimes.com/archives/la-xpm-2000-apr-17-fi-20482-story.html.
26. 「オムニユース」という言葉についてさらに知りたければ、以下を参照。Cronin, *Power to the People.*
27. Scott Reed et al., "A Generalist Agent," DeepMind, Nov. 10, 2022, www.deepmind.google/discover/blog/a-generalist-agent.
28. @GPT-4 Technical Report, OpenAI, March 27, 2023, cdn.openai.com/papers/gpt-4.pdf.早い段階での実験については、以下などを参照。mobile.twitter.com/michalkosinski/status/1636683810631974912.
29. Sébastien Bubeck et al., "Sparks of Artificial General Intelligence: Early Experiments with GPT-4," arXiv, March 27, 2023, arxiv.org/abs/2303.12712.
30. Alhussein Fawzi et al., "Discovering Novel Algorithms with AlphaTensor," DeepMind, Oct. 5, 2022, www.deepmind.google/discover/blog/discovering-novel-algorithms-with-alphatensor.
31. Stuart Russell, *Human Compatible: Artificial Intelligence and the Problem of Control* (London: Allen Lane, 2019).（邦訳：スチュアート・ラッセル『AI新生』松井信彦訳、みすず書房）
32. Manuel Alfonseca et al., "Superintelligence Cannot Be Contained: Lessons from Computability Theory," *Journal of Artificial Intelligence Research,* Jan. 5, 2021, jair.org/index.php/jair/article/view/12202; Jaime Sevilla and John Burden, "Response to Superintelligence Cannot Be Contained: Lessons from Computability Theory," Centre for the Study of

第7章

1. Julian Borger, "The Drone Operators Who Halted Russian Convoy Headed for Kyiv," *Guardian,* March 28, 2022, www.theguardian.com/world/2022/mar/28/the-drone-operators-who-halted-the-russian-armoured-vehicles-heading-for-kyiv.
2. Marcin Wyrwał, "Wojna w Ukrainie. Jak sztuczna inteligencja zabija Rosjan," *Onet,* July 13, 2022, www.onet.pl/informacje/onetwiadomosci/rozwiazali-problem-armii-ukrainy-ich-pomysl-okazal-sie-dla-rosjan-zabojczy/pkzrk0z,79cfc278.
3. Patrick Tucker, "AI Is Already Learning from Russia's War in Ukraine, DOD Says," *Defense One,* April 21, 2022, www.defenseone.com/technology/2022/04/ai-already-learning-russias-war-ukraine-dod-says/365978.
4. "Ukraine Support Tracker," Kiel Institute for the World Economy, Dec. 2022, www.ifw-kiel.de/topics/war-against-ukraine/ukraine-support-tracker/.
5. Audrey Kurth Cronin, *Power to the People: How Open Technological Innovation Is Arming Tomorrow's Terrorists* (New York: Oxford University Press, 2019), 2.
6. Scott Gilbertson, "Review: DJI Phantom 4," *Wired,* April 22, 2016, www.wired.com/2016/04/review-dji-phantom-4.
7. Cronin, *Power to the People,* 320; Derek Hawkins, "A U.S. 'Ally' Fired a $3 Million Patriot Missile at a $200 Drone. Spoiler: The Missile Won," *Washington Post,* March 17, 2017, www.washingtonpost.com/news/morning-mix/wp/2017/03/17/a-u-s-ally-fired-a-3-million-patriot-missile-at-a-200-drone-spoiler-the-missile-won.
8. Azhar, *Exponential,* 249.
9. たとえば、以下を参照。Michael Bhaskar, *Human Frontiers: The Future of Big Ideas in an Age of Small Thinking* (Cambridge, Mass.: MIT Press, 2021); Tyler Cowen, *The Great Stagnation: How America Ate All the Low-Hanging Fruit of Modern History, Got Sick, and Will (Eventually) Feel Better* (New York: Dutton, 2011).（邦訳：タイラー・コーエン『大停滞』池村千秋訳、NTT出版）; Robert Gordon, *The Rise and Fall of American Growth: The U.S. Standard of Living Since the Civil War* (Princeton, N.J.: Princeton University Press, 2017).（邦訳：ロバート・J・ゴードン『アメリカ経済　成長の終焉（上・下）』高遠裕子・山岡由美訳、日経BP）
10. César Hidalgo, *Why Information Grows: The Evolution of Order, from Atoms to Economies* (London: Allen Lane, 2015).（邦訳：セザー・ヒダルゴ『情報と秩序』千葉敏生訳、早川書房）
11. Neil Savage, "Machines Learn to Unearth New Materials," *Nature,* June 30, 2021, www.nature.com/articles/d41586-021-01793-3.
12. Andrij Vasylenko et al., "Element Selection for Crystalline Inorganic Solid Discovery Guided by Unsupervised Machine Learning of Experimentally Explored Chemistry," *Nature Communications,* Sept. 21, 2021, www.nature.com/articles/s41467-021-25343-7.
13. Matthew Greenwood, "Hypercar Created Using 3D Printing, AI, and Robotics," Engineering.com, June 23, 2021, www.engineering.com/hypercar-created-using-3d-printing-ai-and-robotics.
14. Elie Dolgin, "Could Computer Models Be the Key to Better COVID Vaccines?," *Nature,* April 5, 2022, www.nature.com/articles/d41586-022-00924-8.
15. Anna Nowogrodzki, "The Automatic-Design Tools That Are Changing Synthetic Biology," *Nature,* Dec. 10, 2018, www.nature.com/articles/d41586-018-07662-w.
16. Vidar, "Google's Quantum Computer Is About 158 Million Times Faster Than the World's

第6章

1. Mitchell Clark, "Amazon Announces Its First Fully Autonomous Mobile Warehouse Robot," *Verge,* June 21, 2022, www.theverge.com/2022/6/21/23177756/amazon-warehouse-robots-proteus-autonomous-cart-delivery.
2. Dave Lee, "Amazon Debuts New Warehouse Robot That Can Do Human Jobs," *Financial Times,* Nov. 10, 2022, www.ft.com/content/c8933d73-74a4-43ff-8060-7ff9402eccf1.
3. James Gaines, "The Past, Present, and Future of Robotic Surgery," *Smithsonian Magazine,* Sept. 15, 2022, www.smithsonianmag.com/innovation/the-past-present-and-future-of-robotic-surgery-180980763.
4. "Helper Robots for a Better Everyday," Everyday Robots, everydayrobots.com.
5. Chelsea Gohd, "Walmart Has Patented Autonomous Robot Bees," World Economic Forum, March 19, 2018, www.weforum.org/agenda/2018/03/autonomous-robot-bees-are-being-patented-by-walmart.
6. *Artificial Intelligence Index Report 2021,* aiindex.stanford.edu/report.
7. Sara Sidner and Mallory Simon, "How Robot, Explosives Took Out Dallas Sniper in Unprecedented Way," CNN, July 12, 2016, edition.cnn.com/2016/07/12/us/dallas-police-robot-c4-explosives/index.html.
8. Elizabeth Gibney, "Hello Quantum World! Google Publishes Landmark Quantum Supremacy Claim," *Nature,* Oct. 23, 2019, www.nature.com/articles/d41586-019-03213-z; Frank Arute et al., "Quantum Supremacy Using a Programmable Superconducting Processor," *Nature,* Oct. 23, 2019, www.nature.com/articles/s41586-019-1666-5.
9. Neil Savage, "Hands-On with Google's Quantum Computer," *Scientific American,* Oct. 24, 2019, www.scientificamerican.com/article/hands-on-with-googles-quantum-computer.
10. Gideon Lichfield, "Inside the Race to Build the Best Quantum Computer on Earth," *MIT Technology Review,* Feb. 26, 2020, www.technologyreview.com/2020/02/26/916744/quantum-computer-race-ibm-google.
11. Matthew Sparkes, "IBM Creates Largest Ever Superconducting Quantum Computer," *New Scientist,* Nov. 15, 2021, www.newscientist.com/article/2297583-ibm-creates-largest-ever-superconducting-quantum-computer.
12. あるタスクに関しては、確かにそうだ。Charles Choi, "Quantum Leaps in Quantum Computing?," *Scientific American,* Oct. 25, 2017, www.scientificamerican.com/article/quantum-leaps-in-quantum-computing.
13. Ken Washington, "Mass Navigation: How Ford Is Exploring the Quantum World with Microsoft to Help Reduce Congestion," Ford Medium, Dec. 10, 2019, medium.com/@ford/mass-navigation-how-ford-is-exploring-the-quantum-world-with-microsoft-to-help-reduce-congestion-a9de6db32338.
14. Camilla Hodgson, "Solar Power Expected to Surpass Coal in 5 Years, IEA Says," *Financial Times,* Dec. 10, 2022, www.ft.com/content/98cec49f-6682-4495-b7be-793bf2589c6d.
15. "Solar PV Module Prices," Our World in Data, ourworldindata.org/grapher/solar-pv-prices.
16. Tom Wilson, "Nuclear Fusion: From Science Fiction to 'When, Not If,' " *Financial Times,* Dec. 17, 2022, www.ft.com/content/65e8f125-5985-4aa8-a027-0c9769e764ad.
17. Eli Dourado, "Nanotechnology's Spring," *Works in Progress,* Oct. 12, 2022, www.worksinprogress.co/issue/nanotechnologys-spring.

Circuit and Genetic 'Switch' That Maintain Memory Precision," Harvard Stem Cell Institute, March 12, 2018, hsci.harvard.edu/news/researchers-identify-neural-circuit-and-genetic-switch-maintain-memory-precision.

32. Jon Cohen, "New Call to Ban Gene-Edited Babies Divides Biologists," *Science,* March 13, 2019, www.science.org/content/article/new-call-ban-gene-edited-babies-divides-biologists.
33. S. B. Jennifer Kan et al., "Directed Evolution of Cytochrome C for Carbon-Silicon Bond Formation: Bringing Silicon to Life," *Science,* Nov. 25, 2016, www.science.org/doi/10.1126/science.aah6219.
34. James Urquhart, "Reprogrammed Bacterium Turns Carbon Dioxide into Chemicals on Industrial Scale," *Chemistry World,* March 2, 2022, www.chemistryworld.com/news/reprogrammed-bacterium-turns-carbon-dioxide-into-chemicals-on-industrial-scale/4015307.article.
35. Elliot Hershberg, "Atoms Are Local," *The Century of Biology,* Nov. 7, 2022, centuryofbio.com/p/atoms-are-local.
36. "The Future of DNA Data Storage," Potomac Institute for Policy Studies, Sept. 2018, potomacinstitute.org/images/studies/Future_of_DNA_Data_Storage.pdf.
37. McKinsey Global Institute, "The Bio Revolution: Innovations Transforming Economies, Societies, and Our Lives," McKinsey & Company, May 13, 2020, www.mckinsey.com/industries/life-sciences/our-insights/the-bio-revolution-innovations-transforming-economies-societies-and-our-lives.
38. DeepMind, "AlphaFold: A Solution to a 50-Year-Old Grand Challenge in Biology," DeepMind Research, Nov. 30, 2020, www.deepmind.google/discover/blog/alphafold-a-solution-to-a-50-year-old-grand-challenge-in-biology.
39. Mohammed AlQuraishi, "AlphaFold@CASP13: 'What Just Happened?,' " *Some Thoughts on a Mysterious Universe,* Dec. 9, 2018, moalquraishi.wordpress.com/2018/12/09/alphafold-casp13-what-just-happened.
40. Tanya Lewis, "One of the Biggest Problems in Biology Has Finally Been Solved," *Scientific American,* Oct. 31, 2022, www.scientificamerican.com/article/one-of-the-biggest-problems-in-biology-has-finally-been-solved.
41. Ewen Callaway, "What's Next for AlphaFold and the AI Protein-Folding Revolution," *Nature,* April 13, 2022, www.nature.com/articles/d41586-022-00997-5.
42. Madhumita Murgia, "DeepMind Research Cracks Structure of Almost Every Known Protein," *Financial Times,* July 28, 2022, www.ft.com/content/6a088953-66d7-48db-b61c-79005a0a351a; DeepMind, "AlphaFold Reveals the Structure of the Protein Universe," DeepMind Research, July 28, 2022, www.deepmind.google/discover/blog/alphafold-reveals-the-structure-of-the-protein-universe.
43. Kelly Servick, "In a First, Brain Implant Lets Man with Complete Paralysis Spell Out Thoughts: 'I Love My Cool Son,' " *Science,* March 22, 2022, www.science.org/content/article/first-brain-implant-lets-man-complete-paralysis-spell-out-thoughts-i-love-my-cool-son.
44. Brett J. Kagan et al., "*In Vitro* Neurons Learn and Exhibit Sentience When Embodied in a Simulated Game-World," *Neuron,* Oct. 12, 2022, www.cell.com/neuron/fulltext/S0896-6273(22)00806-6.

com/2021/11/24/magazine/gene-synthesis.html.
16. "Robotic Labs for High-Speed Genetic Research Are on the Rise," *Economist,* March 1, 2018, www.economist.com/science-and-technology/2018/03/01/robotic-labs-for-high-speed-genetic-research-are-on-the-rise.
17. Bruce Rogers, "DNA Script Set to Bring World's First DNA Printer to Market," *Forbes,* May 17, 2021, www.forbes.com/sites/brucerogers/2021/05/17/dna-script-set-to-bring-worlds-first-dna-printer-to-market.
18. Michael Eisenstein, "Enzymatic DNA Synthesis Enters New Phase," *Nature Biotechnology,* Oct. 5, 2020, www.nature.com/articles/s41587-020-0695-9.
19. 合成生物学はDNA合成だけでなく、遺伝子スイッチをオン・オフするメカニズムと望ましい物質を生産するよう細胞を誘導する代謝工学を組み合わせて活用する。
20. Drew Endy, "Endy:Research," OpenWetWare, Aug. 4, 2017, openwetware.org/wiki/Endy:Research.
21. "First Self-Replicating Synthetic Bacterial Cell," JCVI, www.jcvi.org/research/first-self-replicating-synthetic-bacterial-cell.
22. Jonathan E. Venetz et al., "Chemical Synthesis Rewriting of a Bacterial Genome to Achieve Design Flexibility and Biological Functionality," *PNAS,* April 1, 2019, www.pnas.org/doi/full/10.1073/pnas.1818259116.
23. ETH Zurich, "First Bacterial Genome Created Entirely with a Computer," *Science Daily,* April 1, 2019, www.sciencedaily.com/releases/2019/04/190401171343.htm. その年、ケンブリッジ大学のある研究チームも完全に合成した大腸菌ゲノムを生成した。Julius Fredens, "Total Synthesis of *Escherichia coli* with a Recoded Genome," *Nature,* May 15, 2019, www.nature.com/articles/s41586-019-1192-5.
24. 以下を参照。GP-write Consortium, The Center of Excellence for Engineering Biology, engineeringbiologycenter.org/gp-write-consortium.
25. José-Alain Sahel et al., "Partial Recovery of Visual Function in a Blind Patient After Optogenetic Therapy," *Nature Medicine,* May 24, 2021, www.nature.com/articles/s41591-021-01351-4.
26. "CureHeart—a Cure for Inherited Heart Muscle Diseases," British Heart Foundation, www.bhf.org.uk/what-we-do/our-research/cure-heart; National Cancer Institute, "CAR T-Cell Therapy," National Institutes of Health, www.cancer.gov/publications/dictionaries/cancer-terms/def/car-t-cell-therapy.
27. たとえば、以下を参照。Astrid M. Vicente et al., "How Personalised Medicine Will Transform Healthcare by 2030: The ICPerMed Vision," *Journal of Translational Medicine,* April 28, 2020, translational-medicine.biomedcentral.com/articles/10.1186/s12967-020-02316-w.
28. Antonio Regalado, "How Scientists Want to Make You Young Again," *MIT Technology Review,* Oct. 25, 2022, www.technologyreview.com/2022/10/25/1061644/how-to-be-young-again.
29. Jae-Hyun Yang et al., "Loss of Epigenetic Information as a Cause of Mammalian Aging," *Cell,* Jan. 12, 2023, www.cell.com/cell/fulltext/S0092-8674(22)01570-7.
30. たとえば、以下を参照。David A. Sinclair and Matthew D. LaPlante, *Lifespan: Why We Age—and Why We Don't Have To* (New York: Atria Books, 2019).
31. たとえば、以下を参照。Harvard research on memory: "Researchers Identify a Neural

3. "Human Genome Project," National Human Genome Research Institute, Aug. 24, 2022, www.genome.gov/about-genomics/educational-resources/fact-sheets/human-genome-project.
4. "Life 2.0," *Economist,* Aug. 31, 2006, www.economist.com/special-report/2006/08/31/life-20.
5. 以下を参照。"The Cost of Sequencing a Human Genome," National Human Genome Research Institute, Nov. 1, 2021, www.genome.gov/about-genomics/fact-sheets/Sequencing-Human-Genome-cost; Elizabeth Pennisi, "A $100 Genome? New DNA Sequencers Could Be a 'Game Changer' for Biology, Medicine," *Science,* June 15, 2022, www.science.org/content/article/100-genome-new-dna-sequencers-could-be-game-changer-biology-medicine.
6. Azhar, *Exponential,* 41.
7. Jian-Feng Li et al., "Multiplex and Homologous Recombination-Mediated Genome Editing in *Arabidopsis* and *Nicotiana benthamiana* Using Guide RNA and Cas9," *Nature Biotechnology,* Aug. 8, 2013, www.nature.com/articles/nbt.2654.
8. Sara Reardon, "Step Aside CRISPR, RNA Editing Is Taking Off," *Nature,* Feb. 4, 2020, www.nature.com/articles/d41586-020-00272-5.
9. Chunyi Hu et al., "Craspase Is a CRISPR RNA-Guided, RNA-Activated Protease," *Science,* Aug. 25, 2022, www.science.org/doi/10.1126/science.add5064.
10. Michael Le Page, "Three People with Inherited Diseases Successfully Treated with CRISPR," *New Scientist,* June 12, 2020, www.newscientist.com/article/2246020-three-people-with-inherited-diseases-successfully-treated-with-crispr; Jie Li et al., "Biofortified Tomatoes Provide a New Route to Vitamin D Sufficiency," *Nature Plants,* May 23, 2022, www.nature.com/articles/s41477-022-01154-6.
11. Mohamed Fareh, "Reprogrammed CRISPR-Cas13b Suppresses SARS-CoV-2 Replication and Circumvents Its Mutational Escape Through Mismatch Tolerance," *Nature Communications,* July 13, 2021, www.nature.com/articles/s41467-021-24577-9; "How CRISPR Is Changing Cancer Research and Treatment," National Cancer Institute, July 27, 2020, www.cancer.gov/news-events/cancer-currents-blog/2020/crispr-cancer-research-treatment; Zhihao Zhang et al., "Updates on CRISPR-Based Gene Editing in HIV-1/AIDS Therapy," *Virologica Sinica,* Feb. 2022, www.sciencedirect.com/science/article/pii/S1995820X22000177; Giulia Maule et al., "Gene Therapy for Cystic Fibrosis: Progress and Challenges of Genome Editing," *International Journal of Molecular Sciences,* June 2020, www.ncbi.nlm.nih.gov/pmc/articles/PMC7313467.
12. Raj Kumar Joshi, "Engineering Drought Tolerance in Plants Through CRISPR/Cas Genome Editing," *3 Biotech,* Sept. 2020, www.ncbi.nlm.nih.gov/pmc/articles/PMC7438458; Muhammad Rizwan Javed et al., "Current Situation of Biofuel Production and Its Enhancement by CRISPR/Cas9-Mediated Genome Engineering of Microbial Cells," *Microbiological Research,* Feb. 2019, www.sciencedirect.com/science/article/pii/S0944501318308346.
13. Nessa Carey, *Hacking the Code of Life: How Gene Editing Will Rewrite Our Futures* (London: Icon Books, 2019), 136.（邦訳：ネッサ・キャリー『動き始めたゲノム編集』中山潤一訳、丸善出版）
14. たとえば、以下を参照。kilobaser.com/shop.
15. Yiren Lu, "The Gene Synthesis Revolution," *New York Times,* Nov. 24, 2021, www.nytimes.

and Gopher (280B)," *Towards Data Science,* April 11, 2022, towardsdatascience.com/a-new-ai-trend-chinchilla-70b-greatly-outperforms-gpt-3-175b-and-gopher-280b-408b9b4510.

23. 以下なども参照。github.com/karpathy/nanoGPT.
24. Susan Zhang et al., "Democratizing Access to Large-Scale Language Models with OPT-175B," Meta AI, May 3, 2022, ai.meta.com/blog/democratizing-access-to-large-scale-language-models-with-opt-175b.
25. たとえば、以下を参照。twitter.com/miolini/status/1634982361757790209.
26. Eirini Kalliamvakou, "Research: Quantifying GitHub Copilot's Impact on Developer Productivity and Happiness," GitHub, Sept. 7, 2022, github.blog/news-insights/research/research-quantifying-github-copilots-impact-on-developer-productivity-and-happiness.
27. Matt Welsh, "The End of Programming," *Communications of the ACM,* Jan. 2023, cacm.acm.org/magazines/2023/1/267976-the-end-of-programming/fulltext.
28. Emily Sheng et al., "The Woman Worked as a Babysitter: On Biases in Language Generation," arXiv, Oct. 23, 2019, arxiv.org/pdf/1909.01326.pdf.
29. Nitasha Tiku, "The Google Engineer Who Thinks the Company's AI Has Come to Life," *Washington Post,* June 11, 2022, www.washingtonpost.com/technology/2022/06/11/google-ai-lamda-blake-lemoine.
30. Steven Levy, "Blake Lemoine Says Google's LaMDA AI Faces 'Bigotry,' " *Wired,* June 17, 2022, www.wired.com/story/blake-lemoine-google-lamda-ai-bigotry.
31. 以下から引用。Moshe Y. Vardi, "Artificial Intelligence: Past and Future," *Communications of the ACM,* Jan. 2012, cacm.acm.org/magazines/2012/1/144824-artificial-intelligence-past-and-future/fulltext.
32. Joel Klinger et al., "A Narrowing of AI Research?," *Computers and Society,* Jan. 11, 2022, arxiv.org/abs/2009.10385.
33. Gary Marcus, "Deep Learning Is Hitting a Wall," *Nautilus,* March 10, 2022, nautil.us/deep-learning-is-hitting-a-wall-238440.
34. 以下を参照。Melanie Mitchell, *Artificial Intelligence: A Guide for Thinking Humans* (London: Pelican Books, 2019).（邦訳：メラニー・ミッチェル『教養としてのAI講義』尼丁千津子訳、日経BP）; Steven Strogatz, "Melanie Mitchell Takes AI Research Back to Its Roots," *Quanta Magazine,* April 19, 2021, www.quantamagazine.org/melanie-mitchell-takes-ai-research-back-to-its-roots-20210419.
35. アライメント研究センター(Alignment Research Center)は、AIの自律性の開発に向けてすでにGPT-4を試している。この段階では、GPT-4は自律的に動いていないと判断された。"GPT-4 System Card," OpenAI, March 14, 2023, cdn.openai.com/papers/gpt-4-system-card.pdf. GPT-4公開から数日内に、ユーザはAIの自律的動作を驚くほど実現した。mobile.twitter.com/jacksonfall/status/1636107218859745286.ここに見られるテスト形式は、アライメント研究センターで判断されたよりもはるかに高い自律性が求められる。

第5章

1. Susan Hockfield, *The Age of Living Machines: How Biology Will Build the Next Technology Revolution* (New York: W. W. Norton, 2019).（邦訳：スーザン・ホックフィールド『生命機械が未来を変える』久保尚子訳、インターシフト）
2. Stanley N. Cohen et al., "Construction of Biologically Functional Bacterial Plasmids In Vitro," *PNAS,* Nov. 15, 1973, www.pnas.org/doi/abs/10.1073/pnas.70.11.3240.

paper_files/paper/2012/file/c399862d3b9d6b76c8436e924a68c45b-Paper.pdf.
8. Jerry Wei, "AlexNet: The Architecture That Challenged CNNs," *Towards Data Science,* July 3, 2019, towardsdatascience.com/alexnet-the-architecture-that-challenged-cnns-e406d5297951.
9. Chanan Bos, "Tesla's New HW3 Self-Driving Computer—It's a Beast," CleanTechnica, June 15, 2019, cleantechnica.com/2019/06/15/teslas-new-hw3-self-driving-computer-its-a-beast-cleantechnica-deep-dive.
10. Jeffrey De Fauw et al., "Clinically Applicable Deep Learning for Diagnosis and Referral in Retinal Disease," *Nature Medicine,* Aug. 13, 2018, www.nature.com/articles/s41591-018-0107-6.
11. "Advances in Neural Information Processing Systems," NeurIPS, papers.nips.cc.
12. "Research & Development," in *Artificial Intelligence Index Report 2021,* Stanford University Human-Centered Artificial Intelligence, March 2021, aiindex.stanford.edu/wp-content/uploads/2021/03/2021-AI-Index-Report-_Chapter-1.pdf.
13. マーク・アンドリーセンの言葉を換言した。
14. "DeepMind AI Reduces Google Data Centre Cooling Bill by 40%," DeepMind, July 20, 2016, www.deepmind.google/discover/blog/deepmind-ai-reduces-google-data-centre-cooling-bill-by-40.
15. "Better Language Models and Their Implications," OpenAI, Feb. 14, 2019, openai.com/index/better-language-models.
16. 詳しい比較は、以下を参照。Martin Ford, *Rule of the Robots: How Artificial Intelligence Will Transform Everything* (London: Basic Books, 2021).（邦訳：マーティン・フォード『AIはすべてを変える』松本剛史訳、日本経済新聞出版）
17. Amy Watson, "Average Daily Time Spent Reading per Capita in the United States from 2018 to 2022, by Age Group," Statista, Sep. 25, 2023, www.statista.com/statistics/412454/average-daily-time-reading-us-by-age.
18. マイクロソフトとエヌビディアはパラメータ数5300億のTransformer、Megatron-Turing Natural Language Generation（MT-NLG）を構築した。わずか1年前に両社が開発した最も強力なTransformerより31倍巨大なものだ。その後、北京智源人工知能研究所はChatGPTのGPT-3の10倍に相当するパラメータ数1兆7500億の悟道2.0を作り出した。以下などを参照。Tanushree Shenwai, "Microsoft and NVIDIA AI Introduces MT-NLG: The Largest and Most Powerful Monolithic Transformer Language NLP Model," *MarkTech Post*, Oct. 13, 2021, www.marktechpost.com/2021/10/13/microsoft-and-nvidia-ai-introduces-mt-nlg-the-largest-and-most-powerful-monolithic-transformer-language-nlp-model.
19. "Alibaba DAMO Academy Creates World's Largest AI Pre-training Model, with Parameters Far Exceeding Google and Microsoft," *Pandaily,* Nov. 8, 2021, pandaily.com/alibaba-damo-academy-creates-worlds-largest-ai-pre-training-model-with-parameters-far-exceeding-google-and-microsoft.
20. アリッサ・ヴァンスは「1滴」を0.5ミリリットルと明確に仮定する。mobile.twitter.com/alyssamvance/status/1542682154483589127.
21. William Fedus et al., "Switch Transformers: Scaling to Trillion Parameter Models with Simple and Efficient Sparsity," *Journal of Machine Learning Research,* June 16, 2022, arxiv.org/abs/2101.03961.
22. Alberto Romero, "A New AI Trend: Chinchilla (70B) Greatly Outperforms GPT-3 (175B)

15. Paul K. Kerr, "Iran–North Korea–Syria Ballistic Missile and Nuclear Cooperation," Congressional Research Service, Feb. 26, 2016, sgp.fas.org/crs/nuke/R43480.pdf.
16. Graham Allison, "Nuclear Terrorism: Did We Beat the Odds or Change Them?," *PRISM,* May 15, 2018, cco.ndu.edu/News/Article/1507316/nuclear-terrorism-did-we-beat-the-odds-or-change-them.
17. José Goldemberg, "Looking Back: Lessons from the Denuclearization of Brazil and Argentina," Arms Control Association, April 2006, www.armscontrol.org/act/2006-04/looking-back-lessons-denuclearization-brazil-argentina.
18. Richard Stone, "Dirty Bomb Ingredients Go Missing from Chornobyl Monitoring Lab," *Science,* March 25, 2022, www.science.org/content/article/dirty-bomb-ingredients-go-missing-chornobyl-monitoring-lab.
19. Patrick Malone and R. Jeffrey Smith, "Plutonium Is Missing, but the Government Says Nothing," Center for Public Integrity, July 16, 2018, publicintegrity.org/national-security/plutonium-is-missing-but-the-government-says-nothing.
20. Zaria Gorvett, "The Lost Nuclear Bombs That No One Can Find," *BBC Future,* Aug. 4, 2022, www.bbc.com/future/article/20220804-the-lost-nuclear-bombs-that-no-one-can-find.
21. "Timeline of Syrian Chemical Weapons Activity, 2012–2022," Arms Control Association, May 2021, www.armscontrol.org/factsheets/Timeline-of-Syrian-Chemical-Weapons-Activity.
22. Paul J. Young, "The Montreal Protocol Protects the Terrestrial Carbon Sink," *Nature,* Aug. 18, 2021, www.nature.com/articles/s41586-021-03737-3.epdf.

第4章

1. Natalie Wolchover, "How Many Different Ways Can a Chess Game Unfold?," *Popular Science,* Dec. 15, 2010, www.popsci.com/science/article/2010-12/fyi-how-many-different-ways-can-chess-game-unfold.
2. "AlphaGo," DeepMind, www.deepmind.google/technologies/alphago. 実現可能な局面に関して以下では10^{360}としている。Christof Koch, "How the Computer Beat the Go Master," *Scientific American,* March 19, 2016, www.scientificamerican.com/article/how-the-computer-beat-the-go-master.
3. W. Brian Arthur, *The Nature of Technology: What It Is and How It Evolves* (London: Allen Lane, 2009), 31.（邦訳：W・ブライアン・アーサー『テクノロジーとイノベーション』有賀裕二監修、日暮雅通訳、みすず書房）
4. Everett M. Rogers, *Diffusion of Innovations* (New York: Free Press, 1962).（邦訳：エベレット・ロジャーズ『イノベーションの普及』三藤利雄訳、翔泳社)。あるいはジョエル・モキイアのような学者による産業革命に関する著作も参照。
5. Ray Kurzweil, *How to Create a Mind: The Secret of Human Thought Revealed* (New York: Viking Penguin, 2012).
6. 以下を参照。Azalia Mirhoseini et al., "A Graph Placement Methodology for Fast Chip Design," *Nature,* June 9, 2021, www.nature.com/articles/s41586-021-03544-w; Lewis Grozinger et al., "Pathways to Cellular Supremacy in Biocomputing," *Nature Communications,* Nov. 20, 2019, www.nature.com/articles/s41467-019-13232-z.
7. Alex Krizhevsky et al., "ImageNet Classification with Deep Convolutional Neural Networks," Neural Information Processing Systems, Sept. 30, 2012, proceedings.neurips.cc/

(Chicago: University of Chicago Press, 1996). 社会が自ら生み出したリスクの管理によっていかに支配されてきたかを知るには以下を参照。Ulrich Beck, *Risk Society: Towards a New Modernity* (London: SAGE, 1992). ほかにも以下も参照。Edward Tenner, *Why Things Bite Back: Technology and the Revenge of Unintended Consequences* (New York: Vintage, 1997).（邦訳：エドワード・テナー『逆襲するテクノロジー』山口剛・粥川準二訳、早川書房）; Charles Perrow, *Normal Accidents: Living with High-Risk Technologies* (Princeton, N.J.: Princeton University Press, 1984).

2. George F. Kennan, "The Sources of Soviet Conduct," *Foreign Affairs,* July 1947, www.cvce.eu/content/publication/1999/1/1/a0f03730-dde8-4f06-a6ed-d740770dc423/publishable_en.pdf.
3. Anton Howes, "Age of Invention: Did the Ottomans Ban Print?," *Age of Invention,* May 19, 2021, antonhowes.substack.com/p/age-of-invention-did-the-ottomans.
4. Joel Mokyr, *The Lever of Riches: Technological Creativity and Economic Progress* (Oxford: Oxford University Press, 1990).
5. Harold Marcuse, "Ch'ien Lung (Qianlong) Letter to George III (1792)," UC Santa Barbara History Department, marcuse.faculty.history.ucsb.edu/classes/2c/texts/1792QianlongLetterGeorgeIII.htm.
6. たとえば以下を参照。Joseph A. Tainter, *The Collapse of Complex Societies* (Cambridge, U.K.: Cambridge University Press, 1988). さらに詳しく知りたければ、以下を参照。Jared Diamond, *Collapse: How Societies Choose to Fail or Survive* (London: Penguin, 2004).（邦訳：ジャレド・ダイアモンド『文明崩壊（上・下）』楡井浩一訳、草思社文庫）
7. Waldemar Kaempffert, "Rutherford Cools Atomic Energy Hope," *New York Times,* Sept. 12, 1933, timesmachine.nytimes.com/timesmachine/1933/09/12/99846601.html.
8. Alex Wellerstein, "Counting the Dead at Hiroshima and Nagasaki," *Bulletin of the Atomic Scientists,* Aug. 4, 2020, thebulletin.org/2020/08/counting-the-dead-at-hiroshima-and-nagasaki.
9. 以下を参照。David Lilienthal et al., "A Report on the International Control of Atomic Energy," March 16, 1946, fissilematerials.org/library/ach46.pdf.
10. "Partial Test Ban Treaty," Nuclear Threat Initiative, Feb. 2008, www.nti.org/education-center/treaties-and-regimes/treaty-banning-nuclear-test-atmosphere-outer-space-and-under-water-partial-test-ban-treaty-ptbt/.
11. "Timeline of the Nuclear Nonproliferation Treaty (NPT)," Arms Control Association, Aug. 2022, www.armscontrol.org/factsheets/Timeline-of-the-Treaty-on-the-Non-Proliferation-of-Nuclear-Weapons-NPT.
12. Liam Stack, "Update Complete: U.S. Nuclear Weapons No Longer Need Floppy Disks," *New York Times,* Oct. 24, 2019, www.nytimes.com/2019/10/24/us/nuclear-weapons-floppy-disks.html.
13. 以下の2冊を大いに参照した。Eric Schlosser, *Command and Control* (London: Penguin, 2014).（邦訳：エリック・シュローサー『核は暴走する（上・下）』布施由紀子訳、河出書房新社）; John Hughes-Wilson, *Eve of Destruction: The Inside Story of Our Dangerous Nuclear World* (London: John Blake, 2021).
14. William Burr, "False Warnings of Soviet Missile Attacks Put U.S. Forces on Alert in 1979–1980," National Security Archive, March 16, 2020, nsarchive.gwu.edu/briefing-book/nuclear-vault/2020-03-16/false-warnings-soviet-missile-attacks-during-1979-80-led-alert-actions-us-strategic-forces.

Consequences," *Annual Review of Environment and Resources* 25 (2000), www.annualreviews.org/doi/pdf/10.1146/annurev.energy.25.1.21.

29. William D. Nordhaus, "Do Real Output and Real Wage Measures Capture Reality? The History of Lighting Suggests Not," Cowles Foundation for Research in Economics at Yale University, Jan. 1996, cowles.yale.edu/sites/default/files/files/pub/d10/d1078.pdf.
30. Galor, *The Journey of Humanity,* 46.
31. 固定電話と携帯電話の両方を含めるとそうなる。
32. "Televisions Inflation Calculator," Official Data Foundation, www.in2013dollars.com/Televisions/price-inflation.
33. だが、それぞれのテクノロジーによって大きな変動がある。Anuraag Singh et al., "Technological Improvement Rate Predictions for All Technologies: Use of Patent Data and an Extended Domain Description," *Research Policy* 50, no. 9 (Nov. 2021), www.sciencedirect.com/science/article/pii/S0048733321000950#.
34. もちろんこの説はさらに昔に、少なくとも19世紀のチャールズ・バベッジとエイダ・ラブレスまでさかのぼる。
35. George Dyson, *Turing's Cathedral: The Origins of the Digital Universe* (London: Allen Lane, 2012).（邦訳：ジョージ・ダイソン『チューリングの大聖堂（上・下）』吉田三知世訳、ハヤカワ文庫）
36. Nick Carr, "How Many Computers Does the World Need? Fewer Than You Think," *Guardian,* Feb. 21, 2008, www.theguardian.com/technology/2008/feb/21/computing.supercomputers.
37. "Inside the Future: How PopMech Predicted the Next 110 Years," *Popular Mechanics,* Dec. 21, 2012, www.popularmechanics.com/technology/a8562/inside-the-future-how-popmech-predicted-the-next-110-years-14831802/#.
38. たとえば、以下を参照。Darrin Qualman, "Unimaginable Output: Global Production of Transistors," *Darrin Qualman Blog,* April 4, 2017, www.darrinqualman.com/global-production-transistors/; Azeem Azhar, *Exponential: How Accelerating Technology Is Leaving Us Behind and What to Do About It* (London: Random House Business, 2021), 21; Vaclav Smil, *How the World Really Works: A Scientist's Guide to Our Past, Present and Future* (London: Viking, 2022), 128.
39. John B. Smith, "Internet Chronology," UNC Computer Science, www.cs.unc.edu/~jbs/resources/Internet/internet_chron.html.
40. Mohammad Hasan, "State of IoT 2022: Number of Connected IoT Devices Growing 18% to 14.4 Billion Globally," IoT Analytics, May 18, 2022, iot-analytics.com/number-connected-iot-devices/; Steffen Schenkluhn, "Market Size and Connected Devices: Where's the Future of IoT?," *Bosch Connected World Blog,* blog.bosch-si.com/internetofthings/market-size-and-connected-devices-wheres-the-future-of-iot. だが、エリクソン・モビリティ・レポートは、最大290億台と見積もっている。"Ericsson Mobility Report, November 2022," Ericsson, Nov. 2022, www.ericsson.com/4ae28d/assets/local/reports-papers/mobility-report/documents/2022/ericsson-mobility-report-november-2022.pdf.
41. Azhar, *Exponential,* 219.
42. Ibid., 228.

第3章

1. 古典的研究については以下を参照。Robert K. Merton, *On Social Structure and Science*

11. 以下の説明を参照した。Richard Lipsey, Kenneth Carlaw, and Clifford Bekar, *Economic Transformations: General Purpose Technologies and Long-Term Economic Growth* (Oxford: Oxford University Press, 2005).
12. 厳密に考えると、言語は最初のあるいは基本的な汎用技術と再度見なされるかもしれない。
13. Lipsey, Carlaw, and Bekar, *Economic Transformations.*
14. このプロセスがどのように機能したかに関する有力な検証に以下がある。Oded Galor, *The Journey of Humanity: The Origins of Wealth and Inequality* (London: Bodley Head, 2022).（邦訳：オデッド・ガロー『格差の起源』柴田裕之監訳、森内薫訳、NHK出版）
15. Michael Muthukrishna and Joseph Henrich, "Innovation in the Collective Brain," *Philosophical Transactions of the Royal Society B* 371, no. 1690 (2016), royalsocietypublishing.org/doi/10.1098/rstb.2015.0192.
16. Galor, *The Journey of Humanity*, 46.
17. Muthukrishna and Henrich, "Innovation in the Collective Brain."
18. Lipsey, Carlaw, and Bekar, *Economic Transformations.*
19. 残りの汎用技術は紀元前1000年から紀元後1700年の間に出ている。
20. Alvin Toffler, *The Third Wave* (New York: Bantam, 1984).（邦訳：A・トフラー『第三の波』徳岡孝夫監訳、中公文庫）。長期波動に関するニコライ・コンドラチエフの研究も参照。
21. Lewis Mumford, *Technics and Civilization* (Chicago: University of Chicago Press, 1934).（邦訳：ルイス・マンフォード『技術と文明』生田勉訳、美術出版社）
22. Carlota Perez, *Technological Revolutions and Financial Capital: The Dynamics of Bubbles and Golden Ages* (Cheltenham, U.K.: Edward Elgar, 2002).
23. 実際、加速する拡散の初期の兆候のひとつとして、水車が普及するのに数千年かかったのに対し、風車は発明から数年後にはイングランド北部からシリアまで、至るところで見られるようになったことが挙げられるかもしれない。以下を参照。Lynn White Jr., *Medieval Technology and Social Change* (Oxford: Oxford University Press, 1962), 87.
24. Elizabeth L. Eisenstein, *The Printing Press as an Agent of Change: Communications and Cultural Transformations in Early-Modern Europe* (Cambridge, U.K.: Cambridge University Press, 1979).
25. Eltjo Buringh and Jan Luiten Van Zanden, "Charting the 'Rise of the West': Manuscripts and Printed Books in Europe, a Long-Term Perspective from the Sixth Through Eighteenth Centuries," *Journal of Economic History,* June 1, 2009, www.cambridge.org/core/journals/journal-of-economic-history/article/abs/charting-the-rise-of-the-west-manuscripts-and-printed-books-in-europe-a-longterm-perspective-from-the-sixth-through-eighteenth-centuries/0740F5F9030A706BB7E9FACCD5D975D4.
26. Max Roser and Hannah Ritchie, "Price of Books: Productivity in Book Production," Our World in Data, ourworldindata.org/books.
27. Polish Member Committee of the World Energy Council, "Energy Sector of the World and Poland: Beginnings, Development, Present State," World Energy Council, Dec. 2014, www.worldenergy.org/assets/images/imported/2014/12/Energy_Sector_of_the_world_and_Poland_EN.pdf.
28. Vaclav Smil, "Energy in the Twentieth Century: Resources, Conversions, Costs, Uses, and

原註

参考文献は本書のウェブサイトthe-coming-wave.com/bibliographyにまとめた。

第1章

1. たとえばKilobaser製の卓上DNA合成機は2万5000ドルから買える。以下を参照。kilobaser.com/dna-and-rna-synthesizer.

第2章

1. TÜV Nord Group, "A Brief History of the Internal Combustion Engine," TÜV Nord Group, April 18, 2019, www.tuev-nord.de/explore/en/remembers/a-brief-history-of-the-internal-combustion-engine.
2. Burton W. Folsom, "Henry Ford and the Triumph of the Auto Industry," Foundation for Economic Education, Jan. 1, 1998, fee.org/articles/henry-ford-and-the-triumph-of-the-auto-industry.
3. "Share of US Households Using Specific Technologies, 1915 to 2005," Our World in Data, ourworldindata.org/grapher/technology-adoption-by-households-in-the-united-states.
4. "How Many Cars Are There in the World in 2023?," Hedges & Company, June 2021, hedgescompany.com/blog/2021/06/how-many-cars-are-there-in-the-world; "Internal Combustion Engine—the Road Ahead," Industr, Jan. 22, 2019, www.industr.com/en/internal-combustion-engine-the-road-ahead-2357709#.
5. 「テクノロジー」の正確な定義を巡る学術論争は多岐にわたる。本書では、より常識的かつ日常的な定義を採用し、(できるだけ広義に)科学的知識を応用してツールや実用的な成果を生み出す行為を指す。だが、「テクノロジー」という言葉が持つ多面的な複雑性も十分に認識している。テクノロジーは文化や実践の中に根を下ろしており、単にトランジスタ、スクリーン、キーボードに限定されるものではない。それはプログラマーたちの形式知だけでなく、暗黙知や、彼らを支える社会生活や共同体そのものも含む。
6. 技術史家たちは「普及」と「拡散」を区別して使っているが、本書では考慮していない。このふたつの単語は日常的な感覚で使い分けしている。
7. これは逆の方向にも当てはまる。テクノロジーが新しいツールや洞察を生み出し、それが科学を進化させる時もある。たとえば、蒸気機関が熱力学の必要性を明確にした時や、繊細なガラス細工が宇宙の理解を変える望遠鏡を生み出した時がそうだ。
8. Robert Ayres, "Technological Transformations and Long Waves. Part I," *Technological Forecasting and Social Change* 37, no. 1 (March 1990), www.sciencedirect.com/science/article/abs/pii/004016259090057З.
9. 「汎用」という言い方はテクノロジーを理解するうえで非常に重要だが、驚くほど新しいもので、1990年代初頭の経済学の論文に初めて出てきた。Timothy F. Bresnahan and Manuel Trajtenberg, "General Purpose Technologies 'Engines of Growth'?," (working paper, NBER, Aug. 1992), www.nber.org/papers/w4148.
10. Richard Wrangham, *Catching Fire: How Cooking Made Us Human* (London: Profile Books, 2010).(邦訳:リチャード・ランガム『火の賜物』依田卓巳訳、NTT出版)

［著者］

ムスタファ・スレイマン
Mustafa Suleyman

DeepMindの共同創業者であり、Microsoft AIのCEO。DeepMindをGoogleに売却後、GoogleにてAIプロダクトマネジメントおよびAIポリシー担当VPに就任。Inflection AI創業を経て現職。オックスフォード大学を中退し、19歳で電話カウンセリングの慈善事業を創業したシリアルアントレプレナー。カリフォルニア州パロアルト在住。

マイケル・バスカー
Michael Bhaskar

ライター、編集者、出版者を経て、現在はMicrosoft AIのスタッフライター。イギリス在住。

［訳者］

上杉隼人
うえすぎ・はやと

翻訳者（英日、日英）、編集者。早稲田大学教育学部英語英文学科卒業、同専攻科（現在の大学院の前身）修了。訳書にマーク・トウェーン『ハックルベリー・フィンの冒険』（講談社青い鳥文庫）、ジョリー・フレミング『「普通」ってなんなのかな——自閉症の僕が案内するこの世界の歩き方』、ジョー・ノーマン『英国エリート名門校が教える最高の教養』（文藝春秋）など多数。

THE COMING WAVE
AIを封じ込めよ　DeepMind創業者の警告

2024年9月25日　1版1刷

著者　ムスタファ・スレイマン
　　　マイケル・バスカー
訳者　上杉隼人
発行者　中川ヒロミ
発行　株式会社日経BP
　　　日本経済新聞出版
発売　株式会社日経BPマーケティング
　　　〒105-8308　東京都港区虎ノ門4-3-12
装幀　装幀新井
本文DTP　アーティザンカンパニー
印刷・製本　中央精版印刷株式会社

ISBN 978-4-296-11875-5

本書籍に関するお問い合わせ、ご連絡は下記にて承ります。
https://nkbp.jp/booksQA

Printed in Japan